군사문제중국어강독

军事问题汉语阅读

군사문제 중국어강독

军事问题汉语阅读

金璟铉 · 梁正学 지음

황금알

머 리 말

중국은 걸프전을 목격한 이후 1993년 중앙군사위원회 전체회의에서 미래전의 양상을 '현대적 조건하, 특히 첨단기술조건하의 국지전'으로 규정하였다. 이는 중국의 군사전략개념이 오랫동안 고수해 왔던 기존의 '인민전쟁(人民战争)'에서 마침내 '첨단기술전쟁'으로 전환되었음을 의미하는 것이었다. 이러한 군사전략 패러다임의 전환과 더불어 중국은 본격적으로 국방현대화를 추진하기 시작하였다. 당시 다수의 군사전문가들은 전근대적 수준에 머물러 있는 중국의 군사력이 현대화되기까지는 상당한 시간이 걸릴 것으로 예측하였다. 그러나 1998년 국방백서에서 '군사혁신(RMA)'을 선언한 이래로 중국은 꾸준한 경제 고도성장과 '도약식(跨越式)' 국방현대화 정책을 접목하여 불과 수년 사이에 군사력의 획기적인 발전을 이루어내었다. 바로 "중국 특유의 군사혁신(中国特色军事变革)"인 것이다.

미 국방부가 의회에 제출한 〈2006년 중국의 군사력에 대한 연례 보고서〉는 중국을 미국과 경쟁할 수 있는 가장 큰 잠재력을 가진 국가로 평가하고, 향후 머지않은 시간에 중국이 미국의 군사적 우위를 위협할 수준의 혁신적 군사기술을 보유하게 될 것으로 전망하였다. 이는 중국의 군사력이 예상을 훨씬 뛰어넘는 놀라운 속도로 증강되는 것에 대한 미국의 우려와 경계심을 단적으로 보여준 대목이라 할 수 있다.

오늘날 중국 국방정책의 화두는 단연 '정보화'이다. 최근에 발간된 2008년 국방백서를 보면 군사전략 방침을 '정보화 조건하의 국지전'에서 승리하기 위한 군대 건설에 두고 단계별 청사진을 제시하고 있다. 2010년까지 기초를 견실히 하고, 2020년 이전까지 기계화 실현 및 정보화 건설에 확실한 진전을 이루며, 20세기 중반에 현대화를 달성한다는 것이다. 경제대국화와 함께 군사대국화의 목표가 2050년에 맞추어져 있음을 은연중 과시하는 것으로 보인다. 중국의 군사대국화는 필연적으로 국제질서의 재편을 요구하게 될 뿐만 아니라, 특히 지리적으로 인접해 있고 역학구도가 복잡한 한반도의 안보에 지대한 영향을 미칠 것이 분명하다. 우리는 어쩌면 앞으로 중국으로 인해 지금까지와는 전혀 다른 안보환경을 맞게 될지도 모른다. 이에 대응하기 위해서는 중국에 대한 다각적이고 면밀한 분석을 바탕으로 보다 미래지향적이고 전략적인 대비책을 강구할 필요가 있다.

이 책은 육군사관학교 중국어 전공과정의 개설과목 가운데 하나인 '중국 군사문제 이해'에 초점을 맞추어 교재용으로 엮은 것이다. 2003년에 출판된『중국의 군사』가운데 일부를 취사보완하고 군사문제와 연관된 다양한 문장을 추가하였다. 이 책은 크게 3개의 부(部)로 구성되어 있다. 제1부 중국의 군대는 중국의 정규군인 인민해방군을 집중적으로 해부해 보았다. 이를 통하여 학습자는 인민해방군의 연혁으로부터 발전해 온 과정 그리고 오늘의 모습에 이르기까지를 충분히 이해하게 될 것이라 생각한다. 제2부 군사문선에서는 훈련·정찰·전자전·하이테크 전쟁의 특징을 비롯하여 포클랜드 전쟁·걸프전·이라크 전쟁과 같은 현대의 주요 전례(战例) 등 다양한 문장을 텍스트로 삼았다. 학습자는 여기에서 많은 군사용어와 접하고 군사지식을 습득하게 될 것이다. 마지막 제3부는 현대의 첨단무기를 소개하는 데 역점을 두었다. 특히 최근의 전쟁에서 위력을 발휘한 신형무기에 초점을 맞추어 학습자로 하여금 현대전의 양상을 가늠해 볼 수 있도록 하였다.

이 책의 집필 의도는 학습자가 자구(字句)에 얽매이기보다 행간(行间)의 의미를 들여다보고 시야를 넓혀나가도록 돕고자 하는 데 있다. 아무쪼록 이 책이 단순한 중국어 학습교재에 머물지 않고 중국의 군사문제에 대한 이해와 관심의 폭을 확대하면서 미래지향적인 사고(思考)를 하는 데 조금이나마 보탬이 되기를 기대해 본다.

끝으로 이 책이 나오기까지 도움과 성원을 보내주신 분들에게 감사의 뜻을 표하고 싶다. 무엇보다 집필 작업의 어려움을 함께 한 양정학 교수는 나의 애제자였고 이제 어엿한 동료 교수로 성장한 터라 출간에 즈음하여 그 기쁨과 보람이 더욱 크다. 가일층 정진하여 앞으로 군과 학계에 두루 기여하는 인물이 되기를 바란다. 그리고 제작비 부담에도 불구하고 흔쾌하게 출판을 허락해 주신 도서출판 황금알의 김영탁 대표, 바쁜 시간을 쪼개가며 용어 정리와 교정작업을 헌신적으로 도와준 애제자 최순림 소령에게 심심한 감사를 드린다.

2009년 3월
화랑대에서 김 경 현

목차

第1部　中国의 军队 — 中国人民解放军

第1讲　军旗 10
第2讲　军徽 16
第3讲　军衔 21
第4讲　人民解放军的组织和编制 28
第5讲　中国的武装力量 35
第6讲　陆军 41
第7讲　集团军 46
第8讲　海军 51
第9讲　海军陆战队 56
第10讲　空军 61
第11讲　第15空降军 65
第12讲　第二炮兵 68
第13讲　中国研制核武器的历程 71
第14讲　中国的战略核力量 76

第2部　军事文选

第15讲　走进军营 82
第16讲　军中变色龙--迷彩服 88
第17讲　坦克 93
第18讲　'蚊子'的力量 97
第19讲　震惊世界的'小男孩' 101
第20讲　小小导游图起了大作用 106
第21讲　人类最早的空中谍战 110
第22讲　气象战 116
第23讲　电子战 121
第24讲　指挥自动化系统 126

第25讲　高技术战争的特点(1) ·· 130

第26讲　高技术战争的特点(2) ·· 134

第27讲　高技术战争的特点(3) ·· 138

第28讲　高技术战争战例--马岛战争(1) ······························· 142

第29讲　高技术战争战例--马岛战争(2) ······························· 146

第30讲　高技术战争战例--马岛战争(3) ······························· 151

第31讲　高技术战争战例--马岛战争(4) ······························· 156

第32讲　高技术战争战例--马岛战争(5) ······························· 160

第33讲　高技术战争战例--海湾战争(1) ······························· 164

第34讲　高技术战争战例--海湾战争(2) ······························· 168

第35讲　高技术战争战例--海湾战争(3) ······························· 172

第36讲　高技术战争战例--海湾战争(4) ······························· 175

第37讲　高技术战争战例--科索沃战争(1) ····························· 179

第38讲　高技术战争战例--科索沃战争(2) ····························· 183

第39讲　高技术战争战例--科索沃战争(3) ····························· 187

第40讲　高技术战争战例--科索沃战争(4) ····························· 191

第41讲　高技术战争战例--阿富汗战争(1) ····························· 194

第42讲　高技术战争战例--阿富汗战争(2) ····························· 198

第43讲　高技术战争战例--阿富汗战争(3) ····························· 202

第44讲　高技术战争战例--伊拉克战争(1) ····························· 206

第45讲　高技术战争战例--伊拉克战争(2) ····························· 209

联3部　现代의 尖端武器 ― 现代主要武器装备

单兵武器装备 ·· 214

　1. M16系列步枪(美国) ·· 214

　2. MP5SD系列9毫米微声冲锋枪(德国) ···························· 218

　3. QJY88式 5.8㎜机枪(中国) ···································· 219

地面武器 ·· 220

　1. 坦克 ·· 220

　2. 步兵战车, 装甲车 ··· 225

　3. 火炮 ·· 229

　4. 反坦克武器 ·· 232

防空武器 236

  1. '毒刺'(Stinger)-RMP 防空导弹(美国) 236

  2. '针'(Gimlet)-S型 便携防空导弹(俄罗斯) 236

  3. FN-6 便携式防空导弹(中国) 237

  4. '道尔'(Tor)M1型 防空导弹系统(俄罗斯) 238

  5. '箭'(Arrow)式 导弹防御系统(美国, 以色列) 238

  6. 其他 240

水面武器 241

  1. '阿利、伯克'(Arleigh Burke)级 导弹驱逐舰(美国) 241

  2. '现代'(Sovremenny)级 导弹驱逐舰(俄罗斯) 242

  3. '提康德罗加'(Ticonderoga)级 导弹巡洋舰(美国) 243

  4. '光荣'(Slava)级 导弹巡洋舰(俄罗斯) 244

  5. '弗吉尼亚'(Virginia)级 核动力导弹巡洋舰(美国) 245

  6. '洛杉矶'(Los Angeles)级 攻击核潜艇(美国) 247

  7. '奥斯卡'(Oscar)级 核动力导航导弹潜艇(俄罗斯) 248

  8. '尼米兹'(Nimitz)级 航空母舰(美国) 249

  9. '库兹涅佐夫'(Kuznetsov)号 航空母舰(俄罗斯) 250

  10. 其他 252

空中武器 253

  1. 直升机 253

  2. 歼击机, 强击机, 轰炸机 257

  3. 无人侦察机, 预警机 267

  4. 其他 270

精确制导炸弹及特种炸弹 272

  1. BGM-109 '战斧'(Tomahawk) 巡航导弹 272

  2. GBU-24 '宝石路'(Paveway) 激光制导炸弹 274

  3. GBU-31 '联合直接攻击弹药'(JDAM) 275

  4. AGM-154 '联合防区外武器'(JSOW) 277

  5. CBU-94 石墨炸弹(Blackout Bomb) 278

  6. CBU-105 '风向修正布撒器'(WCMD)制导 集束炸弹 279

  7. 大型燃料空气炸弹(MOAB) 281

  8. BDU-33 贫铀弹(Practice Bomb) 282

  9. HPM 电磁波炸弹(E-Bomb) 283

부록(본문해석) 287

第1部

中国의 军队
– 中国人民解放军 –

第1讲 军旗

课文

　　中国人民解放军(People's Liberation Army: PLA)诞生于1927年8月1日。它经历了中国工农革命军、中国工农红军、八路军和新四军等阶段，在1946年10月改称中国人民解放军。人民解放军的军旗，是在革命战争时期产生和发展的。1927年9月初，为筹备秋收起义，刚成立的'工农革命军第一军第一师'奉党中央之命集体研制起义的旗帜。旗帜为红色，象征革命；中央为白色五角星，象征共产党领导；星内嵌镰刀斧头，镰斧交叉，表示工农大众紧密团结；旗幅靠旗杆一侧的白布条上竖写楷体字"中国工农革命军第一军第一师"。

中国工农红军军旗

1949年6月15日，人民革命军事委员会颁布命令，规定人民解放军军旗样式，旗幅为红色，长方形，横竖为5:4，在旗幅内靠旗杆上方缀金黄色五角星和'八一'两字，故简称"八一军旗"。五角星和'八一'两字表示人民解放军自1927年8月1日南昌起义诞生以来，经过长期奋斗，以其灿烂的星光普照全国。

1992年9月5日，中央军事委员会主席江泽民签署命令，公布了人民解放军仪仗队使用的陆军、海军、空军军旗样式。陆海空军军旗旗幅的上半部(占旗面的5/8)均保持人民解放军军旗基本样式，下半部(占旗面的3/8)区分军种。陆军为草绿色，象征绿色的大地，表示陆军是人民解放军的组成部分，为保卫祖国领土安全英勇奋斗、所向无敌；海军为蓝白条相间，象征大海与海浪，表示海军是人民解放军的组成部分，为保卫祖国的万里海疆而乘风破浪；空军为天蓝色，象征辽阔的天空，表示空军是人民解放军的组成部分，为保卫祖国领空神圣不可侵而展翅翱翔。

〈현행 삼군 군기〉

生词

军旗	jūnqí	군기
人民解放军	rénmínjiěfàngjūn	인민해방군
诞生	dànshēng	탄생하다
经历	jīnglì	거치다
工农革命军	gōngnónggémìngjūn	공농혁명군

阶段	jiēduàn	단계
筹备	chóubèi	주비하다, 준비하다
起义	qǐyì	봉기(하다)
研制	yánzhì	연구제작하다
旗帜	qízhì	깃발, 기치
象征	xiàngzhēng	상징하다
共产党	gòngchǎndǎng	공산당
嵌	qiàn	새겨넣다, 끼워넣다
镰刀	liándāo	낫
斧头	fǔtou	도끼
交叉	jiāochā	교차하다, 엇갈리다
旗杆	qígān	깃대
一侧	yīcè	한 모퉁이
布条	bùtiáo	천 조각, 헝겊 띠
竖写	shùxiě	세로로 쓰다, 내려쓰기, 종서
楷体字	kǎitǐzì	해서체로 쓴 글자
颁布	bānbù	반포하다
旗幅	qífú	기폭
横竖	héngshù	가로와 세로
缀	zhuì	꿰매다, 깁다, 장식하다
奋斗	fèndòu	분투하다
灿烂	cànlàn	찬란하다, 선명하게 빛나다
普照	pǔzhào	두루 비추다
签署	qiānshǔ	서명하다[=签字, 签名]
仪仗队	yízhàngduì	의장대
海浪	hǎilàng	물결, 파도
海疆	hǎijiāng	연해, 영해
乘风破浪	chéngfēngpòlàng	파도를 헤치고 나아가다
辽阔	liáokuò	광활하다
展翅翱翔	zhǎnchì'áoxiáng	날개를 펼치고 날아오르다

惯用句

① 诞生于~

新疆位于中国西北部, 面积达166万平方公里, 居住着维吾尔、哈萨克等民族。

我的朋友出身于工人家庭。

我是一名即将于2009年毕业于经贸大学, 会计学专业的学生。

② **由~组成**

中国的武装力量**由**人民解放军、人民武装警察部队和民兵**组成**。

这家医院**由**住院部、门诊部和急诊部**组成**。

电脑**由**硬件系统和软件系统**组成**。

③ **既~又~**(=又~又~)

那个演员**既**漂亮, **又**演得好。

我**既**不会抽烟, **也**不会喝酒。

这次到中国, 我**既**学了汉语, **又**游览了不少名胜古迹。

人民解放军의 沿革

1927년 4월 '북벌전쟁'(1차 국공합작(国共合作)으로 '국민혁명군'을 조직하여 북양군벌(北洋军阀)을 토벌한 전쟁)에서 승리하자마자 장개석(蒋介石)은 군정대권을 장악하기 위해 공산당에 대한 대대적인 숙청과 탄압을 가하였다. 이로 인하여 세력이 거의 와해된 공산당은 지하로 숨어들어 사회주의 혁명의 기치를 내걸고 조직적으로 국민당 정부에 저항하기 시작하였다.

1927년 8월1일, 강서성(江西省) 남창(南昌)에서 주은래(周恩来)·하룡(贺龙)·주덕(朱德)·유백승(刘伯承)·엽정(叶挺) 등의 주동으로 국민혁명군 제2방면군 제11군의 대부분과 제4군의 일부·제20군 전부 및 제5방면군 제3군 군관교육단·남창경찰국의 경찰 일부가 가담한 이른바 '남창폭동'이 일어났다. 이 남창폭동은 비록 정부군의 진압으로 곧 실패하고 말았지만, 중국 공산당이 독자적으로 영도한 최초의 무장투쟁으로써 전국에 큰 반향을 불러 일으켰다. 오늘날 중국이 8월1일을 건군기념일로 삼고 있는 까닭은 바로 여기에서 연유한 것이다.

중공 중앙은 토지혁명과 무장봉기를 실현한다는 방침을 확정(1927. 8.7. 汉口에서 열린 긴급회의)하고, '추수봉기'(秋收起义)를 준비하는 과정에서 〈중국 공산당의 정치임무와 책략의 결의안〉(8월21일)을 통해 "노동자·농민의 혁명군 건설"을 제기하게 된다. 이에 따라 '추수봉기'를 전후로 각 지역에서 활동하던 공산당의 무장세력은 점차 부대명칭을 '工农革命军'이라 불렀다. 가령 모택동(毛泽东)이 '추수봉기'(1927년 9월9일)를 영도할 때, 호남성(湖南省)과 강서성(江西省) 및 호북성(湖北省) 일대에 흩어져 있던 '평한(平汉)공농의용대'·'제양(济阳)공농의용대'·'안원(安源)공안규찰대'·'농민자위군' 등을 규합하여 '工农革命军 第1军 第1师'로 명명한 것이 그 좋은 예이다. 그러나 이 명칭이 완전히 통용되지는 않았고, 일부에서는 여전히 '농민혁명군'·'토지혁명군'·'유격대' 등을 그대로 사용하였다.

따라서 중공 중앙은 무장세력의 일원화체제를 구축하기 위하여 1928년 5월25일에 발표한 〈군사공작대강〉(军事工作大纲)을 통해 "각 지역에 할거하는 군대는 이전의 '공농혁명군'이란 이름을 취소하고 정식으로 '工农红军'(약칭 '红军')이라 부른다"고 규정하였다. 이로부터 홍군은 초보적이기는 하지만 차츰 건제단위와 일부의 병과(포병·공병·기병·통신병 등)이 포함된 군대로서의 골격을 갖추게 된다. 또한 정강산(井冈山) 혁명근거지 시기와 대장정(大长征)을 거치면서 홍군은 실전경험의 축적과 더불어 인원 및 장비가 증강되는 양적 질적 발전을 함께 거둘 수 있었다.

1937년 일본의 침략으로 말미암아 공산당과 국민당은 '항일전쟁'이란 공동의 기치 아래 내전을 종식하고 제2차 국공합작에 합의한다. 양당의 대표가 여러 차례의 회담을 거친 끝에, 8월22일 국민당 정부는 마침내 홍군의 주력부대를 '国民革命军 第八路军'(약칭 '八路军')으로 편입한다고 공식 선포하고, 중공 중앙 역시 8월25일에 홍군 제1·제2·제4방면군과 섬북(陕北)공농홍군을 '팔로군'으로 개편하였다. 9월11일, 국민정부 군사위원회가 팔로군을 다시 '국민혁명군 제18집단군'으로 바꾸도록 명령을 하달했지만, 사람들은 이후에도 습관적으로 계속 '팔로군'이라 불렀다. 아울러 국공 양당은 남방의 홍군과 유격대의 개편문제를 협의하였는데, 그 결과 남방의 8개 성(省)에서 활동 중인 홍군과 유격대를 통합한다는 데 최종 합의하고, 동년 10월에 남경국민정부 군사위원회가 이 통합된 부대를 '国民革命军陆军 新编 第四军'(약칭 '新四军')이란 명칭으로 발표하였다.

항일전쟁에서 승리한 후, 장개석은 미국의 지원 아래 월등한 병력과 무기장비를 이용하여 공산당을 소탕하기로 결심하고, 1946년 6월 공산당과 체결한 정전협정의 파기를 선언함과 동시에 대대적인 토벌작전을 전개한다. 이에 중공 중앙이 즉각 전면적인 '인민해방전쟁'을 선포하고 강력히 대항함에 따라 2차 국공내전이 벌어지게 되었다. 이때 공산당 지도부는 전략방향의 변화에 착안하여 기존의 '팔로군'과 '신사군' 및 기타 무장부대를 '인민해방군'으로 개칭하였다. 내전 기간동안 지역에 따라 '해방군'·'인민해방군' 혹은 '중국인민해방군' 등으로 명칭이 약간씩 차이가 있자, 중공 중앙군사위원회는 1948년 11월1일 공식 명칭을 '中国人民解放军'으로 확정하였다.

■■■■ 심화학습과제
- 1차 国共合作
- 南昌起义
- 井冈山 根据地
- 大长征
- 2차 国共合作

〈南昌起义시 복장〉

〈八角帽〉

〈解放帽〉

〈红军 军服〉

〈八路军과 新四军 军服〉

第2讲 军徽

课文

　　人民解放军军徽，是1949年6月15日由人民革命军事委员会命令颁布启用的。样式为镶有金黄色边的五角红星，中嵌金黄色'八一'两字，亦称"八一军徽"。1951年2月1日，总参谋部颁发的〈人民解放军内务条令(草案)〉中，曾附录了陆海空军军徽样式。陆军军徽亦即人民解放军军徽；海、空军的军徽以'八一'为主体，表示其是人民解放军的一部分，是在陆军的基础上发展壮大起来的。海军军徽为藏蓝色底，衬以银灰色铁锚，蓝色衬底象征广阔的海洋，铁锚代表舰艇，象征海军。空军军徽衬以金黄色飞鹰两翼，象征空军英勇果敢，飞行无阻，并坚决负起捍卫祖国的光荣任务。

　　1990年6月，中央军委颁发的〈人民解放军内务条令〉，重新附录了人民解放军军徽图样，并对军徽的使用作了明确规定：军徽可按比例放大或缩小，用于举行典礼、检阅、军人宣誓、隆重集会等时机(悬挂于主席台中央)或臂章、奖状、车辆、舰艇、飞机、重要建筑物上，禁止用于商业广告和有碍于军徽庄严的场合或装饰品上。

军徽	jūnhuī	군대휘장
启用	qǐyòng	쓰기 시작하다
镶	xiāng	끼워넣다, 상감하다, 테를 두르다
嵌	qiàn	새겨넣다, 끼워넣다
总参谋部	zǒngcānmóubù	총참모부
条令	tiáolìng	조령
附录	fùlù	부록(을 붙이다)
藏蓝色	zànglánsè	짙은 청색
衬	chèn	안에다 (하나 더)대다, 덧붙이다
铁锚	tiěmáo	쇠로 만든 닻
飞鹰两翼	fēiyīngliǎngyì	나는 매의 양 날개
无阻	wúzǔ	가로막는 것이 없다
捍卫	hànwèi	수호하다, 방위하다
图样	túyàng	도안
放大	fàngdà	확대하다
缩小	suōxiǎo	축소하다
典礼	diǎnlǐ	행사
检阅	jiǎnyuè	사열(하다), 열병(하다)
宣誓	xuānshì	선서(하다)
隆重	lóngzhòng	성대하다, 엄숙하다
悬挂	xuánguà	걸다, 매달다
主席台	zhǔxítái	사열대
臂章	bìzhāng	팔의 상부에 붙이는 군대휘장
奖状	jiǎngzhuàng	상장
舰艇	jiàntǐng	함정
有碍于	yǒuàiyú	~에 장애가 되다
庄严	zhuāngyán	장엄하다, 엄숙하다
场合	chǎnghé	경우, 상황, 장면, 장소

惯用句

① **以~为~**

户外运动的着装不是**以**美观**为**主，而是首先要考虑到实用性。

现在的普通话是**以**北方方言**为**基础,**以**北方音**为**标准的通用语言。

科学发發展观的核心是以人为本。

② 衬**以**~

海军军官的称号在军衔前冠**以**'海军', 如'海军少尉'。

医生应**以**高度负责的精神对待工作。

现在所表示的诚意是必须予**以**充分重视的。

③ **按**

按我说的去做, 准没问题。

足球比赛将于5月3号**按**期举行。

你租房的时候, 房租、水电费都要**按**月算。

중국의 병역제도

중국은 건국 이후에도 한동안 '지원병역제'(모병제)를 시행하고 과거 중국내전에 참전했던 자가 원하면 장기적으로 군대에 몸담을 수 있도록 허용하였다. 그러나 이것은 법제화된 제도가 아니라 모택동의 지시에 따른 일시적 조치로 보아야 한다. 왜냐하면 당시 혼란한 국내문제를 수습하고 통치기반을 구축하는 일이 무엇보다 시급했던 상황에서 정부가 병역법 제정과 같은 사소한 문제를 다룰 여유가 없었기 때문이다. 또한 당시 병력 규모가 550만에 달했지만 국민당 잔당세력 소탕과 한국전쟁 참전 등 여전히 군대를 동원할 필요가 있었던 것도 현상유지의 한 이유라고 할 수 있다.

　중국 최초의 명문화된 병역법은 1955년부터 시행되었다. 1954년 9월9일, 제1기 전국인민대표대회 2차 회의에서 통과된 병역법에 따르면, 그 핵심은 의무병역제로써 만 18~22세의 모든 남성에게 병역의 의무가 있다고 규정하였으며, 복무기간은 각 군종별로 육군이 3년, 공군 4년, 해군 5년으로 지정하였다. 이후 복무기간에 대한 개정이 두 차례 있었는데, 1965년 제3기 전국인민대표대회에서 각 군종별로 복무기간을 1년씩 늘리는 방안이 통과되었고, 1967년 공산당 중앙위원회의 결정에 따라 복무기간을 다시 육군 2년, 공군 3년, 해군 4년으로 축소 조정한 것이 그것이다.

　기존의 의무병역제는 1978년 3월7일 제5기 전국인민대표대회를 통해서 "의무병(징병제)과 지원병을 결합한 제도"로 변경되었다. 복무기간도 다양화하여 육군 야전부대의 전사(战士)는 3년, 공군과 해군의 지상근무부대 및 육군의 특수기술부대 전사는 4년, 해군 함정부대와 육군 선박부대의 전사는 5년으로 규정하였다.

　1984년 5월31일 제6기 전국인민대표대회 2차 회의에서는 "의무병역제를 위주로 한 의무병과 지원병의 결합"을 골자로 한 병역법이 통과되었다. 복무기간은 육군이 3년, 해군과 공군이 각각 4년으로 지정하였지만 초과복무가 가능하였고, 5년을 초과한 의무병은 군대의 수요와 본인의 희망에 따라 지원병으로 전환할 수 있도록 단서를 달았다. 이후 1988년 계급제도의 부활과 함께 지원병에게는 부사관 계급이 부여되었다.

　1998년 12월29일 제9기 전국인민대표대회 6차 회의는 병역법 개정안을 통과시켰는데, 이후 약간의 수정을 거치긴 했지만 이것이 바로 현재까지 시행되고 있는 병역법이며 그 주요 골자는 다음과 같다.

- "의무병과 지원병을 결합하고, 민병과 예비역을 결합한"병역제도를 시행한다.
- 모든 국민은 병역의 의무를 갖는다.
- 만 18세~22세의 남성은 현역에 징집될 수 있다.
- 군대의 수요와 규정에 따라 여성도 현역에서 복무할 수 있다.
- 의무병의 현역 복무기간은 2년으로 한다.
- 의무병은 현역 복무가 만료되면 지원병으로 전환할 수 있다.
- 의무병과 지원병으로 만기 전역할 때 예비역 조건에 부합한 자는 부대가 예비역으로 확정한다. 전역장교는 심사를 거쳐 적합한 자가 예비역 장교로 복무한다.
- 28세 이하의 전역사병과 군사훈련을 거친 자 및 군사훈련에 참가한 인원은 기간민병으로 편성하고, 나머지 18세~35세의 복무조건에 부합한 남성은 보통민병으로 편성한다.

- 아직 현역으로 복무하지 않은 기간민병은 18세~20세 사이에 30~50일의 군사훈련에 참가해야 한다.
- 예비역장교는 복부기간 동안 3~6개월의 군사훈련에 참가해야 한다.
- 고등학교와 대학생은 반드시 기본적인 군사훈련을 받아야 한다.

■■ **심화학습과제**
- 民兵
- 预备役部队

第3讲 军衔

军衔是国家授予军人以区别其等级、地位、权力、责任、荣誉待遇的称号和标志。中国军曾于1939～1942年和1946年两次部署实行军衔制，但由于特殊的历史条件和环境，均未能实现。中华人民共和国成立后，1953年1月9日，毛泽东主席批发中央军委〈关于实施军衔制度准备工作的指示〉，全军开始准备实施军衔制。1955年2月8日，第一届全国人大常委会第6次会议通过了〈人民解放军军官服役条例〉，规定了解放军采用国际通用的军衔体制。同年8月11日，国防部发布〈关于军士和兵评定军衔的指示〉。这样，中国的第一次实行的军衔制共设6等19级。但是，1965年6月1日，解放军军衔制因文化大革命被取消了。

解放军恢复军衔制的是1988年。1988年7月1日，第七届全国人大常委会第三次会议通过〈人民解放军军官军衔条例〉，同年9月5日，国务院第21次常务会议通过〈人民解放军现役士兵服役条例〉。根据这两个条例，解放军军衔共设6等18级。军官军衔的称谓，海、空军和专业技术军官在军衔前冠以'海军'、'空军'、'专业技术'，如'海军少尉'、'空军上校'、'专业技术少将'等。陆军、政治、后勤军官直接称呼军衔。

1993年4月和1999年6月，〈人民解放军现役士兵服役条例〉进行了两次修改。修改后的士兵军衔设4等8级，志愿兵役制士兵为一至六级士官；义务兵役制士兵为上等兵、列兵。全军和武警部队士兵新式军衔标志，从1999年12月1日起启用。1994年5月，〈人民解放军军官军衔条例〉也进行了修改，取消了一级上将的层级。目前，解放军军衔共设7等18级。

将官: 上将, 中将, 少将

校官: 大校, 上校, 中校, 少校

尉官: 上尉, 中尉, 少尉

高级士官: 六级士官, 五级士官

中级士官: 四级士官, 三级士官

初级士官: 二级士官, 一级士官

兵: 上等兵, 列兵

生词

军衔	jūnxián	(군대의) 계급
授予	shòuyǔ	수여하다
荣誉待遇	róngyùdàiyù	명예에 걸맞는 대우
称号	chēnghào	칭호
标志	biāozhì	표지, 표식
部署	bùshǔ	안배하다, 배치하다
批发	pīfā	비준하다
届	jiè	회, 차
全国人大	quánguóréndà	전국인민대표대회의 약칭
常委会	chángwěihuì	상무위원회의 약칭
军官	jūnguān	장교
条例	tiáolì	조례
采用	cǎiyòng	채택하다
军士	jūnshì	부사관
评定	píngdìng	평정하다, 판정하다, 매기다
恢复	huīfù	회복하다, 되찾다
士兵	shìbīng	부사관과 병의 통칭
称谓	chēngwèi	명칭, 호칭
专业技术	zhuānyèjìshù	전문기술
冠以	guānyǐ	(명칭 또는 글자를) 앞에 덧붙이다
少尉	shàowèi	소위
上校	shàngxiào	상교(우리의 대령에 해당)
少将	shàojiàng	소장
后勤	hòuqín	병참지원
修改	xiūgǎi	수정하다

志愿兵役制	zhìyuànbīngyìzhì	지원병역제, 모병제
士官	shìguān	부사관
义务兵役制	yìwùbīngyìzhì	의무병역제, 징병제
上等兵	shàngděngbīng	상등병
列兵	lièbīng	일등병(병사의 최하위 계급명)
武警	wǔjǐng	무장경찰부대의 약칭
一级上将	yījíshàngjiàng	일급상장(元帅에 해당)
层级	céngjí	층차와 계급
将官	jiàngguān	장성
校官	xiàoguān	영관장교
尉官	wèiguān	위관장교

〈軍官肩章(94식)〉

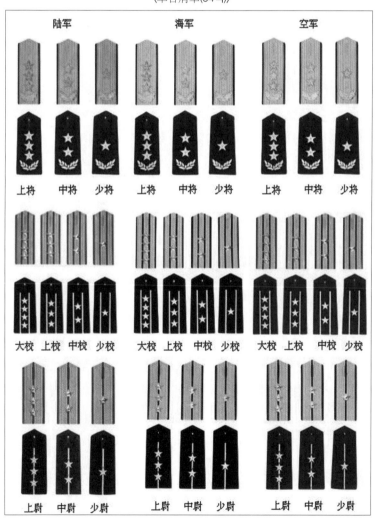

① **由于**

昆明这个城市, **由于**气候温和, 雨水充足, 所以全年鲜花盛开。

地球上各个地方**由于**看到日出日落的时间不一样, 所以就出现了时差。

由于靠近郊区, 所以时不常地有农民来这儿卖些自己家种的菜。

② **关于**

关于京剧, 我知道得很少。

现在人们常谈**关于**保护环境的问题。

现在我来说说**关于**这次旅游的事。

③ **从~起**

从明天起, 不用你来照顾我了。

从明年1月开始执行新方案。

他**从**一个农家孩子成长为国家领导人。

学习参考

인민해방군의 계급제도

인민해방군 계급제도의 기본 골격은 크게 1955년에 최초로 시행되었다가 1965년 문화대혁명의 영향으로 폐지된 '55式'과, 1988년에 부활되어 현재까지 사용하고 있는 '88式'으로 대별된다. '55식'은 구소련의 계급제도를 많이 참조한 것으로, 장교로부터 부사관 및 병사에 이르기까지 총 6등급 19계급으로 구성되었다.

구분	등급	종류	계급
장교	元帅	2	大元帅, 元帅
	将官	4	大将, 上将, 中将, 少将

장교	校官	4	大校, 上校, 中校, 少校
	尉官	4	大尉, 上尉, 中尉, 少尉
부사관	军士	3	上士, 中士, 下士
병사	兵	2	上等兵, 列兵

그러나 시행과정에서 大元帅는 수여되지 않았으며, 元帅만 10명이 탄생하였다.

문화대혁명 기간인 1965년, 제3기 전국인대 상무위원회의 "인민해방군 계급제 취소에 관한 결정"에 따라 계급제도가 폐지된 이후, 20년이 지난 1984년에 중국은 제6기 전국인대를 통해 〈병역법〉 안에 계급제의 시행을 규정함으로써 제도의 부활을 선포하였고, 1988년 7월 1일 전국인대 상무위가 〈계급조례〉를 가결함에 따라 마침내 새로운 계급제도가 출현하게 되었다. 이것이 바로 '88식'이며, 총 6등급 18계급으로 구성되었는데, 그 세부내용은 다음과 같다.

구분	등급	종류	계급
장교	将官	4	一级上将, 上将, 中将, 少将
	校官	4	大校, 上校, 中校, 少校
	尉官	3	上尉, 中尉, 少尉
부사관	士官	2	军士长, 专业军士
	军士	3	上士, 中士, 下士
병사	兵	2	上等兵, 列兵

'88식'은 '55식'과 비교하여 元帅의 등급을 없애고, 위관을 3계급으로 줄였으며, 부사관의 등급을 확대한 것이 특징이다. 그러나 실제 시행과정에서 一级上将의 대상자인 등소평(邓小平)과 양상곤(杨尚昆)이 스스로 계급을 사양함에 따라, '55식'의 大元帅와 마찬가지로 一级上将은 공석으로 남았다.

이후 1993년 10월1일부터는 부사관의 계급이 보다 세분화된 제도가 시행되었다. 즉, 专业军士와 军士长의 2가지로 대별되었던 사관의 계급이 각각 1급 · 2급 · 3급 · 4급으로 늘어난 것이다. 또한 1994년 5월12일에는 제8기 전국인대 상무위가 〈장교계급조례 수정안〉을 통과시킴으로써, 기존의 3등급 11계급에서 3등급 10계급으로 축소된 장교계급제도가 새롭게 시행되기 시작하였다. 수정된 내용은 그동안 계속 공석으로 남아 유명무실해진 一级上将을 취소한 것이었다.

아울러 1999년에는 복잡한 부사관의 계급을 전면 단순화시킨 〈사병 복무조례 개정안〉이 중앙군사위원회에서 가결되어 현재까지 시행중이다. 이 개정안의 주요 내용을 보면, 우선 부사관의 등급을 초급(1급, 2급) · 중급(3급, 4급) · 고급(5급, 6급)으로 나누고, 각 등급마다 2개의 계급을 둔 것이 특징이다. 견장의 도안은 1급사관의 경우 가는 꺾인 막대와 상징부호로, 2급사관은 굵은 꺾인 막대와 상징부호로 이루어졌으며, 중급사관의 경우는 굵은 막대에 가는 막대가 추가되거나(3급사관), 2개의 굵은 꺾인 막대가 나란히 붙고(4급사관), 상징부호 하단에 호형(弧形) 받침이 들어갔다. 고급사관은 2개의 굵은 꺾인 막대에 가는 막대가 추가되거나(5급사관), 3개의 굵은 꺾인 막대(6급사관)로 이루어졌으며, 각각 받침이 상징부호 외곽을 둥글게 에워싸고 있다. 또한 색상은 군종에 따라서 견장 바탕색을 국방색 · 감청색 · 하늘색으로 구분하였다. 병사의 경우는 이전과 마찬가지로 열병과 상등병으로 나누고, 견장의 도안은 가는 꺾인 막대를 쓰되 상징부호가 없다. 구체적인 도안은 아래의 도표와 같다.

〈인민해방군 사병 계급 도안(1999∼현재)〉

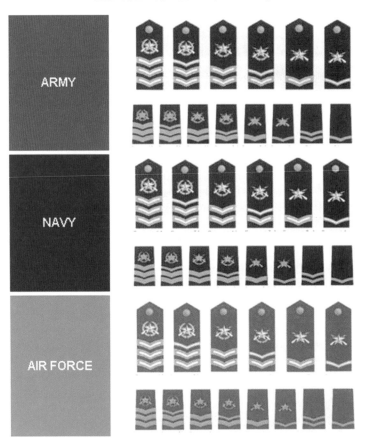

- 文化大革命
- 중국의 부사관(士官) 제도

〈인민해방군 장교 및 사병 계급 도안(1988~1999)〉

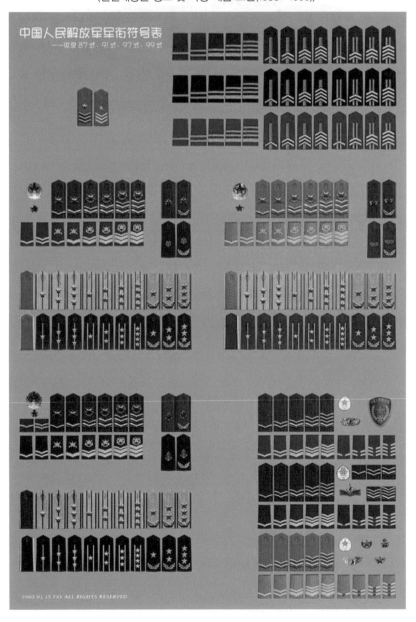

第4讲 人民解放军的组织和编制

课文

武装力量是一个国家各种武装组织的总称。中国的武装力量包括三个部分：人民解放军、人民武装警察部队和民兵。人民解放军由陆军、海军、空军、第二炮兵四个军种组成。陆军是人民解放军最主要的军种。现在的陆军主要由步兵、炮兵、装甲兵、工程兵、通信兵、防化兵等兵种组成。具有多种作战能力，既能单独作战，又能协同海、空军作战；既能打常规战争，又能打核战争。陆军的编制是：集团军、师、旅、团、营、连、排、班。有的兵种取消了旅的编制。

海军的主体是舰艇部队。海军的主要兵种有潜艇部队、水面舰艇部队、海军航空兵、岸防兵、海军陆战队等。其作战能力也由过去单一的水面作战扩展到水下、空中、浅纵深的陆地等立体作战。海军的主要任务是防御敌人来自海上的入侵，维护国家的海洋权益。海军的编制是：舰队、海军基地(军级)、水警区(师级)、舰艇支队(师级)、舰艇大队(团级)、舰艇中队(营级)。中国有北海舰队、东海舰队、南海舰队三个舰队。

空军的主体是航空兵。此外还有高射炮兵(包括地空导弹)、空降兵、雷达兵、通信兵等兵种。空军具有机动性强、火力猛烈的特点。除了防空以外，它还可以支援陆海军作战(如空运、侦察等)，以及对敌后方实施空袭等。空军的编制是：军区空军、空军军、航空兵师、航空兵团、飞行大队、飞行中队。

第二炮兵是中国的核力量，又叫战略导弹部队。第二炮兵包括中程、远程、洲际导弹部队以及工程建筑、侦察、计算、运输和专业勤务部队。

人民武装警察部队，是根据中央军委的决定，把人民解放军中担负内卫执勤任务的部队移交公安部门，同公安部门实行兵役制的武装、边防、消防警察统一组建而成的。它也执行中华人民共和国兵役法和人民解放军的条令、条例。

民兵是不脱离生产的群众武装组织，是人民解放军的助手和后备力量。

中国武装力量的最高领导机构是中国共产党的中央军事委员会。中央军委通过它下面的人民解放军总部、人民武装警察总部和中央军委人民武装委员会，领导上述三种武装力量。国防部是国务院的一个部，它接受中央军委领导。中央军委下设总参谋部、总政治部、总后勤部、总装备部。总参谋部是负责全国武装力量建设和作战指挥的军事领导机关，下辖：作战部、情报部、通信部、军训部、军务部、兵种部等部门。总政治部是全军的政治工作领导机关，负责军队中党的工作和政治工作。总后勤部是全军后勤工作的领导机关，负责领导和管理军队后勤的各项专业勤务，组织实施军队的各种后勤保障；总装备部负责组织领导全军武器装备建设工作。大军区是在四总部和部队之间的组织；是根据国家的行政区域、地理位置和战略战役方向、作战任务等设置的军队一级组织；是战备区域内的最高军事领导指挥机关。它领导辖区部队的正规化、现代化建设，负责辖区内诸军兵种部队合同作战的统一指挥，领导、管理辖区内的民兵、兵役、动员工作和战场建设。目前有七个大军区：北京军区，沈阳军区，兰州军区，济南军区，南京军区，广州军区，成都军区。

生词

武装力量	wǔzhuānglìliàng	무력, 군사력
总称	zǒngchēng	총칭
包括	bāokuò	포함하다
第二炮兵	dì'èrpàobīng	제2포병(약칭 '二炮')
军种	jūnzhǒng	군종

步兵	bùbīng	보병(병과명)
装甲兵	zhuāngjiǎbīng	기갑(병과명)
工程兵	gōngchéngbīng	공병(병과명)
通信兵	tōngxìnbīng	통신(병과명)
防化兵	fánghuàbīng	화학(병과명)
兵种	bīngzhǒng	병과
具有	jùyǒu	갖추다, 구비하다
常规战争	chángguīzhànzhēng	재래식 전쟁
核战争	hézhànzhēng	핵전쟁
编制	biānzhì	편제(하다)
集团军	jítuánjūn	집단군
师	shī	사단
旅	lǚ	여단
团	tuán	연대
营	yíng	대대
连	lián	중대
排	pái	소대
班	bān	분대
潜艇	qiántǐng	잠수함
岸防兵	ànfángbīng	해안방어병
陆战队	lùzhànduì	해병대
扩展	kuòzhǎn	확대되다, 확대하다
来自	láizì	～으로부터 오다
浅纵深	qiǎnzòngshēn	얕은 종심
入侵	rùqīn	침입하다
维护	wéihù	유지하다, 보호하다
海洋权益	hǎiyángquányì	해양권익
水警区	shuǐjǐngqū	해상경비구역
高射炮	gāoshèpào	고사포
地空导弹	dìkōngdǎodàn	지대공미사일
空降兵	kōngjiàngbīng	공정대, 공수부대
雷达	léidá	레이더
猛烈	měngliè	맹렬하다
支援	zhīyuán	지원(하다)
空运	kōngyùn	공중수송(하다)
侦察	zhēnchá	정찰(하다)
实施	shíshī	실시하다

空袭	kōngxí	공습
中程	zhōngchéng	중거리
洲际导弹	zhōujìdǎodàn	대륙간미사일(ICBM)
工程建筑	gōngchéngjiànzhú	공사 및 건축
运输	yùnshū	수송(병과명)
勤务	qínwù	근무지원(하다)
担负	dānfù	담당하다
内卫执勤	nèiwèizhíqín	내부 치안유지를 하다
移交	yíjiāo	이관하다
公安部门	gōng'ānbùmén	공안부서
边防	biānfáng	국경방어임무
消防	xiāofáng	소방
脱离	tuōlí	이탈하다, 벗어나다
群众	qúnzhòng	군중
后备	hòubèi	후방예비
总部	zǒngbù	본부, 총사령부
总后勤部	zǒnghòuqínbù	총후근부
下辖	xiàxiá	아래로 ~을 관할하다
机要	jīyào	기무
大军区	dàjūnqū	대군구
诸军兵种部队	zhūjūnbīngzhǒngbùduì	제병협동부대

惯用句

① **来自**(于)

现代人幸福的源泉首先**来自**于健康, 第二**来自**于知识, 第三**来自**于家庭, 第四才是金钱。

他是**来自**于中国北京大学的一位教授。

一位**来自**北京的同学要回国看望家人, 我问他, 回家最想吃的是什么?

② **除了~以外**

除了请了病假的小李**以外**, 别人都按时到了。

这个图书馆**除了**星期一**以外**, 其余每天都对外开放。

俄罗斯的石油储量占世界的30%, **除了**中东地区**以外**, 世界上任何一个地方都难以
与之相比。

③ **根据**

　　根据原来的计划，我们将在北京会合。

　　根据历史资料记载，这场战争发生在1840年。

　　根据调查得知，过多的睡眠对人体同样有害。

④ **~之间**

　　我知道你这个人不爱给人添麻烦，可咱们**之间**谁跟谁呀？

　　这条高速公路的建成，加快了两座城市**之间**的经济交往。

　　现在各公司**之间**的竞争，说到底，就是质量和服务的竞争。

중국의 군사영도지휘체계

　　헌법상 중국의 최고 권력기구는 전국인민대표대회로 규정되어 있으나 실제로 국가의 무력(인민해방군, 인민무장경찰부대, 민병)을 통수하는 기구는 '중앙군사위원회'(Central Military Commission; CMC)이다.

　　정부 조직에서 중앙군사위원회의 위상은 형식상으로 국무원(우리의 행정부)·최고인민법원(우리의 대법원)·최고인민검찰원(우리의 검찰청)과 동열에 있고, 그 구성원 모두 전국인민대표대회가 선출하지만 실제로는 중국공산당 중앙위원회가 결정하고 뒤에 전국인대가 추인하는 형태기 때문에 공산당이 직접 관장하는 독립기구라 해도 무방하다. 중앙군사위원회 주석은 지금까지 특별한 사유가 없는 한 공산당총서기가 국가주석과 더불어 겸임함으로써 군 통수권자의 권한을 행사해 왔다.

2008년 2월 현재 중앙군사위원회의 구성원은 모두 11명으로 주석 1명, 부주석 2명, 위원 8명으로 이루어졌으며 구체적인 내용은 다음과 같다.

- 주석: 胡锦涛(중국공산당 총서기, 국가주석)
- 부주석: 郭伯雄(중앙정치국 위원), 徐才厚(중앙정치국 위원)
- 위원: 梁光烈(국방부장), 陈炳德(현 총참모장), 李继耐(총정치부주임), 廖锡龙(총후근부장), 常万年(총장비부장), 吴胜利(해군사령관), 许其亮(공군사령관), 靖志远(제2포병사령관)

〈中国国防体制组织图〉

중앙군사위원회는 국방부를 통해 군정권(军政权)을 행사하고, 총참모부·총정치부·총후근부·총장비부로 구성된 '4총부'를 통해 군령권(军令权)을 행사한다. 국방부는 행정부에 소속되어 대외적으로 군을 대표하고, 대내적으로는 중앙군사위원회의 지도 아래 군과 관련된 법령이나 조례·조령 등을 반포하는 국가기관이다. 행정부 산하의 군사관련기관인 국방부와 공안부(公安部) 및 국방과학기술공업위원회(国防科学技术工业委员会)를 통제하기 위해 중국은 구성원이 동일한 '당 중앙군사위원회'와 '국가 중앙군사위원회'를 두고 있다.

총참모부는 전국 무장역량의 건설과 군사행동을 총괄 지휘하는 중앙군사위원회의 핵심기관으로써 유사시 군사작전의 심장부라 할 수 있다. 대군구(大军区)와 해군 및 공군사령부를 비롯하여 민병에 이르기까지 모든 군대의 동원은 총참모부의 직접 통제를 받는다. 총정치부는 전국 무장역량의 당 관련업무를 총괄하는 기관으로, 예하에 조직부(组织部)·간부부(干部部)·선전부(宣传部)·문화부(文化部)·연락부(联络部)·군사법원·군사검찰원·해방군보사(解放军报社) 등의 부서와 군사박물관·팔일(八一)영화제작소 등의 부속기관을 거느리고 있다. 총후근부는 군대의 물자·후생복리·기술·수송을 전담하는 기관이며, 예하에 사령부·정치부·재무부(财务部)·군수부(军需部)·위생부(卫生部)·군계부(军械部)·차선부(车船部)·유료부(油料部)·기건영방부(基建营房部)·군수생산부(军需生产部) 등의 부서가 있다. 총장비부는 전군의 무기장비 건설업무를 전담하는 기관으로써, 예하에 정치부·과기위원회(科技委员会)·종합계획부(综合计划部)·군병종장비부(军兵种装备部)·육군장비과연정구부(陆军装备科研订购部)·통용장비보장부(通用装备保障部)·전자신식기초부(电子信息基础部)·장비기술합작부(装备技术合作部) 등의 부서가 설치되어 있다.

■■■ 심화학습과제
● 총부(总部)체제의 변천과정
● 중국의 军事院校

第5讲 中国的武装力量

课文

　　1999年10月1日，为了纪念建国五十周年，中国政府在天安门广场举行了阅兵式，这是1984年以来的第一次。这次阅兵有重要意义，它展示了十几年来中国军队改革的新成果。在阅兵式上人们可以看到中国研制的新一代战略核武器。这次展出的新型战略导弹都是小型的，但是它们的性能和命中精度很高。为了躲开侦察卫星的监视，能迅速地发射导弹，导弹发射台装在卡车上，并且可以移动。核弹头实现了小型化，火箭使用固体燃料。在这些导弹中，有中程弹道导弹，日本等中国周边国家都在它的射程之内。还有可以打到美国西海岸，射程为8,000公里的远程弹道导弹。此外，中国已经研制成功潜艇发射的新型远程弹道导弹和射程12,000公里、可以打到美国东部的新型陆基洲际导弹。不过，这两种导弹没有参加这次阅兵式。

　　今天的中国陆军是由机械化步兵、坦克、炮兵、高射炮、工兵和通信部队等技术部队组成的合成集团军，还包括空降部队、直升机机动部队和海军陆战队等快速反应部队。在今年的阅兵式上，接受检阅的是穿着迷彩服的合成集团军士兵、空降部队和海军陆战队组成的徒步行进方队。直升机机动部队的武装直升机从天安门上空飞过。此外，预备役部队也参加了这次阅兵式。在徒步行进方队之后是这些部队装备的武器。大部分接受检阅的武器都是国产的新型武器，比如新型坦克、装有装甲和履带的步兵输送车、步兵战斗车、各种野战炮、多管火箭炮、反坦克炮以及防空导弹等武器。而且，这些武器的指挥、通信等设备也已经实现了自动化和系统化。

在阅兵式快要结束的时候，飞机编队飞过了天安门上空。接受检阅的有上百架飞机，除了战斗机之外，还有刚刚配备海军航空兵部队的'飞豹'歼击轰炸机、俄罗斯的苏-27战斗机、空中加油机和各种直升机。其中'飞豹'歼轰机和空中加油机是首次公开亮相。苏-27的活动半径很大，如果空中加油机和它互相配合，它的活动范围就会更大，续航时间也会更长。更引人注目的是，培养合成集团军干部的最高军事院校—国防大学的学生和其他军事院校的学生也参加了这次阅兵式。这说明中国的军事改革是"从数量向质量的转变"，也就是说在减少军人数量的同时，不断改进武器质量，提高使用武器的军人的素质，实现科技强军的目标。这次阅兵式的重要意义和影响必将在今后几年甚至十几年中显现出来。

生词

阅兵式	yuèbīngshì	열병식, 군사퍼레이드
展示	zhǎnshì	펼쳐 보이다, 전시하다
新一代	xīnyīdài	차세대
命中精度	mìngzhōngjīngdù	명중정확도
躲开	duǒkāi	피하다
侦察卫星	zhēncháwèixīng	정찰위성
监视	jiānshì	감시(하다)
迅速	xùnsù	신속하다
发射台	fāshètái	발사대
弹头	dàntóu	탄두
火箭	huǒjiàn	로켓, 추진체
固体燃料	gùtǐránliào	고체연료
射程	shèchéng	사정거리
陆基	lùjī	육상기지

机械化	jīxièhuà	기계화
坦克	tǎnkè	탱크, 전차
直升机	zhíshēngjī	헬기
快速反应部队	kuàisùfǎnyìngbùduì	신속대응부대
迷彩服	mícǎifú	위장복, 얼룩무늬전투복
徒步	túbù	도보
方队	fāngduì	사각형대형
预备役	yùbèiyì	예비역
履带	lǚdài	궤도
步兵输送车	bùbīngshūsòngchē	보병수송용 장갑차
步兵战斗车	bùbīngzhàndòuchē	보병전투차량
野战炮	yězhànpào	야포
多管火箭炮	duōguǎnhuǒjiànpào	다연장로켓포
反坦克炮	fǎntǎnkèpào	대전차포
系统化	xìtǒnghuà	시스템화
配备	pèibèi	실전배치되다
飞豹	fēibào	비표(날으는 표범)
歼击轰炸机	jiānjīhōngzhàjī	전폭기
空中加油机	kōngzhōngjiāyóujī	공중급유기
活动半径	huódòngbànjìng	행동반경
配合	pèihé	배합하다
范围	fànwéi	범위
续航时间	xùhángshíjiān	항속시간
引人注目	yǐnrénzhùmù	눈길을 끌다
培养	péiyǎng	양성하다, 배양하다
军事院校	jūnshìyuànxiào	군사간부학교
转变	zhuǎnbiàn	전환(하다)
素质	sùzhì	소양, 자질
甚至	shènzhì	심지어
显现	xiǎnxiàn	드러나다

惯用句

① **为了**~

　　为了保证图纸质量, 他们昨晚加班, 把图纸全部又改了一遍。

为了赶在明天早上把报告交上去, 我今晚不得不熬夜。

水中的氧气减少之后, **为了**维持正常的新陈代谢, 鱼儿不得不吸入更多的水, 以便呼吸到更多的氧气。

② **也就是(说)**

直译**也就是**逐字逐句的翻译法。

胸有成竹, **也就是说**心里很有把握。

在信息时代, 50%以上的从业人口为从事信息业的职员, **也就是**所谓的"白领阶层", 其余不到50%的从业人口是蓝领工人、农业工人和生活服务业工人。

③ **甚至**

噪音对人最直接的危害就是对听觉的影响, 使听力减弱, 让你不自觉地开始大声说话, **甚至**听不清别人的讲话。

有的快餐店**甚至**连餐桌都没有, 人们买了一份快餐后, 有的拿到自己的车里去吃, 有的拿回自己的家里去吃, 也有的拿到办公室或公园里去吃。

有些毕业于名牌大学的年轻人, 对自己的文凭很自豪, **甚至**觉得高人一等。

学习参考

군구(军区)의 변천과정

중국에서 군구(军区)란 국가의 행정구획이나 지리적인 위치, 전략·전역상의 방향과 작전임무에 근거하여 설치한 1급 군사조직을 말한다. 현재 심양(沈阳)군구·북경(北京)군구·란주(兰州)군구·제남(济南)군구·남경(南京)군구·광주(广州)군구·성도(成都)군구 등 7개의 군구를 두고 있으며, 각 군구마다 몇 개의 집단군(集团军)과 군병종(军兵种)부대·병참지원(后勤保障)부대 및 성(省)군구 또는 위수구(卫戍区)·경비구(警备区)가 배속되어 있다. 각 군구는 2~5개의 성(省)을 관할하기 때문에 성 군구와 차별화하기 위해 '대군구'(大军区)라 부르기도 한다. 그 구체적인 관할범위는 다음과 같다.

심양군구: 요녕성(辽宁省), 길림성(吉林省), 흑룡강성(黑龙江省)과 내몽고자치구(内蒙

古自治区) 동부의 3맹(盟)·1시(市)

북경군구: 하북성(河北省), 산서성(山西省), 내몽고자치구, 북경(北京卫戌区), 천진(天
津警备区)

란주군구: 섬서성(陝西省), 감숙성(甘肃省), 청해성(青海省), 영하회족자치구(寧夏回族
自治区), 신강위구르자치구(新疆维吾尔自治区)

제남군구: 산동성(山东省), 하남성(河南省)

남경군구: 강소성(江苏省), 절강성(浙江省), 안휘성(安徽省), 복건성(福建省), 강서성
(江西省), 상해(上海警备区)

광주군구: 호북성(湖北省), 호남성(湖南省), 광동성(广东省), 해남성(海南省), 광서장족
자치구(广西壮族自治区)

성도군구: 사천성(四川省), 운남성(云南省), 귀주성(贵州省), 서장자치구(西藏自治区),
중경(重庆警备区)

〈현재 중국의 7대군구도〉

그러나 지금의 7개 대군구로 정착하기까지에는 여러 차례의 조정과정이 있었다. 국공내전(国共内战)이 막바지에 이르던 시기에 중국공산당 '중앙인민혁명군사위원회'(현 '중앙군사위원회'의 전신)는 작전의 필요성에 따라 전국을 서북(西北)군구 · 화중(华中)군구 · 화동(华东)군구 · 동북(东北)군구 · 화북(华北)군구 등 5개의 군구로 나누었는데, 이것이 바로 중국 최초의 군구 형태이다. 건국 직후인 1949년 12월에 화중군구를 중남(中南)군구로 개조하고 서남(西南)군구를 신설함으로써 군구는 6개로 늘게 되었다. 그리고 1955년 2월, 국무원 총리인 주은래(周恩来)와 국방장관 팽덕회(彭德怀)의 명의로 공표한 "전국 군구 재획정에 관한 결정"에 따라 기존의 6개 군구는 12개로 대폭 확대되었다. 이 전면적인 개편 방안은 대체로 각 군구의 사령부가 소재한 도시의 이름을 따서 심양 · 북경 · 제남 · 남경 · 광주 · 무한(武汉) · 성도 · 곤명(昆明) · 란주 · 신강(1979년4월에 우루무치(乌鲁木齐)로 개칭) · 내몽고 · 서장(西藏) 군구라 명명하고, 관할구역 내의 야전군과 성 군구 및 지방무장부대를 직접 지휘 관리하는 한편, 군구 내의 해군과 공군부대도 각 군종사령부와 공동지휘할 수 있도록 하여 3군합동작전이 가능하도록 한 점이 특징이다.

이후 1956년 7월 복주(福州)군구를 신설하여 전국의 대군구는 13개로 늘어났다가 1967년 5월에 내몽고군구를 북경군구로 편입하고, 다시 1968년 12월에 서장군구를 성도군구로 편입함에 따라 군구의 수는 11개로 조정되었다. 1985년 7월, 중앙군사위원회의 의결을 거쳐 군구에 대한 또 한 번의 대폭적인 개편작업이 이루어졌으며, 이것이 바로 현재까지 유지되고 있는 군구 형태이다. 주요 내용을 보면 우루무치군구를 란주군구에, 무한군구를 제남과 광주군구에, 복주군구를 남경군구에 각각 편입함으로써 군구의 수를 7개로 줄이는 대신, 지휘의 통합성과 집중성을 강화하고 종심을 확대하는 한편, 각 군구에 병력과 물자를 충실히 하여 독립적인 작전능력을 높인 것이 두드러진 특징이라 할 수 있다.

■■ 심화학습과제
● 중국의 군구 개편 가능성
● '인민전쟁'개념의 변화

第6讲 陆军

大檐帽

帽徽

课文

　　中国人民解放军陆军在1927年8月1日成立以来，经过80多年的建设，现已发展成为一支具有强大火力、突击力和高度机动能力的诸兵种合成军种。编有步兵、炮兵、装甲兵、工程兵、通信兵、防化兵等专业兵种，还编有电子对抗、测绘和航空兵部队。

　　步兵是徒步或搭乘装甲输送车、步兵战车实施机动和作战的兵种，是地面作战的主要力量。它按任务分为山地步兵、摩托化步兵、机械化步兵。炮兵是以各种压制火炮、反坦克火炮、反坦克导弹和战役战术导弹为基本装备，遂行地面火力突击任务的兵种。它包括地面炮兵、高射炮兵和地空导弹部队。装甲兵部队在编制上以坦克部队和装甲步兵部队为主体，还编有炮兵、反坦克导弹、防空、防化学、工程及其他勤务保障部(分)队。装备除主战坦克外，还有水陆坦克、轻型坦克、扫雷坦克、反坦克导弹发射车等。工程兵由工兵、舟桥、建筑、工程维护、伪装、野战给水工程等专业部(分)队组成。通信兵由野战通信、固定台站通信、通信工程和军邮勤务等专业部(分)队组成。防化兵由防化、喷火、发烟等部(分)队组成。防空兵是以高射炮、地空导弹武器系统为基本装备, 遂行对空作战任务的兵种。陆军航空兵是装备攻击直升机、运输直升机和其他专用直升机及轻型固定翼飞机, 遂行空中机动和支援地面战斗的兵种。

　　陆军的基本组织层次为: 集团军、师(旅)、团、营、连、排、班。团以上大多采用合成编组, 如集团军通常辖若干个步兵师(旅)及装甲(坦克)师(旅)、炮兵旅、防空旅、直升机大队、工兵团、通信团及各种保障部(分)队等。陆军按任务还划分为野战部队、边防部队、警卫警备部队等。陆军没有设置独立的领导机关, 由总部有关部门行使领导职能。集团军至团的各级领导机关通常设置司令部、政治部(处)、后勤部(处)、装备部(处)。

生词

突击	tūjī	돌격(하다)
电子对抗	diànziduìkàng	대전자전
测绘	cèhuì	측량제도
搭乘	dāchéng	탑승하다
地面作战	dìmiànzuòzhàn	지상작전
山地步兵	shāndìbùbīng	산악보병
摩托化	mótuōhuà	차량화
压制	yāzhì	제압하다
战役	zhànyì	전역
战术	zhànshù	전술
遂行	suìxíng	수행하다
保障	bǎozhàng	보장(하다)
水陆坦克	shuǐlùtǎnkè	수륙양용전차
扫雷	sǎoléi	소뢰, 지뢰를 제거하다

舟桥	zhōuqiáo	부교
伪装	wěizhuāng	위장하다
台站	táizhàn	기지, 통신소
军邮	jūnyóu	군사우편
喷火	pēnhuǒ	화염을 내뿜다, 분화하다
发烟	fāyān	연기를 피우다, 연막을 치다
固定翼	gùdìngyì	고정익
层次	céngcì	층차
若干	ruògān	약간
设置	shèzhì	설치하다
领导	lǐngdǎo	영도하다, 지도자
行使	xíngshǐ	행사하다

学习参考

인민해방군의 병력감축 경과

중국은 건국 초기부터 오늘에 이르기까지 인민해방군에 대해 모두 9차례의 크고 작은 병력감축작업을 실시하였다. 초창기 군대의 총병력이 550만 명에 달했던 중국은 1950년 6월 전군참모회의를 통해 편제조정방안을 논의하고 전체 병력규모를 400만 명 수준으로 낮추기로 결정하였으며, 첫 조치로 23만 9천여 명을 복원(复员)시키는 작업에 들어갔다. 그러나 직후에 한국전쟁이 발발함으로 인하여 이 계획은 중단되었고, 1951년 말에는 '항미원조'(抗美援朝)의 명분 아래 병력 수가 오히려 해방군 역사상 최대인 627만으로 급증하였다.

1951년 11월 중앙군사위원회는 편제조정문제를 주요 의제로 논의한 끝에 1954년까지 전군의 총병력을 300만 명 수준으로 통제하자는 결정을 내렸다. 그리고 이 방침은 1952년 1월, 모택동이 승인한 〈군사정편계획(军事整编计划)〉에 따라 보병부대 병력을 258만에서 135만으로 줄이는 대신 군병종부대의 병력을 61만에서 84만으로 늘리고, 총부(总部)와 각급 기관의 인력을 112만 명에서 38만 명으로 대폭 줄이는 한편. 95만에 달하는 지방부대를 공안(公安)부대로 개편하며, 군사학교의 인원을 10만8천 명에서 12만 8천명으로 늘려 전체적인 규모를 300만 명 수준에 맞추도록 구체화되었다. 그러나 여러 가지 대내외적인 원인으로 말미암아 실질적인 감축작업은 큰 진전을 보지 못하였다.

그러다가 1953년 8월, 중공 중앙이 재차 군사조직 정비와 기구 간소화 및 부대의 질적 향상을 강조한 긴급지시를 하달함에 따라 비로소 본격적인 감축작업이 시행되었으며, 그 결과 9월 말까지 인민해방군의 총병력은 420만 명 수준으로 감소하였고 1954년 6월까지 또 47만 명을 추가로 줄임으로써 공산당 지도부가 처음 구상했던 목표치에 가까이 도달할 수 있었다.

1957년 1월, 중앙군사위원회는 '中共8大'의 군비절감 요구에 근거하여 확대회의를 개최하고 〈군대의 수량 감축과 질적 강화에 관한 결정〉 안건을 통과시킴으로써 전체 병력규모를 다시 1/3 감축한다는 방침을 확정했다. 이 방안의 핵심내용은 앞으로 3년 안에 130만 명을 더 감축하여 전군의 병력규모를 250만 명 수준으로 압축한다는 것이었다. 중앙의 강력한 의지 아래 감축작업을 추진한 결과, 1960년 말 인민해방군 총병력은 감축목표를 10만 명이나 초과한 240만 명 수준을 유지하게 되었다.

그러나 1965년에 일어나 10년이나 지속된 '문화대혁명'(文化大革命)은 중국이 그동안 유지해 왔던 군축정책의 기조를 완전히 무너뜨려 버렸다. '사인방'(四人帮)이 주도한 급진적인 노선투쟁에 이른바 '홍위병'(红卫兵)을 등장시킴으로써 군대의 인원은 급격하게 늘기 시작하였으며 기구가 다시 비대해지고 간부의 숫자도 계속 늘어나 70년대 중반에 이르러서는 총병력이 마침내 600만 명을 돌파하였다. 1975년 6월 중앙군사위원회 확대회의에서 병력 감축과 편제조정문제를 집중 논의하여 3년 내에 60만을 줄이기로 결정하고 이듬해까지 13.6%를 감축하는 상당한 성과를 거두긴 했지만 '사인방'의 방해로 이 작업은 결국 중단되고 말았다.

1977년 12월 '문혁'의 종결과 함께 중앙군사위원회는 확대회의를 통해 1975년의 편제조정작업을 계속 추진하기로 결정하고 구체적인 시행방안을 모색한 뒤, 1980년 3월부터 "수량은 줄이고 질은 높이며, 기구와 기관을 대폭 간소화하고, 불합리한 편제체제를 개혁하는 한편, 비전투인원과 지원부대를 압축하고 일부 부대는 지방으로 이관"하는 작업에 본격적으로 착수하였다. 1983년까지 실시된 이 작업의 두드러진 특징은 인원 감축 외에도 기관부서나 부대의 통폐합·임무 이관 등 조직편제의 정비에 주안점을 두었다는 것이다.

개혁개방 이후 1984년 11월 등소평(邓小平)이 제기한 100만 명 감축 구상에 따라 시행방안을 연구해 온 중앙군사위원회는 1985년 6월 초 확대회의에서 실행을 최종확정하였다. 중점은 총부·군병종·대군구·국방과공위(国防科工委)의 기관과 직속부서를 간소화하고 일부 군사학교를 통폐합하며, 직무를 조정하는 데 맞추었다. 특히 대군구를 현재의 7개로 축소하고 야전부대를 새로운 군사개념에 부응하는 집단군으로 재편한 것은 가장 두드러진 변화라고 할 수 있다. 1987년 초 감축작업이 종료되었을 때 인민해방군의 총병력은 423만여 명에서 323만여 명으로 집계되었다.

1997년 9월 '中共15大'에서 강택민(江泽民) 주석이 "세계 군사영역의 변화에 적응하기 위하여 교육훈련 강화와 현대 첨단기술조건 아래의 방위작전능력 향상"을 제기함에 따라 중국은 다시 3년 내에 50만 명을 더 감축하는 작업에 착수하였다. 그리고 2000년 3월 제9기 전국인대 3차 회의를 통해 강택민은 감축작업의 성공적인 완료를 선포한 바 있다. 이 과정에서 추가로 20여만 명의 간부를 전역시켜 지방으로 전환함에 따라 인민해방군 병력은 250만 명 수준이 되었다.

현재의 호금도(胡锦涛) 주석이 취임한 후 2003년 초에 다시 군 간부 17만 명 감원을 포함한 20만 감축안이 실행에 옮겨졌는데, 2006년 국방백서를 보면 인민해방군의 총병력은 이미 230만 명으로 명시되어 있다.

■■■ 심화학습과제
● 중국육군 현대화계획

第7讲 集团军

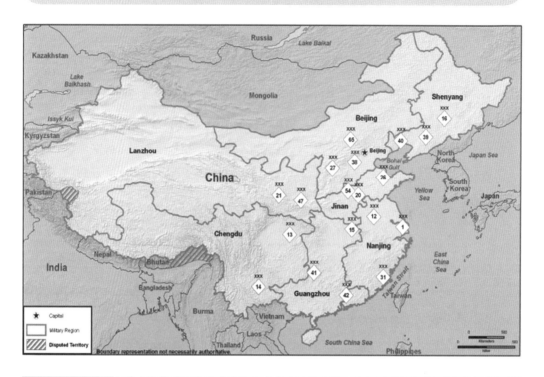

课文

19世纪初, 世界军事舞台上出现了一种由陆军各兵种组合在一起的战役编成单位, 这就是集团军。20世纪中叶的第2次世界大战, 使集团军这一基本战役军团的编组和作战更加趋于成熟和完善。在中国军队的编制序列中, 第一次出现真正意义的合成集团军, 是1985年。1985年, 中国领导人邓小平预见和把握当今国际战略格局和周边态势的发展趋势, 提出了军队建设指导思想要实行战略性转变, 作出了中国军队裁减100万的重大决策。这一重大战略决策的产物之一, 就是中国组建了它的陆军集团军。

新中国成立前夕, 陆军总兵力约为420万人, 1950年发展到520万人, 1951年底达到580余万人。此后, 经过多次精简, 到70年代, 陆军编制人数仅为新中国成立时的1/3。其中, 特种兵部队发展迅速, 占陆军兵种部队兵力的比例超过了20%。1980年以后, 陆军进行了3次较大规模的整编, 中共14大前后, 中国军队以打赢现代技术特别是高技术条件下的局部战争为基点, 对军队质量建设提出了新的要求。

陆军现在的合成集团军编组，是1985年改革的重大成果。把保留的陆军全部整编为集团军，将原军区所属装甲兵全部、炮兵和工程兵大部编入集团军，与原军属兵种部队统一整编为集团军属坦克师(旅)、炮兵旅、高炮旅、工兵团、通信团；扩编了防化、运输分队，有的还增配了陆军航空兵部队和电子对抗分队。

集团军的组建，使陆军部队的火力、机动力、突击力、防护力和快速反应能力全面加强，整体作战威力和独立作战能力得到提高。跨入20世纪90年代，高技术条件下的局部战争展现出全新的态势。当今世界主要军事大国纷纷加快军队的现代化建设步伐。合成集团军作为其基本的战役编成单位，呈现出作战要素小型化、多能化、合成化的明显特征，使得整体作战能力得到空前提高。现在，中国集团军已初步形成了地面突击力量、火力打击力量、作战保障力量和后勤技术保障力量四个部分。这四个部分的力量相互支持，有机配套，共同组成了一个完整的作战系统。

生词

舞台	wǔtái	무대
中叶	zhōngyè	중엽
趋于	qūyú	~으로 향하다
成熟	chéngshú	성숙하다, 성숙해지다
完善	wánshàn	완벽해지다
把握	bǎwò	포착하다, 파악하다
当今	dāngjīn	지금, 현재
战略	zhànlüè	전략
格局	géjú	짜임새, 골격, 구조
态势	tàishì	형세, 태세
裁减	cáijiǎn	삭감하다, 감축하다
决策	juécè	정책결정
前夕	qiánxī	전야
精简	jīngjiǎn	간소화하다
特种兵	tèzhǒngbīng	특종병, 특전병
超过	chāoguò	넘다, 초과하다
整编	zhěngbiān	편제를 조정하다
打赢	dǎyíng	싸워 이기다
高技术	gāojìshù	첨단기술

局部战争	júbùzhànzhēng	국지전
基点	jīdiǎn	중심, 중점, 출발점
保留	bǎoliú	보존하다, 보류하다
增配	zēngpèi	증강배치하다
整体	zhěngtǐ	전체, 총체
跨入	kuàrù	들어서다
展现	zhǎnxiàn	전개하다, 펼쳐지다
纷纷	fēnfen	쉴새없이, 분분하다
步伐	bùfá	발걸음, 보조
呈现	chéngxiàn	양상을 띠다, 나타내다
使得	shǐdé	~한 결과를 낳다
空前	kōngqián	공전의, 전대미문의
配套	pèitào	세트(set), 조립하다

惯用句

① **把握**

后天就比赛了, 你还去逛街, 你有**把握**吗?

正确地**把握**住对方的力量, 是赢得胜利的先决条件。

不打无准备之仗, 不打无**把握**之仗。

② **作出了~**

他对我的话**作出了**过度敏感的反应。

他为中韩两国之间的友好**作出了**很多贡献。

他们经过好多次的讨论, 终于**作出了**科学结论。

③ **纷纷**

外边下起**纷纷**的大雪。

放寒假了, 同学们**纷纷**赶回乡下老家过年。

中国改革开放以来, 许多国家**纷纷**来投资设厂。

군구별 전투력 배치 현황

중국의 군구체제는 과학기술의 급속한 발전과 전쟁 양상의 변화에 적응하기 위한 방향으로 조정과정을 거쳐 오늘에 이르고 있다. 비록 총체적인 전투력은 아직까지 선진형 단계에 도달하지 못했지만 중국이 꾸준한 군사현대화 작업을 통해 이룩한 성과는 괄목할 만하다. 이미 과거 지상군 중심의 재래식 전력에서 화력·기동력·방호력이 대폭 강화되고 제병합성의 입체작전과 독립작전이 가능한 현대식 전력으로 전환하였으며, 지금은 정보화 조건의 미래전쟁에 적응하기 위한 첨단 과학군을 건설하는 데 주력하고 있다.

① 지상전력

미 국방성이 의회에 제출한 보고서 〈Military Power of the People's Republic of China 2008〉에 따르면 중국의 7개 대군구에는 18개의 현대화된 육군 집단군과 공군의 제15 공강군이 분산 배치되어 있는데, 그 구체적인 현황은 아래 도표와 같다.

〈군구별 예하 집단군〉

군구	집단군 수	집단군 번호
심양군구	3	제16군, 제39군, 제40군
북경군구	3	제27군, 제38군, 제65군
제남군구	3	제20군, 제26군, 제54군
남경군구	3	제1군, 제12군, 제31군
광주군구	3	제41군, 제42군, 제15공강군(공군)
성도군구	2	제13군, 제14군
란주군구	2	제21군, 제47군

② 해상 및 공중전력

각 군구에는 1개씩의 군구공군사령부가 있고 지리적인 위치에 따라 해안을 관할하는 경우 해군 함대사령부나 기지가 배속되어 있다. 그러나 배속된 공군과 해군은 군구사령관이 독자적으로 지휘하지 않고 각각 공군사령관이나 해군사령관과 연합지휘해야 한다. 미 국방성 보고서에 근거하여 군구별 해상전력과 공중전력을 정리해 보면 다음과 같다.

〈군구별 해상 및 공중전력〉

군구	해상전력	공중전력
심양군구		군구공군사령부 (3개 전투기사단, 1개 지상공격기사단)
북경군구		인민해방군 공군사령부(2개 수송기사단) 군구공군사령부(3개 전투기사단)
제남군구	북해함대 사령부 북해함대 항공병사령부 (1개 전투기사단, 1개 전폭기사단, 1개 폭격기사단)	군구공군사령부 (2개 전투기사단, 1개 지상공격기사단)
남경군구	동해함대 사령부 동해함대 항공병사령부 (2개 전투기사단)	군구공군사령부 (3개 전투기사단, 1개 지상공격기사단, 1개 폭격기사단)
광주군구	남해함대사령부 남해함대 항공병사령부 (2개 전투기사단)	군구공군사령부 (5개 전투기사단, 1개 폭격기사단, 1개 수송기사단)
성도군구		군구공군사령부(2개 전투기사단)
란주군구		군구공군사령부 (2개 전투기사단, 1개 폭격기사단)

■■▨ 심화학습과제
● 집단군 편제의 변천과정

第8讲 海军

大檐帽

帽徽

课文

　　人民解放军海军于1949年4月23日正式成立，现已成为一支兵种齐全，常规和尖端武器兼备，具有在水面、水下、空中、岸上实施立体攻防作战和战略袭击能力，能有效地保卫国家领海的战斗力量。主要任务是独立或协同陆军、空军防御敌人从海上入侵，保卫领海主权，维护海洋权益。主要由水面舰艇部队、潜艇部队、航空兵、岸防兵和陆战队等兵种以及各种保障部队组成，编有北海、东海、南海三个舰队和海军航空兵部，以及各类院校、科研试验机构、预备役部队和军民联防单位。编制人员现有约30万人，其中包括海军航空兵2.5万人，海军岸防部队2.5万人，海军陆战队4万人。

　　水面舰艇部队是在水面遂行作战任务的兵种，是海军的基本作战力量，包括战斗舰艇部队和勤务舰船部队，具有在广阔海域进行反舰、反潜、防空、水雷战和对岸攻击等作战能力。主要用于攻击敌海上兵力和岸上目标，支援登陆、抗登陆作战，保护或破坏海上交通线，进行海上封锁、反封锁作战，运送作战兵力和物资，参加夺取制海权和海洋制空权的斗争等。平时还用于保卫和参加海上科学试验与调查作业、开发海洋资源，维护国家海洋权益。其编制层次通常为支队(相当于师级)、大队(相当于团级)、中队(相当于营级)，如驱逐舰支队、护卫舰大队、导弹快艇中队等。据统计，现在人民解放军海军约有300余艘主力舰艇(其中潜艇63余艘、驱逐舰20艘、护卫舰50余艘)，550艘战斗艇(180~200艘导弹艇，100~150艘鱼雷艇)，150~200艘辅助船。

潜艇部队是在水下遂行作战任务的兵种。按潜艇动力，分为常规动力潜艇部队、核动力潜艇部队；按武器装备，分为鱼雷潜艇部队、导弹潜艇部队和战略导弹潜艇部队。具有在水下使用鱼雷、水雷、导弹武器对敌方实施攻击的能力。主要用于消灭敌方大、中型运输舰船和作战舰艇，破坏敌方海上交通线，保护己方海上交通线，破坏、摧毁敌方基地、港口和岸上重要目标。还可以遂行侦察、布雷、反潜、巡逻和运送人员物资等任务。基本编制为支队，辖有若干艘潜艇(团级)。

海军航空兵是主要在海洋上空遂行作战任务的兵种。通常由轰炸航空兵、歼击轰炸航空兵、歼击航空兵、强击航空兵、侦察航空兵、反潜航空兵部队和执行预警、电子对抗、运输、救护等保障任务的部队编成。它是夺取和保持海洋战区制空权的重要力量，海军的主要突击兵力之一，能对海战的进程和结局产生重大影响。其编制层次为舰队航空兵、航空兵师、团、大队(营)、中队(连)。它编成10个航空师(6个战斗机师、3个轰炸机师、1个训练师)，共有约540架作战飞机(轰炸机150架、歼击机400架)，还有约100架直升机。

海军岸防兵是海军部署于沿海重要地段、岛屿，以火力遂行海岸防御任务的兵种。通常由海岸导弹部队和海岸炮兵部队组成。基本任务是：封锁海峡、航道，消灭敌方舰船，掩护近岸海区的己方交通线和舰船；支援海岸、岛屿守备部队作战，保卫基地、港口和沿海重要地段的安全。其编制有独立团、营、连等，分属于海军基地或水警区。岸防部队拥有50~80座岸对舰导弹发射装置，200~300门火炮及500~700门高射炮。

海军陆战队是海军中担负渡海登陆作战任务的兵种，是实施两栖作战的快速突击力量。通常由陆战步兵、炮兵、装甲兵、工程兵及侦察、通信等部(分)队组成。基本任务是独立或协同陆军实施登陆作战、抗登陆作战。其编制序列为旅、营(团)、连、排、班。

中国人民解放军海军领导机关设有司令部政治部、后勤部、装备部，下辖北海、东海、南海舰队和海军航空兵部，各舰队辖基地、舰艇支队、水警区等。

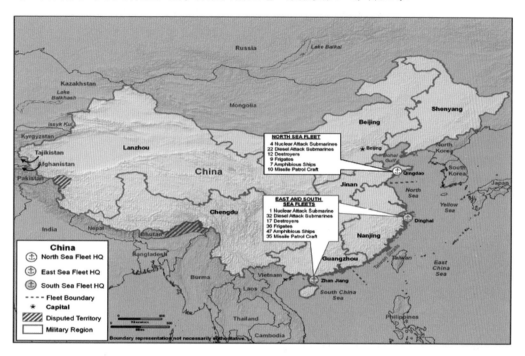

生词

齐全	qíquán	두루 갖추다
尖端	jiānduān	첨단
战斗	zhàndòu	전투
水面舰艇部队	shuǐmiànjiàntǐngbùduì	해상함정부대
军民联防	jūnmínliánfáng	민군연합방어
勤务舰船部队	qínwùjiànchuánbùduì	근무지원함선부대
广阔	guǎngkuò	광활하다
海域	hǎiyù	해역
水雷	shuǐléi	수뢰, 기뢰
登陆	dēnglù	상륙(하다)
封锁	fēngsuǒ	봉쇄하다
夺取	duóqǔ	탈취하다

驱逐舰	qūzhújiàn	구축함
护卫舰	hùwèijiàn	호위함
导弹快艇	dǎodànkuàitǐng	미사일쾌속정
艘	sōu	척
鱼雷	yúléi	어뢰
辅助船	fǔzhùchuán	보조함
消灭	xiāomiè	소멸하다, 소멸시키다
摧毁	cuīhuǐ	분쇄하다, 때려부수다
布雷	bùléi	기뢰를 살포하다
巡逻	xúnluó	순찰하다, 순시하다
轰炸机	hōngzhàjī	폭격기
歼击机	jiānjījī	전투기
强击机	qiángjījī	지상공격기
预警机	yùjǐngjī	조기경보기
地段	dìduàn	구역, 지역
岛屿	dǎoyǔ	도서, 섬
海峡	hǎixiá	해협
航道	hángdào	항로
掩护	yǎnhù	엄호(하다)
渡海	dùhǎi	바다를 건너다
两栖作战	liǎngqīzuòzhàn	수륙양용작전

惯用句

① **据统计**

据今早天气预报, 下午有小雨。

据悉, 股市这一周内相当不稳。

据历史记载, 古朝鲜时代已有了高度的文明。

学习参考

중국의 항공모함 건조계획

중국의 항공모함 건조 여부는 최근 수년간 외부의 추측과 중국 당국의 부인이 반복되면서 상당한 논란을 야기시켜 온 문제이다. 그러나 2006년 이후 중국 고위 관리들에 의해 중국의 항공모함 건조와 관련한 사실들이 연이어 언급됨에 따라 중국의 항공모함 보유는 수년정도의 기간 내에 현실화될 것으로 판단되고 있다.

지난 2006년 3월 9일 베이징에서 개최되고 있었던 전국인민대표대회에서 중국 인민해방군 총장비부 산하 과학기술위원회 부주임인 왕즈위안(汪致远)은 중국이 자체 기술로 항공모함의 연구와 제작을 추진 중이며, 관련 계획은 이미 실행중이고 항공모함 건조에 앞서 함재기와 잠수함을 포함한 부속 함정의 연구·제작은 완성단계에 있다고 밝힘으로써 중국 정부 당국자로서는 처음으로 중국의 항공모함 건조 계획을 시인하였다.

중국 과학기술위원 부주임인 왕즈위안에 의한 최초 시인에 이어 2006년 10월 25일 중국의 국가우주국장 겸 국방과학공업위원회 부주임인 쑨라이옌(孙来燕)은 "중국은 300만km2의 해역을 가진 해양 대국으로서 전체적인 조선공업의 발전에 따라 점차 항공모함 건조능력을 갖추어 나갈 것이다."라고 중국의 항공모함 건조에 대한 정책적 의지를 밝힌 바도 있다.

이미 중국 정부가 2016년까지 3척의 항공모함을 건조한다는 계획 하에, 우선 2010년까지 항공모함 한 척을 건조하고 이후 6년 이내에 2척을 더 건조할 계획이라는 사실이 중국과 러시아의 언론에 의해 공개되었으며, 중국은 항공모함의 실전배치를 위해 러시아로부터 Su-33 함재 전투기 50대를 25억 달러에 구매하기 위한 협의를 진행 중인 것으로 알려진 바 있다.

한편, 2007년 3월 16일 장관급인 장윈촨(张云川) 중국 국방과학공업기술위원회 주임은 전국인민대표대회 폐막식이 개최된 인민대회당에서 가진 기자회견을 통해 중국이 자체 기술로 항공모함을 연구·제작하고 있으며, 준비작업은 순조롭게 진행되고 있고 오는 2010년 이전에 항공모함을 완성할 수 있을 것이라고 밝혔다. 이에 앞서 2007년 3월 8일 친강(秦刚) 중국 외교부 대변인은 중국의 항공모함 건조설의 진위에 대한 기자들의 질문에 대해 중국은 광활한 영해를 가지고 있으며 국가의 해상안전 보위, 영해주권 및 해상권익 수호는 중국 군대의 신성한 의무로서 이를 위해 항공모함 건조를 추진할 수 있다고 밝힌 바 있다. 요컨대 이제 중국의 항공모함 건조 문제는 여부의 문제가 아니라 시간의 문제로 기정사실화되었다고 보아야 할 것이다.

■■ 심화학습과제
● 3대함대
● 중국해군의 현대화계획

第9讲 海军陆战队

海军陆战队，顾名思义，它是海军中担负登陆作战任务的兵种。其主要任务在于独立登陆作战或配合陆军进行登陆，从而夺取并巩固登陆点与登陆地段，以便保障后续梯队登陆。此外，它也担负着海岸防御等任务。它配有不同于陆军的运载工具和武器装备。

中国海军陆战队最早于1953年在华东军区海军建成。它是经中央军委批准，以1个陆军步兵团部和2个步兵营为基础而建成的。后因任务等情况的变化，陆战队于1957年6月被撤销。70年代末，中央军委决定重建海军陆战队。它的编制体制经过调整，突出了机动性强、反应迅速等特点，提高了独立作战能力。论编成，它几乎囊括陆海空三军：步兵、炮兵、侦察兵、装甲兵、导弹兵、空降兵、潜水兵、防化兵，应有尽有；论作战领域，从山林到海岛，从空中到水下，从热带到寒区，无所不及；论单兵素质，人人身怀绝技，个个武艺超群。在1980年代进行国防现代化，开始组建正规化的海军陆战队，原有8个陆战师被改编为海岸守备师，纳编至集团军或裁撤，编成分属三个舰队的3个陆战旅，保守估计总兵力约15,000人。1990年代中期，詹氏集团曾报道中国将扩编陆战队规模至3个师共45,000人，以因应周边环境(特别是南海地区)的快速部署任务需要；而根据德国公布的《军力平衡》(The Balance of Military Power 1995~1996)资料，指出其兵力达38,000人，但这些兵力数据目前仍有待证实。

中国海军陆战队与一般的陆战队不同，兼具步兵和水兵的能力。并且为一种多兵种的合成部队。其编制以旅为单位，旅部设有司令部、政治部、后勤部，其下辖的营级单位有3个陆战营、1个装甲营、1个炮兵营、1个两栖战车营、1个通信营，各陆战营辖有3个陆战连、1个高射机枪连、1个迫击炮连和两栖队，而旅部还直辖潜水连、防化连、工兵连、汽车连、卫生连、警卫连、反坦克连、教导队和直升机分队等连级单位，每个陆战旅拥有5,300人以上。

以往在两岸关系较为尖锐的，"解放台湾"一直是中国海军陆战队的终久任务，但两岸关系趋缓和远洋海军方针确立后，已重新赋予新的任务。依据1992年10月的《现代军事》杂志报道，海军陆战队的新任务为"防卫海上的油田设施，夺回外国所强占的中国领土"，故依这段文字的含义，未来南海将是陆战队的主要任务地区，也因此南海舰队辖有大多数的陆战队。此外近年大力发展快速部署军力，海军陆战队已被视为战略性重点发展项目。传统两栖舰队为顺应未来任务的需要，除了扩大陆战队的规模外，装备上更是积极换新，其中特别加强部队的快速部署以及防空、反装甲能力。

生词

顾名思义	gùmíngsīyì	이름 그대로, 글자 그대로
巩固	gǒnggù	견고하게 하다
以便	yǐbiàn	~하기에 수월하도록
后续梯队	hòuxùtīduì	후속제대
运载工具	yùnzàigōngjù	운반도구, 운송수단
撤销	chèxiāo	파기하다, 폐지하다
囊括	nángkuò	망라하다
应有尽有	yīngyǒujìnyǒu	없는 것이 없다
寒区	hánqū	혹한지역
无所不及	wúsuǒbùjí	미치지 않은 곳이 없다
单兵	dānbīng	각개병사
素质	sùzhì	소양, 자질
身怀绝技	shēnhuáijuéjì	특기를 지니다
武艺超群	wǔyìchāoqún	무술이 뛰어나다
正规化	zhèngguīhuà	정규화
纳编	nàbiān	편입시키다
裁撤	cáichè	덜어내다, 삭감시키다
保守	bǎoshǒu	보수적이다, 고지식하다
估计	gūjì	예측하다, 추정하다

詹氏集团	Zhānshìjítuán	제인(Jane)그룹
平衡	pínghéng	균형, 밸런스
数据	shùjù	데이터
有待证实	yǒudàizhèngshí	입증되지 않다
机枪	jīqiāng	기관총
迫击炮	pòjīpào	박격포
潜水	qiánshuǐ	잠수(하다)
教导队	jiàodǎoduì	교도대
尖锐	jiānruì	첨예하다
趋缓	qūhuǎn	(점차)완화되다
赋予	fùyú	부여하다
含义	hányì	함의, 내포된 의미
换新	huànxīn	신형으로 교체하다

惯用句

① **以便**~

大家好好休息两天，**以便**投入更紧张的工作。

他把学过的词汇都写在一个小本子上，**以便**随时翻看、复习。

旅行时要带些常用药，**以便**需要时服用。

② **几乎**

这个复制品**几乎**和真品一模一样。

他脚下一滑，**几乎**摔倒。

我**几乎**没赶上这趟车，刚上车，车就开了。

学习参考

중국인민무장경찰부대

중국은 80년대부터 지속적으로 100만에 이르는 인민해방군 병력을 감축해 왔으며 향후 다시 50만의 병력 감축을 점진적으로 추진할 예정이다. 이러한 인민해방군의 감군 과정과 대응하여 중국인민무장경찰부대(中国人民武装警察部队, 이하 '무경(武警)')의 지위와 역할이 현저히 상승하고 있다. 이러한 현상은 중국사회의 안전과 치안통제에 있어서 해방군의 자리를 점차 무경(武警)부대가 대신하게 된다는 것을 암시한다.

중국에서 무경(武警)의 정치지도는 지금까지 중국 공산당 중앙군사위원회에서 관장해 왔다. 따라서 중국의 각종 중요한 정치활동에서 무경(武警)부대의 고위층은 대체로 인민해방군 고위층이 겸임하는 경우가 많았다. 그러나 1997년 제15 전대(全大)부터 무경(武警)은 69명의 대표들로 구성된 인민해방군과 별도로 37명의 독자적인 대표단을 참석시켰다. 이는 중국 정부가 실질적으로 무경(武警)의 지위를 제고시키고 있음을 알리는 주요한 단서라고 할 수 있다.

중국 무경(武警)부대의 최상위 지휘기구는 총부(总部:대군구급)이며 예하에 사령부、군수부(军需部)、수리발전지휘부(水电指挥部)、황금지휘부(黄金指挥部)、교통지휘부(交通指挥部)、산림업무실(森林办公室)、소방국(消防局) 등의 부서가 있다. 병과별 편성은 기동사단(机动师)、산림부대(森林部队)、수리전력부대(水电部队)、교통부대(交通部队)、황금부대(黄金部队)、소방부대(消防部队)、변방부대(边防部队)、내위부대(内卫部队) 등 8개로 이루어져 있다. 무경(武警)은 전시(战时)에는 각 군구의 지방부대로 개편되어 정규부대 작전에 투입된다. 작전기간 동안 주간에는 경계근무, 야간에는 잠복하여 적 동정을 감시하며, 군대와 협조하여 탄약과 식량을 운반하고, 부상병의 간호업무를 담당하는 등 3가지의 임무를 수행한다. 그리고 평시에는 치안、변방、소방、산림、수리발전、황금、교통、특공 등의 병과별 구분에 따라 다음과 같은 임무를 담당하고 있다.

1) 기동사단 : 대테러 경찰부대로서 첨단장비를 갖추고 국내 소요사태에 대한 처리 및 방지 임무를 담당한다.

2) 내위부대 : 주로 폭동진압, 범죄자 체포, 국가 주요시설 및 외국공관 경비, 요인 경호, 치안 순찰 및 긴급상황 처리 등을 맡는다.

3) 변방부대 : 해안 및 외국과 접경지역에 분포되어 해당지역에 대한 외부 적대세력의 파괴활동 방지, 출입자 및 교통수단 검색, 밀수、밀항자 단속 및 해당 지역 내의 국가재산 보호, 접경지역 내의 외국인 분쟁 처리 등의 임무를 수행한다.

4) 소방부대 : 일반 소방경찰과 같은 임무수행을 한다.

5) 황금부대 : 국가 금고와 금광(金矿)의 보호, 금광의 채굴 생산 및 건설 임무를 수행한다.

6) 산림부대 : 산불 예방과 진화, 산림자원의 보호, 산림지역의 사회치안 유지 등의 임무를 수행한다.

7) 수리발전부대 : 국가의 수리시설과 발전소의 건설 및 보호 임무를 담당한다.

8) 교통부대 : 1951년 인민해방군 기본건설 공병부대로 최초 창설된 후 군 편제조정계획에 따라 무장경찰 예하로 편입되었으며, 국무원 교통부와 무장경찰 총부의 이중지휘를 받는다.

■■ 심화학습과제
● 중국의 영토분쟁지역
● 중국의 타이완정책

第10讲 空军

大檐帽

帽徽

课文

　　人民解放军空军于1949年11月11日正式成立，经过60年的建设，已经发展成为一支由航空兵、地空导弹兵、高射炮兵、雷达兵、空降兵、电子对抗、气象等多兵种合成，由歼击机、强击机、轰炸机、运输机等多机种组成的现代化的高技术军种。主要任务是担负国土防空，支援陆、海军作战，对敌后方实施空袭，进行空运和航空侦察。

　　航空兵是空军的主要组成部分和作战力量，包括歼击航空兵、强击航空兵、轰炸航空兵、侦察航空兵、运输航空兵等。歼击航空兵是歼灭敌空中飞机和飞航式空袭兵器的兵种；强击航空兵是攻击敌地面部队或其他目标的兵种；轰炸航空兵是对地面、水面目标实施轰炸的进攻兵种；侦察航空兵是以侦察机为基本装备，从空中获取情报的兵种；运输航空兵是装备军用运输机和直升机，遂行空中输送任务的兵种。

　　地空导弹兵是装备地空导弹，执行防空任务的兵种，通常与歼击航空兵、高射炮兵共同行动。高射炮兵主要用于防空作战,歼灭敌空中目标,协助歼击航空兵夺取制空权。

空降兵是以机降或伞降方式介入地面作战的兵种,由步兵、装甲兵、炮兵、工程兵、通信兵及其他专业部(分)队组成,主要任务是夺取敌纵深内的重要目标或地域。

空军的领导机关设有司令部、政治部、后勤部、装备部,其下的基本层次为:军区空军、空军军(基地)、师(旅)、团(站)、大队(营)、中队(连)。军区空军根据任务辖一至数个空军军(基地)或航空兵师,一至数个防空混成师、地空导弹师(旅、团)、雷达旅(团)或高炮旅(团)。空军军(基地)下辖数个航空兵师及必要的战斗保障、勤务保障部(分)队。

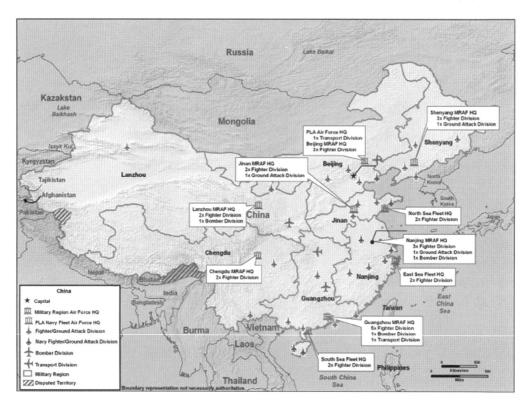

生词

获取	huòqǔ	획득하다
机降	jījiàng	기체 강하
伞降	sǎnjiàng	낙하산 강하
介入	jièrù	개입하다
混成师	hùnchéngshī	혼성사단

중국의 국방예산 규모

중국은 매년 3월 국방비를 공식 발표하고 있으나 서방세계에서 발표하는 국방비 체계와는 다른 특징을 갖고 있다. 중국이 공개하는 국방예산은 일반적인 운영 유지비 항목이며, 무기 구입비나 연구개발비와 같은 전력 증강비는 타 분야 예산에 은닉하여 집행하고 있는 것으로 알려지고 있다. 미국을 비롯한 서방 국가들은 중국이 실제 국방비를 발표액의 약 3배 정도 규모로 추정하고 있으나, 일단 중국이 발표한 수치를 기준으로 1997년부터 2007년까지의 연도별 중국 국방비 추이를 정리해 보면 다음 표에서 보는 바와 같다.

〈연도별 중국의 국방예산 현황(1997~2007)〉

구분		1997	1998	1999	2000	2001	2002	2003	2004	2005	2006	2007
국방비	억 불	97	110	126	145	170.5	204	224	250	295	353	467
	억 元	806.5	909.9	1,046	1,212.9	1,410	1,694	1,850	2,064	2,440	2,838	3,509.2

〈중국의 연도별 국방비 규모(1996~2007)〉

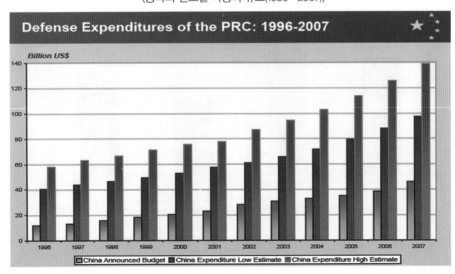

2007년 3월 4일 장언주(姜恩柱) 전인대 대변인은 기자회견을 통해 중국의 국방비와 관련 "올해 국방비는 3천 509억 2천만 위안(약 467억 달러)으로 전년에 비해 529억 9천만

위안, 17.8% 증가하며 이는 전체 예산의 7.5%를 차지한다."고 밝혔다. 그는 "중국 정부의 전체 예산에서 국방비가 차지하는 비중은 지난 2004년 7.7%에서 2005년 7.3%, 2006년 7.4%를 기록했다."고 설명하고 "최근 몇 년 동안 중국은 점진적으로 군비 지출을 늘려왔으나, 이는 국가방위의 허약한 부분을 보충하기 위한 것이며, 중국의 국방비는 2005년 국내 총생산(GDP)의 1.35%로 4.03%인 미국과 비교하면 절대 금액이나 전체 경제에서 차지하는 비중이 높지 않다."고 강조하였다.

그러나 2007년 5월 25일 미 국방부는 미 의회에 제출한 [연례 중국 군사력 보고서 (Annual Report to Congress, Military Power of the People's Republic of China 2007)]에서 공식 발표된 중국의 국방예산에는 전략군(Strategic forces)예산, 외국으로부터의 무기획득 예산, 군 관련 연구개발비 등 상당 부분이 제외되어있으며, 따라서 2007년도 중국의 국방예산을 최소 850억 달러에서 최대 1,250억 달러에 이를 것으로 추정하였다. 차제에 미 국방부의 연례 보고서가 밝히고 있는 지난 수년간 중국이 발표한 국방비와 미국 측이 추정한 국방비를 도표로 표시해 보면 위 표와 같다.

〈중국군 현대화 중점분야의 발전추이(2003년과 2007년 비교)〉

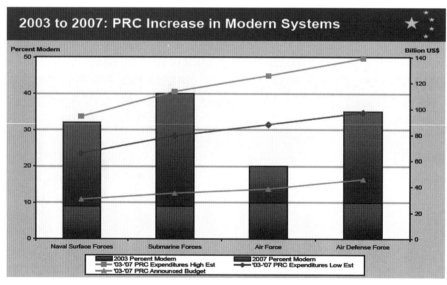

■■ 심화학습과제
- 중국의 차세대 전투기 연구개발 현황
- 중국공군의 현대화계획

第11讲 第15空降军

课文

　　第15空降军是中国人民解放军唯一的一支伞兵部队，于1961年6月1日成立。与其他国家不同的是，这支编制庞大的伞兵部队并不是由陆军所直接指挥，反而是直属于空军。事实上这种编制的逻辑仍是师法於前苏联的空降部队，其用兵着眼是在于能统一运用编制内的人员与运输机具，避免战斗人员及空运机队之间所可能产生的联络断层。15空降军由第43师、第44师和第45师等三个空降步兵师为基干，并与空军第13空运师共90余架大小运输机，以及部分陆军航空兵所属的独立直升机团(大队)，共同组成一支"随时能飞、随时能降、随时能打"的现代化攻击型快速反应部队。历经1975和1985年的两次整简整编和1994年、1997年的扩编后，15空降军已逐步发展成为一支拥有引导兵、汽车兵、工兵、步兵、炮兵、通信兵、侦察兵、防化兵等8个技术兵种的解放军突击力量。军部设在湖北省孝感，行政划分归属广州军区，战略机动则由中央军委直接指挥和领导。所属的第43师，以及其所属的第127、第128、第129等三个空降步兵团和一个轻炮团，驻地是位于河南省的开封地区；第44师及其所属的第130、第131、第132步兵团和轻炮团部署于湖北省应山地区。而第45师及其所属的第133、第134、第135步兵团和轻炮团则驻防在湖北省的黄陂。初步估计，其总兵力约在3万人左右。

唯一	wéiyī	유일하다
伞兵	sǎnbīng	낙하산병, 공수병
庞大	pángdà	방대하다
逻辑	luójí	논리, 로직
师法	shīfǎ	배우다, 모델을 삼다
着眼	zhuóyǎn	착안하다, 고려하다
避免	bìmiǎn	피하다, 모면하다
断层	duàncéng	단절, 갭, 단층
基干	jīgàn	기간, 골간
随时	suíshí	언제든지, 수시로
整简	zhěngjiǎn	간소화하다
逐步	zhúbù	첨차, 차츰차츰
引导兵	yǐndǎobīng	유도병
孝感	Xiàogǎn	샤오간(도시명)
开封	Kāifēng	카이펑(도시명)
应山	Yīngshān	잉산(도시명)
黄陂	Huángbēi	황베이(도시명)

① **不是~而是~**

我**不是**不愿意帮助你，**而是**没有能力。

我喜欢的人**不是**他，**而是**你。

他们种的**不是**桃树，**而是**杏树。

중국의 특수작전부대(SOF)

중국이 현재 보유하고 있는 특수작전부대(Special Operation Force)는 육군 소속의 "신속대응부대"와 해군、공군 소속의 특전대를 비롯해 육군항공 그리고 공정부대의 특수작전 요원들로 이루어져 있다. 중국의 특수작전부대는 다양한 소화기 및 폭발물(경기관총、자동소총、유탄발사기、화염방사기、수중폭약、무인항공기、초경량비행기 등)을 보유하고 있으며、이를 통해 정찰、직접행동、대(対)테러작전 등 다양한 임무를 수행한다.

중국 인민해방군은 미(美) 특수부대가 1991년 걸프전에서 수행한 작전을 연구한 이후, 타이완과의 분쟁에 대비해 특수작전부대의 중요성과 확장에 관심을 갖게 되었다. 중국의 군사전문가들은 걸프전 이후 중동지역, 특히 아프가니스탄과 이라크에서 미국 및 연합군 특수작전부대의 역할이나 기능에 대한 연구를 지속적으로 진행해 왔다. 일설에 의하면 중국은 2002년에 표적 획득방법、무인항공기의 사용 등 아프가니스탄에서의 미 특수부대 활동을 모니터링하기 위한 부서를 별도로 설치했던 것으로 알려져 있다. 현재 중국이 보유한 특수작전부대는 이러한 연구와 간접경험을 토대로 삼고 자체적인 군사전략개념을 반영하여 만든 것이다.

인민해방군의 특수작전 훈련에는 무술、장거리 구보、수영、첨단장비의 사용법 등과 같은 내용이 포함되어 있다고 한다. 최근 중국에서 간행된 한 군사잡지에는 특전부대가 동력 낙하산이나 헬리콥터、침투용 보트를 이용한 야간침투 및 정찰훈련을 실시하는 사진이 실리기도 하였다. 그러나 중국의 특수작전부대는 장거리 신속기동이나 원격작전 등 현대전을 수행하기에는 아직까지 장비와 운용체계가 크게 미흡한 실정이다.

■■■ 심화학습과제
● 중국의 대외군사전략

第12讲 第二炮兵

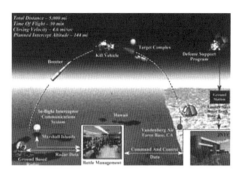

课文

　　人民解放军第二炮兵组建于1966年7月1日，它由地地战略导弹部队和常规战役战术导弹部队组成。它的主要任务是遏制敌人对中国使用核武器，在敌人对中国发动核袭击时，遵照统帅部的命令，独立或联合其他军种的战略核部队对敌人实施有限而有效的自卫反击，打击敌人的重要战略目标。

　　地地战略导弹部队是一支具有一定规模和实战能力的主要核威慑和战略核反击力量。它有近程、中程、远程和洲际导弹部队、工程部队、作战保障部队、装备技术保障部队和后勤保障部队组成。常规战役战术导弹部队是装备战术导弹武器系统，遂行常规导弹突击任务的部队。

　　目前，第二炮兵已建成了一批不同型号和不同发射方式的作战阵地，初步形成了多种型号导弹武器装备系统，快速机动作战能力和准确打击目标能力进一步提高，在保卫国家安全、维护世界和平中发挥着重要作用。

　　第二炮兵装备有多种型号的地地战略导弹和战役战术常规导弹，包括近程导弹(射程在1000公里以内)、中程导弹(射程1000~3000公里)、远程导弹(射程在3000~8000公里)、洲际弹道导弹(射程在8000公里以上)。具有在昼夜间各种复杂气象条件下的发射能力。这些导弹的特点是：射程远，杀伤破坏威力大，命中精度较高，突防能力和生存能力强。建有与之配套的作战指挥、防护工程和其他各种设施，可以固定发射，也可以机动发射，因而具有较强的生存能力。

遵照	zūnzhào	따르다, 받들다
统帅部	tǒngshuàibù	통수부, 지휘부
遂行	suìxíng	수행하다
型号	xínghào	모델번호
昼夜间	zhòuyèjiān	주간과 야간

惯用句

① **由~组成**

那座教学大楼是**由**中间的主楼和两边的配楼**组成**的。

可持续发展总能力**由**五大系统**组成**。

原子核**由**质子和中子**组成**。

② **因而**

他学习努力, **因而**进步很快。

由于代表们的意见很不一致, **因而**这个方案没有通过。

他们农业机械化搞得好, 生产率**因而**大大提高。

学习参考

중국의 핵전략

중국은 1998년도 국방백서를 통해 어떠한 경우라도 핵무기를 선제사용하지 않을 것이며, 비핵화지대에 대해 핵무기를 사용하거나 핵을 이용한 어떤 위협도 하지 않겠다고 선언하였다. 그러나 최근의 정책 성명서를 보면 이러한 중국의 핵전략이 변화할 가능성이 있다는 것을 암시한다. 2005년 7월14일, 중국 국방대학 방무(防务)학원 원장인 주청후 소장은 "만약 미국이 중국 영토를 목표로 미사일을 배치한다면, 우리도 핵무기로 대응해야만 할 것이다."라고 언급했다. 중국 정부는 이에 대해 "핵을 선제사용하지 않는다"는 기존의 정책은 여전히 유효하다면서, 주 소장의 발언은 단지 개인적인 의견일 뿐이라고 해명하였다.

또 2005년 9월, 홍콩의 한 신문은 인민해방군의 한 관계자가 "중국의 보수주의자 그리고 핵전략을 자제하는 자들은……더 이상 중국의 핵심 국가이익을 지킬 능력이 없고……중국의 핵전략을 바꿔야할 필요가 있다"고 한 말을 기사로 썼다. 칭화대(清华大) 추수룽 교수 또한 2005년 7월 국영매체와의 인터뷰에서 "만약 다른 국가가 중국에 대해 전면전을 일으키고 핵을 제외한 모든 형태의 첨단무기를 겨냥한다면, 중국은 국가의 운명이 불확실하다고 판단할 때 아마 먼저 핵을 사용하지 않겠다는 약속을 포기하게 될 것이다."라고 말했다. 상하이 푸단(复旦)대학의 선딩리 교수가 2005년 8월판《중국 안보(China Security)》에 기고한 "21세기의 핵 억지"라는 글을 보면, 그는 "만약 중국의 재래식 전력이 황폐화되거나 또는 타이완이 독립을 선언한다면, 중국은 핵무기를 억지의 수단으로 사용하기 보다는 재래식 탄약과 함께 정밀공격으로 상대방의 무력화를 허용하게 될 것이다."라고 언급했다.

중국의 공식적인 핵에 관한 태도는 예전과 변함이 없고, 실제로도 이러한 정책이 변화되었다는 증거도 없다. 2005년 9월《중국의 군비통제, 감축 그리고 비확산》이라는 제목의 백서에서는 핵정책의 핵심으로 "먼저 핵을 사용하지 않는다."라는 입장을 거듭 천명하고 있다. 중국의 수뇌부는 2005년 10월 중국을 방문한 럼스펠드 미 국방장관에게 "먼저 핵을 사용하지 않는다."라는 중국의 핵정책이 변하지 않았음을 확인시켜 주었다. 하지만 중국 국내에서 이 문제는 지금까지 줄곧 논쟁이 되어 왔고, 앞으로도 계속해서 쟁점이 될 것이다. 그리고 더 위력 있고, 생존력 있는 핵 시스템의 확보는 장차 핵 선택에 관한 중국 정부의 정책결정에 영향을 미칠 것으로 보인다.

■■■ 심화학습과제
● 중국의 전술미사일

第13讲 中国研制核武器的历程

中国从1964年爆炸第一颗原子弹到现在，核武器的研制与发展已有四十多年的历史了。从60年代中期开始，中国相继研制成功中程、远程、洲际、潜地导弹，与其配套的核弹头也先后定型生产并装备部队。到80年代中期基本完成了第一代核武器的发展历程，形成了陆基导弹、潜射导弹和轰炸机三位一体战略核力量，奠定了核大国的物质基础。但是，中国第一代核武器在总体上规模相对较小，大约只有三百三十多个核弹头，而且技术陈旧，实际的威慑能力有限。

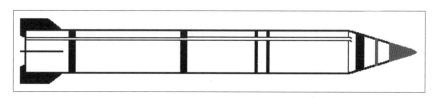

① 陆基弹道导弹

中国第一代战略核力量以陆基弹道导弹为主，主要由'东风(DF)-2、3、4'和'东风-5'共四个型号的地地弹道导弹组成。这些陆基导弹基本都是用60和70年代技术制造的，每枚导弹只能装载一个弹头，命中精度也较差。此外，所有四个型导弹都使用液体推进剂，不仅体积大，难于机动，不便贮存，而且发射时需要很长的准备时间。

'东风-2'导弹是单级液体火箭发动机的中近程地地战略弹道导弹。1960年开始研制，1964年试验成功，最大射程1,200公里；该型导弹可携带2万吨级当量的核弹头一枚，现已退役，但估计目前仍保留近30枚。'东风-3'导弹也是单级液体火箭发动机的中程地地战略弹道导弹。1965年开始研制，1967年试验成功，最大射程3,000公里；1985年又进行增程改型试验，最大射程提高到4,500公里左右；该型导弹可在陆地机动发射，至今大约共部署了70多枚。'东风-4'导弹是两级液体火箭发动机的中远程地地战略弹道导弹。1964年开始研制，1970年试验成功，1976年又进行了增程试验，最大射程提高到近8,000公里；该型导弹固定在地下导弹发射井发射，携带300万吨级当量的弹头一枚，相信至今已部署了20枚左右。'东风-5'导弹也是两级液体火箭发动机的洲际地地战略弹道导弹。1965年开始研制，1970年首次科研飞行试验成功，1980年实弹飞行试验成功，最大射程可达12,000公里；该型导弹也固定在地下导弹发射井发射，可携带500万吨级当量的弹头一枚，目前部署了约10枚。

② 潜射弹道导弹

中国在1958年决定研制核潜艇，克服了重要困难，经历了30年，直到80年代导弹核潜艇和潜射导弹才相继研制成功，建成了水下战略核力量。中国于1965年正式开始研制核潜艇工程，考虑到自己的技术力量薄弱，经验不足，就决定核潜艇制造计划分两步走；第一步先研制鱼雷核潜艇，第二步再研制导弹核潜艇。1968年第一艘鱼雷核潜艇开工建造，1971年下水，1974年交付中国海军使用，西方称其为'汉级'核潜艇。导弹核潜艇则从1970年开始研制，1981年下水，1983年加入中国海军战斗序列，西方称其为'夏级'导弹核潜艇；该导弹核潜艇排水量为8,000吨，120米长，航速22节左右，最深潜水可达300米；该潜艇有12个导弹发射筒，装有12枚 '巨浪(JL)-1'潜射弹道导弹。到1990年，中国已建成两艘'夏级'核潜艇，还有三艘在建造中。据估计整个'夏级'核潜艇的建造计划将在四到六艘之间，以维持经常有两艘到三艘进行战备巡逻。

'巨浪-1'导弹是两级固体火箭发动机的中程潜地战略弹道导弹。1967年正式开始研制，1982年在常规动力导弹潜艇发射试验成功，但1985年第一次在'夏级'核潜艇上发射试验

时失败，3年后的1988年第二次试验终获成功；该型导弹与其他的战略导弹不同，使用的是固体推进剂，载有200万吨级当量的弹头一个；该型导弹的最大弱点是射程仅有3,000公里，必需迫近敌方海岸才能进行攻击，因此很容易受对方的反潜力量的牵制。'巨浪-1'潜射导弹现已生产了近50枚。

③ 空中核武力

中国的第三支核力量是由'轰-6'(H-6)轰炸机和'强-5'(Q-5)强击机所携带的核炸弹组成。据估计中国现有近150枚供飞机投放的核弹。'轰-6'和'强-5'都是以五六十年代的技术研制出的飞机，对付现代空防的能力不足。而且这两种飞机也没有装备带核弹头的远程巡航导弹，因此能发挥的实际核作战能力有限。'轰-6'轰炸机是中国仿制苏式生产的亚音速中型轰炸机。1959年苏联向中国提供了两架'图-16'(Tu-16)轰炸机的样机和战斗技术资料，1963年中国开始仿制苏式，经过5年在1968年生产出'轰-6'轰炸机。该型飞机最高时速1,000公里，最多可载弹9吨，作战半径近3,000公里，能覆盖亚洲大部分地区和俄国的远东与中亚地区。该机稍经改装可投放核弹，中国首次原子弹和氢弹的空爆试验都是由该型飞机进行的。中国现有120多架'轰-6'飞机在服役。

生词

奠定	diàndìng	다지다, 닦다
液体推进剂	yètǐtuījìnjì	액체추진제
吨	dūn	톤(ton)
发射井	fāshèjǐng	사일로
相继	xiāngjì	연이어서
薄弱	bóruò	박약하다, 빈약하다
节	jié	노트(knot)
发射筒	fāshètǒng	발사관
迫近	pòjìn	바짝 다가가다
投放	tóufàng	투하하다
覆盖	fùgài	뒤덮다
氢弹	qīngdàn	수소탄

① **以~为**

大学生应该**以**学习**为**主。

以公司经理**为**团长的代表团将于下月出国访问。

他**以**苦**为**乐，锻炼自己的意志。

② **不仅~而且**

他**不仅**会说汉语，**而且**会说德语。

不仅生产减少，**而且**收入少了不少。

他**不仅**是我的爸爸，**而且**是我的老师。

学习参考

중국의 핵무기 개발사

중국의 핵개발은 1950년대 미국에서 유행한 매카시즘(McCarthyism)의 박해를 피해 1955년 중국으로 귀국한 로켓전문가 치엔쉬에썬(钱学森)박사의 주도로 추진되었다. 핵무기 개발 초기 중국은 인원, 장비, 원료 등 대다수의 부문을 소련의 원조에 의존했다. 그러나 1960년대 이후 중·소 관계가 악화되자 중국은 기존의 장비를 이용하는 동시에 자력갱생의 원칙을 내세워 독자 개발을 서두르기 시작하였다. 1960년 11월5일 중국은 소련제 로켓 R-2를 모방한 미사일 동펑(东风)-1호(DF-1) 시험발사에 성공한 후 지속적으로 동펑 시리즈의 연구개발에 몰두하였다. 이러한 노력의 결과 1964년 6월29일 사정거리 1,050km의 동펑-2호(DF-2, CSS-1) 시험발사에 성공하였고, 같은 해 10월16일 신장성(新疆省) 루오뿌포(罗布泊)에서 2만 톤급의 원폭실험에 성공하였으며, 그 후 3년이 채 지나지 않은 1967년 6월17일에는 수소폭탄 개발을 완료하였다. 이후 중국은 지금까지 모두 39차례의 핵실험을 실시한 것으로 알려지고 있다.

한편 중국은 핵무기의 투사범위를 신장시키는 운반체의 성능을 개선하기 위한 노력도 지속하였다. 그 결과 1970년 4월24일 창쩡(长征)-1호(CZ-1) 로켓에 173kg의 인공위성인 동방홍(东方红)-1호를 탑재하여 지구 궤도로 진입시키는 데 성공하였다. 인공위성 발사의 성공은 중국이 장거리 대륙간 탄도미사일을 개발할 수 있는 능력을 구비하였다는 것을 의미하며 전략 핵무기의 투사범위가 해외로 확대되었다는 것을 가리킨다. 이로써 중국은 단기간인 10년 만에 미국과 소련 그리고 영국과 프랑스에 이어 세계에서 다섯 번째로 핵을 보유하고 위성을 발사할 수 있는 국가가 되었다.

〈중국의 전술 및 전략미사일 보유 현황〉

명 칭	수 량		사정거리
	미사일	발사대	
DF-3(CSS-2)	15~20	5~10	3,000+ km
DF-4(CSS-3)	12~20	10~15	5,400+ km
DF-5(CSS-4)	20	20	13,000+ km
DF-31(CSS-9)	〈10	〈10	7,200+ km
DF-31A	〈10	〈10	11,200+ km
DF-21(CSS-5)	60~80	60	1,750+ km
DF-15(CSS-6)	315~355	10~110	600km
DF-11(CSS-7)	675~715	120~140	300km
DH-10	50~250	20~30	2,000+ km
JL-2(CSS-N-4)	개발중	10~14	7,200+ km

그리고 전략 핵무기 분야에서 1964년 중거리 탄도미사일 동평-2호 개발을 시작으로 22년 만에 전략핵무기 삼각체제를 완성하였다. 이를 완성하는데 미국은 15년 소련이 12년 걸렸는데 경제력도 충분히 뒷받침되지 않은 중국이 22년 만에 이를 이루었다는 것은 상당히 빠른 진전이라고 평가할 수 있다.

■■■ 심화학습과제
● 다탄두분리유도기술
● 미국의 미사일방어체계(MD)와 중국의 대응전략

第14讲 中国的战略核力量

近年来中国加紧进行核试验, 从各方面的分析看, 80年代初中期, 中国根据小型、机动、突防、安全可靠的原则, 开始了第二代战略核武器发展的预先研究和理论设计。经过一系列的试验, 检验了设计原理的正确性, 突破了如多弹头分导等重大关键性技术, 到90年代中期第二代核武器的发展已进入最后的阶段。中国目前发展的第二代战略核武器, 将主要有以下几个特点。

第一, 采用多弹头分导技术, 每枚导弹将至少可携带3枚核弹头, 多者达6到10枚, 每个弹头均可攻击独立的目标, 准确度也会大幅度提高。

第二, 绝大多数导弹将用固体推进剂代替液体推进剂, 从而使整个导弹体积变小, 发射反应时间缩短, 并且易于保存和机动运输。

第三, 提高弹道射程, 陆上机动导弹和潜射导弹将达8,000公里左右, 地下井固定发射导弹将达15,000公里。

第四, 加速研制射程超过2,000公里的装有核弹头的空地巡航导弹, 以延长了空中核打击力量, 并避免面对突破敌方空防的危险。

① 陆基导弹

在陆基导弹方面, 除了为'东风-4'和'东风-5'导弹换装多弹头外, 中国第二代陆基战略导弹主要由以下三种新发展的弹道导弹所组成。中程机动导弹是一种可在陆上机动发射, 射程在4,000公里左右, 使用固体火箭发动机, 可携带1到3个核弹头或化学弹头, 甚至常规高爆弹头的中程地地弹道导弹。该型导弹将取代现有的'东风-3'中程液体导弹。远程机动导弹是可在陆上机动发射, 射程在8,000公里左右, 使用固体火箭发动机, 可至少携带3个弹头的远程地地弹道导弹。该型导弹(东风-31)取代了'东风-4'液体远程导弹。洲际固定导弹是一种固定在地下加固导弹发射井发射, 射程在15,000公里左右, 使用固体火箭发动机, 可携带6到10个弹头的洲际地地固体导弹。该型导弹(东风-41)取代了'东风-5'液体洲际导弹。

② 潜射导弹

在潜射导弹方面, 除了为'巨浪-1'导弹换装多弹头外, 中国发展了'巨浪-2'导弹和与之配套的新型导弹核潜艇, 以作为第二代水下核武力的载体。'巨浪-2'导弹是一种两级固体火箭发动机, 射程在8,000公里左右, 可携带6到8个弹头的远程潜地弹道导弹。有了这种导弹, 中国的导弹核潜艇就可以在远离敌方海岸的深海展开攻击, 而不必多担心对方反潜力量的牵制。'巨浪-2'导弹的体积远大于现在的'巨浪-1'导弹。因此, 中国以'夏级'核潜艇为基础, 通过改良发展出新型的'094型'(晋级)核潜艇, 作为'巨浪-2'的载体。有消息说, 这种新导弹核潜艇的导弹发射筒由现在'夏级'核潜艇的12个增加到16个。根据'伦敦国际战略研究所'最新发表的一份研究报告指出, 中国可能计划建造6艘配备'巨浪-2'潜射导弹的核潜艇

③ 空中核武力

在空中核武力方面, 中国眼前最紧急的计划是发展远程巡航导弹和'轰-7'轰炸机, 以为第二代空中核武力的主体。远程巡航导弹是一种可在空中发射装有核弹头的导弹。一种'超音速、超低空飞行的、具有超视距攻击能力、自动化和有准确制导系统的'远程巡航导弹正在研制中。中国的远程巡航导弹, 其射程类似现在美国和俄国的导弹, 在2,000到3,000公里之间。这种巡航导弹一旦研制成功, 不仅可以加强中国新一代轰炸机

的作战能力, 而且可以继续使用现在的'轰-6'飞机。'轰-7'轰炸机是中国在80年代研制的一种战斗轰炸机。它是中国空军最优先的项目之一。该型飞机类似俄国的'苏恺-24'战机和英国的'龙卷风'式战机, 最高时速达1.8马赫, 作战半径1,500公里, 最大载弹量5吨, 将会具有超低空飞行的地形雷达和电子干扰装置。该机可携带核武器, 如配备了远程巡航导弹, 将会具有很大的核攻击能力。另外, 1987年中国军方曾讨论研制新型远程超音速轰炸机, 以取代现有的'轰-6'中型轰炸机, 作为第二代空中核武器的主要运载力量, 估计此计划会在21世纪初展开。

根据'伦敦国际战略研究所'的估计, 在今后15年内中国部署的第二代核武力的规模将会是其现在的3到5倍。按这种估计计算, 中国的第二代陆基战略弹道导弹, 包括地下井固定和陆上机动发射两种, 将会在300枚左右。如每个导弹仅装载3个弹头, 则可发射900到1000多个核弹头。导弹核潜艇也将会发展到6艘左右, 以每艘核潜艇装有16个发射筒计算, 将可载带90多枚潜射导弹, 如每枚导弹装有6个弹头, 则可发射550所个核弹头。至于装载轰炸机、强击机上或水面舰只上, 带有核弹头的远程巡航导弹, 到时至少也可以生产数百枚。这样中国第二代核武力将可发射2,000个左右的核弹头, 是中国现在核弹头总数的6到7倍。这还不包括用于像近程导弹等战术核武器上的核弹头。

生词

关键	guānjiàn	관건, 열쇠, 키포인트
伦敦	Lúndūn	런던(London)
苏恺	Sūkǎi	수호이(Sukhoi)
龙卷风	Lóngjuǎnfēng	토네이도(Tornado)
马赫	mǎhè	마하(Mach)

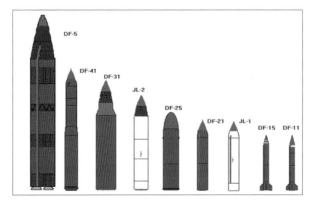

① **甚至**

他不喜欢猫, **甚至**还很厌恶这种动物。

爷爷年纪大了, 常常忘事, **甚至**有时出去忘了锁门。

为了办好那件事, 他真是想尽了各种办法, **甚至**投入了全部精力。

② **至于**

他们夫妻之间是有些不合, 但还不**至于**离婚。

有人说小王工作不负责任, 我看, 他还不**至于**。

我只知道老赵辞职了, **至于**他为什么不干了, 我也不了解。

学习参考

중국의 우주전략

중국은 1970년 4월 최초 인공위성인 동방홍(东方红)-1호(통신위성)를 성공적으로 발사한 이래 현재까지 약 80여개의 각종 위성을 발사하였다. 이 위성들은 비록 상업용 위성이라고 하지만 일부 위성이 군사적 용도로 사용될 가능성은 쉽게 추측할 수 있다. 2001년 중국은 전문 군사위성인 '기생(寄生)위성'을 개발했다고 알려지고 있는데, 이 위성은 타국의 위성에 부착되어 있다가 원격조종에 의해 위성의 임무수행을 방해하거나 위성을 파괴한다고 한다.

1992년 이래로 '전략적 국경'이라는 새로운 개념을 도입해 우주개발에 힘을 쏟아온 중국은 2003년 10월15일 최초의 유인우주선인 '선저우(神舟)'-5호 발사 성공을 시발로 하여 2005년 10월12일 '선저우'-6호, 2008년 9월25일 '선저우'-7호를 발사하는 데 잇달아 성공하였다. 또한 2007년 1월11일에 있었던 위성 요격미사일 발사실험은 중국의 전략증강 정책이 우주공간까지 확장되고 있음을 과시한 사건이었다. 이는 미국의 미사일방어체계(MD)를 중심으로 한 미국의 '우주패권'과 직접 충돌할 가능성이 매우 높다.

미국은 중국의 우주 기반 기술이 앞으로 10년 안에 러시아를 추월할 것으로 예상하고 있다. 중국의 창정(長征)-2-F는 성공률 99.7%로 세계 최고 수준이다. 중국은 우주개발 계획에 연간 20억~30억 달러의 천문학적 돈을 쏟아 붓는 것으로 알려지고 있는데, 이는 NASA 예산의 5분의 1이지만 러시아보다는 10배나 많은 수치다. 중국은 '선저우'-6, 7호의 성공적인 발사로 유인 우주선 발사 1, 2단계 계획을 이미 달성하였고, 2010년에는 3단계 계획인 우주정거장을 건설할 계획이다. 또한 2007년 10월24일에는 중국 최초의 달 탐사위성인 창어(嫦娥)-1호를 발사하는 데 성공하여 본격적인 달 탐사 경쟁에도 뛰어들었다. 이외에도 중국은 미국의 GPS와 같은 독자적인 위성항법 시스템 구축을 위한 '베이더우(北斗) 프로젝트'를 실행 중에 있다.

이처럼 중국은 현재 우주개발을 미래 국가 발전전략의 핵심 분야로 설정하고 있으며, 특히 군사적 측면에서 군사위성 개발 및 발사, 우주공간에서의 군사적 대응능력 강화, 우주군 창설 추진 등 다각적이고 적극적인 노력을 기울이고 있다.

■■ 심화학습과제
- 유인우주선 발사의 군사적 의미
- 중국의 미래 우주전략

第2部

军事文选

第15讲 走进军营

课文

大学毕业后，我走进了军营。先是到单位报到，领了军装以后就到一个地方接受三个月的军训。训练开始的那天，早饭过后，区队长一吹哨，我们就集合。我们区队有三个班，区队长让以班横队集合，我们就排了三个横队。排完队，由他带到训练场开始训练。到了操场，先清点人数，这是例行公事。清点之前，要先把前排补齐。他下达口令："报数"。我们就从右向左报数。报数时，除最后一名外，都要有一个转头的动作。第一班报了第二、三班报。如果二、三班跟一班人数一样多，最后一名就报"满伍"，如果不一样多，就报"缺几名"。每个人的位置都是固定的，每天的训练也就是这样开始的。报数后是整理着装。指挥员下达"整理着装"命令后，我们迅速地抬起两手捏着帽檐两边，看帽子是不是端正。然后从上到下摸领子、风纪扣等，再到腰间，看皮带扎好没有。等指挥员下令"停"再换成立正姿势。

发枪后，训练前还要先验枪。验枪就是朝天开一枪，看看枪里有没有子弹。然后开始练立正。立正是军人的基本姿势。和立正相联系的动作是稍息。这是一种休息的姿势。跨立是个比较容易掌握的动作。这个动作主要用于军操、执勤和舰艇上站立，跨立时左脚向左跨一步。两手背在后边，携枪时不用背手。另外还有停止间的转法，向左转、向右转、向后转。指挥员先让我们做分解动作，然后做整个动作。开始时排面很不整齐，后来就整齐了。

行进间的步法有齐步、正步、跑步、踏步等。齐步是军人行进时常用的步法。正步用于分列式和其他礼节性的场合，如阅兵等。行进时听到指挥员立定的口令时，我们就要停止前进。停止前进后一般排面很不整齐。这个时候指挥员就下令"向右看齐"，我们就踏着碎步头转向右边的排头兵看整齐。直到指挥员又下令"向前看"，我们才可以重新看前方。有时也下令"向左看齐"或"向中看齐"等。行进间保持整齐的办法是指挥员喊"一、二、一"的口令或喊"一、二、三、四"。如果是后者，我们也要跟着喊。军人在队列中间时必须听指挥的。如果自己有什么事，要先喊"报告"，经批准后方可出列，指挥员有什么事也常叫某人"出列"。回到队列的口令是"入列"。不论是出列还是入列都要用跑步。

　　每天训练完都要整理内务。整理内务不仅是打扫卫生，实际上主要是叠被子。按要求把被子叠成豆腐干一样的方方正正的一块。大队和中队常有内务评比。星期六和星期天是我们的休息时间。星期天晚上要点名。这个点名不仅是看你在不在，而且队长还要说事情。这三个月的训练时间里，我们还搞过几次紧急集合和拉练。紧急集合一般在晚上我们刚睡下时进行。听到军号声队长就吹哨，我们就赶快穿好衣服打好背包，背上背包跑到外边排队。集合后一般是跑两圈就带回了。三个月的训练实现了我们从老百姓向军人的转变。

生词

军营	jūnyíng	병영, 캠프
领	lǐng	수령하다, 받다
军装	jūnzhuāng	군복
区队长	qūduìzhǎng	구대장
吹哨	chuīshào	호루라기를 불다
横队	héngduì	횡대

清点	qīngdiǎn	점검하다
例行公事	lìxínggōngshì	의례적인 일
补齐	bǔqí	채우다
下达口令	xiàdákǒulìng	구령을 내리다
报数	bàoshù	인원 보고(하다)
满伍	mǎnwǔ	번호 끝!(인원에 이상 없음)
缺几名	quējǐmíng	O명 미도착!
整理着装	zhěnglǐzhuózhuāng	복장 확인!
捏	niē	손가락으로 집다(쥐다)
帽檐	màoyán	모자창
摸领子	mōlǐngzi	칼라(옷깃)을 만지다
风纪扣	fēngjìkòu	후크(hook), 단추를 채우다
扎	zā	매다, 묶다
立正	lìzhèng	차렷(제식동작)
姿势	zīshì	자세
验枪	yànqiāng	총기검사(하다)
子弹	zǐdàn	실탄, 총알
稍息	shàoxī	쉬어(제식동작)
跨立	kuàlì	열중쉬어(제식동작)
军操	jūncāo	군사훈련
背手	bèishǒu	뒷짐지다
向左转	xiàngzuǒzhuǎn	좌향좌(제식동작)
向右转	xiàngyòuzhuǎn	우향우(제식동작)
向后转	xiànghòuzhuǎn	뒤로 돌아(제식동작)
分解动作	fēnjiědòngzuò	구분동작
齐步	qíbù	바른걸음
正步	zhèngbù	큰걸음
踏步	tàbù	제자리걸음
分列式	fēnlièshì	분열식
立定	lìdìng	제자리 서(제식동작)
向右看齐	xiàngyòukànqí	우로 나란히(제식동작)
碎步	suìbù	잰걸음, 종종걸음
向前看	xiàngqiánkàn	바로(제식동작)
向左看齐	xiàngzuǒkànqí	좌로 나란히(제식동작)
向中看齐	xiàngzhōngkànqí	좌우로 나란히(제식동작)
出列	chūliè	열외(구령)
入列	rùliè	원위치(구령)

整理内务	zhěnglǐnèiwù	내무정돈(하다)
叠被子	diébèizi	침구정돈(하다)
豆腐干	dòufugān	말린 두부
方方正正	fāngfāngzhèngzhèng	네모반듯하다
评比	píngbǐ	비교 평가하다
点名	diǎnmíng	점호(하다)
紧急集合	jǐnjíjíhé	비상소집(하다)
拉练	lāliàn	야영훈련, 숙영훈련
军号	jūnhào	군대신호나팔
背包	bèibāo	배낭
老百姓	lǎobǎixìng	일반백성, 민간인

练习

一、回答问题

(1) "我"接受了多长时间的军训？

(2) 发枪后或训练前先要做什么？

(3) 进行间的步法有哪几种？

(4) 整理内务实际上主要是什么？

(5) 三个月的训练使"我们"实现了什么？

二、选词填空

出列	报告	向左看齐	报数	满伍
入列	向右看齐	缺几名	向前看	

(1) 第一班报了第二、三班报。如果二、三班跟一班人数一样多，最后一名就报
"_____"，如果不一样多，就报"_____"。

(2) 停止前进后一般排面很不整齐。这个时候指挥员就下令"_____"。

(3) 如果自己有什么事，要先喊"_____"。

(4) 指挥员有什么事也常叫某人"_____"，回到队列的口令是"_____"。

(5) 指挥员下令"_____"，我们才可以重新看前方。

三、画线连词

(1) 接受 •　　　• 皮带　　　(5) 保持 •　　　• 卫生
(2) 下达 •　　　• 军训　　　(6) 打好 •　　　• 被子
(3) 整理 •　　　• 着装　　　(7) 叠 •　　　• 整齐
(4) 扎好 •　　　• 口令　　　(8) 打扫 •　　　• 背包

副课文

孙子练兵

　　孙子，春秋时代齐国人，是个伟大的军事家。因为他对兵法很有研究，吴王接见了他。吴王对他说："你写的十三篇兵法我都看过了。你可以按照你的兵法练练兵吗？"孙子说："可以"。吴王又说："能让宫女试试吗？"孙子说："好"。于是吴王就叫来一百八十个宫女，让孙子训练。孙子把宫女分为两队，挑出吴王两个心爱的妃子当队长，并让全体宫女都带上武器。接着孙子大声问她们："你们知道自己的心、背和左右手所表示的方向吗？"宫女们回答说："知道"。孙子又大声问："我命令你们向前，你们就向心所对的方向看；命令向左，就向左手那边看。大家都清楚了吗？"宫女们齐声回答："清楚了！"孙子怕她们记不住，就把这一规定又说了几遍。接着就敲起鼓来，下达了"向右"的命令。宫女们听到命令以后，不但没有行动，反而都大笑起来。孙子说："这次可能是命令不清楚，如果是这样，这是主将的过错。"于是他又把规定仔细讲了一遍，然后下达了"向左"的命令，宫女们又大笑起来。这时孙子严肃地说："命令不清楚，是主将的过错，命令很清楚，但不按照规定去做，这就是你们的过错了。"说完，孙子就要按照军法，杀死两个队长。

　　吴王正坐在高台上观看训练，忽然瞧见孙子要杀自己心爱的妃子，不禁大吃一惊。他急忙派人对孙子说："我已经知道将军用兵的才能了，这两个妃子都是我最喜欢的，没有她们，我吃饭都会觉得无味。请饶了她们吧！"孙子说："大王命令负责训练，那么，将军在带兵打仗的时候，就是君王的命令也可以不接受。"说完，就命令军法官把两个队长杀了。孙子又指定两个宫女做队长，重新训练起来。随着命令，宫女们向前、向后、向左、向后、跪下、起立，做得完全符合命令的要求，没有一个人敢出声。看到这种情况以后，孙子就派人报告吴王说："兵已经练好了，大王可以来看看。这些兵现在即使叫她们赴汤蹈火，她们也能做得到。"吴王听了说："请将军回宾馆休息休息吧，我不想下去看了！"孙子听了感叹地说："大王只是喜欢读我的兵书，却不愿意看到我按照兵法去做啊！"吴王心里虽然不喜欢孙子，但看出他很会用兵，最后还是让他做了将军。从此以后，吴国就慢慢强大起来。

生词

春秋时代	Chūnqiūshídài	춘추시대
齐国	Qíguó	제나라
吴王	Wúwáng	오나라 왕
宫女	gōngnǚ	궁녀
挑出	tiāochū	골라내다
敲鼓	qiāogǔ	북을 치다
过错	guòcuò	과실, 잘못
仔细	zǐxì	자세하다
严肃	yánsù	엄숙하다
妃子	fēizi	후궁, 비빈
大吃一惊	dàchīyìjīng	경악하다, 깜짝 놀라다
饶	ráo	용서하다
打仗	dǎzhàng	싸우다, 전쟁하다
君王	jūnwáng	군왕, 군주
军法官	jūnfǎguān	법무관, 형리(刑吏)
跪下	guìxià	무릎을 꿇다
符合	fúhé	부합하다, 들어맞다
赴汤蹈火	fùtāngdǎohuǒ	사지로 뛰어들다
感叹	gǎntàn	탄식하다, 감탄하다

第16讲 军中变色龙--迷彩服

课文

　　1890年~1902年，英国对荷兰南非人的后代布尔人发动了战争，当时布尔人军队不足英军的五分之一。战争的环境是在丛林之中。开始时，英国军队得了不少便宜，把许多布尔人俘虏了。可是不久，英国军队开始倒霉，经常受到布尔人的袭击。英军寻找布尔人时却相当困难，后来英军才发现，布尔人军队的服装改变了，成了黄绿色，跟丛林草地的颜色差不多，很难发现，不仅如此，连武器也涂上了绿色，潜伏在热带树林中不容易被发现。可是英国军队还傻乎乎地穿着红色军装，目标明显，因此总是受到袭击。后来英国士兵也像布尔人一样穿上黄色、绿色军装，才改变了被打的局面。据说，从那时起，各国军队的服装就变成黄绿色了。中国的陆军也不列外，从浅黄绿到暗黄绿，如今又变成草黄绿，这都是为了隐藏自己，有利于消灭敌人。

　　后来有了飞机，侦察器材发展了，光靠衣服的伪装色已经不行了。于是又出现现在的模仿绿保护色，打仗时在衣服上、帽子上插上树枝，适应了作战的环境，使飞机很难发现。在这种插树枝、纺织草网的启发下，研究出了迷彩服。在衣服上画上不同形状的斑点，涂上不同的颜色，利用斑点的颜色和斑点形状，就可以伪装目标的外形，使人很难把它和树草分开。第二次世界大战中，这种迷彩服就广泛在战场上出现了。二战之后，科学迅速发展，特别是电子侦察技术的发展，使迷彩服暴露了许多弱点。第一，战场环境各地都不一样，有沙漠，有海洋，有丛林，有冬天，有夏天，还有春天和秋天，因此迷彩服很难满足各种环境条件下的隐形。第二，电子侦察手段的发展，能区别跟周围环境稍有变化的物体，迷彩服就很容易被发现。

　　有一天，当一位美国迷彩服研究专家来到越南战场考察时，他忽然从变色龙的变色上得到了启示。能不能制造一种像变色龙那样自动产生各种颜色，会自动适应环境的迷彩服。现在这种技术已经成功了，美国和日本都研究出一种光变色纤维。用这种纤维制成军装，士兵钻进树林就能变成绿色，藏在沙漠就能变成黄色，伏在百花盛开的草丛之中，就能变成五颜六色。由此看，迷彩服用来隐蔽自己是多么重要，特别是要进行突然袭击时更为重要。

生词

变色龙	biànsèlóng	카멜레온
迷彩服	mícǎifú	위장복
荷兰	Hélán	네덜란드(국명)
南非	Nánfēi	남아프리카(국명)
后代	hòudài	후손, 후예
布尔人	Bù'ěrrén	보어(Boer)인
丛林	cónglín	정글, 밀림
俘虏	fúlǔ	포로로 잡다
倒霉	dǎoméi	재수없다, 불운하다
袭击	xíjī	습격하다
涂上	túshàng	바르다, 칠하다
潜伏	qiánfú	잠복하다
傻乎乎地	shǎhūhūde	멍청하게, 바보스럽게
隐藏	yǐncáng	감추다, 숨기다
消灭	xiāomiè	소멸하다, 섬멸하다
伪装	wěizhuāng	위장하다
模仿	mófǎng	모방하다
纺织	fǎngzhī	방직(하다)

草网	cǎowǎng	풀로 엮어 만든 위장망
启发	qǐfā	계발(하다)
形状	xíngzhuàng	형상
斑点	bāndiǎn	반점
广泛	guǎngfàn	광범위하다, 폭넓다
暴露	bàolù	드러나다, 노출되다
沙漠	shāmò	사막
隐形	yǐnxíng	몸을 감추다, 스텔스
区别	qūbié	구별하다
周围	zhōuwéi	주위, 주변
越南	Yuènán	베트남(국명)
考察	kǎochá	시찰하다
启示	qǐshì	시사(하다), 힌트
纤维	xiānwéi	섬유
钻进	zuānjìn	뚫고 들어가다
百花盛开	bǎihuāshèngkāi	온갖 꽃이 만발하다
隐蔽	yǐnbì	은폐(하다)

〈陆·空军作训服〉

〈海军水兵服〉

练习

一、回答问题

　(1) 战争初期, 英国军队为什么经常受到了布尔人的袭击?

(2) 现在中国陆军的迷彩服是哪种颜色？

(3) 迷彩服从什么时候开始被广泛使用？

(4) 在课文中，迷彩服的弱点有哪几种？

(5) 美国迷彩服研究专家到越南战场考察时，从哪个动物身上得到了制造会自动适应环境的迷彩服的启示？

二、选词填空

| 被 出 就 才 使 却 于 把 便 |

(1) 英国军队经常受到布尔人的袭击，英军寻找布尔人时＿＿＿相当困难，后来英军＿＿＿发现，布尔人军队的服装改变了，成了黄绿色。

(2) 打仗时在衣服上、帽子上插上树枝，适应了作战的环境，＿＿＿飞机很难发现。

(3) 迷彩服有利＿＿＿隐蔽自己。

(4) 在这种插树枝、纺织草网的启发下，研究＿＿＿了迷彩服。

(5) 在衣服上画上不同形状的斑点，涂上不同的颜色，这使人很难＿＿＿迷彩服和树草分开。

三、画线连词

(1) 发动 •   • 环境   (5) 得到 •   • 迷彩服
(2) 适应 •   • 弱点   (6) 插上 •   • 树枝
(3) 受到 •   • 战争   (7) 消灭 •   • 敌人
(4) 暴露 •   • 袭击   (8) 制造 •   • 启示

四、请把下列韩文词汇写成中文。

(1) 차렷   (2) 열중쉬어
(3) 우로 나란히   (4) 바로
(5) 좌향좌   (6) 뒤로 돌아
(7) 앞으로 가   (8) 제자리 걸음
(9) 제자리에 서   (10) 쉬어

(11) 경례　　　　　　　　　　　(12) 바로

(13) 번호　　　　　　　　　　　(14) 약실검사

(15) 일석점호　　　　　　　　　(16) 야영훈련

(17) 배낭　　　　　　　　　　　(18) 전투복

(19) 시찰하다　　　　　　　　　(20) 은폐하다

第17讲 坦克

坦克是一种装有武器和旋转炮塔的履带式装甲战斗车辆，是现代陆军的主要武器和基本突击力量。坦克出现在第一次世界大战中。当时交战的双方为了突破由堑壕、铁丝网、机枪火力点组成的防御阵地，需要一种使火力、机动、防护三者结合在一起的武器。于是英国人设计并制造了第一辆坦克。

经过八十多年的发展，坦克已经有好多种类。人们一般按战斗全重、火炮口径分为重型、中型、轻型三种。重型坦克体重在40吨以上，火炮口径最大可达122毫米。重型坦克在战场上常常用于掩护中型坦克进攻，或者支援中型坦克或步兵作战，消灭对方的坦克和自行火炮，摧毁对方的防御工事。中型坦克体重一般20~40吨，火炮口径一般不超过105毫米。这类坦克是坦克中最多的，用于遂行装甲兵的主要作战任务。轻型坦克体重在20吨以下，火炮口径一般不超过85毫米。装甲比较薄，防护能力差，适合在山地、水网稻田地、沙地、沼泽地区作战。它的主要任务是侦察、警戒、火力支援或重、中型坦克不能去的地方作战。60年代以来，多数国家按用途将坦克分为主战坦克和特种坦克。主战坦克用于完成多种作战任务。特种坦克用于完成特殊任务，如水陆坦克、喷火坦克、空降坦克、指挥坦克、侦察坦克、布雷坦克、架桥坦克等。

坦克有以下几个优点。

① 防护力：坦克的车体和炮塔有很厚的装甲，所以它有很强的防护能力，一般的枪弹和炮弹是打不进的。70年代以来，随着反坦克技术的发展，坦克的防护能力也有了新的

发展。不少坦克采用了复合装甲和屏蔽装甲，并降低了车体的高度。另外，车内一般都有灭火装置和防核、化、生的'三防'装置。

② 火力：坦克装备有火炮、并列机枪、高射机枪多种武器。火炮口径大，能发射各种炮弹。而且炮塔可以旋转360度。高射机枪可以对付低空飞机和地面轻型装甲目标；并列机枪可以扫射靠近的步兵。现代坦克都有先进的火控系统，射击时瞄得很准。

③ 机动力：坦克装有大功率的发动机，因此机动能力很强。现代坦克的最大时速是50~72公里，最大行程300~650公里，能突然转向，能作蛇形运行，能爬过0.9~1.2米高的垂直墙壁，能越过2.7~3.15米宽的壕沟，能上30度的坡。

当然，坦克也有弱点。一是它的顶部装甲和底部装甲比较薄，怕导弹、子母弹和反坦克地雷的袭击。二是坦克的履带在外边，容易被炸坏。而内部的弹药、油箱也怕中弹起火。三是弹药和油料依赖后方，很怕供应线被切断。

生词

坦克	tǎnkè	탱크, 전차
旋转	xuánzhuǎn	회전하다
炮塔	pàotǎ	포탑
履带	lǚdài	궤도
突击	tūjī	돌격
突破	tūpò	돌파하다
堑壕	qiànháo	참호
铁丝网	tiěsīwǎng	철조망
机枪	jīqiāng	기관총
火力点	huǒlìdiǎn	화집점

防御阵地	fángyùzhèndì	방어진지
防护	fánghù	방호
全重	quánzhòng	전체중량
口径	kǒujìng	구경
吨	dūn	톤(t)
毫米	háomǐ	밀리미터(mm)
掩护	yǎnhù	엄호(하다)
进攻	jìngōng	진격(하다), 공격(하다)
支援	zhīyuán	지원(하다)
自行火炮	zìxínghuǒpào	자주포
摧毁	cuīhuǐ	파괴하다
遂行	suìxíng	수행하다
水网稻田地	shuǐwǎngdàotiándì	(수로가 많은)전답
沙地	shādì	사막지역
沼泽地区	zhǎozédìqū	소택지
警戒	jǐngjiè	경계
用途	yòngtú	용도
水陆坦克	shuǐlùtǎnkè	수륙양용전차
喷火	pēnhuǒ	화염방사
布雷	bùléi	지뢰를 포설하다
屏蔽装甲	píngbìzhuāngjiǎ	반응장갑
灭火装置	mièhuǒzhuāngzhì	소화장치
并列	bìngliè	병렬
火控系统	huǒkòngxìtǒng	화력통제시스템
瞄准	miáozhǔn	조준(하다)
大功率	dàgōnglǜ	고성능
发动机	fādòngjī	엔진
蛇形	shéxíng	지그재그형
垂直墙壁	chuízhíqiángbì	수직장벽
壕沟	háogōu	참호 고랑
坡	pō	언덕
顶部	dǐngbù	천정부위
子母弹	zǐmǔdàn	ICM탄
油箱	yóuxiāng	연료탱크
依赖	yīlài	의존하다
供应线	gōngyìngxiàn	공급선

一、回答问题

(1) 坦克是什么时候出现的？

(2) 第一个坦克是哪个国家制造的？

(3) 重型、中型、轻型坦克中最多的是哪一种？

(4) 轻型坦克的主要任务是什么？

(5) 在课文中提到的'三防'装置指的是什么？

(6) 坦克的优点有哪些？

(7) 说明一下儿坦克的弱点。

二、选择正确的答案。

(1) 坦克出现_____第一次世界大战中。

　①到　　　②好　　　③为　　　④在

(2) 人们一般按战斗全重、火炮口径分_____重型、中型、轻型三种。

　①到　　　②好　　　③为　　　④在

(3) 主战坦克用_____完成多种作战任务。

　①到　　　②于　　　③完　　　④给

(4) 坦克的履带在外边, 容易_____炸坏。

　①让　　　②叫　　　③被　　　④使

第18讲 ‘蚊子’的力量

课文

　　1967年10月21日傍晚，以色列最现代化的一艘驱逐舰‘埃拉特’号，在埃及塞得港以北11海里的海面上航行。以色列水兵在甲板上一边说笑，一边欣赏大海的美丽景色，他们以为埃及海军不敢出来战斗。突然，远方的海面上出现了几个黑点，并迅速地向‘埃拉特’号驶来。"报告，是埃及海军的快艇！"‘埃拉特’号的观察兵急忙向舰长报告。"几艘小艇也敢和我们较量，等他们进入我们大炮的射程，消灭他们！"‘埃拉特’号的舰长非常轻敌。可是‘埃拉特’号的官兵们不知道，这些快艇就是埃及海军的秘密武器———‘蚊子’级导弹艇。

　　还没等到快艇进入‘埃拉特’号驱逐舰上大炮的射程之内，只见一艘快艇上红光一闪，一枚‘滇河’式舰对舰导弹向‘埃拉特’号快速飞过来。"快向导弹艇射击！"‘埃拉特’号的舰长慌忙下令。舰上4门主炮、6门副炮一起向导弹艇射击，可是没有一发炮弹击中导弹艇。舰长又急忙下令避让，没想到导弹也跟着军舰改变了飞行方向。70秒钟后，一声巨响，导弹击中了‘埃拉特’号的锅炉舱，引起大爆炸。‘埃拉特’号立刻失去动力。不到一分钟，第二枚导弹飞来，击中了机舱，‘埃拉特’号受了重伤。接着，第三枚导弹击中舰尾，海水从破口大量进入舱内，‘埃拉特’号很快就沉入了海底。

　　导弹艇第一次亮相，就创造了用小舰艇在比较远的距离上，击沉比它大30倍的大舰艇的战例。从此以后，更多的国家开始研制导弹艇。导弹艇是一种使用舰对舰导弹的小型高速水面战斗舰艇。主要用于近海作战，用编队或单艇对付敌人的大、中型水面舰艇，并实施导弹攻击。50年代末，苏联把刚研制成的‘滇河’式导弹装到P-6级鱼雷艇上，就成为世界上第一艘导弹艇—'蚊子'号。这艘舰艇长25.5米, 排水量75吨, 航速38节, 装导弹2枚。

生词

傍晚	bàngwǎn	저녁 무렵
以色列	Yǐsèliè	이스라엘(국명)
埃拉特	Āilātè	아이라트(배 이름)
埃及	Āijí	이집트(국명)
塞得港	Sāidégǎng	싸이드 항(항구 이름)
欣赏	xīnshǎng	감상하다
快艇	kuàitǐng	쾌속정
较量	jiàoliàng	겨루다
蚊子	Wénzi	코마(Komar)
红光一闪	hóngguāngyīshǎn	붉은 빛이 번쩍하다
枚	méi	매, 기
溟河	Mínghé	스틱스(Styx)
舰对舰导弹	jiànduìjiàndǎodàn	함대함미사일
慌忙	huāngmáng	황급하다, 급박하다
避让	bìràng	피하다
锅炉舱	guōlúcāng	보일러실
机舱	jīcāng	기관실
破口	pòkǒu	파열된 부분
沉入	chénrù	가라앉다, 침몰하다
鱼雷艇	yúléitǐng	어뢰정
排水量	páishuǐliàng	배수량

一、回答问题

　　(1) '冥河'式导弹是哪个国家研制出的？

　　(2) 导弹艇的主要任务是什么?

　　(3) 课文中'埃拉特'号是哪国的驱逐舰?

　　(4) 世界上第一艘导弹艇装了几枚导弹?

　　(5) '埃拉特'号遭到导弹艇的攻击后，结果如何？

二、选择正确的答案。

　　(1) 一枚'溟河'式舰对舰导弹____'埃拉特'号快速飞过来。

　　　　①从　　　②自　　　③向　　　④对

　　(2) 第三枚导弹击中舰尾,海水____破口大量进入舱内。

　　　　①从　　　②自　　　③向　　　④对

　　(3)以色列水兵在甲板上一边说笑，一边欣赏大海的美丽景色,他们____埃及海军不敢出来战斗。

　　　　①以为　　②知道　　③认为　　④认识

　　(4)远方的海面____出现了几个黑点。

　　　　①上　　　②中　　　③里　　　④下

　　(5)世界上第一艘导弹艇，艇长25.5米,排水量75吨,航速38节,装导弹2____。

　　　　①门　　　②枚　　　③颗　　　④发

精确制导武器

　　由于精确制导武器射程远、速度快、精度高、威力大、机动性好,具有极强的作战效能，因此，在现代战争制胜因素中的地位更加突出。首先，精确制导武器具有很高的费效比。如在马岛战争中，阿根廷仅发射一枚40万美元的'飞鱼'反舰导弹，就一举击沈了2亿美元的英'谢菲尔德'号导弹驱逐舰，费效比为40万美元比2亿美元。其次，加快了战争进程。第四次中东战争，由于交战双方大量使用精确制导武器，战争只进行了18天。海湾战争被称做高技术武器的试验场，20多种精确制导武器用于战场，大大加快了战争进程，战争只进行了42天，就告结束。再次，对作战方式产生重大影响。精确制导武器大量应用于战场，高能释放形态广泛运用，现代战争在作战方式，特别是作战行动上发生了深刻的变化。一是作战行动更加灵活多变，如采用外科手术式的打击。二是作战方式更加新颖，"地空一体化作战"方式日趋完善。精确制导武器，正随着微电子和计算机技术的发展向更高级智能化发展，发展多用途导引头，具有在不同平台上发射的能力，提高抗干扰能力等。

生词

精确制导武器	jīngquèzhìdǎowǔqì	정밀유도무기
制胜因素	zhìshèngyīnsù	승리요소
费效比	fèixiàobǐ	비용대효과비
马岛战争	Mǎdǎozhànzhēng	포클랜드(Falkland) 전쟁
阿根廷	Āgēntíng	아르헨티나(국명)
飞鱼	Fēiyú	엑소세(Exocet)
反舰导弹	fǎnjiàndǎodàn	대함미사일
一举	yījǔ	일거에, 단숨에
谢菲尔德	Xièfēi'ěrdé	셰필드(Sheffield)
海湾战争	Hǎiwānzhànzhēng	걸프(Gulf) 전쟁
释放	shìfàng	투발(하다)
灵活多变	línghuóduōbiàn	기민하고 변화무쌍하다
新颖	xīnyǐng	참신하다
微电子	wēidiànzi	마이크로−일렉트로닉스
导引头	dǎoyǐntóu	탄두유도장치

第19讲 震惊世界的'小男孩'

课文

　　1945年，日本在战场上不断遭到失败，但是他们还是想做最后的挣扎。为了尽快结束战争，美国总统杜鲁门决定使用一种名为'小男孩'(Little boy)的新式武器。'小男孩'威力非常大，是美国在新墨西哥州的沙漠里刚研制成功的一种新式武器。1945年8月6日，在太平洋帝尼安岛的北机场，人们把一枚长约3.5米、直径90厘米、重约5吨的'小男孩'，装上了一架经过改装的'超级空中堡垒'B-29轰炸机。机长贝茨上校带领机组人员登上这架飞机后，升上了天空。然后，加入到B-29轰炸机编队中，飞向日本。

　　早晨7点，3架B-29轰炸机飞到日本广岛上空。它们在广岛上空盘旋，没有投掷炸弹就飞走了。原来，它们是在收集气象资料。8点左右，两架B-29轰炸机又进入了广岛上空，其中一架B-29轰炸机上就装有'小男孩'。机长贝茨上校认真地看过前面3架飞机发来的气象资料后，下达了攻击命令。8点16分，投弹手费里比少校打开了投弹舱的开关，机腹下投弹舱的门打开了，'小男孩'从9,600米的高空向地面落下。43秒钟后，'小男孩'在离地面600米的空中爆炸，发出了令人目眩的强烈白色闪光。紧接着，爆发出山崩地裂一样的轰响，巨大的蘑菇云陡然升起。

　　'小男孩'的威力相当于2万吨TNT炸药，它在几秒钟之内就吞噬了广岛，广岛顿时变成一片焦土。在这次轰炸中，广岛有78,150人当场死去，负伤和失踪的人有51,408人，摧毁房屋48,000幢。'小男孩'就是世界上第一颗投掷的原子弹。三天后，美国另一架B-29轰炸机又在日本的长崎投下了一枚叫'胖子'(Fat man)的原子弹，伤亡接近10万人。8月15

日，日本宣布无条件投降。原子弹虽然使日本更快更早地投降，但是却造成了无数日本平民的伤亡。

生词

震惊	zhènjīng	놀라게 하다
遭到	zāodào	(불행을) 만나다, 부닥치다
挣扎	zhēngzhá	발버둥치다, 발악하다
总统	zǒngtǒng	대통령
杜鲁门	Dùlǔmén	트루먼(H. Truman, 인명)
新墨西哥州	Xīnmòxīgēzhōu	뉴멕시코 주(지명)
研制	yánzhì	연구개발하다
帝尼安岛	Dìnǐāndǎo	티니안 섬(지명)
厘米	límǐ	센티미터(cm)
超级空中堡垒	Chāojíkōngzhōngbǎolěi	스트라토포트리스(Stratofortress)
贝茨	Bèicí	베이츠(인명)
带领	dàilǐng	대동하다, 인솔하다
机组人员	jīzǔrényuán	(비행기의)탑승원
广岛	Guǎngdǎo	히로시마(도시명)
盘旋	pánxuán	선회하다
投掷	tóuzhì	투척하다, 투하하다
炸弹	zhàdàn	폭탄
费里比	Fèilǐbǐ	필립(인명)
开关	kāiguān	스위치
令人目眩	lìngrénmùxuàn	눈을 어지럽히다
闪光	shǎnguāng	섬광
山崩地裂	shānbēngdìliè	산이 무너지고 땅이 갈라지다
轰响	hōngxiǎng	폭음
蘑菇云	mógūyún	버섯구름
陡然	dǒurán	갑자기, 돌연
炸药	zhàyào	폭약
吞噬	tūnshì	삼키다
顿时	dùnshí	갑자기, 일시에
焦土	jiāotǔ	잿더미가 되다
失踪	shīzōng	실종되다

幢	zhuàng	채
长崎	Chángqí	나가사키(도시명)
伤亡	shāngwáng	사상자
宣布	xuānbù	선언하다, 선포하다
投降	tóuxiáng	항복(하다)

练习

一、回答问题

(1) 课文中提到的'小男孩'指的是什么？

(2) 在第一次轰炸中, 广岛的伤亡人数(包括失踪人员)有多少？

(3) '小男孩'的威力如何？

(4) 美国什么时候在日本长崎投下了第二个原子弹？

(5) 日本什么时候宣布投降？

二、选择正确的答案。

(1) 人们把'小男孩'装＿＿＿了一架经过改装的'超级空中堡垒'B-29轰炸机。

　　①给　　　②上　　　③见　　　④成

(2)机长贝茨上校带领机组人员登上这架飞机后, 飞＿＿＿日本。

　　①走　　　②自　　　③向　　　④给

(3) '小男孩'在几秒钟之内就吞噬了广岛,广岛顿时变____一片焦土。

　　①好　　　②见　　　③成　　　④到

(4) 美国的三架B-29轰炸机在广岛上空盘旋,没有投掷炸弹就飞____了。

　　①走　　　②往　　　③向　　　④到

三、画线连词

　　(1) 遭到　•　　　　•　伤亡

　　(2) 投掷　•　　　　•　失败

　　(3) 打开　•　　　　•　炸弹

　　(4) 造成　•　　　　•　开关

四、请把下列韩文词汇写成中文。

(1) 궤도	(2) 참호
(3) 철조망	(4) 기관총
(5) 구경	(6) 자주포
(7) 탱크	(8) 화염방사기
(9) 소화장치	(10) 화력통제시스템
(11) 조준하다	(12) 연료탱크
(13) 겨루다	(14) 함대함미사일
(15) 어뢰정	(16) 정밀유도무기
(17) 발버둥치다	(18) 선회하다
(19) 폭탄	(20) 항복하다

副课文

导弹的特点

　　导弹武器与其他武器相比, 具有以下六个特点: 一是射程远。中程导弹射程在1,000~5,000千米, 洲际导弹射程可达13,000千米。二是速度快。战略导弹最大飞行速度每秒可达7千米以上, 相当于音速的20倍。中程导弹的速度也很快, 如前苏联'SS-14'中程导弹, 袭击1,400千米以上的目标, 只需11分钟。三是精度高。在抗电子干扰措施配合下, 目标只要在其射程范围内, 命中概率可达70%～90%。目前, 洲际战略导弹的误差范围可在300米以内, 如美国的'MX'导弹, 误差范围仅90米, 战术导弹的误差只有几十米至几米。四是威力大。战略导弹大都装有核弹头, 其威力可达几万至几千万吨TNT当量。如前苏联的'SS-18'洲际导弹, 其威力为2,500万吨TNT当量, 相当于美国投在日本的广岛和长崎的原子弹总当量的625倍。五是机动性好。战术导弹可单兵发射, 也可在车上或飞机上、舰上发射。战略导弹可在陆地发射, 也可在水下(潜艇)发射。六是生存能力强, 突防能力高。战略导弹深藏在地下发射井内或装在核潜艇、战略轰炸机上, 因此难以发现。战略导弹多采用多弹头分导技术, 可重返大气层, 同时摧毁数个目标, 使对方防不胜防。

生词

前苏联	qiánsūlián	구소련
概率	gàilǜ	확률
误差范围	wùchāfànwéi	오차범위
单兵	dānbīng	각개병사
突防能力	tūfángnénglì	긴급방어능력
发射井	fāshèjǐng	발사정
多弹头分导技术	duōdàntóufēndǎojìshù	다탄두분리유도기술
大气层	dàqìcéng	대기층
防不胜防	fángbùshèngfáng	막을래야 막을 수 없다

第20讲 小小导游图起了大作用

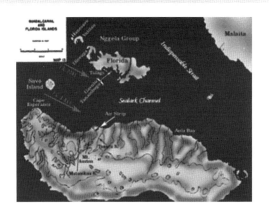

课文

　　1942年8月，太平洋战争到了最紧张的阶段，美、日在所罗门群岛中一个很少被人知道的瓜达尔卡纳尔小岛，展开激烈的战斗。战前，美军对该岛的情况了解极少，更不了解有关该岛的地形资料和日军的兵力部署。可在战役进行中，美国战略情报局转来了过去一记者在该岛游览时拍摄的7张瓜岛风景照片，美军即根据照片记录的信息，再经过巧妙的处理，分析出岛上地形、水文和日军部署及其重要指挥机关情况，并判断出日军一个野战机场的位置，从而使美军顺利登陆。仅以1,000余人的代价，歼灭日军5万人，夺得了瓜岛战役的胜利。

　　无独有偶，40年后美军又一次把旅游图应用于战争，也取得了成功。1983年10月25日，原定开往地中海的美第6舰队，突然接到转向格林纳达执行登陆作战任务的命令。美军入侵该岛的一支陆、海、空三军编成的联合作战部队，由于事先毫无准备，靠复制一些格林纳达的旧地图，既不能帮助陆战队找到进攻的道路，也无法使舰炮制定目标方位。这时，一位指挥官想到格林纳达是旅游业相当发达的地方，当地向游客出售的导游图十分精美和详细，在缺少军用地图的情况下，有助于研究该岛地形和作战指挥。于是，从曾到过该岛的官兵手中收罗了许多导游图，并很快复制下发部队。美海军陆战队就是利用这些导游图，再加上指挥官的多方面知识，正确地判断出地形的利弊条件，顺利完成了登陆作战任务。虽然现代战争有多种手段研究战场地形，但在突发的偶然事件中，作战部队事先缺乏充分地形准备就投入战斗的情况，不仅过去曾发生，而且今后也很难避免。这就要求指挥官既能在正常情况下善于研究地形、利用地形，又能在毫无准备的意外情况下，综合利用各种现有地形资料，适应作战的要求。

生词

导游图	dǎoyóutú	여행안내지도
阶段	jiēduàn	단계
所罗门群岛	Suǒluóménqúndǎo	솔로몬(Solomon) 군도
瓜达尔卡纳尔	Guādáěrkǎnàěr	과달카날(Guadalcanal;지명)
激烈	jīliè	격렬하다
该	gāi	(앞글에 나온 것을 가르킴)이, 그, 저
战略情报局	zhànlüèqíngbàojú	전략정보국
记者	jìzhě	기자
游览	yóulǎn	유람하다
拍摄	pāishè	찍다, 촬영하다
信息	xìnxī	정보
巧妙	qiǎomiào	교묘하다
水文	shuǐwén	(자연계)물의 각종변화와 운동현상
登陆	dēnglù	상륙(하다)
代价	dàijià	대가
夺得	duódé	탈취하다
无独有偶	wúdúyǒu'ǒu	그와 짝을 이루는 것이 있다.
格林纳达	Gélínnàdá	그레나다(Grenada;지명)
事先	shìxiān	사전에
毫无	háowú	전혀 없다
复制	fùzhì	복제하다
无法	wúfǎ	방법이 없다
制定	zhìdìng	제정하다

精美	jīngměi	정밀하다
详细	xiángxì	상세하다
缺少	quēshǎo	빠지다, 모자라다
官兵	guānbīng	장병
收罗	shōuluó	거둬들이다, 모으다
下发	xiàfā	나누어주다, 내려 보내다
再加上	zàijiāshàng	게다가
利弊	lìbì	장단점, 유리함과 불리함
偶然	ǒurán	우연
缺乏	quēfá	부족하다, 모자라다
避免	bìmiǎn	벗어나다, 피하다
善于	shànyú	~에 능하다
适应	shìyìng	적응하다

练习

一、回答问题

　(1) 在课文第二行中的'该岛'指的是哪一个岛？

　(2) 美军通过什么渠道来得到了有关瓜达尔卡纳尔岛的信息？

　(3) 在瓜岛战役中，美军死亡了多少人？

　(4) 1983年10月美军在格林纳达执行登陆作战任务时，用什么方法来研究该岛的地形和作战指挥？

二、请根据上下文的意思填写一个恰当的汉字。

　(1) 1942年8月，太平洋战争到了最紧张的阶段，美、日在所罗门群岛中一很少__人知道的瓜达尔卡纳尔小岛，展开激烈的战斗。

(2) ～ (3) 40年后美军又一次＿＿＿＿旅游图应用于战争，也取得了成功。1983年10月25日，原定开＿＿＿＿地中海的美第6舰队，突然接到转向格林纳达执行登陆作战任务的命令。

(4) ～ (5) 美军入侵格林纳达岛的一＿＿＿陆、海、空三军编成的联合作战部队，由于事先毫无準备，靠复制一些格林纳达的旧地图，既不能帮助陆战队找到进攻的道路，也无法＿＿＿＿舰砲制定目标方位。

三、画线连词

(1) 展开 •　　　　• 任务

(2) 夺得 •　　　　• 胜利

(3) 接到 •　　　　• 命令

(4) 完成 •　　　　• 战斗

四、请把下列韩文词汇写成中文。

(1) 확률　　　　　　　　(2) 다탄두분리유도기술

(3) 여행가이드　　　　　(4) 촬영하다

(5) 정보화시대　　　　　(6) 상륙하다

(7) 장병　　　　　　　　(8) 전혀 방법이 없다

(9) 거둬들이다　　　　　(10) 적응하다

第21讲 人类最早的空中谍战

课文

　　飞机最早用于空中侦察，应该是1911年的意土战争。1911年9月29日，意大利和土耳其因利比亚归属问题而爆发战争。战争开始后，飞机很快用于空中侦察。10月23日，意军上尉皮亚扎驾驶布莱里奥飞机，飞到土军阵地上空进行侦察，了解土军的实力和部署。这次侦察大有收获，飞行员对土军整整进行了一个小时左右的侦察。当意军对飞机的作用大加发挥的时候，土军阵地上空毫无飞机的踪影。原来，土军对飞机的认识不足，觉得那玩意儿没什么用。因此，战争开始后，土军居然没有一架飞机参战。现在，意军侦察机在土军头上大摇大摆，土军也不知如何阻止，眼睁睁地让敌机看个够。意军获取情报后，乘机发动进攻，土军损失很大。被打得晕头转向的土军，终于知道要对空中的贼眼加以阻止了。10月25日，意军一架'纽波特'飞机再次飞临土军阵地上空偷猎。这次，土军开始反击了。意军侦察机很快就发现了土军的一个很大的营地。飞行员知道，那儿肯定驻扎着许多土军。为了看得更清楚，意军飞行员开始在土军营地上空低空盘旋。土军知道自己的阵地已经暴露，立即用步枪进行猛射。结果，侦察机的飞翼挨打了3颗子弹，侦察机受了伤。

　　随着意军飞机空中侦察的不断增多，意军地面部队犹如长了眼睛似的，把土军的一举一动看得清清楚楚，作战节节胜利。这些胜利极大鼓舞了意军飞行员。一天，皮亚扎上尉忽然产生奇想：既然人们可以在地面用相机拍照，为什么不可以把相机安在飞机上去空中拍摄敌军呢？他经过一番琢磨，终于开始了这种尝试。1912年2月23日，皮亚扎驾驶着侦察机飞到了土军阵地上空，对准地面土军阵地，迅速摁动了相机的快门。然后，侦察机扬长而去。有趣的是，这种相机在一次飞行中只能曝光一次，进行一次拍摄。不过，它的战略意义却十分重大，它是我们人类利用飞机首次进行空中照相侦察。意军侦察机越战越欢，开始了更多的摸索。5月2日晚，意军的一名上尉军官忽然驾驶侦察机出航，摸到土军上空，居然在模模糊糊的夜色中侦察土军的动向来了。这次侦察时间长达30分钟，为意军炮兵的打击及时地提供了情报依据。这次夜间侦察的意义也非同一般，它是人类首次进行的夜间空中侦察。意军侦察机成功进行夜间侦察后，这种活动就停不下来了，在以后的时间里，多次夜间出航侦察，让土军在夜间也感到不安全。1912年10月18日，土耳其和意大利在瑞士的洛桑签署了和约，战争结束了。

战争中，意军侦察机获取了大量土军的情报，尤其是土军的部署情况和装备情况，为自己的地面部队作战提供了准确而又及时的情报保障。当然，意军侦察机的出色表现，是和意大利对飞机的远见卓识分不开的，也与土军对飞机的认识肤浅有关。然而，意军侦察机在整个战争中的勇敢尝试，为人类飞机的作战提供了很有价值的借鉴经验，尤其对1914年爆发的第一次世界大战有着较大的影响。

生词

意土战争	Yìtǔzhànzhēng	이탈리아와 터키의 전쟁
意大利	Yìdàlì	이탈리아(국명)
土耳其	Tǔěrqí	터키(국명)
利比亚	Lìbǐyà	리비아(국명)
归属	guīshǔ	귀속하다, 귀속시키다
爆发	bàofā	발발하다, 터지다
皮亚扎	Píyàzhá	피아자(인명)
驾驶	jiàshǐ	몰다, 조종하다
布莱里奥	Bùláilǐ'ào	쁘라리오(비행기 이름)
收获	shōuhuò	수확
飞行员	fēixíngyuán	조종사, 파일럿
踪影	zōngyǐng	그림자, 자취
玩意儿	wányìér	장난감, 하찮은 물건
居然	jūrán	뜻밖에, 확연히
大摇大摆	dàyáodàbǎi	활개치다

阻止	zǔzhǐ	저지하다, 막다
眼睁睁地	yǎnzhēngzhēngdì	빤히 보면서
看个够	kàngègòu	충분히 보다
乘机	chéngjī	틈을 타다
损失	sǔnshī	손실, 손해
晕头转向	yūntóuzhuǎnxiàng	머리가 뱅뱅 돌다
贼眼	zéiyǎn	훔쳐보는 눈
纽波特	Niǔbōtè	니우뽀트(비행기 이름)
偷猎	tōuliè	밀렵(하다)
营地	yíngdì	숙영지
驻扎	zhùzhá	주둔하다
立即	lìjí	즉각, 즉시
步枪	bùqiāng	소총
飞翼	fēiyì	날개
挨打	áidǎ	맞다
犹如	yóurú	마치 ~와 같다
一举一动	yījǔyīdòng	일거수일투족
节节	jiéjié	하나하나, 착착
鼓舞	gǔwǔ	고무하다, 고무시키다
产生奇想	chǎnshēngqíxiǎng	기발한 착상을 하다
琢磨	zhuómó	다듬다
尝试	chángshì	시험(해 보다)
对准	duìzhǔn	초점을 맞추다
摁动	èndòng	누르다
快门	kuàimén	셔터
扬长而去	yángcháng'érqù	훌쩍 떠나버리다
曝光	bàoguāng	노출하다
摸索	mōsuǒ	모색하다, 탐색하다
模糊	móhú	모호하다, 흐릿하다
及时	jíshí	적시에
依据	yījù	근거, 증거
非同一般	fēitóngyìbān	각별하다, 남다르다
瑞士	Ruìshì	스위스(국명)
洛桑	Luòsāng	로잔느(지명)
签署	qiānshǔ	서명하다
和约	héyuē	평화조약
出色	chūsè	뛰어나다
表现	biǎoxiàn	태도, 행동, 활약
远见卓识	yuǎnjiànzhuōshì	높은 안목과 식견

| 肤浅 | fūqiǎn | 얕다, 낮다 |
| 借鉴 | jièjiàn | 거울로 삼다, 참고로 하다 |

练习

一、回答问题

(1) 1911年9月，意大利和土耳其为什么打仗的？

(2) 在课文第六行中提到的'那玩意儿'指的是什么？

(3) 世界上首次利用飞机进行空中照相侦察的是哪一位？

(4) 意大利和土耳其之间的战争是什么时候结束的？

(5) 意土战争中，意军侦察机获取的情报有哪些？

二、请根据上下文的意思选择唯一恰当的词语。

(1) ～ (3) 10月23日，意军上尉皮亚扎驾驶布莱里奥飞机，飞(1)土军阵地上空进行侦察，了解土军的实力和部署。这次侦察大有收获，飞行员(2)土军整整进行了一个小时(3)的侦察。

(1) ①往　②向　③到　④走

(2) ①向　②跟　③对　④给

(3) ①左右　②上下　③前后　④后来

(4) ～ (5)意军侦察机成功进行夜间侦察后，这种活动就停不(4)了，在以后的时间里，多次夜间出航侦察，(5)土军在夜间也感到不安全。

(4) ①下去　②上去　③下来　④上来

(5) ①让　②给　③被　④对

三、画线连词

(1) 发挥　•　　　•　军队

(2) 发动　•　　　•　奇想

(3) 驻扎　•　　　•　作用

(4) 产生　•　　　•　进攻

(5) 摁动　•　　　•　侦察

(6) 签署　•　　　•　和约

(7) 感到　•　　　•　快门

(8) 进行　•　　　•　安全

四、请把下列韩文词汇写成中文。

(1) 조종하다　　　　　　　(2) 파일럿

(3) 그림자　　　　　　　　(4) 밀렵하다

(5) 주둔하다　　　　　　　(6) 소총

(7) 다듬다　　　　　　　　(8) 셔터

(9) 서명하다　　　　　　　(10) 모호하다

副课文

夜视技术在军事上的应用

夜视技术在军事上应用十分广泛。目前，夜视技术已广泛应用到夜间侦察、瞄准、指挥、驾驶、读图、制导、野战修理和战场救护等方面。主动式红外夜视仪主要用于近距离观察、短射程武器的夜间瞄准和各种车辆的夜间驾驶等。微光夜视仪可供夜间在前沿阵地侦察敌方的地形、火力配备和监视的活动，可安装在各种轻武器及火炮上进行夜间瞄准射击，可安装在各种车辆上供夜间驾驶，可安装在小型舰艇上监视敌水面舰艇活动和实施攻击，可供边、海防御阵地、哨所监视敌情、防敌偷袭、破坏等。微光电视可供指挥人员在前沿阵地或指挥所内观察敌情和地形，可安装在飞机或坦克上作侦察或武器瞄准用，可用于舰艇、飞机上监视敌舰、敌机的活动，可用于边、海防警戒、车辆驾驶、飞机导航、投弹、着陆，以及火控、跟踪、制导等方面。热像仪可用于各种侦察武器的瞄准和制导，用于各种车辆的夜间驾驶和飞机在夜间起飞、着陆等。

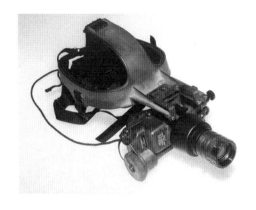

夜视	yèshì	야간투시
瞄准	miáozhǔn	조준(하다)
驾驶	jiàshǐ	조종(하다)
读图	dútú	지도를 보다
救护	jiùhù	구조(하다)
主动式	zhǔdòngshì	능동식, 능동형
红外夜视仪	hóngwàiyèshìyí	적외선야시기
微光	wēiguāng	미광증폭식
前沿阵地	qiányánzhèndì	최전방진지
哨所	shàosuǒ	초소
导航	dǎoháng	항로유도
着陆	zhuólù	착륙하다
跟踪	gēnzōng	추적(하다)
热像仪	rèxiàngyí	열상장치

第22讲 气象战

课文

气象的运用在第二次世界大战中达到一个高峰。参战各国对它似乎都格外感兴趣，可以说气象业的真正繁荣也是从那时开始的。1941年，日本决定偷袭珍珠港，但作出这个决定的过程是漫长而困难的，日军当局在意识到这次行动的重要性的同时，也清楚它存在的三个难点，如能成功地克服它就是胜利，反之则失败。这确实是极大的冒险。他们要考虑三个问题，首先能不能完成偷袭？也就是能不能逃出美军严密的警戒？其次是补给问题，从日本最近的一条线路到珍珠港也需要10天的路程。那么怎样来完成路途上的补给？这是一个最实际而又很重要的问题。最后一个问题是能不能掌握美军的主力舰何时停在珍珠港内？这三个问题从表面上来看都与气象没多少关系，其实不然，这从日军当局的反映中也可以看出。

为了这次行动，日本集中了所有的气象专家在一起研究。早在日本联合舰队司令山本五十六提出这个想法起，即1941年1月，日本的气象观测站已奉海军的命令开始对西太平洋进行气象观测。当偷袭的具体方案提出时，海军干脆把西太平洋地区的气象观测站接过来，以便更好地保密。9月前后，日本海军人员多次到中央气象台预报科打听千岛附近的气象分析和预报。他们主要想知道在那里有没有可供舰船加油的好天气，并要在10天之前作出准确判断。到了这年的11月底，日本的天气图变为绝密，气象工作也随着进入战备状态，气象报导实行军事管制，天气预报、天气图不再公开，气象通迅改为密码形式。可见日本人是多少清醒地意识到气象在军事中的作用，这也是日本人从偷袭珍珠港成功的重要原因。

　而怎样解决三个难点呢？为此，日军当局几乎集中了日本所有的气象专家，他们针对这几个难题进行了深入研究。为了克服第一个困难而选择了水文气象复杂的北航线航行，因为北航线位于高空西风急流下面，多狂风暴雨，很少有商船在那里航行，美军侦察机很可能会忽视它的存在。同时日军制造假情报伪装机动部队仍在九州活动，使美军相信日军大部分主力部队都在国内港口。为了克服第二个难点，日本海军的联络官早在1941年秋就开始多次到日本中央气象台预报科了解情况。后来，气象台分析出，在1941年11月下旬到12月上旬，北航线将风平浪静。日军得到消息，迅速作好决定，机动舰队于11月26日从择捉岛单冠湾启航，在海洋上实施补给。克服第三个难点，也与气象有关。日军之所以把进攻的日期定在12月8日，一是因为这天是星期天，美军休假，军舰在珍珠港停泊的机会较多。还有一个重要原因是这天正好是阴历19日，从半夜到日出这段时间有月光，很利于飞机飞行。日军正是利用了这种种有利因素，当1941年12月8日天快亮的时候，日本突击队到达珍珠港以北220海里预定地点时，仍未被美军发现。日军350架飞机分两波次实施轰炸。美军太平洋舰队遭受巨大的损失。日本这次的偷袭，还取了个巧：狡猾的日军是充分利用了锋面天气，它从冷锋进入不易被发觉。据一个美军军官写道："那天头顶正好有足够的碎云，保护日本人，而引起我们高射炮火的混乱。日本人有一个卓越的气象局，并完善地利用了它。"从某种意义上说，偷袭珍珠港的成功是人类战争史中成功利用气象的一个典型例子。

生词

气象	qìxiàng	기상
高峰	gāofēng	절정
似乎	sìhu	~인 것 같다
格外	géwài	각별하게, 특히

繁荣	fánróng	번영
偷袭	tōuxí	기습(하다)
珍珠港	Zhēnzhūgǎng	진주만(지명)
漫长	màncháng	(시간이나 길이)길다
反之则	fǎnzhīzé	그 반대가 되면
冒险	màoxiǎn	모험
逃出	táochū	빠져나오다
补给	bǔjǐ	보급
路途	lùtú	이동 중간
反映	fǎnyìng	반영(하다)
司令	sīlìng	사령관
山本五十六	Shānběnwǔshíliù	야마모토 이소로쿠(인명)
观测站	guāncèzhàn	관측소
具体方案	jùtǐfāng'àn	구체적인 방안
干脆	gāncuì	시원스럽다, 아예
保密	bǎomì	비밀을 유지하다
打听	dǎtīng	문의하다
千岛	Qiāndǎo	치시마(지명)
绝密	juémì	극비, 1급 비밀
战备状态	zhànbèizhuàngtài	전쟁준비상태
管制	guǎnzhì	관제, 단속, 통제
密码	mìmǎ	암호
清醒地	qīngxǐngdi	분명히, 뚜렷이
针对	zhēnduì	~에 맞추다
忽视	hūshì	경시하다, 무시하다
九州	Jiǔzhōu	규슈(지명)
联络官	liánluòguān	연락장교
风平浪静	fēngpínglàngjìng	바람도 없고 물결도 잔잔하다
择捉岛	Zézhuōdǎo	에토로후시마(지명)
单冠湾	Dānguānwān	히토카뿌 만(지명)
启航	qǐháng	출항하다
停泊	tíngbó	정박하다
波次	bōcì	제파
狡猾	jiǎohuá	교활하다
锋面	fēngmiàn	불연속면, 전선면
冷锋	lěngfēng	한랭전선
头顶	tóudǐng	꼭대기

碎云	suìyún	조각구름
混乱	hùnluàn	혼란
卓越	zhuōyuè	탁월하다
典型例子	diǎnxínglìzi	전형적인 사례

练习

一、回答问题

(1) 气象业的真正繁荣是从什么时候开始的？

(2) 1941年，日军偷袭珍珠港有哪几种难题？

(3) 所上述的这些问题当中，最实际的问题是哪一个？

(4) 日军为什么把进攻的日期定在12月8日？

(5) 偷袭珍珠港的成功在人类战争史上有什么意义？

二、请根据上下文的意思选择唯一恰当的词语。

(1)～(3) 气象的(1)在第二次世界大战中达到一个高峰。参战各国(2)它似乎都格外感兴趣，可以说气象业的真正繁荣也是从那时开始的。1941年，日本决定偷袭珍珠港，(3)作出这个决定的过程是漫长而困难的。

(1) ①运行　②使用　③利用　④运用

(2) ①向　②为　③对　④给

(3) ①并　②而　③和　④但

三、画线连词

(1) 提出 •   • 混乱   (5) 克服 •   • 困难

(2) 进行 •   • 损失   (6) 作好 •   • 补给

(3) 遭受 •   • 研究   (7) 得到 •   • 决定

(4) 引起 •   • 想法   (8) 实施 •   • 消息

四、请把下列韩文词汇写成中文。

(1) 구조하다   (2) 적외선

(3) 초소   (4) 미광증폭식 야시경

(5) 추적하다   (6) 열상장치

(7) 기습하다   (8) 사령관

(9) 보안유지   (10) 암호

(11) 연락장교   (12) 문의하다

(13) 경시하다   (14) 관측소

(15) 급유하다   (16) 시원스럽다, 아예

(17) 한랭전선   (18) 전형적인 사례

(19) 교활하다   (20) 극비문건

第23讲 电子战

人们常常把使用火炮、坦克、飞机、舰艇进行的战争叫做'钢铁战争'(例如第二次世界大战), 而把现在使用以精确制导武器、电子武器和装备(包括间谍卫星等)进行的战争叫做'电子战'。第二次世界大战中, 英国皇家空军第一次提出了电子战的概念, 他们为了使战斗机避开德军雷达的探测, 使用了一些最简单的电子干扰手段。1943年7月24日深夜, 汉堡的德军雷达网探测了一支不知道是哪个国家的飞机编队向汉堡飞过来。但是, 这时雷达操作人员突然发现雷达屏幕上的亮点一下子增加了很多, 就好象同时有几千架飞机飞向汉堡。雷达操作人员从来没有见过这种景象, 吓得目瞪口呆。因为雷达不能正确地指示目标, 在两个半小时里, 有2,300吨炸弹准确地被投掷在汉堡港口和市中心, 而执行这次任务的791架英国轰炸机, 只有几架被击落。英国人怎么能够用这么小的代价换来这么大的战果呢? 原来, 他们第一次使用了一种新式电子对抗武器————干扰箔条。在他们飞到汉堡上空的时候, 大量箔条就象"天女散花"一样从飞机上飞落地面, 使德军的雷达失去了作用。在第二次世界大战期间, 英美联军一共投掷了20万吨干扰箔条。在战争的后期, 美军每个月使用的箔条高达2,000吨。这使德军高射炮射击效果降低了75%, 击落一架飞机所用的炮弹数目从800发增加到3,000发。

发现箔条对雷达有干扰作用的是英国科学家科兰。其实早在1942年德国工程师罗森施泰因就已经发现了这个现象, 但是当时的纳粹空军司令戈林害怕英国人利用这一发现, 而对德国不利, 竟然把这个发现藏了起来, 销毁了有关技术资料。在汉堡遭到空袭之后,德国的高级军官还下令禁止接触这些箔条，因为"这些箔条可能有毒"。第二次世界大战之后，'电子战'有了很大发展。特别是美军的装备最先进。在海湾战争中，多国部队在大规模空袭伊拉克的前几个星期，就已经开始电子侦察和干扰。空袭开始后，美国的EF-12型'大鸦'直升机和EA-6'徘徊者'等电子干扰机和轰炸机同时出动，进行电子战。战争的结果是，伊拉克军队在盟军大规模轰炸之下，在很短的时间里就完全失去了还击能力。

生词

精确制导	jīngquèzhìdǎo	정밀유도
间谍卫星	jiāndiéwèixīng	첩보위성
皇家	huángjiā	황실
概念	gàiniàn	개념
探测	tàncè	탐지(하다)
干扰	gānrǎo	교란(하다)
汉堡	Hànbǎo	함부르크(도시명)
操作人员	cāozuòrényuán	조작요원
屏幕	píngmù	스크린, 화면
亮点	liàngdiǎn	브라이트 스폿
一下子	yíxiàzi	순식간에, 갑자기
目瞪口呆	mùdèngkǒudāi	아연실색하다
击落	jīluò	격추하다
对抗	duìkàng	대항하다
箔条	bótiáo	채프(Chaff)
天女散花	tiānnǔsànhuā	선녀가 꽃을 뿌리다
数目	shùmù	숫자, 수량
科兰	Kēlán	커란(인명)
罗森施泰因	Luósēnshītàiyīn	로젠스타인(인명)

纳粹	Nàcuì	나치
戈林	Gēlín	괴링(인명)
竟然	jìngrán	마침내, 결국
销毁	xiāohuǐ	소각하다
接触	jiēchù	접촉하다
海湾战争	Hǎiwānzhànzhēng	걸프전
伊拉克	Yīlākè	이라크(국명)
大鸦	Dàyā	큰 까마귀(Big Crowl)
徘徊者	Páihuáizhě	배회자(Prowler)
盟军	méngjūn	동맹군, 연합군
还击	huánjī	반격하다

练习

一、回答问题

(1) 在课文第一行的'钢铁战争'意味着什么？

(2) 在课文第六行中提到的'亮点'实际上是什么？

(3) '干扰箔条'的作用是什么？

(4) 第一个发现箔条对雷达有干扰作用的是谁？

(5) 电子战装备最先进的国家是哪国？

二、请根据上下文的意思填写一个恰当的汉字。

(1) ～ (2) 英国皇家空军第一次提＿＿了电子战的概念, 他们＿＿了使战斗机避开德军雷达的探测, 使用了一些最简单的电子干扰手段。

（3）汉堡的德军雷达网探测了一＿＿不知道是哪个国家的飞机编队向汉堡飞过来。

（4）在战争的后期，美军每个月使用的箔条高达2,000吨。这使德军高射炮射击效果降＿＿了75%。

（5）当时的纳粹空军司令戈林害怕英国人利用这一发现，而对德国不利，竟然把这个发现藏了＿＿来，销毁了有关技术资料。

三、画线连词

（1）避开 •　　　• 空袭

（2）击落 •　　　• 探测

（3）失去 •　　　• 作用

（4）遭到 •　　　• 飞机

副课文

电子对抗技术的发展

20世纪初期，无线电技术开始应用于军事领域，电子战随之诞生。第二次世界大战中，无线电对抗装备在军事上开始大量使用。到50年代至60年代，由于电子战飞机、电子战舰艇和电子侦察卫星的相继出现，使电子对抗成了战争中不可忽视的措施和手段。近年来，随着科学技术的不断发展，电子技术在军事上的应用更加广泛和深入。一方面新的电子设备大大提高了各种武器的快速反应、准确性与破坏力等"硬杀伤"的能力，另一方面又使武器面临容易遭受电子干扰与破坏的"软杀伤"处境。这就使电子对抗突破了通信、雷达对抗的局限，将对抗范围扩大到几乎所有军事领域和各个武器系统之中，并贯穿于作战的全过程，由"三维战场"变为"四维战场"。目前，在军事领域，无论是指挥通信系统、军事情报系统，还是武器控制系统，都依赖于先进的电子装备。实战证明，电子对抗不仅能对战斗、战役的进程和结局产生影响，而且具有重大的战略意义。因此，外军都十分重视电子对抗。如俄军认为："发展无线电电子器材与发展火箭、核武器具有同样重要意义"。美军认为："当前夺取和保持电磁优势比第二次世界大战中夺取空中优势还重要"。可以说，明天的电子战将会更加激烈、更加复杂、更加全面。

生词

无线电	wúxiàndiàn	무선
相继	xiāngjì	잇달아
不可忽视	bùkěhūshì	무시할 수 없다
硬杀伤	yìngshāshāng	하드킬(Hard Kill)
面临	miànlín	직면하다
遭受	zāoshòu	(불행이나 손해를)받다, 입다
软杀伤	ruǎnshāshāng	소프트킬(Soft Kill)
处境	chǔjìng	(주로 불리한 상황)처지
局限	júxiàn	한계
贯穿	guànchuān	관통하다
三维	sānwéi	3차원
依赖	yīlài	의존하다
结局	jiéjú	결말
电磁优势	diàncíyōushì	전자능력 우위
激烈	jīliè	치열하다

第24讲 指挥自动化系统

课文

　　1991年1月16日爆发的海湾战争，大量高技术武器装备广泛应用于战场，其中指挥自动化系统的应用对多国部队取得战争胜利发挥了重要作用。多国部队在该地区共集结了70多万军队，动用了3,000多架飞机、4,000多辆坦克和装甲车，有10多个国家的军队参与了这次行动。面对如此庞大而又分散部署的军事力量，要实施多军兵种、大纵深、远距离、快速机动的空地一体作战，没有指挥自动化系统来指挥和控制，其任务是难以完成的。多国部队主要通过全球军事指挥控制自动化系统来保障美国本土与海湾部队之间的作战指挥和通信。军事自动化指挥控制系统由指挥中心、探测预警系统和国防通信系统等组成，其主要任务是保障美国国家指挥当局在任何情况下都能不间断地指挥分散在各地的战略部队。

　　① 指挥中心

　　指挥中心分为国家级和战区级。国家级指挥中心在美国本土，并在沙特首都利雅得组建了战区指挥中心，通过国防通信系统、军用商用卫星通信系统实施指挥和控制，协调70多万参战部队的联合行动。

　　② 探测预警系统

　　该系统包括地面雷达、预警卫星和预警机，主要负责提供敌方攻击警报，以防战略偷袭。海湾战争中，多国部队使用的探测预警系统有GPS(全球定位系统)国防支援预警卫星和预警机。全球定位系统的空间部分包含18颗卫星，分别配置在6个轨道平面上，另外还有3颗预备用卫星，每天24小时向地面发送导航数据，定位精度可达16米。预警机既用于战术警戒，又用于战场指挥控制。多国部队动用预警机38架，一是监视、识别伊军空中力量，二是作为战术指挥中心，指挥引导己方战斗机实施攻击并协调空中和地面部队的行动。

③ 国防通信系统

这是美军重要的战区战略通信网，包括自动电话网、自动保密电话网、自动数字网、国防交换网和国防数据网以及国防卫星通信系统等，在作战指挥、后勤供应、情报处理各个方面发挥了重要作用。卫星通信已成为远程战略通信的主角，其战术应用也日益扩大。海湾战争中，至少有12频道通信卫星供美军选用。在战术通信方面，以视距通信为基础的战术地域通信网已难以完全满足通信要求，所以美陆军重新转向改进的高频通信。经过改进的高频电台，可用于军、师、旅和营以下各级以及机动、火力、防空、情报与电子战等各个领域，并能为战场指挥官提供远距离保密电话和数据传输能力。海湾战争中，多国部队主要通过联合战术信息分发系统、无线电台、单信道地面和机载无线电系统来连接机动控制、火力控制、防空、情报电子战、战斗勤务支援等五个功能领域，保障前线战斗部队的通信。

生词

爆发	bàofā	터지다, 발발하다
多国部队	duōguóbùduì	다국적부대
庞大	pángdà	방대하다
探测	tàncè	탐지하다

沙特	Shātè	사우디아라비아(국명)
利雅得	Lìyǎdé	리야드(도시명)
敌方	dífāng	적측
全球定位系统	quánqiúdìngwèixìtǒng	위치확인시스템(GPS)
识别	shìbié	식별하다
伊军	yījūn	이라크군
己方	jǐfāng	아측, 우리측
保密	bǎomì	보안, 기밀유지
数字网	shùzìwǎng	디지털망
主角	zhǔjué	주인공, 주역
日益扩大	rìyìkuòdà	날로 확대되다
视距	shìjù	가시거리
高频	gāopín	고주파
传输	chuánshū	전송하다
单信道	dānxìndào	단일채널
连接	liánjiē	연결되다, 링크되다

练习

一、回答问题

(1) 在海湾战争中，什么对多国部队取得战争胜利发挥了重要作用？

(2) ‘全球军事指挥控制自动化系统’的作用是什么？

(3) ‘指挥中心’有哪几种？

(4) ‘探测预警系统’的作用是什么？

(5) 多国部队动用的预警机的任务是什么？

二、请根据上下文的意思填写一个恰当的汉字。

(1) 英军事自动化指挥控制系统＿＿＿＿指挥中心、探测预警系统和国防通信系统等组成，其主要任务是保障美国国家指挥当局在任何情况下都能不间断地指挥分散在各地的战略部队。

(2) 指挥中心分＿＿＿国家级和战区级。

(3) 预警机既用于战术警戒，＿＿＿用于战场指挥控制。

(4) ~ (5) 海湾战争中，多国部队主要通过联合战术信息分发系统、无线电台、单信道地面和机载无线电系统来连接机动控制、火力控制、 防空、情报、电子战、战斗勤务支援等五个功能____域，保障前线战斗部队的通____。

三、画线连词

(1) 满足 •   • 要求
(2) 实施 •   • 攻击
(3) 取得 •   • 军队
(4) 集结 •   • 胜利

四、请把下列韩文词汇写成中文。

(1) 첩보위성   (2) 탐지하다
(3) 교란하다   (4) 스크린
(5) 브라이트 스폿   (6) 격추하다
(7) 채프   (8) 소각하다
(9) 직면하다   (10) 무선
(11) 3차원   (12) GPS
(13) 디지털   (14) 고주파
(15) 전송하다   (16) 링크되다
(17) 다국적부대   (18) 조기경보기
(19) 데이터   (20) 주인공

第25讲 高技术战争的特点(1)

课文

从世界近期爆发的几场带有高技术特点的局部战争看，高技术战争的基本特点主要表现在以下八个方面：

① 高技术武器装备在战争制胜因素中的地位更加突出

在局部战争中，大量的高技术武器装备广泛应用于战场，武器的杀伤破坏作用显著增大，作战效能大大提高，使高技术武器装备在战争制胜因素中的地位更加突出。海湾战争是二战后规模最大、使用高技术武器装备最多的局部战争。以美国为首的多国部队投入使用的高技术武器装备达一百多种。如精确制导技术、电子对抗技术、情报侦察技术、隐形技术及其现代化武器装备，高度自动化指挥控制系统和先进的作战手段等广泛应用于战场，始终掌握着战场的主动权，从而赢得战争的胜利。

② 战场的大纵深、高立体特点更加明显

由于高技术武器装备在战争中广泛应用，极大地扩展了作战空间，局部战争呈现出大纵深、高立体的特点。交战将同时在地面、空中、海上、水下甚至太空进行，淡化了前方后方的概念。一是高技术兵力兵器远距离作战能力提高，使作战空间向远近交叉的大纵深发展，作战行动更加强调实施大纵深打击。主要表现为：作战侦察距离增大。如侦察卫星可以在全球范围内实施侦察和监视。武器装备的射程和航程增大。以航天武器、导弹武器和战略轰炸机为代表的远战武器可以打到世界任何角落。兵力机动能力提高。现代舰艇和远程运输机，可以在短时间内把大量兵力和武器装备机动到世界各地执行作战任务。二是武器装备的分布高度拉大，作战空间向高低结合发展，作战行动更加强调向"空地一体"、"海空一体"的高立体发展，战争的立体性特点更加明显。

③ 战争的节奏加快，进程缩短

高技术战争是技术密集型战争。高技术武器装备快速作战能力以及克服夜间和不良天候、气象条件的能力日益增强，使战争的作战行动向高速度、全天候、全时辰发展。高度自动化的作战指挥系统，高效能的快速反应机动运输能力，反应快、速度快、效能高的武器装备，使战争的作战行动具有更高的速度，战争进程大大缩短，具有快节奏、短进程的特点。如马岛战争只打了74天，海湾战争只打了42天。

生词

近期	jìnqī	근래
显著	xiǎnzhù	현저하다, 두드러지다
二战	èrzhàn	제2차 세계대전

隐形	yǐnxíng	모습을 감추다, 스텔스
赢得	yíngdé	이기다, (승리를)얻다
呈现	chéngxiàn	나타내다, 양상을 띠다
太空	tàikōng	우주
淡化	dànhuà	엷어지다
交叉	jiāochā	교차하다, 엇갈리다
航程	hángchéng	비행거리
角落	jiǎoluò	구석, 후미진 곳
拉大	lādà	확장되다
节奏	jiézòu	리듬, 박자
不良天候	bùliángtiānhòu	악천후
全时辰	quánshíchen	모든 시간, 24시간

练习

一、回答问题

(1) 二战后规模最大、使用高技术武器装备最多的局部战争是哪一个？

(2) 局部战争呈现出的特点是什么？

(3) 什么使作战空间向远近交叉的大纵深发展？

(4) 前、后方概念淡化的原因是什么？

(5) 什么使战争的作战行动向高速度、全天候、全时辰发展？

二、请根据上下文的意思填写一个恰当的汉字。

(1) _____世界近期爆发的几场带有高技术特点的局部战争看, 高技术战争的基本特点主要表现在以下八个方面。

(2) ~ (3) 在局部战争中, 大量的高技术武器装备广_____应用于战场, 武器的杀伤破坏作用显_____增大, 作战效能大大提高, 使高技术武器装备在战争制胜因素中的地位更加突出。

(4) 侦察卫星可以在全球范_____内实施侦察和监视。

(5) 战争的节_____加快, 进程缩短。

三、画线连词

(1) 掌握　•　　　•　任务

(2) 执行　•　　　•　节奏

(3) 实施　•　　　•　主动权

(4) 加快　•　　　•　监视

四、请把下列韩文词汇写成中文。

(1) 국지전

(2) 스텔스 전투기

(3) 주도권

(4) 종심

(5) 엷어지다

(6) 비행거리

(7) 구석

(8) 리듬

(9) 신속대응부대

(10) 단축되다

课文

④ 协同作战更加复杂、困难

高技术战争, 参战军兵种多, 武器装备复杂; 战场广阔, 速度快, 节奏快, 进程短, 情况变化急剧; 作战样式、手段转换频繁等, 使作战协同和组织指挥更加复杂、困难。世界近期发生的几场高技术条件下的局部战争所表现出的一个突出特点, 就是海、空军和其他技术兵种参战的情况日益增多, 地位更加突出。联合作战和诸军兵种围绕同一作战目的的协同动作, 就成为至关重要的问题。所以, 在高技术条件下的局部战争中, 如何发挥各军兵种协同作战的整体威力, 对于夺取战争的胜利将具有十分重要的作用, 而且武器装备的技术性能越强, 对协同作战的要求也就越高。

⑤ 战场指挥控制更趋自动化

高技术战争, 一方面由于作战力量的构成复杂, 整体性要求高, 对于加强统一指挥和集中控制、全面提高指挥效能提出了更高的要求; 另一方面, 由于C3I系统(指挥自动化系统)的发展, 又为提高指挥效能提供了强有力的手段, 使战场指挥控制向着自动化的方向发展。海湾战争多国部队参战兵力近八十万、十几个军兵种及三十多个国家的军队, 作战行动多在夜间进行, 能够做到有机配合、密切协同、有序不乱地行动, 充分发挥多元一体化的整体能力, 与其广泛使用C3I系统是分不开的。所以, 高效能的自动化指挥控制系统, 是高技术战争中提高作战指挥效能的重要条件, 是增强总体作战能力的不可缺少的"力量倍增器"。

⑥ 制电磁权的斗争更加激烈

电子战已成为高技术战争的主要内容，它是控制战场主动权的重要手段。制电磁权对于夺取和把握战场主动权具有关键作用。正确应用电子战手段，不仅可以为攻防的顺利进行创造有利的条件，还可以大大加强战争进程。海湾战争正式爆发前，以电子侦察与反侦察、干扰与反干扰、摧毁与反摧毁为基本内容的隐形战争即激烈展开。多国部队在大规模空袭和地面进攻中，采用大面积、长时间、高强度的电子干扰实施"软"杀伤，使伊军指挥控制系统陷入瘫痪，防空系统形同虚设，武器装备发挥不了作用，有效地配合了"硬"打击，以极小代价取得巨大胜利，在很大程度上是得力于其电子战方面的成功。

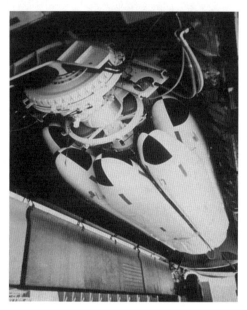

生词

急剧	jíjù	급박하다
围绕	wéirào	둘러싸다
至关	zhìguān	지극히, 대단히
有序不乱地	yǒuxùbùluàndi	일사불란하게
倍增器	bèizēngqì	배율기
陷入	xiànrù	빠지다
瘫痪	tānhuàn	마비되다
形同虚设	xíngtóngxūshè	무용지물이다

代价	dàijià	대가
得力于	déliyú	~덕분이다

练习

一、回答问题

(1) 世界近期发生的几场高技术条件下的局部战争所表现出的一个突出特点是什么？

(2) 海湾战争时，多国部队的作战行动什么时间段比较多？

(3) 什么是控制战场主动权的重要手段？

(4) "软"杀伤意味着什么？

(5) "硬"打击是指什么？

二、请根据上下文的意思填写一个恰当的汉字。

(1) 世界近期发生的几场高技术条件下的局部战争＿＿＿表现出的一个突出特点，就是海、空军和其他技术兵种参战的情况日益增多，地位更加突出。

(2) ～ (3) 武器装备的技术性能＿＿＿强，＿＿＿协同作战的要求也就越高。

(4) ～ (5) 海湾战争多国部队参战兵力近八十万、十几个军兵种及三十多个国家的军队，作战行动多在夜间进行，能够做到有机配合、密＿＿＿协同、有序不乱地行动，充分发挥多元一体化的整体能力，与其广泛使用C3I系统是分不＿＿＿的。

三、画线连词

(1) 发挥 •　　• 要求

(2) 夺取 •　　• 胜利

(3) 提出 •　　• 瘫痪

(4) 陷入 •　　• 威力

第27讲 高技术战争的特点(3)

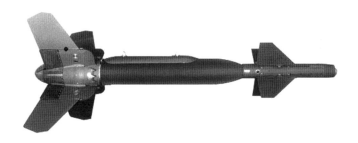

⑦ 高能释放形态使作战方式发生深刻变化

广泛运用高能释放形态，是高技术战争最本质、最基本的特征。正是这个本质特征，对高技术战争的作战方式产生了深刻的影响，具体说来就是：

第一，作战行动更加灵活多变。由于高能释放形态与已往的能量释放形态不同，它不是通过能量的剧增来实现作战目的，而是通过对能量释放进行精确、有效的控制来达到预期的作战目的，这就便于对作战目标进行选择和进一步提高作战行动的可控制性，从而便于进攻一方选择和实施最有效的作战行动来达到预期作战目的。防御一方要提高防御的有效性，防御行动也必须更加灵活多变。

第二，作战方式更加新颖。一是地面作战方式有新变化。以高技术兵器为基础的现代作战开始了非线式作战的新方式。地面战场上出现了明显的不规则性，前后方的界限模糊不清，在广阔的战场上难以找到高度集中、密度极大的集结军团，具有很强突击力和很高灵活性的多功能混合部队十分活跃；作战力量在前沿和纵深内同时展开，后续梯队可以直接进入敌纵深或后方，使作战空间骤然增大；空中突击部队、空降部队、战役机动部队、特种混合部队、两栖突击部队等各种集团，实施多方向、多层次攻击；陆军重点打击敌战役浅近纵深内的目标，空军重点打击深远纵深的目标。二是空中作战方式有新变化。依据各种飞机战斗特性，相互搭配，构成由主攻飞机、掩护飞机、电子战飞机、指挥控制飞机和各种支援飞机统一编组的空中进攻机群，实施大批群、高强度的空中作战，夺取制空权，全力支援地面部队作战。三是"地空一体化作战"方式有新变化。在高度信息化的战场环境中，掌握信息优势是掌握战场主动权的前提。实施电子对抗将先于火力对抗，开始成为战争先导。高度信息化的武器控制系统是发扬火力、机动力的倍增器，它把各种武器的作战效能提高到一个新水平。如激光炸弹命中精度达到1米，"爱国者"导弹拦截"飞毛腿"导弹的成功率达70%。但电子对抗必须与强大的火力、机动相结合，才能发挥更大作用。所以，在高技术战争中，电子、火力、机动是缺一不可的三大环节。

⑧ 对后勤保障能力提出了更高的要求

新的能量释放形态，对军队的作战方式产生了影响，不仅增强了作战的整体性，加快了作战节奏，而且也造成了战争的高消耗、高伤亡、高破坏，后勤保障任务更加艰巨，对后勤保障能力提出更高的要求。后勤保障能力主要包括物资补给、医疗救护、技术维修、运输保障等方面的能力，其中最关键的是运输保障能力。高技术战争条件下的后勤保障能力必须满足三个方面的要求：一是物资补给能力必须适应战争的高消耗；二是医疗救护能力必须适应高技术武器的杀伤效能；三是技术维修能力必须与保证高技术武器装备完好率的要求相适应。

生词

能量	néngliàng	용량, 수용력
进攻一方	jìngōngyīfāng	공격하는 측
模糊不清	móhúbùqīng	분명하지 않다
活跃	huóyuè	활약하다
骤然	zhòurán	갑자기, 돌연
搭配	dāpèi	배합하다, 결합하다
发扬	fāyáng	발양하다, 발휘하다
激光	jīguāng	레이저(razer)

爱国者	àiguózhě	패트리어트(Patriot)
拦截	lánjié	요격하다
飞毛腿	Fēimáotuǐ	스커드(Scud)
缺一不可	quēyībùkě	하나도 빠져서는 안 된다
环节	huánjié	부분
消耗	xiāohào	소모하다
艰巨	jiānjù	어렵고도 막중하다
完好率	wánhǎolù	완성도, 완벽도

练习

一、回答问题

(1) 什么是高技术战争最本质、最基本的特征？

(2) 高能释放形态与以往的能量释放形态有什么不同？

(3) 作战方式的变化有哪几种？

(4) '空中进攻机群'是由哪些飞机编组的？

(5) 掌握战场主动权的前提是什么？

(6) 在高技术战争中的'三大环节'是什么？

(7) 高技术战争条件下的后勤保障能力必须满足哪些方面的要求？

二、请根据上下文的意思填写一个恰当的汉字。

(1) 广泛运用高能释放形态, 是高技术战争最本质、最基本的特征。正是这个本质特征, 对高技术战争的作战方式产生了深_____的影响。

(2) ~ (3) 空中作战方式有新变化。依_____各种飞机战斗特性, 相互搭配, 构成由主攻飞机、掩护飞机、电子战飞机、指挥控制飞机和各种支援飞机统一编组的空中进攻机群，实施大批群、高强度的空中作战，夺＿＿＿＿制空权，全力支援地面部队作战。

(4) ～ (5) 后勤保障能力主要包括物资补给、医疗救＿＿＿＿、技术维修、运输保障等方面的能力，其中最关＿＿＿＿的是运输保障能力。

三、画线连词

(1) 发生　•　　•　导弹

(2) 掌握　•　　•　优势

(3) 拦截　•　　•　要求

(4) 满足　•　　•　变化

四、请把下列韩文词汇写成中文。

(1) 급격하다　　　　　　　(2) 둘러싸다

(3) 분리할 수 없다　　　　(4) 마비되다

(5) 투발하다　　　　　　　(6) 레이저

(7) 요격하다　　　　　　　(8) 명중정확도

(9) 소모하다　　　　　　　(10) 결정적인 역할

第28讲 高技术战争战例--马岛战争(1)

课文

阿、英马岛战争指的是阿根廷与英国关于马尔维纳斯群岛(Malvinas Islands; 简称"马岛", 英国称"福克兰群岛(Falkland Islands)")归属问题的争端。该群岛位于南大西洋, 麦哲伦海峡东部, 西距南美大陆海岸480公里, 由索莱达(东福克兰)、大马尔维纳斯(西福克兰)两大岛和200多个小岛组成, 分布在长130英里, 宽80英里的水域内。面积达1.2173平方公里。海岸曲折, 地形复杂, 群岛以北部两条东西走向的山脉为主, 最高峰达705米。岛上多丘陵, 河流短小流缓。气候寒湿, 年平均气温5.6度。年降水量625毫米, 一年中雨雪天气多达250天左右。岛上有居民近3千人, 97%为英国人后裔, 80%信奉基督教, 主要从事放牧业。首府斯坦利港(Port Stanley), 阿根廷称阿根廷港(Puerto Argentino), 有人口1,989人(2001年)。此外, 岛上还有英国驻军。

福克兰群岛最早发现者似为英国航海者约翰·戴维斯(1592年)。记载中最早在此岛登陆的是英国船长约翰·斯特兰(1690年), 他为两个主岛之间海峡命名为福克兰。1764年法国人首先在东福克兰建立居民点, 并将该群岛命名为马尔维纳斯。次年英国人在西福克兰岛建立最早居民点。1770年被西班牙占领，1774年英国海军撤离并称仍对群岛拥有主权。1806年阿根廷发生反西起义，西班牙统治结束。1816年阿根廷摆脱西班牙殖民统治独立，并继承了对该群岛的主权。1820年阿根廷派兵进驻岛上，并任命了省长。1829年7月10日，阿根廷开始对马岛进行管理。1832年英国重新提出主权，次年英国以该群岛为英国人首先发现为由，派兵占领，岛上阿根廷居民几乎全部被驱逐。1843年，英国在该群岛任命总督，建立议会和执行委员会等机构。1892年正式宣布为英国殖民地。对此，阿根廷历届政府均不予承认，并把谋求收复马尔维纳斯群岛的主权作为其对外政策的一项主要目标。20世纪70年代初，阿根廷仍坚持对群岛的主权，阿的立场得到国际上多数国家的公认。第2次世界大战以后，两国断断续续进行了多次谈判，争执始终未获解决。

1982年2月，双方在纽约举行谈判宣告破裂。4月2日，阿派陆海空三军4千余人突袭马尔维纳斯群岛和南乔治亚岛(简称南岛)获得成功，宣布收复主权。英国迅速作出强烈反应，宣布与阿根廷断交并于4月5日派遣了一支占英国海军力量2/3的特混舰队开赴南大西洋，经过74天的激战，6月14日英军攻占马岛首府，驻岛阿军宣布投降。在此战争中，英国250名军人死亡，阿根廷的死亡人数逾1千人。

战后，马岛开始实行"自治"，使用自己的宪法、货币、旗帜和国徽，总督代表英女王行使行政权。1982年11月4日，联大以90比12的投票结果，支持阿根廷对马尔维纳斯群岛的主权要求，敦促英阿双方恢复谈判。此后，联合国大会曾两次作出决议，要求英阿双方恢复谈判，以和平方式解决马岛主权问题。1986年10月，英国宣布马岛周围200海里区域为英国管辖的捕鱼区。阿对此作出了强烈反应，并宣称可能会在马岛附近与英国再度动武。同年11月25日，第41届联大通过决议，再次敦促英国就马岛问题与阿进行谈判，英国表示愿就任何问题进行谈判，但马岛主权除外。

争端	zhēngduān	분쟁
麦哲伦海峡	Màizhélúnhǎixiá	마젤란 해협(지명)
索莱达	Suǒláidá	솔레이타 섬(지명)
英里	yīnglǐ	마일(mile)
山脉	shānmài	산맥
丘陵	qiūlíng	구릉
缓	huǎn	느리다, 완만하다
后裔	hòuyì	후예
信奉	xìnfèng	(종교를)믿다
放牧业	fàngmùyè	목축업
约翰·戴维斯	Yuēhàn · Dàiwéisī	존 데이비스(John Davis, 인명)
约翰·斯特兰	Yuēhàn · Sītèlán	존 스트롱(John Strong, 인명)
居民点	jūmíndiǎn	거주민촌
西班牙	Xībānyá	스페인(국명)
称	chēng	말하다, 주장하다
摆脱	bǎituō	벗어나다
殖民统治	zhímíntǒngzhì	식민통치
总督	zǒngdū	총독
不予承认	bùyúchéngrèn	인정하지 않다
谋求	móuqiú	도모하다, 꾀하다
争执	zhēngzhí	의견충돌
纽约	Niǔyuē	뉴욕(도시명)
破裂	pòliè	결렬되다
南乔治亚岛	NánQiáozhìyàdǎo	남조지아(South Georgia) 섬(지명)
开赴	kāifù	~로 발진하다
逾	yú	넘다, 초과하다
货币	huòbì	화폐
联大	liándà	UN총회
敦促	dūncù	촉구하다
捕鱼区	bǔyúqū	어로구역
动武	dòngwǔ	무력을 동원하다, 전쟁하다

练习

一、回答问题

(1) 福克兰群岛的具体位置在哪里？

(2) 福克兰群岛的首府是哪个？

(3) 最早登陆福克兰群岛的人是谁？

(4) 英国人什么时候在西福克兰岛建立了最早居民点？

(5) 在课文倒数第二行中提到的'动武'是什么意思？

二、请根据上下文的意思填写一个恰当的汉字。

(1) ～ (2) 面＿＿达 1.2173平方公里。海岸曲＿＿，地形复杂, 群岛以北部两条东西
走向的山脉为主, 最高峰达705米。

(3) 1764年法国人首先在东福克兰建立居民点, 并将该群岛命＿＿为马尔维纳斯。

(4) ～ (5) 1832年英国重＿＿提出主权, 次年英国以该群岛为英国人首先发现为由,
派兵占＿＿, 岛上阿根廷居民几乎全部被驱逐。

三、画线连词

(1) 任命 •　　• 总督

(2) 获得 •　　• 决议

(3) 通过 •　　• 成功

(4) 进行 •　　• 谈判

第29讲 高技术战争战例--马岛战争(2)

英军登陆马岛前双方冲突示意图

1982年4月2日到6月14日, 历时74天的英阿马岛之战, 这一场未经正式宣战的战争, 外交家称为"武装冲突", 军事家则称为"马岛战争", 这是20世纪第一场可算得上现代化的战争。

1982年2月英阿双方在纽约的谈判宣告破裂。阿根廷开始准备以武力收复马岛, 并制订出代号为"罗萨里奥"的行动计划。3月19日, 阿根廷一家公司的39名工人来到南岛拆除一家旧鲸鱼加工厂, 工人们出于爱国热情, 在岛上升起了阿根廷国旗, 英国立即提出强烈抗议。3月24日, 英国原驻马岛的海军"忍耐"号破冰船, 搭载两架直升机和140名士兵, 前往南岛实施威慑。

3月26日, 阿根廷总统加尔铁里下令提前实施"罗萨里奥"计划, 由2艘驱逐舰、2艘护卫舰、1艘坦克登陆舰、1艘潜艇、1艘破冰船、1艘补给船搭载2个营的海军陆战队组成第40两栖特混编队, 从贝尔格拉诺启程前往收复马岛, 以1艘护卫舰、1艘供应舰搭载2个排的海军陆战队组成第60两栖特混编队, 从德塞阿多港启程前往收复南岛, 还以1艘航母、4艘驱逐舰、1艘护卫舰、1艘油船组成第20特混编队, 提供战役掩护。作战总指挥为陆军第5军军长兼马尔维纳斯战区司令奥斯瓦尔多·加西亚中将。

4月10日, 第40两栖编队驶抵马岛。午夜时分, 阿军陆战队的侦察小队在彭布罗克角登陆。次日凌晨，蛙人分队在约克海滩登陆。6点30分，阿军主力在龙克湾登陆，随即攻占了机场和港口。8点半，阿军7架C-130运输机运来3千多后援部队，使岛上阿军总兵力达4千人。9点，马岛的英国总督率所部181名官兵投降，阿军占领马岛，建立了行政机构，任命梅嫩德斯准将为马岛军事长官。

英国在获悉马岛被阿根廷占领后，立即宣布与阿断交，成立以首相撒切尔夫人为主席的战时内阁，作为最高决策机构，并制订了以武力为后盾，政治、外交、经济多管齐下，迫使阿方撤军，如果阿根廷不屈服，就使用武力重夺马岛的战略方针。4月3日，英国国会自第2次世界大战后第一次以全票赞成通过以武力收复马岛的决议，任命伍德沃德海军少将为特混舰队司令，此人时年49岁，毕业于海军学院，担任过潜艇艇长、驱逐舰舰长、国防部海军作战计划处处长，机敏果断，有"海狼"之称。

4月5日，英军以"竞技神"号和"无敌"号航空母舰为核心组成特混部队，共有37艘战舰，20架"鹞"式战斗机，58架各型直升机，3,500名海军陆战队。由朴茨茅斯和直布罗陀启航，正在大西洋的4艘核潜艇也全速赶往马岛。在特混舰队1万3千公里的航程途中，英军参战部队完成了制订作战方案、战斗序列编制、战术演练等一系列准备工作，并根据4月4日议会签发的法令，征租58艘民船，作为舰队的后勤支援力量，同时对征用的民船按需要进行快速改装。如"伊利莎白女王2世"号和"堪培拉"号客轮都改装为运兵船，"大西洋运送者"号和"大西洋堤道"号滚装船改装为飞机运输船。英国的这些高效迅速的临战准备，奠定了取胜的基础。

宣战	xuānzhàn	선전포고
武装冲突	wǔzhuāngchōngtū	무력충돌
算得上	suàndeshàng	~라고 할 수 있다
代号	dàihào	암호명, 작전명
罗萨里奥	Luósàlǐ'ào	로사리오
拆除	chāichú	철거하다
鲸鱼	jīngyú	고래
忍耐	Rěnnài	인듀어런스(Endurance)
破冰船	pòbīngchuán	쇄빙선
威慑	wēishè	위협
加尔铁里	Jiāěrtiělǐ	갈티에리(인명)
贝尔格拉诺	Bèiěrgélānuò	벨그라노(Belgrano, 인명)
德塞阿多港	Désāiāduōgǎng	데세아도(Deseado) 항(도시명)
奥斯瓦尔多·加西亚	àosīwǎěrduō·Jiāxīyà	오스왈도 가시아(인명)
驶抵	shǐdǐ	다다르다
彭布罗克角	Péngbùluókèjiǎo	펨브로크(Cape Pembroke, 지명)
蛙人	wārén	수중침투요원
约克海滩	Yuēkèhǎitān	요크 해안(Yorke, 지명)
龙克湾	Lóngkèwān	루커리(Rookery) 만(지명)
投降	tóuxiáng	투항하다, 항복하다
梅嫩德斯	Méinèndésī	메넨데스(Menendez, 인명)
获悉	huòxī	정보를 얻다, 소식을 접하다
撒切尔	Sǎqiē'ěr	마가렛 대처(인명)
内阁	nèigé	내각
后盾	hòudùn	뒷받침, 배경
多管齐下	duōguǎnqíxià	여러 통제수단을 동원하다
伍德沃德	Wǔdéwòdé	우드워드(인명)
机敏果断	jīmǐnguǒduàn	기민하고 과감하다
海狼	hǎiláng	바다의 늑대
竞技神	Jìngjìshén	허큘레스(Hercules)
无敌	Wúdí	인빈서블(Invincible)
鹞	Yào	해리어(Harrier)
朴茨茅斯	Pòcímáosī	포츠머스(Portsmouth, 도시명)
直布罗陀	Zhíbùluótuó	지부랄타(Gibraltar, 지명)
征租	zhēngzū	징발하다

伊利莎白女王	Yīlìshābáinǚwáng	엘리자베스 여왕
堪培拉	Kānpéilā	캔버러(Canberra)
客轮	kèlún	여객선
大西洋运送者	Dàxīyángyùnsòngzhě	아틀란틱 컨베이어
大西洋堤道	Dàxīyángdīdào	아틀란틱 코스웨이
滚装船	gǔnzhuāngchuán	컨테이너 선
奠定	diàndìng	다지다, 마련하다

练习

一、选择正确的答案。

(1) 1982年4月2日到6月14日,(   )74天的英阿马岛之战, 这一场未经正式宣战的战争, 外交家称为"武装冲突", 军事家则称为"马岛战争", 这是20世纪第一场可算得上现代化的战争。

①一共　　②历时　　③整个　　④全部

(2) 阿根廷开始准备以武力(   )马岛, 并制订出代号为"罗萨里奥"的行动计划。

①没收　　②回收　　③回复　　④收复

(3) 英国在获悉马岛被阿根廷占领后, 立即宣布与阿(   ), 成立以首相撒切尔夫人为主席的战时内阁。

①缔交　　②结交　　③切交　　④断交

(4) 英国在政治、外交、经济多管齐下,(   )阿方撤军, 如果阿根廷不屈服, 就使用武力重夺马岛。

①迫使　　②使得　　③促进　　④把

(5) "大西洋运送者"号和"大西洋堤道"号滚装船(　　　)为飞机运输船

　　①改善　　　②改造　　　③改装　　　④改变

二、画线连词

(1) 拆除　•　　　　　•　国旗

(2) 制定　•　　　　　•　基础

(3) 奠定　•　　　　　•　工厂

(4) 升起　•　　　　　•　方针

三、请把下列韩文词汇写成中文。

(1) 분쟁　　　　　　　　(2) 해협

(3) 벗어나다　　　　　　(4) 몰아내다

(5) 결렬되다　　　　　　(6) 촉구하다

(7) 어로구역　　　　　　(8) 선전포고

(9) 철거하다　　　　　　(10) 고래

(11) 쇄빙선　　　　　　 (12) 잠수부

(13) 징발하다　　　　　 (14) 컨테이너선

(15) 다지다

第30讲 高技术战争战例--马岛战争(3)

课文

4月17日,英军舰队到达阿森松岛,休整一天,并补充物资,进行实弹射击,校正了枪炮。同时战时内阁提出把战争控制在争议地区,不进攻阿根廷本土的原则。并积极展开了外交和政治攻势,使美国、欧共体等国都表示支持英国,中断了与阿根廷的军火贸易,实行对阿的军火禁运,向英国则提供后勤保障、通信、卫星情报等便利。4月19日,特混舰队从阿森松岛启程,前往马岛。

4月22日,14名"海军特别舟艇中队"(简称SBS)队员先从C-130运输机伞降在南岛北部海域,再换乘潜艇到达距南岛约3海里处,最后游上岸,进行侦察,查明了南岛上阿军的兵力、装备、火力配置,并为后续部队的登陆选择了机降地点,还清除了岛上的雷区。4月25日,南岛上的SBS队员引导第42陆战突击营机降在岛上,晚6点,英军占领了南岛首府格里特维肯港。同一天在马岛海域巡逻的英军"山猫"直升机发现了以水面状态航行的阿军"圣菲"号潜艇,马上进行攻击,发射AS-12空舰导弹,并投下深水炸弹,"圣菲"号遭到重创,只好抢滩搁浅,65名艇员弃艇逃生,被英军俘虏,"圣菲"号后在拖带中沉没。4月26日,英军俘虏了阿军在南岛的守岛部队156人,英方无一伤亡,重占南岛。使英军获得了一个重要的前进基地。

4月28日,英军舰队到达马岛,英国国防部宣布从格林威治时间4月30日11点起,所有进入马岛周围200海里禁区的飞机和舰只都将遭到攻击。阿军进入最高戒备状态,在马岛开始实行灯火管制和宵禁。4月30日,英军舰队完成对马岛海空封锁的部署。"征服者"号核潜艇发现阿军1艘巡洋舰和2艘驱逐舰组成的舰队，一面报告指挥部，一面进行跟踪。5月2日，经战时内阁批准，"征服者"号潜艇在200海里禁区外36海里处，在1,400码距离上，向跟踪3天的阿军"贝尔格拉诺将军"号巡洋舰发射3枚MK-8鱼雷，命中两枚，巡洋舰在45分钟后沉没，阿军有321人阵亡或失踪。由于该舰被击沉，大大打击了阿军的士气，并使得阿根廷海军主力撤离马岛海域，在整个战争期间都龟缩于本土，再未出战。

5月4日，阿军"海王星"侦察机发现英军"谢菲尔德"号驱逐舰，便召唤2架"超级军旗"攻击机前去攻击，阿战机采取距海面50米高度超低空飞行以躲避英军的雷达，在距英舰46公里处突然升到150米仅用30秒打开雷达锁定英舰发射2枚AM-39"飞鱼"导弹，然后急转弯同时下降到30米返航。"谢菲尔德"号就被一枚导弹击中，随即燃起大火，尽管舰上的损管人员竭力扑救达5小时，仍无法控制火势，船长只得下令弃舰，英军伤亡失踪78人。6天后，"谢菲尔德"号在拖回英国途中沉没。

生词

阿森松岛	Āsēnsōngdǎo	아센션(Ascension) 섬(지명)
休整	xiūzhěng	재정비하다
校正	jiàozhèng	정열하다
欧共体	Ōugòngtǐ	유럽공동체(EU)
军火贸易	jūnhuǒmàoyì	군수물자교역
禁运	jìnyùn	운송금지
舟艇	zhōutǐng	주정, 단정
格里特维肯港	Gélǐtèwéikěngǎng	그리트베켄(Grytviken) 항(지명)
巡逻	xúnluó	순시하다

山猫	Shānmāo	들고양이, 링스(Lynx)
圣菲	Shèngfēi	산타페(Sante Fe)
深水炸弹	shēnshuǐzhàdàn	폭뢰
重创	zhòngchuāng	중상을 입다
抢滩搁浅	qiǎngtāngēqiǎn	해안으로 좌초되다
弃艇逃生	qìtǐngtáoshēng	배를 버리고 빠져나오다
拖带	tuōdài	예인하다
沉没	chénmò	침몰하다
伤亡	shāngwáng	사상자
格林威治	Gélínwēizhì	그리니치
戒备状态	jièbèizhuàngtà	대비태세
灯火管制	dēnghuǒguǎnzhì	등화관제
宵禁	xiāojìn	야간통행금지
征服者	Zhēngfúzhě	컨쿼러(Conqueror)
码	mǎ	야드(yard)
阵亡	zhènwáng	전사하다
龟缩	guīsuō	들어박히다
海王星	Hǎiwángxīng	해왕성
超级军旗	Chāojíjūnqí	수퍼 에땅달(Super Etendard)
躲避	duǒbì	회피하다
锁定	suǒdìng	표적을 마킹하다
急转弯	jízhuǎnwān	급선회하다
损管人员	sǔnguǎnrényuán	피해복구요원
竭力扑救	jiélìpūjiù	사력을 다해 진압하다

一、回答问题

(1) 美国、欧共体等国对马岛战争的态度如何？

(2) 谁来查明了南岛上阿军的兵力、装备、火力配置？

(3) 阿军在进入最高戒备状态时采取了哪些措施？

(4) "谢菲尔德"号驱逐舰被导弹击中后，最后结果如何？

二、选择正确的答案。

(1) 英国积极展开了外交和政治攻势，使美国、欧共体等国都表示支持英国，中断了
    与阿根廷的军火贸易，实行(   )阿的军火禁运，(   )英国则提供后勤保障、
    通信、卫星情报等便利。

    ① 对，朝

    ② 向，对

    ③ 对，向

    ④ 给，对

(2) 4月25日，南岛上的SBS队员(   )第42陆战突击营机降在岛上，晚6点，英军占
    领了南岛首府格里特维肯港。

    ①引导　②指导　③领导　④引起

(3) 4月28日，英军舰队到达马岛，英国国防部宣布(   )格林威治时间4月30日11点
    (   )，所有进入马岛周围200海里禁区的飞机和舰只都将遭到攻击。

    ①从，时

    ②由，起

    ③从，起

    ④由，时

(4) "谢菲尔德"号就被一枚导弹击中，随即燃起大火，(   )舰上的损管人员竭力扑
    救达5小时，仍无法控制火势，船长只得下令弃舰，英军伤亡失踪78人。

    ①即使　　②虽然　　③既然　　④尽管

(5) 4月25日，在马岛海域巡逻的英军"山猫"直升机发现阿军"圣菲"号潜艇，马上进

行攻击，"圣菲"号遭到重创，65名艇员弃艇逃生，（　　）英军俘虏，"圣菲"号后在拖带中沉没。

①把　　　　②将　　　　③被　　　　④让

三、画线连词

(1) 校正　•　　　　　•　枪炮

(2) 遭到　•　　　　　•　火势

(3) 控制　•　　　　　•　宵禁

(4) 实行　•　　　　　•　重创

四、请把下列韩文词汇写成中文。

(1) 유럽공동체　　　　　　　(2) 순찰하다

(3) 폭뢰　　　　　　　　　　(4) 예인하다

(5) 등화관제　　　　　　　　(6) 야간통행금지

(7) 전사하다　　　　　　　　(8) 틀어박히다

(9) 회피하다　　　　　　　　(10) 급선회하다

第31讲 高技术战争战例--马岛战争(4)

5月14日夜间，英军50名突击队员乘3架直升机在8名先遣队员引导下机降于岛上，炸毁阿军10多架飞机。队员中的炮兵观察组指引"格拉摩根"号驱逐舰的主炮猛轰岛上的目标，1座军火库和6座雷达站均被炸毁。英军在烈火中乘直升机安然返回，以轻伤2人的代价取得全胜，扫清了登陆的障碍。但是，考虑到阿军在马岛的兵力达1万4千人，而英军首批登陆部队至多才1千人，如何以少胜多，只有出奇制胜。为此伍德沃德煞费苦心，大摆迷魂阵。由"特种空勤团"(简称SAS)和SBS派遣的突击分队很早便潜伏上岛，在岛上英籍居民的掩护下，一面摸清阿军的布防，一面积极活动四处袭扰，唯独对阿军的指挥部没有袭击，主要原因就在于英军破译了密码，阿军的指挥部成了英军情报来源的重要途径。5月20日，英军舰队在马岛西南海域游弋，并派出驱逐舰炮击岸上目标。还在达尔文港和福克斯湾实施了佯动登陆。将阿军的注意力全吸引到斯坦利港方向。英军的突击编队两天前由南岛进到马岛东北约200海里海域集结，于登陆前一天的下午，利用不良天气和夜幕掩护向登陆地区机动，在范宁角附近展开。

5月21日凌晨3点，SAS突击队作为第1梯队在范宁角登陆，在先期登陆的侦察分队协助下，消灭了阿军约50人的守卫部队。3点半，英军开始舰炮火力准备。3点40分，英军2艘两栖攻击舰和4艘登陆舰，在圣卡洛斯实施多点立体登陆，未遇抵抗便顺利上岸。英军抓住阿军夜战能力差的弱点，争分夺秒抢运人员物资，在4小时里上岸2,500人和3万2千吨物资。并构筑工事，组织防御，准备迎击阿军的反扑。果然，天刚亮，阿军便出动16

架"普卡拉"攻击机和14架"幻影"战斗机，猛烈空袭英军舰队和登陆滩头。阿军飞行员受过美、法、以等国教官的严格训练，技术高，作风猛，战斗力很强。面对英军高炮、导弹和"鹞"式战斗机组成的防空体系，毫不畏惧，击沉"热心"号护卫舰，击伤驱逐舰1艘、护卫舰2艘、辅助舰1艘。阿军也付出被击落14架飞机的代价。英军顶住了阿军的反击，控制了20平方公里的滩头阵地，还铺设了可供"鹞"式和直升机起降的钢板简易机场，进一步巩固了登陆滩头。从5月25日到27日的三天里，英军上岸部队已达5千人，滩头阵地扩大到150平方公里，建立起了补给基地、通信枢纽，并在钢板简易机场加铺了铝合金跑道。5月27日，英军开始发起陆上进攻，并分两路向斯坦利港推进。南路以第2伞兵营为先导，第45陆战营为后援，沿东南公路，经达尔文港、古斯格林、费兹罗伊湾、布拉夫湾从南面攻击；北路以60名SAS队员为先导，第3伞兵营、第4陆战营跟进，沿道格拉斯、蒂尔湾，直取斯坦利。

生词

先遣队	xiānqiǎnduì	선발대
炮兵观察组	pàobīngguāncházǔ	포병관측조
指引	zhǐyǐn	좌표를 찍어 포격을 유도하다
格拉摩根	Gélāmógēn	갈라모건(Galahad Morgan)
安然	ānrán	무사히
出奇制胜	chūqízhìshèng	적의 의표를 찔러 승리하다
煞费苦心	shàfèikǔxīn	궁리를 거듭하다
大摆迷魂阵	dàbǎimíhúnzhèn	미혼진을 펼치다
摸清	mōqīng	정확히 파악하다
布防	bùfáng	방어배치
四处袭扰	sìchùxírǎo	사방을 교란하다
破译密码	pòyìmìmǎ	암호를 해독하다
游弋	yóuyì	(군함이)순찰하다

达尔文港	Dáěrwéngǎng	다윈(Darwin) 항(지명)
福克斯湾	Fúkèsīwān	폭스 베이(Fox Bay, 지명)
佯动登陆	yángdòngdēnglù	기만상륙
夜幕	yèmù	야음
范宁角	Fànníngjiǎo	패닝(지명)
火力准备	huǒlizhǔnbèi	공격준비사격
圣卡洛斯	Shèngkǎluòsī	산 카를로스(San Carlos, 지명)
未遇抵抗	wèiyùdǐkàng	저항에 부딪치지 않다
抓住	zhuāzhù	움켜잡다
迎击	yíngjí	맞아 싸우다
反扑	fǎnpū	반격
普卡拉	Pǔkǎlā	푸카라(Pucara)
幻影	Huànyǐng	미라쥐(Mirage)
毫不畏惧	háobùwèijù	조금도 두려워하지 않다
热心	Rèxīn	아덴트(Ardent)
顶住	dǐngzhù	버티다
铺设	pūshè	깔다
枢纽	shūniǔ	중추
铝合金跑道	lǚhéjīnpǎodào	알루미늄합금 활주로
古斯格林	Gǔsīgélín	구스그린(Goose Green, 지명)
费兹罗伊湾	Fèizīluóyīwān	피츠로이(Fitzroy) 만(지명)
布拉夫湾	Bùlāfūwān	블러프 코브(Bluff Cove, 지명)
道格拉斯	Dàogélāsī	더글라스(Douglas, 지명)
蒂尔湾	Dì'ěrwān	틸(Teal) 만(지명)

练习

一、回答问题

(1) 5月14日英军实施作战时，有没有受伤人员？

(2) 伍德沃德为什么煞费苦心？

(3) '佯动登陆'是什么意思？

(4) 5月21日实施登陆时，哪个部队担任了第一梯队？

(5) 5月21日阿军反击后，阿军的损失情况怎么样？

二、选择正确的答案。

(1) 考虑到阿军在马岛的兵力达1万4千人，而英军首批登陆部队至多(　　)1千人，如何以少胜多，只有出奇制胜。

①才　　　②就　　　③可　　　④也

(2) 由突击分队很早便潜伏上岛，在岛上英籍居民的掩护下，一面摸清阿军的布防，一面积极活动四处袭扰，唯独对阿军的指挥部没有袭击，主要原因就在于英军破译了密码，阿军的指挥部成了英军情报来源的重要(　　)。

①道路　　②因素　　③途径　　④经过

(3) 5月20日，英军舰队在马岛西南海域游弋，并派出驱逐舰炮击岸上目标。还在达尔文港和福克斯湾实施了佯动登陆。(　　)阿军的注意力全吸引到斯坦利港方向。

①被　　　②便　　　③将　　　④就

(4) 5月21日凌晨3点，SAS突击队(　　)第1梯队在范宁角登陆，在先期登陆的侦察分队协助下，消灭了阿军约50人的守卫部队。

①作为　　②成为　　③改为　　④做成

(5) 阿军飞行员(　　)美、法、以等国教官的严格训练，技术高，作风猛，战斗力很强。

①经过　　②受过　　③通过　　④收过

三、画线连词

(1) 扫清　•　　　　•　密码

(2) 破译　•　　　　•　代价

(3) 构筑　•　　　　•　障碍

(4) 付出　•　　　　•　工事

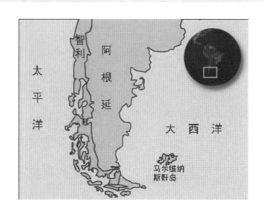

课文

6月1日，南路英军到达肯特山，与北路英军汇合。阿军此时采取放弃外围，集中主力固守斯坦利港方针。英军在攻占肯特山和查杰林山完成对斯坦利港的包围后，并不急于攻击，而是调整部署，补充给养，派出SAS和SBS队员四处活动，进行战场侦察。很快查清阿军以肯特山、查杰林山为第一道防线；以哈里特山、浪顿山为第二道防线；以无线岑、欲坠山、威廉山、工兵山一线为主防御阵地，即加尔铁里防线。在三道防线之间都布设大量地雷和障碍，只留一条由炮火保护的秘密通道供联络之用。伍德沃德了解敌情后，决定投入后续部队第5步兵旅。该旅辖3个营，A营是威尔士禁卫军，B营是苏格兰禁卫军，该营曾参加二战，在阿拉曼战役中大败德军而名扬天下，C营是赫赫有名的廓尔喀营，因士兵都是招募的尼泊尔廓尔喀人而得名，廓尔喀人以吃苦耐劳骁勇善战而闻名，人人身佩廓尔喀弯刀，二战中他们曾以这种锋利的弯刀和凶悍的刀法，将横行东南亚的日军杀得溃不成军。

6月7日，第5旅乘上登陆舰，悄然启程准备在立夫来岛登陆。途经天鹅湾时，旅长威尔逊·摩尔准将发现弗兹罗伊的阿军正在撤离，摩尔凭借一名职业军人的出色直觉，觉得这是一个极佳的机会，便未经指挥部批准，当机立断命令在仅距斯坦利港16公里的布拉夫湾登陆。这一举动在战后被普遍认为是极富主动精神的，由于阿军的撤离，英军第5旅3,500人顺利在布拉夫湾登陆成功。

6月11日，经三天的准备，英军以"火神"轰炸机和"鹞"式战斗机进行密集轰炸，同时驱逐舰、护卫舰以舰炮火力掩护，支援地面部队向阿军的第二道防线猛攻，第45陆战营攻占哈里特山和浪顿山，突破第二道防线，并控制了斯坦利外围所有的制高点。阿军唯一的反击就是用岸基AM-39"飞鱼"导弹击伤"格拉摩根"号驱逐舰。

6月14日，英军继续攻击，阿军丢弃重武器退入斯坦利港市区。从早晨7点半起，英军集中所有大炮猛烈轰击，阿军的大炮刚一还击，便被英军用炮瞄雷达和计算机火控系统指引的精确火力所消灭，随后英军便全力轰击斯坦利港内的目标，猛烈的炮击整整持续了10个小时，英军共发射了1万2千发炮弹，几乎用完英军所有的弹药。午后，英阿两军达成非正式停火协议。同一天晚9点，斯坦里港内残余的9千多阿军投降。至此，战斗基本平息。6月15日，阿根廷总统宣布马岛的战斗已经结束，英国也宣布阿军投降，夺回马岛。至此，历时74天的马岛战争正式结束。7月中旬，双方遣返了战俘，8月宣布取消海空禁区，恢复正常航行。

生词

肯特山	Kěntèshān	켄트(Kent) 산(지명)
汇合	huìhé	만나다, 합류하다
放弃	fàngqì	포기하다
外围	wàiwéi	외곽 포진
查杰林山	Chájiélínshān	자매(Two Sisters) 산(지명)
哈里特山	Hālǐtèshān	해리엇(Harriet) 산(지명)

浪顿山	Làngdùnshān	롱돈(Longdon) 산(지명)
无线岑	Wúxiànlǐng	와이어리스(Wireless) 산(지명)
欲坠山	Yùzhuìshān	텀블다운(Tumbledown) 산(지명)
威廉山	Wēiliánshān	윌리엄William) 산(지명)
工兵山	Gōngbīngshān	새퍼(Sapper) 산(지명)
威尔士	Wēi'ěrshì	웨일즈(Wales, 지명)
禁卫军	jìnwèijūn	황실근위병
苏格兰	Sūgélán	스코틀랜드(Scotland, 지명)
阿拉曼	Ālāmàn	알라만(Alamein, 지명)
赫赫有名	hèhèyǒumíng	명성이 자자하다
廓尔喀	Kuò'ěrkè	구르카(Gurkha) 족
尼泊尔	Níbó'ěr	네팔(국명)
骁勇善战	xiāoyǒngshànzhàn	용맹하고 전투에 능하다
弯刀	wāndāo	큐크리 단검(초승달 모양의 굽은 칼)
锋利	fēnglì	예리하다, 날카롭다
凶悍	xiōnghàn	사납고 잔인하다
溃不成军	kuìbùchéngjūn	궤멸하여 뿔뿔이 흩어지다
悄然	qiǎorán	조용히, 소리 없이
立夫来岛	Lìfūláidǎo	리블리(Lively) 섬(지명)
天鹅湾	Tiān'éwān	스완(Swan) 만(지명)
威尔逊·摩尔	Wēi'ěrxùn · Móěr	윌슨 무어(인명)
凭借	píngjiè	~에 의하다, ~을 믿다
当机立断	dāngjīlìduàn	즉시 결단을 내리다
火神	Huǒshén	발칸(Vulcan)
制高点	zhìgāodiǎn	감제고지
停火协议	tínghuǒxiéyì	정전협상
平息	píngxī	끝나다, 멎다
遣返	qiǎnfǎn	돌려보내다, 송환하다

一、回答问题

 (1) 阿军的防御阵地准备得怎么样？具体描述一下。

 (2) 英军第5步兵旅的旅长是哪位？

 (3) 英军的C营为什么有名？

 (4) 英军哪一个梯队突破了阿军的第二道防线？

 (5) 英阿非正式停火协议是什么时候达成的？

二、请根据上下文的意思填写一个恰当的汉字。

 (1) 英军在攻占肯特山和查杰林山完成对斯坦利港的包围后，并不急于攻击，而是调_____部署，补充给养，派出SAS和SBS队员四处活动，进行战场侦察。

 (2) 伍德沃德了解敌情后，决定投入后_____部队第5步兵旅。

 (3) 途经天鹅湾时，旅长威尔逊、摩尔准将发现弗兹罗的阿军正在撤离，摩尔凭_____一名职业军人的出色直觉，觉得这是一个极佳的机会，便未经指挥部批准，当机立断命令在仅距斯坦利港16公里的布拉夫湾登陆。

 (4) 英军便全力轰击斯坦利港内的目标，猛烈的炮击整整持_____了10个小时，英军共发射了1万2千发炮弹，几乎用完英军所有的弹药。

 (5) 6月15日，阿根廷总统宣_____马岛的战斗已经结束，英国也宣布阿军投降，夺回马岛。

三、画线连词

 (1) 布设 •   • 协议

 (2) 突破 •   • 防线

 (3) 了解 •   • 地雷

 (4) 达成 •   • 敌情

第33讲 高技术战争战例--海湾战争(1)

课文

海湾战争是20世纪90年代初发生的一场大规模、高度现代化的局部战争；是由伊拉克入侵科威特而引发的一场重大国际冲突；是以美国为首的多国部队对伊拉克发动的一场高技术战争。战争自1991年1月17日开始至2月28日结束, 历时42天。

1990年8月2日, 科威特时间凌晨1点, 伊拉克共和国卫队的3个师在空军、海军、两栖作战部队和特种部队的支援与配合下, 越过伊科边界向科威特发动了突然进攻。其中, 1个机械化步兵师和1个装甲师担任主攻, 直逼科威特城, 1个装甲师担任助攻, 特种作战部队于1点30分对科威特市的主要政府机构进行了直升机机降突击, 登陆部队实施两栖登陆, 直逼科威特王宫及其他重要设施。5点10分, 主攻部队和特种部队在科威特城会合。经过14小时的城市战斗, 伊拉克军队于下午7点完全占领了科威特城。8月3日中午, 伊拉克军队在科威特和沙特阿拉伯之间的边界地区建立了防御阵地, 完成了对科威特全境的占领。至8月6日, 进入科威特的伊军约有20万人, 坦克2,000余辆。8月8日, 伊拉克总统萨达姆宣布吞并科威特, 并将科威特划为"第19个省", 称其为"永远是伊拉克不可分割的一部分"。

伊拉克军队占领科威特后, 国际社会和伊拉克各自做了大量的准备工作, 试图解决这场海湾危机。1990年8月2日至11月29日, 联合国安理会先后作出有关对伊拉克谴责和制裁的决议达12个。其中, 678号决议还授权联合国成员国, 如1991年1月15日前伊军不从科威特撤军, 可使用"一切必要的手段"执行联合国通过的各项决议。这为美国组织38个国家组成联军出兵海湾，用武力解决危机提供了法律依据。美国以联合国决议为依据，迅速组织了国际反伊军事联盟。随即，美国总统下令国防部着手向沙特部署军队。有50多个国家以不同形式支持和参与了对伊的军事行动。海湾地区的国家、德国、日本和韩国等国承担了战争所需费用600余亿美元中的540亿美元；38个国家派出了作战部队、战斗支援部队或勤务支援部队参战。如此同时，美国还实施了广泛的战争动员，进行了第2次世界大战以来规模最大的后备役部队的动员和部署。

从1990年8月7日至1991年1月17日，美国总统布什下达在海湾部署作战部队的命令后，多国部队实施了代号为"沙漠盾牌"的向海湾部署军事力量的行动。占领科威特后，面对国际社会的军事压力，伊拉克为了使占领科威特成为最终的现实，也积极进行了大量的军事准备。8月2日后，伊拉克加大了征兵力度。到战争爆发时，伊拉克军队由100万人增加到125万人，新建或重建了20多个陆军师，组织了一支由500万人组成的民兵队伍。随着多国部队兵力的增加，伊拉克也向科威特不断增加了兵力。到战争开始前，伊拉克在其南部和科威特部署的兵力达54万人，坦克4,200辆，装甲车2,800辆，火炮3,200余门。伊军还构筑了大量的工事，沿科沙、伊沙边界修筑了全长为260千米的"萨达姆防线"。

生词

科威特	Kēwēitè	쿠웨이트(국명)
凌晨	língchén	새벽
共和国卫队	gònghéguówèiduì	공화국수비대
逼	bī	핍박하다, 몰아넣다
科威特城	Kēwēitèchéng	쿠웨이트시티(도시명)

萨达姆	Sàdámǔ	사담 후세인(Saddam Hussein, 인명)
吞并	tūnbìng	병탄하다
安理会	Ānlǐhuì	안전보장이사회
谴责	qiǎnzé	비난하다
制裁	zhìcái	제재하다
授权	shòuquán	권한을 주다
布什	Bùshí	부시(George Bush, 인명)
沙漠盾牌	shāmòdùnpái	사막의 방패(Op. Desert Shield)

练习

一、回答问题

　(1) 海湾战争为什么爆发了？

　(2) 伊拉克军队什么时候完全占领了科威特城？(年-月-日)

　(3) 向多国部队提供使用武力的法律依据是什么？

　(4) 多少国家派出了作战部队？

　(5) 到战争爆发时，伊军民兵队伍的规模多大？

二、请根据上下文的意思填写一个恰当的汉字。

　(1) 战争自1991年1月17日开始至2月28日结束，＿＿＿时42天。

　(2) 1990年8月2日，科威特时间凌晨1点，伊拉克共和国卫队的3个师在空军、海军、两栖作战部队和特种部队的支援与配＿＿＿下，越过伊科边界向科威特发动了突然进攻。

(3) ＿＿＿过14小时的城市战斗，伊拉克军队于下午7点完全占领了科威特城。

(4) 伊拉克军队占领科威特后，国际社会和伊拉克各自做了大量的准备工作，
试＿＿＿解决这场海湾危机。

(5) 海湾地区的国家、德国、日本和韩国等国承＿＿＿了战争所需费用600余亿美元
中的540亿美元。

三、画线连词

(1) 担任 •	• 费用
(2) 承担 •	• 防线
(3) 加大 •	• 主攻
(4) 修筑 •	• 力度

四、请把下列韩文词汇写成中文。

(1) 선발대

(2) 적의 의표를 찔러 승리하다

(3) 무사히

(4) 야음

(5) 중추

(6) 버티다

(7) 포기하다

(8) 예리하다

(9) 감제고지

(10) 정전협상

(11) 활주로

(12) 암호를 해독하다

(13) 방어선

(14) 장애물

(15) 양동작전

(16) 엄호하다

(17) 송환하다

(18) 전쟁포로

(19) 시간이 걸리다

(20) UN 안보리

第34讲 高技术战争战例--海湾战争(2)

课文

　　1991年1月17日起，多国部队实施"沙漠风暴"行动，海湾战争正式开始。17日凌晨2点39分，美军101空中突击师的9架装备有"狱火"式导弹和"九头蛇"式火箭的AH-64"阿帕奇"攻击直升机，在3架MH-53J"铺路微光"特种作战直升机的引导下，摧毁了伊科边境上的伊军两座预警雷达站。随即，多国部队的数百架飞机在F-15"鹰"式和F-14"雄猫"式飞机的掩护下，开始向预定的伊军目标实施攻击。25分钟后，数架F-117"夜鹰"式隐形战斗轰炸机使用激光制导炸弹对伊境内的重要目标，如总统府、地下指挥所、防空作战中心等，进行了攻击，伊军防空指挥系统遭到了巨大破坏。随后，停泊在波斯湾海域的16艘水面舰艇和2艘潜艇使用"战斧"式巡航导弹，对伊化学武器联合企业、复兴社会党总部、总统府和各发电厂进行了攻击，伊全国电力系统基本瘫痪。开战后的48小时内，多国部队共发射了180枚"战斧"式巡航导弹，伊境内的一些重要军事目标被击中。

　　第一波次攻击之后，多国部队又组织了第二波次攻击。这次是用无人机和箔条模拟假目标进行的攻击。伊军雷达被误导开机后，多国部队的F-4G"野鼬"式和F-18"大黄蜂"式飞机使用高速反辐射导弹摧毁了伊军几十处雷达和地空导弹基地。在此期间，伊军只派出了"米格"-29和"幻影"F-1飞机对多国部队的飞机进行了拦截，但由于无法与地面联系而收效不大。空袭的头三天，伊军飞机每天只出动不足100架次。在多国部队的空袭之下，伊军防空系统基本陷入瘫痪，萨达姆与科威特战区和伊拉克东部部队之间的通信联系基本中断。此后，多国部队每天派出一定数量的飞机对伊保持压力。伊拉克的24个主要机场和38个疏散机场的跑道及其设施遭到严重破坏，594个飞机掩体中的375个及其中的飞机遭到摧毁，100多架飞机飞到伊朗，伊空军基本丧失战斗力。至1月27日，美中央总部宣布取得了制空权。1月27日后，多国部队只派少量飞机继续保持制空权，更多的飞机用于孤立和摧毁伊共和国卫队和在科威特战区的伊陆军等战场准备行动上。

生词

沙漠风暴	shāmòfēngbào	사막의 폭풍(Op。Desert Storm)
狱火	Yùhuǒ	헬파이어(Hellfire)
九头蛇	Jiǔtóushé	히드라(Hydra)
阿帕奇	Āpàqí	아파치(Apache)
铺路微光	Pūlùwēiguāng	페이브 로우(Pave Low)
鹰	Yīng	이글(Strike Eagle)
雄猫	Xióngmāo	톰캣(Tomcat)
夜鹰	Yèyīng	나이트 호크(Night Hawk)
停泊	tíngbó	정박하다
波斯湾	Bōsīwān	페르시아(Persia) 만(지명)
战斧	Zhànfǔ	토마호크(Tomahawk)
复兴社会党	Fùxīngshèhuìdǎng	바트(Bath) 당
发电厂	fādiànchǎng	발전소
波次	bōcì	제파
模拟	mónǐ	모방하다, 모의
误导	wùdǎo	잘못 유도하다
野鼬	Yěyòu	족제비(Wild Weasel)
大黄蜂	Dàhuángfēng	호넷(Hornet)
反辐射导弹	fǎnfúshèdǎodàn	반복사미사일

米格	Mǐgé	미그(MIG)
疏散	shūsàn	소개하다, 분산시키다
掩体	yǎntǐ	벙커

练习

一、回答问题

　　(1) 伊境内的重要目标有哪些？

　　(2) 第二波次攻击是怎样进行的？

　　(3) 多国部队空袭的头三天，伊军的情况如何？

　　(4) 1月27日以后，多国部队的大部分飞机做什么了？

二、请根据上下文的意思填写一个恰当的汉字。

　　(1) 美军101空中突击师的9_____装备有"狱火"式导弹和"九头蛇"式火箭的AH-64"阿帕奇"攻击直升机，摧毁了伊军两座预警雷达站。

　　(2) 开战后的48小时内，多国部队共发射了180枚"战斧"式巡航导弹，伊境内的一些重要军事目_____被击中。

　　(3) 多国部队的F-4"野鼬"式和F-18"大黄蜂"式飞机使用高速反辐射导弹摧_____了伊军几十处雷达和地空导弹基地。

　　(4) 伊拉克的24个主要机场和38个疏散机场的跑道及其设施遭到严重破坏，伊空军基本丧_____战斗力。

　　(5) 多国部队只派少量飞机继续保_____制空权，更多的飞机用于孤立和摧毁伊共和国卫队和在科威特战区的伊陆军等战场准备行动上。

三、画线连词

　　(1) 摧毁　•　　　　•　瘫痪

　　(2) 陷入　•　　　　•　雷达

　　(3) 遭到　•　　　　•　制空权

　　(4) 保持　•　　　　•　破坏

四、请把下列韩文词汇写成中文。

    (1) 사막의 방패   (2) 제재하다

    (3) 정박하다   (4) 발전소

    (5) 공중강습사단   (6) 크루즈미사일

    (7) 레이더기지   (8) 모의훈련

    (9) 산개하다   (10) 벙커

第35讲 高技术战争战例--海湾战争(3)

课文

在空袭的同时，多国部队的海上力量也对伊拉克进行了攻击。1月18日晚，美国驱逐舰"尼古拉斯"号和科威特"独立"号快艇，借夜幕的掩护和实施无线电静默，悄悄接近位于科威特城东南方向距岸约75千米的道拉油田。在伊军视距之外，美军的"大山猫"直升机使用空对舰导弹击中了一座钻井平台，平台上的炸药爆炸。接着，两舰艇又对11座钻井平台中的9座进行了轰击。至此，舰载机进入伊拉克和科威特航线上的威胁得到了解除。由"突击者"号航母上起飞的A-6攻击机携带"破坏者"MK-36水雷对祖拜尔河口布设了水雷，从波斯湾北部的伊拉克海军水面舰艇同巴士拉等地的港口设施和海军基地被隔离开来。22日晚，"中途岛"号航母上的A-6攻击机利用集束炸弹将一艘从事电子战的伊油轮击沉。从1月24日起，多国部队海军开始攻击伊海军舰只。到2月2日晚，伊拉克能够发射反舰导弹的13艘水面舰艇全部被摧毁或重创，伊海军所有基地和港口被严重破坏，波斯湾北部所有石油平台被占，伊海军失去了战斗力。2月8日，美中央总部海军宣布，多国部队已掌握了波斯湾北部海域的制海权。

多国部队的海军还使用4艘航母、6艘"宙斯盾"级巡洋舰和12艘驱逐舰与护卫舰实施了防空作战。2月24日，由航母上起飞的F-15战斗机将伊军两架F-1飞机击落。25日凌晨，在两栖部队实施佯攻时，伊军向多国部队的海军舰只发射了2枚反舰导弹。其中一枚被多国部队海军发射的诱饵干扰偏离了目标，另一枚被多国部队发射的导弹击落。在整个防空作战中，多国部队共出动舰载机3,805架次。由于伊军主动出击的次数不多，多国部队的防空作战效果不甚明显。此外，多国部队还进行了反水雷战和两栖战。在整个海战中，多国部队海军进行了多种样式的海上作战，在3周时间内基本上消灭了伊拉克的海军。两栖部队的佯动和攻击，牵制住了伊拉克10多个师的海岸防御部队，为地面作战创造了有利的条件。

生词

尼古拉斯	Nígǔlāsī	니콜라스(Nicolas)
独立	Dúlì	인디펜던스(Independence)
静默	jìngmò	침묵
道拉油田	Dàolāyóutián	다우라(Daura) 유전(지명)
大山猫	Dàshānmāo	링스(Lynx)
钻井平台	zuānjǐngpíngtái	리그(rig), 해저 보링용 플랫폼
突击者	Tūjízhě	레인저(Ranger)
破坏者	Pòhuàizhě	파괴자(Destructor)
祖拜尔河	Zǔbài'ěrhé	주바이르(Zubayr) 강(지명)
巴士拉	Bāshìlā	바스라(Basrah, 도시명)
中途岛	Zhōngtúdǎo	미드웨이(Midway)
集束炸弹	jíshùzhàdàn	집속폭탄
油轮	yóulún	유조선
宙斯盾	Zhòusīdùn	이지스(Aegis)
诱饵	yòu'ěr	미끼
偏离	piānlí	빗나가다, 벗어나다

一、回答问题

　　(1) 多国部队在祖拜尔河布设水雷的效果怎么样了？

　　(2) 到2月2日，伊海军的基地和港口的状态怎么样？

　　(3) 多国部队如何实施了防空作战？

　　(4) 多国部队的防空作战效果怎么样？其原因是什么？

二、请根据上下文的意思填写一个恰当的汉字。

　　(1) 美国驱逐舰"尼古拉斯"号，借夜幕的掩护和实施无线电静默，悄悄接＿＿＿位于科
　　　　威特城东南方向距岸约75千米的道拉油田。

　　(2) 由"突击者"号航母上起飞的A-6攻击机携＿＿＿"破坏者"MK-36水雷对祖拜尔河
　　　　口布设了水雷。

　　(3) 从1月24日起，多国部队海军开始攻击伊海军舰＿＿＿。

　　(4) 由于伊军主动出击的次＿＿＿不多，多国部队的防空作战效果不甚明显。

　　(5) 两栖部队的佯动和攻击，牵制住了伊拉克10多个师的海岸防御部队，为地面作
　　　　战创＿＿＿了有利的条件。

三、画线连词

　　(1) 布设　•　　　　•　战斗力

　　(2) 失去　•　　　　•　轰击

　　(3) 掌握　•　　　　•　水雷

　　(4) 进行　•　　　　•　制海权

第36讲 高技术战争战例--海湾战争(4)

课文

　　2月24日凌晨开始至28日8点结束，多国部队进行了100小时的地面作战。24日凌晨4点整，美军第18空降军首先发起攻击，法国第6装甲师的侦察部队首先进入伊境，其主力随后发起了攻击。法国部队还使用配有反坦克导弹的攻击直升机对伊军的装甲目标和工事进行了攻击。美第101空中突击师以"蛙跳"方式向前跃进，首先在伊境内150千米处建立起前方作战基地。天黑前，多国部队深入到伊境内270千米，切断了伊军的主要补给线和后撤通道。美第7军于14点30分开始火力准备，30分钟后开始向伊军发起攻击，天黑前深入伊境内30余千米，俘虏伊军1,500人。担任从沙特北部进攻的联合部队于14点发起攻击。但由于受到多种阻力，先头部队前进了10千米后就停止了前进。美军第1远征部队于4点发起攻击，虽然遇到阻力，但日终时还深入科威特20余千米，在科威特境内建立起稳定的立足点。东线联合部队于24日8点发起攻击，当日深入到科威特境内20余千米。在多国部队的第一天攻击下，伊军一线部队大部分丧失了作战能力。

　　25日，多国部队继续发展进攻。第18空降军向纵深推进，第82空中突击师进驻到法国第6装甲师建立的前方基地。第101空中突击师实施了历史上最远距离的一次空中作战。该师第3旅向伊境内奔袭了280千米。第7军继续发展进攻。在空中支援下，美军坦克消灭了大量的伊军装甲目标。北线联合部队在天黑前攻占了预定目标。第1陆战远征部队击退了伊军的多次反冲击，天黑前推进到距科威特市16千米处。东线联合部队继续向北进攻。由于伊军大批投降，该部进展缓慢，天黑前只推进了20余千米。25日午夜左右，萨达姆下令全线后撤。

26日，多国部队开始歼灭伊军重兵集团。第18空降军将进攻的方向折向东北，天黑前切断了幼发拉底河谷的交通线，阻止了伊向科威特战区的增援，完成了对伊南部和科威特境内伊军的包围。第7军继续在伊境内实施纵深包围，在一个骑兵师的加强下，粉碎了伊军共和国卫队的抵抗，天黑前向东推进了40～50千米。北线联合部队也向科威特城方向挺进，天黑前向前推进了约90千米。第1陆战远征部队继续向北进攻，天黑前夺取了穆特拉山口，并于次日凌晨3点30分攻下了科威特国际机场。东线联合部队继续实施进攻，于天黑前为进入科威特城做好了准备。

27日，伊军全线撤退，多国部队转入追击。第18空降军继续向东面的巴士拉推进，在第7军的配合下，切断了伊军的最后退路———巴士拉西北的哈马尔通道。第7军将力量全部投入战斗，使伊遭到重创，并使北撤的伊军全部陷入包围之中。北线联合部队做好占领科威特城区的准备工作。第1陆战远征部队一部扼守穆特拉山，一部消灭科威特国际机场的伊军并与东线联合部队取得了会合。东线联合部队夺取了科威特城的一些目标后，攻入科威特城，并与从西南入城的北线联合部队会合。

28日，第18空降军完成了向伊境内推进的任务，切断了伊军的退路。上午8点，该军前进至巴士拉约50千米处停止了进攻。第7军继续清除巴士拉以西伊军残余部队。北线联合部队停止了进攻行动，巩固阵地。第1陆战远征部队在上午8点停止了进攻。东线联合部队也停止了进攻，巩固阵地。上午8点整，整个多国部队全面停止了作战行动，战争结束了。

海湾战争实施了"沙漠风暴"(大规模空袭)和"沙漠军刀"(地面进攻)作战行动，美国及英、法、意、加拿大、沙特、科威特、巴林、卡塔尔、阿联酋等10国部队，共出动飞机9.4万架次，投弹8.85万多吨，发射舰载导弹280枚，使伊拉克遭受严重损失，海空军几乎全部丧失作战能力，地面部队半数被歼或重创，经济损失超过2,000亿美元。多国部队伤亡600余人，耗资巨大。科威特经济损失600多亿美元，重建需10年时间。

蛙跳	wātiào	프로그(Frog) 점핑
跃进	yuèjìn	약진하다
后撤通道	hòuchètōngdào	후퇴용 통로, 철수로
阻力	zǔlì	저항, 장애
立足点	lìzúdiǎn	발판, 근거지
反冲击	fǎnchōngjī	역습
重兵集团	zhòngbīngjítuán	강력한 부대들
幼发拉底河	Yòufàlādǐhé	유프라테스 강(지명)
粉碎	fěnsuì	분쇄하다
穆特拉山	Mùtèlāshān	무틀라(Mutla) 산(지명)
哈马尔	Hāmǎ'ěr	하마르(Hammar, 지명)
扼守	èshǒu	수비하다
沙漠军刀	shāmòjūndāo	사막의 군도(Op。Desert Sabre)
巴林	Bālín	바레인(국명)
卡塔尔	Kǎtǎ'ěr	카타르(국명)
阿联酋	Āliánqiú	아랍에미레이트(국명)

一、回答问题

(1) 美第7军24日几点开始向伊军发起攻击？

(2) 24日实施作战时，哪个梯队在科威特境内建立起稳定的立足点？

(3) 多国部队什么时候占领了科威特国际机场？

(4) 伊军的最后退路是在哪里的哪个通道？

(5) 整个多国部队什么时候全面停止了作战行动？

二、判断正误

(1) 2月24日，美军使用配有反坦克导弹的攻击直升机对伊军的装甲目标和工事进行了攻击。（　　　）

(2) 美第101空中突击师以"蛙跳"方式向前跃进，首先在伊境内150公里处建立起前方作战基地。（　　　）

(3) 美军第1远征部队于4点发起攻击，但未能深入科威特境内。（　　　）

(4) 在多国部队的第一天攻击下，伊军一线部队全部丧失了作战能力。（　　　）

(5) 25日白天，北线联合部队攻占了预定目标。（　　　）

三、画线连词

(1) 巩固　•　　　　•　阵地

(2) 粉碎　•　　　　•　阻力

(3) 遇到　•　　　　•　退路

(4) 切断　•　　　　•　抵抗

四、请把下列韩文词汇写成中文。

(1) 집속폭탄　　　　　　　(2) 유조선

(3) 무선침묵　　　　　　　(4) 이지스 순양함

(5) 미끼　　　　　　　　　(6) 빗나가다

(7) 후퇴하다　　　　　　　(8) 교두보

(9) 차단하다　　　　　　　(10) 돌격하다

第37讲 高技术战争战例--科索沃战争⑴

课文

　　科索沃战争的内在原因是由来已久的民族矛盾。中世纪，科索沃是塞尔维亚民族的文化与政治中心。1389年，土耳其军队在科索沃地区击败塞尔维亚军队。从此，科索沃地区纳入土耳其的统治之下，当地的塞尔维亚人大都逃离，而阿尔巴尼亚人乘机大量迁入科索沃，成为当地的主体民族，伊斯兰教和伊斯兰文化逐渐在当地传播。1912年，在第一次巴尔干战争中，由塞尔维亚、黑山、希腊和保加利亚组成的联盟打败了土耳其，科索沃在500多年后又归属了塞尔维亚。1918年，塞尔维亚同克罗地亚、斯洛文尼亚等组成了南斯拉夫王国。第二次世界大战期间，德、意法西斯侵占了南斯拉夫，科索沃又被划归受意大利保护的阿尔巴尼亚王国。二战结束后，科索沃重被划入当时由铁托领导的南斯拉夫的版图，成为一个自治省。

　　1980年铁托逝世后，南斯拉夫的民族矛盾日益尖锐，逐渐走上了国家分裂的道路。1981年后，科索沃地区不断发生暴乱。1989年，塞尔维亚总统米洛舍维奇开始对科索沃的阿尔巴尼亚族人中的民族分离倾向实行强硬政策，并于1990年颁布塞尔维亚新宪法，取消了科索沃地区的大部分自治权利。1991年，阿族人举行了被视为非法的"全民公决"，决定成立"科索沃共和国"。1992年，又秘密选举鲁戈瓦为所谓科索沃共和国的总统，但没有得到国际社会的承认。1984年，阿族中的激进分子在某些境外势力的支援下，建立了"科索沃解放军"，试图通过暴力活动争取独立。1995年，有关前南斯拉夫波黑问题的"代顿协议"签订后，阿族人认为时机成熟，科索沃也可像波黑那样摆脱塞族人的统治，成立自己的国家。1997年12月，科索沃解放军加紧了对塞族人的进攻。南联盟政府对这种分裂活动实行了镇压。1998年2月和3月，阿族武装分子与当地塞族警察发生两起流血冲突，使科索沃局势进一步恶化。国际社会反复呼吁冲突双方以和平方式解决争端，但双方和谈始终未能达成协议。于是，北约以此为借口对南联盟采取军事行动，科索沃战争爆发。

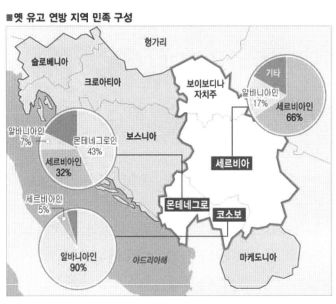

生词

科索沃	Kēsuǒwò	코소보(Kosovo, 지명)
塞尔维亚	Sāi'ěrwéiyà	세르비아(Serbia, 지명)
纳入	nàrù	받아넣다, 집어넣다
阿尔巴尼亚	Ā'ěrbāníyà	알바니아(Albania, 지명)
伊斯兰教	Yīsīlánjiào	이슬람교
巴尔干	Bā'ěrgān	발칸(Balkans, 지명)
黑山	Hēishān	몬테네그로(Montenegro, 지명)
希腊	Xīlà	그리스(국명)
保加利亚	Bǎojiālìyà	불가리아(국명)

克罗地亚	Kèluódìyà	크로아티아(국명)
斯洛文尼亚	Sīluòwénníyà	슬로베니아(국명)
南斯拉夫	Nánsīlāfū	유고슬라비아(국명)
法西斯	Fǎxīsī	파시스트
划归	huàguī	편입하다, 귀속되다
铁托	Tiětuō	티토(Tito, 인명)
版图	bǎntú	판도
逝世	shìshì	서거하다
尖锐	jiānruì	첨예하다
米洛舍维奇	Mǐluòshěwéiqí	밀로세비치(Milosevic, 인명)
全民公决	quánmíngōngjué	국민결의대회
鲁戈瓦	Lǔgēwǎ	루고바(Rugova, 인명)
激进分子	jījìnfēnzi	급진주의자
波黑	BōHēi	보스니아 헤르체고비나(Bosnia & Herzegovina)
代顿协议	Dàidùnxiéyì	데이턴(Dayton)평화협정
南联盟	Nánliánméng	유고연방
镇压	zhènyā	진압하다
呼吁	hūyù	호소하다
北约	Běiyuē	나토(NATO)

练习

一、回答问题

(1) 科索沃战争爆发的主要原因是什么？

(2) 土耳其对科索沃地区的统治维持了多长时间？

(3) 南斯拉夫总统铁托什么时候去世？

(4) 建立"科索沃解放军"的目的是什么？

(5) 北大西洋公约组织(北约)以什么为借口对南联盟采取了军事行动？

二、判断正误

(1) 1918年, 塞尔维亚同阿尔巴尼亚·斯洛文尼亚等组成了南斯拉夫王国。(　　)

(2) 二战结束后, 科索沃又被划归受意大利保护的阿尔巴尼亚王国。(　　)

(3) 于1990年颁布塞尔维亚新宪法, 取消了科索沃地区的大部分自治权利。(　　)

(4) 1991年, 阿族人举行了被视为合法的"全民公决", 决定成立"科索沃共和国"。(　　)

(5) 南联盟政府对科索沃解放军的分裂活动实行了镇压。(　　)

三、画线连词

(1) 签定　•　　　•　争端

(2) 摆脱　•　　　•　政策

(3) 解决　•　　　•　协议

(4) 实行　•　　　•　统治

四、请把下列韩文词汇写成中文。

(1) 민족갈등　　　　　　(2) 이주하다

(3) 이슬람교　　　　　　(4) 서거하다

(5) 첨예하다　　　　　　(6) 강경정책

(7) 과격분자　　　　　　(8) 호소하다

(9) 구실, 핑계　　　　　(10) 나토(NATO)

第38讲 高技术战争战例--科索沃战争(2)

科索沃战争大致分为四个阶段:

① 第1阶段(1999. 3. 24~3. 27)

1999年3月24日晚19点55分, 北约发动了首轮空袭, 对南军的防空导弹阵地、雷达站、机场、指挥控制中心和通信系统等军事目标实施了重点打击, 企图迅速瘫痪南军的防空体系, 全面夺取作战地域的制空权, 以确保北约飞机在南联盟上空活动的安全, 为后续阶段的大规模空袭创造条件。

在这一阶段, 北约对南共进行了四轮空袭, 主要目标是摧毁南联盟各地的雷达和发电站。南军民在米洛舍维奇政府的领导下, 立即进行全民战争动员, 奋勇进行反侵略战争, 使用萨姆-3型防空导弹击落一架F-117A飞机。这是该型号飞机自问世以来首次被击落, 极大鼓舞了南军民的士气。北约大为震惊, 被迫采取各种措施, 加强对F-117A隐身飞机的防护。同时, 南军飞机也升空作战。但由于双方力量相差悬殊, 南战机无力与北约战机抗衡, 损失严重, 先后有5架先进的米格-29型战斗机被击落。

北约共出动飞机1,300多架次, 发射巡航导弹400余枚, 使用的精确制导武器比例高达98%, 基本夺取了战场制空权, 但并未完全达到作战目的。南军防空设施虽受到严重破坏, 但指挥系统仍在运转, 南军通过机动防空等方式保存着有生力量和战争潜力。

② 第2阶段(1999. 3. 28~4. 4)

3月28日下午，部署在亚得里亚海的美国战舰首先向南联盟黑山共和国的波德戈里察地区的军用机场发射了2枚巡航导弹，进而开始了北约第二阶段的作战行动。随着南联盟天气状况的好转，北约扩大了空袭规模，由过去的间歇式空袭改为24小时的不间断打击。

在这一阶段，北约的空袭决心与强度远远超过了南联盟方面的预料。南军调整了作战方针，采取保存自己、持久作战的方法，将飞机、坦克、火炮等重型武器装备隐藏在各战略要地长期建设起来的大量战备工程和防空设施里，并巧妙设置大量假目标、假阵地，使敌人难辨真伪；进一步加强要地防空；继续进行地面作战准备，在科索沃边境地区重要通道埋设大量地雷，加强南马、南保边境的防御力量；继续执行"马蹄铁计划"，向科索沃解放军发起猛攻；加强情报工作，防奸反特。在作战中，南军继续取得新的战果。3月29日，俘获3名美军特种部队士兵。与此同时，南联盟积极开展政治外交活动，争取外援和世界舆论的同情和支持。

由于南联盟军民的抗敌意志十分坚强，北约原计划数日内用军事手段解决科索沃危机的企图彻底破产，被迫向战区增派兵力，其中包括一个航母编队和B-1战略轰炸机在内的130多架作战飞机。(含75架航母舰载机)

生词

首轮	shǒulún	첫 번째, 1차
萨姆	Sàmǔ	샘(SAM)
问世	wènshì	세상에 나오다, 발표되다
鼓舞	gǔwǔ	북돋우다, 고무하다

大为震惊	dàwèizhènjīng	크게 놀라다
被迫	bèipò	어쩔 수 없이 ~하다
相差悬殊	xiāngchāxuánshū	격차가 매우 크다
抗衡	kànghéng	맞서다, 필적하다
运转	yùnzhuǎn	가동되다, 작동하다
潜力	qiánlì	잠재력
亚得里亚海	Yàdélǐyàhǎi	아드리아(Adriatic) 해(지명)
波德戈里察	Bōdégēlǐchá	포드고리차(Podgorica, 도시명)
间歇式	jiānxiēshì	간헐적
难辨真伪	nánbiànzhēnwěi	진위를 판별하기 어렵다
南马	NánMǎ	유고와 마케도니아
马蹄铁计划	Mǎtítiějihuà	'인종청소'계획
防奸反特	fángjiānfǎntè	방첩활동, 스파이 색출
舆论	yúlùn	여론
破产	pòchǎn	탄로나다, 깨지다

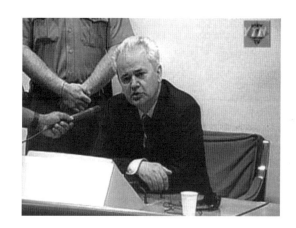

练习

一、回答问题

(1) 在第一阶段战争中，北约对南军实施空袭的主要目的是什么？

(2) 在第一阶段，南军民的士气上升的直接原因是什么？

(3) 南军怎样保存有生力量和战争潜力？

(4) 在第二阶段，北约能扩大空袭规模的主要因素是什么？

(5) 北约增派兵力的主要原因是什么？

二、判断正误

 (1) 北约全面夺取作战地域的制空权, 以确保北约飞机在南联盟上空活动的安全, 为
  后续阶段的大规模空袭创造条件。(　　)

 (2) 北约、南军由于双方力量相差不多, 南战机有力与北约战机抗衡。(　　)

 (3) 南军防空设施受到严重破坏, 因此指挥系统未能正常运转。(　　)

 (4) 在这二阶段, 北约的空袭决心与强度远远超过了南联盟方面的预测。(　　)

 (5) 北约的原计划彻底失败。(　　)

三、画线连词

 (1) 埋设　•　　　　•　兵力

 (2) 增派　•　　　　•　措施

 (3) 采取　•　　　　•　地雷

 (4) 加强　•　　　　•　力量

第39讲 高技术战争战例--科索沃战争(3)

课文

③ 第3阶段(1999.4.5~5.27)

北约为了加强对南联盟打击的力度，尽快实现其战争目的，继续向战区增派兵力，到本阶段作战行动结束前，北约部署在亚得里亚海海域的作战舰艇已达40余艘，参战飞机达到1,100余架。北约重点打击的目标：一是南军的指挥控制系统和雷达站、导弹阵地、机场等防空体系；二是南军的军事基地、有生力量和坦克、火炮、装甲车等重武器及运输装备等；三是南联盟的通信系统、重要的交通运输干线和枢纽及重要的工业基地等基础设施和生产设备；四是南联盟的内务部、国防部、空军防空军司令部甚至总统官邸等重要机构。

北约空袭作战的特点是：一是持续时间长。从4月5日至5月27日，历时53天，并且每天基本都是24小时不间断的轰炸，如此长时间不间断的轰炸为二战后历次局部战争所少有。二是空袭范围广。北约打击的范围不再仅仅局限于军事目标，而且扩大到民用目标，其中包括桥梁、公路、铁路、炼油厂、电力系统、电台电视台、医院、集市、国际列车、难民车队、总统府。三是作战手段多样。既有空中打击，又有特种作战；既有远征突击，又有近攻轰炸；既有精确打击，又有隐形突袭；既有常规弹药打击，又有特种弹药打击。四是打击强度高。每天出动的各型飞机达数百架次之多，并且使用了贫铀弹、集束炸弹和石墨炸弹等特种炸弹。

北约在这一阶段还加紧实施对南联盟的海上石油禁运等经济制裁措施，并广泛采取了心理战、电子战、情报战和特种作战等多种作战样式，包括对南联盟全境进行塞尔维亚语广播、投撒传单、轰炸南联盟新闻宣传机构的设施、以各种手段实施电子干扰和压制、对南金融计算机系统和指挥控制系统进行网络攻击等，还开始进行地面作战的军事部署。4月5日，美军向战区派遣24架"阿帕奇"攻击直升机和2,000名陆军官兵。

南联盟在整体防空系统遭到严重破坏的情况下，仍能依靠小规模的防空游击群打击空中之敌。在顽强抗击的同时，南联盟继续加强外交斗争，争取国际支持与援助。4月7日，南单方面宣布在东正教复活节期间在科索沃实现停火；12日，议会通过南加入俄白联盟的议案；5月2日，为表示和平结束战争的诚意，南释放了3名被俘美军士兵，这件事使得美国国内反战呼声高涨起来；9日，南政府发表声明，同意在科索沃派驻必须有俄罗斯参加的联合国维和部队。

南联盟尽管竭尽全力抗战，却难以扭转战争态势，面临的形势越来越严峻。具体表现在：一是损失巨大。到5月22日，北约出动的2.5万架次的空袭行动，投下的炸弹当量，相当于美国1945年在日本广岛投下原子弹当量的8.3倍，造成南联盟6,000余人伤亡，财产损失达1,000多亿美元，大量桥梁、道路、电厂、油库等基础设施被毁，严重影响民众的生活。二是外援无望。南本想从俄罗斯等国得到大量援助，并为此作了大量努力，然而俄罗斯等国对南的支持仅限于道义上的声援和少量的人道主义救援。俄罗斯坚持"三不原则"，即俄不会在军事上卷入战争，不会与北约公开对抗，不会回到"冷战"时代。使南寻求外援的希望破灭。三是周边安全环境恶化。自战争爆发以来，与南接壤的所有国家都站在北约一边。四是国内出现悲观失望情绪。有的部队士气低落，发生了数起兵变或叛逃事件，反对党也乘机发难，要求政府尽快同北约就科索沃问题达成协议，早日结束战争。南联盟政府不得不正视面对的严峻形势，在继续抗战的同时，积极寻求其他途径结束战争。

生词

干线	gànxiàn	간선
官邸	guāndǐ	관저
桥梁	qiáoliáng	교량
炼油厂	liànyóuchǎng	정유공장
集市	jíshì	(농촌이나 소도시의)장, 시장
贫铀弹	pínyóudàn	열화우라늄탄
石墨炸弹	shímòzhàdàn	흑연폭탄
投撒传单	tóusǎchuándān	전단을 살포하다
金融	jīnróng	금융
游击群	yóujíqún	이동하며 싸우는 조직들
顽强	wánqiáng	완강하다
东正教	Dōngzhèngjiào	동방정교
复活节	fùhuójié	부활절
俄白联盟	5báiliánméng	러시아 · 벨로루시 연합
维和部队	wéihébùduì	평화유지군(PKO)
扭转	niǔzhuǎn	역전하다, 뒤집다
卷入	juǎnrù	말려들다, 휩쓸리다
接壤	jiērǎng	국경을 맞대다
低落	dīluò	떨어지다, 저하되다
数起	shuòqǐ	자주 일어나다
叛逃	pàntáo	배반하여 도주하다
反对党	fǎnduìdǎng	야당
发难	fānàn	힐문하다, 추궁하다
就	jiù	~에 관하여, ~에 대하여
途径	tújìng	경로, 방법

一、回答问题

    (1) 北约重点打击的目标有哪些？

    (2) 北约空袭作战的特点是什么？

    (3) 北约进行了网络攻击，其主要对象有哪些？

    (4) 南单方面宣布停战的原因是什么？

    (5) 俄罗斯的"三不原则"的内容是什么？

二、判断正误

    (1) 北约每天基本都是24小时不间断的轰炸。（   ）

    (2) 北约打击的范围仅局限于军事目标。（   ）

    (3) 北约在第三阶段没有实施心理战。（   ）

    (4) 南联盟在整体防空系统遭到严重破坏的情况下，仍能依靠小规模的防空游击群打击空中之敌。（   ）

    (5) 美国投下的炸弹当量，相当于1945年在日本广岛投下原子弹当量的8.3倍。（   ）

三、画线连词

    (1) 正视 •   • 力度

    (2) 卷入 •   • 形势

    (3) 加强 •   • 伤亡

    (4) 造成 •   • 战争

第40讲 高技术战争战例--科索沃战争(4)

课文

④ 第4阶段(1999. 5. 28~6. 10)

5月28日,北约实施了自战争爆发以来最猛烈的一次空袭,共出动飞机792架次,击毁或摧毁南军几十处军事目标及桥梁、电厂等基础设施,致使几个大城市断电停水。6月1日到6月10日,北约继续保持对南联盟的打击力度。为配合北约与南联盟6月5日举行的谈判,6月4日起,北约主要集中打击科索沃境内的南军地面部队、警察部队、重型武器装备、防空阵地、机场等军事目标。同时,北约扬言,如果南联盟在未来3周内仍不接受北约提出的条件,将考虑实施地面作战的可能性。

北约两个多月的狂轰滥炸,给南联盟造成极大的战争灾难,使其蒙受了巨大的物质损失和人员伤亡。面对这场以空袭为主的战争,南军采取疏散、隐蔽、机动等战术,有效地保存了相当程度的作战能力。但由于国力弱小,缺少反击武器,南军御敌乏策、退敌无力,关系到国计民生的经济基础设施遭到毁灭性打击,在这种局势下,南联盟政府举行高级军政会议,一致认为,尽管北约内部存在着严重的分歧,面临着巨大的政治和心理压力,但仍将继续加强对南联盟的打击力度。为避免国家遭受更大损失,稳定国内局势,南决定接受八国集团就解决科索沃问题达成的协议,与北约举行停战谈判。6月1日,南联盟正式将此决定告知欧盟轮值主席国德国。3日,南联盟塞尔维亚议会以压倒多数票通过决议,接受八国集团提出的和平协议。八国集团协议基本满足了北约的停火条件,表明南联盟放弃早先提出的参加驻科索沃维和部队等原则立场。5日,北约与南联盟的军事代表在南马边境的一个小镇举行会晤，协调接受科索沃和平协议、南军撤离科索沃地区的细节问题。次日，双方代表在马其顿的库马诺沃机场再次举行谈判。9日，双方就南军撤离科索沃的安排达成协议。6月10日，南军按照撤军协议开始大规模撤离科索沃。当晚，北约欧洲盟军最高司令克拉克下令暂停对南联盟的军事打击，78天的科索沃战争到此结束。

生词

断电停水	duàndiàntíngshuǐ	전기와 수도가 끊기다
扬言	yángyán	큰소리치다, 떠벌이다
蒙受	méngshòu	입다, 받다, 당하다
御敌乏策	yùdífácè	방어할 대책이
退敌无力	tuìdíwúlì	적을 물리칠 힘이 없다
分歧	fēnqí	의견대립
轮值主席国	lúnzhízhǔxíguó	순번제 의장국
会晤	huìwù	만나다, 대면하다
细节问题	xìjiéwèntí	세부적인 문제
马其顿	Mǎqídùn	마케도니아(Macedonia, 국명)
库马诺沃	Kùmǎnuòwò	쿠마노보(Kumanovo, 도시명)
克拉克	Kèlākè	클라크(인명)

一、回答问题

(1) 北约从科索沃战争爆发以来最猛烈的一次空袭是哪天实施的？

(2) 面对这场以空袭为主的战争，南军采取了什么样的战术？

(3) 南军为什么决定接受八国集团的协议？

二、判断正误

(1) 为配合北约与南联盟6月5日举行的谈判，6月4日起，北约主要集中打击科索沃境内的桥梁、电厂等基础设施。（　　）

(2) 面对这场以空袭为主的战争，南军采取疏散、隐蔽、机动等战术，但未能有效地保存作战能力。（　　）

(3) 八国集团协议完全满足了北约的停火条件，表明南联盟放弃早先提出的参加驻科索沃维和部队等原则立场。（　　）

三、画线连词

(1) 造成　•　　　•　谈判

(2) 存在　•　　　•　损失

(3) 举行　•　　　•　灾难

(4) 蒙受　•　　　•　分歧

四、请把下列韩文词汇写成中文。

(1) 고무하다　　　　　　　(2) (상품이) 발표되다

(3) 잠재력　　　　　　　　(4) 스파이

(5) 정유공장　　　　　　　(6) 열화우라늄탄

(7) 흑연폭탄　　　　　　　(8) 평화유지군(PKO)

(9) 역전되다　　　　　　　(10) 야당

第41讲 高技术战争战例--阿富汗战争(1)

2001年9月11日，恐怖分子在美国领空劫持了4架美国民航客机。其中，两架飞机撞入
纽约世界贸易中心大楼，一架飞机撞塌美国国防部五角大楼的一角，另一架飞机在美国
的宾夕法尼亚地区坠毁。如此同时，美国的白宫附近发生了汽车炸弹爆炸事件。当天，
很多人在恐怖袭击中死亡。在随后的调查中，美国认定"9.11"事件的元凶是，阿富汗塔
利班政权支持下的"基地"组织首领、沙特富商本·拉丹，并要求塔利班政权交出本·拉
丹。但是，由于塔利班政权拒绝交出本·拉丹，美国便在阿富汗地区准备实施打击塔利
班政权，捕捉本·拉丹的军事行动。

美军在经过将近一个月的充分准备之后，于当地时间10月7日晚9点，正式开始了对阿
富汗的军事打击。最初遭到袭击的主要有6座城市，首都喀布尔、南部城市坎大哈、东
部城市贾拉拉巴德、西部城市赫拉特、北部城市马扎里沙里夫和昆都士。如此同时，阿
富汗反塔利班的北方联盟抓住有利时机，趁势大抄塔利班武装的后路，使塔利班政权陷
入内外受敌的困境。

10月18日，美军特种部队正式进入阿富汗坎大哈地区展开地面行动。11月9日，北方联盟部队攻克了北部重镇马扎里沙里夫，这是美英空袭一个月以来首次取得实质性的胜利，也将开始改变整个阿富汗的军事和政治局势。11月13日，北方联盟部队轻取首都喀布尔。据目击者说，塔利班部队从12日晚起分乘卡车开始撤离喀布尔，到北方联盟发起进攻的13日黎明，喀布尔市内已经看不到塔利班士兵的身影。据分析，塔利班这次不是败阵而逃，而是战略性撤退。

11月17日，在外流亡了5年的阿富汗前总统拉巴尼重返首都喀布尔，11月18日，塔利班在北部的最后一个据点昆都士市被攻克。12月4日，联合国组织的由阿富汗四派参加的波恩会议达成协议，决定由反塔利班司令哈米德·卡尔扎伊为首的一个临时内阁，从获胜的北方联盟手中接管政权，临时权力机构将治理阿富汗6个月时间，直到前国王召集起传统的大国民议会。12月6日，坎大哈守军投降，使美军的军事行动随之进入追剿本·拉丹和摧毁"基地"恐怖组织的最后阶段，搜剿主要在坎大哈南部地区展开。12月22日，阿富汗举行临时政府就职仪式，前总统拉巴尼将权利正式移交给卡尔扎伊。2002年1月29日，美国正式宣布塔利班已经被彻底打败。他们认为，尽管美军仍在阿富汗对塔利班残余势力进行追剿，但塔利班在阿富汗境内已经彻底瓦解，再也没有能力来有效控制阿富汗的任何一片领土。

目前，对塔利班和"基地"组织的战俘，美军正在进行审迅。但是阿富汗境内的爆炸、武装冲突事件不断发生。驻阿美军不断遭到不明身分武装人员的袭击。20多个国家的5,000多名士兵驻守在喀布尔及其周围地区。美国和英国的军队继续进行着追捕本·拉丹的工作。到目前为止，美国发动这场战争的两个目标———打塔利班、捉拉丹，一个也没有实现，因为塔利班并没有被消灭，只是被打散了。看来，对阿富汗境内的塔利班和"基地"组织的清剿将是一项"任重而道远"的工作。这场"打塔捉拉"之战将会持续更长的时间。

生词

阿富汗	Āfùhàn	아프가니스탄(국명)
恐怖分子	kǒngbùfēnzi	테러리스트
劫持	jiéchí	탈취하다, 강탈하다
撞塌	zhuàngtā	부딪혀 무너뜨리다
五角大楼	Wǔjiǎodàlóu	펜타곤(Pentagon)
宾夕法尼亚	Bīnxīfǎníyà	펜실베이니아(지명)
白宫	Báigōng	백악관
元凶	yuánxiōng	원흉
塔利班	Tǎlìbān	탈레반(Taliban)
基地	Jīdì	알 카에다(Al Qaeda)
本·拉丹	Běn·Lādān	빈 라덴(Osama bin Laden, 인명)
交出	jiāochū	넘기다, 인계하다
捕捉	bǔzhuō	잡다, 체포하다
喀布尔	Kèbù'ěr	카불(Kabul, 도시명)
坎大哈	Kǎndàhā	칸다하르(Kandahar, 도시명)
贾拉拉巴德	Jiǎlālābādé	잘라라바드(Jalalabad, 도시명)
赫拉特	hèlātè	헤라트(Herat, 도시명)
马扎里沙里夫	Mǎzhálǐshālǐfū	마자리샤리프(Mazar-e Sharif, 도시명)
昆都士	Kūndūshì	쿤두즈(Konduz, 도시명)
北方联盟	Běifāngliánméng	북부연맹(Northern Alliance)
大抄	dàchāo	앞질러 차단하다
重镇	zhòngzhèn	큰 도시
黎明	límíng	여명
败阵而逃	bàizhèn'értáo	패주하다
流亡	liúwáng	망명하다
拉巴尼	Lābāní	라바니(Rabbani, 인명)
波恩	Bō'ēn	본(Bonn, 도시명)
哈米德·卡尔扎伊	Hāmǐdé·Kǎ'ěrzháyī	하미드 카르자이(Hamid Karzai, 인명)
接管	jiēguǎn	접수하여 관리하다
追剿	zhuījiǎo	추적하다
搜剿	sōujiǎo	색출하다
就职仪式	jiùzhíyíshì	취임식
残余势力	cányúshìlì	잔존세력
瓦解	wǎjiě	와해되다
审迅	shěnxùn	심문하다

一、回答问题

    (1) "9.11"事件的主犯是谁？

    (2) 美英空袭一个月以来第一个实质性的成果是什么？

    (3) 波恩会议决定了什么？

    (4) 美军搜剿本·拉丹和"基地"组织的行动主要在那儿展开？

    (5) 美国发动阿富汗战争的两个目标是什么？

二、判断正误

    (1) 美军在经过将近一个月的充分准备之后，于美国时间10月7日晚9点，正式开始了对阿富汗的军事打击。（   ）

    (2) 11月13日，北方联盟部队轻而易举地打下首都喀布尔。（   ）

    (3) 据目击者说，塔利班部队从12日晚起分乘卡车开始撤离喀布尔，到北方联盟发起进攻的13日黎明，喀布尔市内塔利班士兵大部分已经撤退了。（   ）

    (4) 12月22日，阿富汗举行临时政府就职仪式，前总统拉巴尼再次就任总统。（   ）

    (5) 美军已经清剿了阿富汗境内的塔利班和"基地"组织。（   ）

三、画线连词

    (1) 接管 •   • 困境

    (2) 抓住 •   • 客机

    (3) 劫持 •   • 政权

    (4) 陷入 •   • 机会

第42讲 高技术战争战例--阿富汗战争(2)

课文

美军在阿富汗战争中进行的军事作战, 主要有着如下的突出特点:

① 严格保密, 快速投送集结部队

美国这针对恐怖分子的军事打击行动计划是一项高度机密的计划, 保密的程度史无前例, 包括实行新闻封锁等, 这是美国多年来罕见的。据悉, 这次军事行动仅限于极少数高级官员知晓。在美国空袭阿富汗几小时后, 只有国防部长拉姆斯菲尔德吝啬地透露了一点消息, 美国媒体称他为"封锁信息的行家"。

军事目标确定后, 美军展开了一场自1991年海湾战争以来最大的军事调动。9月18日, 美海军第5舰队出动"企业"号、"卡尔文森"号、"罗斯福"号及第7舰队"小鹰"号等4艘航母与英国的"卓越"号航母一起, 迅速集结到波斯湾和印度洋海域。19日, 美空军首次派遣100多架军用飞机, 其中包括B-52轰炸机、F-16战斗机和预警机等, 如此同时, 美陆军的"德尔塔"特种部队和"绿色贝雷帽"部队, 海军的"海豹"突击队, 空军的"空中突击队"在内的特种部队(总兵力46,000余人, 其中现役部队占64%, 预备役和文职人员占36%)以及英国皇家空军的特种部队, 也陆续到达指定集结地。据悉, 截至10月7日前, 美军基本完成军事部署, 在中东地区的战机达到600~700架, 海上和地面部队的人数达到20万人, 其主要兵力部署在阿富汗周边800~1,500千米地区, 如印度、巴基斯坦, 以及西线和南线的十多个军事基地, 形成了四面围攻之势。

② 周密策划, 慎重选择打击目标

美对阿军事打击的政治目的是摧毁本·拉丹恐怖组织, 打垮塔利班政权, 协调阿各派力量组建亲美联合政府。为此, 在第1阶段作战中, 为能最大限度地打击对手, 同时避免引起穆斯林国家的过度反应, 美军精心筹划整个军事行动, 慎重选择打击目标。

美军重点对塔利班武装指挥机构、机场、雷达、防空阵地、军工厂与仓库以及恐怖分子训练营地等军事目标进行了打击。为减少平民伤亡, 对工业、交通以及人口密集区的目标打击比较谨慎, 美军第一轮打击的31个目标中, 只有3个靠近喀布尔, 4个靠近其他人口较密集的居住区, 其余都在人烟稀少的农村地区。美军对重要目标的打击, 并非狂轰滥炸, 而是充分发挥技术和情报优势, 根据目标的不同类别和不同的构造, 使用不同的兵器和不同弹药, 打击目标的要害部位, 力求以点制面, 取得最佳效费比。

空袭一开始, 美军即以夜幕为掩护、以远程精确制导武器为先锋, 采取远程、隐形、高空相结合的突防战术, 对阿境内目标实施连续突击, 一举瘫痪塔利班的防空系统, 仅用两天时间便基本掌握了战场制空权; 然后加强了对弹药厂、军械修理厂和油库、物资仓库等目标的打击强度, 削弱阿战争潜力; 第三步则是消耗塔利班有生力量, 打击塔利班的飞机和装甲车、坦克等车辆及地面部队。

生词

针对	zhēnduì	~에 맞추다, 겨누다
投送	tóusòng	보내다, 수송하다
史无前例	shǐwúqiánlì	역사에 유례가 없다
新闻封锁	xīnwénfēngsuǒ	뉴스 차단
罕见	hǎnjiàn	보기 드물다
据悉	jùxī	아는 바에 의하면

知晓	zhīxiǎo	알다
拉姆斯菲尔德	Lāmǔsīfēi'ěrdé	럼스펠드(Rumsfeld, 인명)
吝啬地	lìnsèdì	인색하게
透露	tòulù	밝히다, 넌지시 드러내다
行家	hángjiā	전문가
企业	Qǐyè	엔터프라이즈(Enterprise)
卡尔文森	Kǎ'ěrwénsēn	칼 빈슨(Carl Vinson)
罗斯福	Luósīfú	루스벨트(T. Roosevelt)
小鹰	Xiǎoyīng	키티 호크(Kitty Hawk)
卓越	Zhuōyuè	일러스트리어스(Illustrious)
德尔塔	Dé'ěrtǎ	델타(Delta)
绿色贝雷帽	Lùsèbèiléimào	그린베레(Green Berets)
海豹	Hǎibào	네이비 실(Navy Seals)
文职人员	wénzhírényuán	군무원
陆续	lùxù	속속
巴基斯坦	Bājīsītǎn	파키스탄(국명)
围攻	wéigōng	포위 공격하다
穆斯林	Mùsīlín	무슬림
精心筹划	jīngxīnchóuhuà	심혈을 기울여 기획하다
谨慎	jǐnshèn	신중하다
人烟稀少	rényānxīshǎo	인적이 드물다
狂轰滥炸	kuánghōnglànzhà	무차별 폭격하다
要害	yàohài	급소, 요충지
以点制面	yǐdiǎnzhìmiàn	점으로 면을 제압하다
军械修理厂	jūnxièxiūlǐchǎng	병기수리공장
削弱	xuēruò	약화되다, 약화시키다

一、回答问题

(1) 美国媒体称拉姆斯菲尔德为"封锁信息的行家"的原因是什么？

(2) 到10月7日，美军军事部署情况是怎么样的？

(3) 美对阿军事打击的政治目的是什么？

(4) 美军主要打击的目标是什么？

(5) 美军采取了什么样的突防战术？

二、判断正误

(1) 美国的阿富汗战争计划是一项高度机密的计划，保密的程度历史上从来没有过。（　　）

(2) 在美国空袭阿富汗之前，国防部长拉姆斯菲尔德透露了一点消息。（　　）

(3) 截至10月7日前，美军大体上完成军事部署。（　　）

(4) 美军对重要目标的打击，采取了狂轰滥炸的方法。（　　）

(5) 空袭一开始，美军只用两天时间便基本掌握了战场制空权。（　　）

三、画线连词

(1) 组建　•　　　　•　突击

(2) 透露　•　　　　•　消息

(3) 加强　•　　　　•　政权

(4) 实施　•　　　　•　强度

四、请把下列韩文词汇写成中文。

(1) 테러리스트　　　　　　(2) 체포하다

(3) 색출하다　　　　　　　(4) 취임식

(5) 와해되다　　　　　　　(6) 심문하다

(7) 군무원　　　　　　　　(8) 신중하다

(9) 급소　　　　　　　　　(10) 무차별 폭격하다

第43讲 高技术战争战例--阿富汗战争(3)

课文

③ 立体侦察, 广泛搜集情报信息

美军在进行战略或战役级空袭作战时, 通常集中使用航天、航空、水面及陆上侦察监视平台, 在预定战场范围内, 实施全方位全天候侦察监视, 对重点空袭区域侦察范围可达10~20万平方千米。在海上, 4艘航空母舰及其他一些大型船只均配有远程雷达和信号侦察分析系统等先进设备, 舰载机装有新型战术侦察吊舱, 均可对目标进行实时探测和侦察。在地面, 美军在开战前就派特种部队潜入阿富汗境内, 遂行目标定位、引导战机攻击; 开战后更是频繁派出特种部队, 进行战损评估、侦察搜索等活动。此外, 美还加强了与阿富汗邻国的情报交流, 巴基斯坦、塔吉克斯坦等国向美提供了大量有价值的战术情报。

④ 灵活调控, 适度保持打击强度

美从对阿军事打击伊始, 就将此次反恐行动定性"持久、全面、新世纪第一场战争", 暗示军事行动很可能要持续很长时间, 而不是几周或几个月。第1阶段军事打击中, 美军仅派出了小规模特种部队, 分批次进入阿纵深, 打起"抓一把就跑"的游击、侦察战, 主要目的是寻找本·拉丹的藏身之地, 袭击塔利班的军政要害。美军之所以未展开大规模地面作战, 主要是认为: 阿境内以山地为主, 交通极为落后, 机械化军队难以发挥作用, 经过多年战争, 阿全境遍布堑壕、密洞及暗沟等, 大量埋设地雷, 防御工事与体系较为完整, 塔利班作战经验丰富且宗教信仰牢固, 擅长游击战, 与普通百姓混在一起, 很难聚而歼之。因此，只能根据战事发展，逐步投入地面部队。

另一方面，在空中打击过程中，美军注意对不同目标采取不同打击强度。对重要目标以及重要部位，如机场、雷达等，力求彻底摧毁；而对于公路、发电厂等事关民生的基础设施，并不进行毁灭性打击；同时，还注意适时调整打击力度和打击范围，不急于"一步到位"，不对阿全境进行不间断、无区别的狂轰滥炸，而是依据作战行动的发展需要，适时调整打击区域和强度，如在北方联盟同意以阿新生联合政府的名义进攻喀布尔后，美军才对该地区的塔利班部队进行轰炸，而且根据北方联盟及俄罗斯等有关国家的态度，加强或停止军事轰炸。

⑤ 合力制胜，综合运用打击手段

美军深知，在此次军事打击中，尽管美军占有绝对的力量优势，但鉴于塔利班武装和本·拉丹组织的作战特点、阿富汗特殊的地理环境，要想达到捉住本·拉丹、摧毁恐怖组织网络和打垮塔利班政权的战争目的，仅靠军事打击难以奏效。因此，美国防部长拉姆斯菲尔德多次强调，美国要打一场全新的战争，"战争是流动的，形式是多样的，要向对手展开政治、经济、军事上的综合绞杀，既没有二战时的连续大规模破坏性空袭，也没有海湾战争时的地面席卷。"而是要以现代化的非常规战对付传统的游击战，既打军事仗，又打政治仗。

生词

吊舱	diàocāng	거꾸로 달린 격실
战损评估	zhànsǔnpínggū	손실평가
塔吉克斯坦	Tǎjíkèsītǎn	타지크스탄(국명)
伊始	yīshǐ	처음, 시작, 초

定性	dìngxìng	성격을 규정하다
抓一把就跑	zhuāyībǎjiùpǎo	표적 하나만 잡으면 빠지다
堑壕	qiànháo	참호
密洞	mìdòng	비밀 동굴
暗沟	àngōu	암거, 매설된 하수구
牢固	láogù	단단하다, 확고하다
擅长	shàncháng	재간이 있다, 뛰어나다
聚而歼之	jù'érjiānzhī	모아서 섬멸하다
一步到位	yībùdàowèi	단숨에 목적을 달성하다
鉴于	jiànyú	~을 감안하다
奏效	zòuxiào	주효하다, 효력이 나타나다
绞杀	jiǎoshā	교살하다
席卷	xíjuǎn	석권하다, 휩쓸다

练习

一、回答问题

(1) 在开战后，美军特种部队的主要任务是什么？

(2) 美军第一阶段军事打击的主要目的是什么？

(3) 美军为什么没有展开大规模地面作战？

(4) 美军根据什么加强或停止军事轰炸？

(5) 美军为什么认为只靠军事打击难以奏效？

二、判断正误

(1) 美军的舰载机都可对目标进行实时探测和侦察。(   )

(2) 巴基斯坦、塔吉克斯坦等国向美提供了大量有价值的战术情报。(   )

(3) 在空中打击过程中,美军对重要目标以及重要部位,力求彻底摧毁。(   )

(4) 美军用绝对优势的力量,进行毁灭性打击。(   )

三、画线连词

(1) 占有 •   • 政权

(2) 展开 •   • 优势

(3) 打垮 •   • 设备

(4) 配有 •   • 作战

四、请把下列韩文词汇写成中文。

(1) 특수부대   (2) 매설하다

(3) 비밀동굴   (4) 단숨에 목적을 달성하다

(5) 확고하다   (6) 주효하다

(7) 약화시키다   (8) 장기를 발휘하다

(9) 비용대효과비   (10) 비정규전

第44讲 高技术战争战例--伊拉克战争(1)

课文

伊拉克战争是继海湾战争、科索沃战争以及阿富汗战争之后又一场较大规模的局部战争，是进入新世纪后美军最大规模的一次海外兵力投送行动，也是一场实力对比悬殊、信息化程度较高的战争。

① 交战双方兵力及部署

战前，美英联军的在海湾地区部署的兵力达到29万人，战机1,000余架，战车2,000多辆，另有包括6个航母编队在内的各种战舰100多艘部署在海湾和地中海。其中部署在科威特的兵力超过11.1万人，科威特是美军攻打伊拉克的主要基地。

伊拉克方面，其主力部队主要包括共和国卫队、共和国特别卫队和空军。总兵力共计约42万余人，其中陆军总兵力37万余人，主战坦克2,200辆，各类装甲车3,700辆；海军总兵力2,000余人，各类舰艇19艘；空军总兵力约3万人，作战飞机316架，武装直升机100架；防空总兵力约1.7万人，防空高炮6,000门，萨姆导弹发射架4,500座，另外还有65万称人民军的预备役部队，以及2.4万多人的准军事部队。

② 主要战争进程

伊拉克当地时间2003年3月20日5点35分，美军发动伊拉克战争的军事行动开始，从作战的进程看，大致可分为3个阶段。

● 第1阶段："斩首行动"(3. 20~3. 22)

3月20日，2架F-117A隐形战斗机对巴格达南部一处地下工事投射了4枚2千磅重的精确制导炸弹。同时，美海军从红海和海湾的6艘舰艇上向巴格达的目标发射了45枚"战斧"式巡航导弹。随后，美国总统布什在白宫向全国发表电视讲话，宣布美国及盟国解除伊拉克武装的战争开始，伊拉克战争正式打响。

● 第2阶段："震慑行动"(3. 22~4. 9)

美国防部长拉姆斯菲尔德22日宣布，对伊拉克实施军事打击的决定性空袭正式开始。美军称之为"震撼与威慑空袭战术"，简称"震慑行动"。巴格达城遭到猛烈空袭，剧烈的爆炸声与空袭警报声、防空炮火声交织一起，响彻全城，很多地方火光冲天，浓烟滚滚。

● 第3阶段：清剿作战(4. 8~4. 14)

随着巴格达的失守，伊拉克高层领导的突然消失和联军对提克里特的控制，对伊战争的决定性军事行动结束。特别是4月14日，随着美海军陆战队完全控制提克里特市中心，并占领提克里特市内的总统行宫，标志着战争开始进入清剿阶段，零星抵抗时有发生。同日，美海军的"小鹰"号和"星座"号两个航空母舰战斗群奉命离开海湾回到母港。

生词

共和国特别卫队	Gònghéguótèbiéwèiduì	공화국특별수비대
斩首	zhǎnshǒu	참수(Decapitation Attack)
巴格达	Bāgédá	바그다드(Baghdad, 도시명)
磅	bàng	파운드(pound)
电视讲话	diànshìjiǎnghuà	TV담화
盟国	méngguó	동맹국
打响	dǎxiǎng	개전하다
震慑	zhènshè	충격과 공포(Shock and Awe)
交织一起	jiāozhīyīqǐ	교차하다

响彻	xiǎngchè	소리가 ~에 울려 퍼지다
浓烟滚滚	nóngyāngǔngǔn	짙은 연기가 자욱하다
清剿	qīngjiǎo	소탕하다
提克里特	Tíkèlǐtè	티크리트(Tikrit, 도시명)
零星	língxīng	산발적이다
星座	Xīngzuò	컨스텔레이션(Constellation)

练习

一、回答问题

(1) 伊拉克战争是一场什么样的战争？

(2) 美军攻打伊拉克的主要基地是哪里？

(3) 美军发动伊拉克战争的具体时间是什么时候？

(4) 联军的兵力与伊军相比，怎么样？

(5) 伊拉克战争大致可分为哪几个阶段？

二、判断正误

(1) 伊拉克战争是进入新世纪后美军最大规模的一次海外兵力投送行动。（　　）

(2) 美英联军在海湾和地中海除了6个航母编队之外，还部署了各种战舰100多艘。
　　（　　）

(3) 美国总统布什在白宫宣布美国及盟国解除伊拉克武装的战争开始之前，美军并
　　没有发射任何导弹。（　　）

(4) 4月8日，美海军的"小鹰"号和"星座"号两个航空母舰战斗群奉命离开海湾回到
　　母港。（　　）

第45讲 高技术战争战例--伊拉克战争(2)

课文

透视这场在美军主导下的战争, 它有着与以往相似之处, 更有其独特之处:

① "斩首行动"贯彻始终, 力求直取要害速控全局

这场战争以"斩首行动"拉开序幕, 首要目标锁定萨达姆及其核心人物, 力求"擒贼先擒王"。为实现"斩首", 主要运用了两种高技术手段: 先是运用全维侦察监视系统, 从卫星、飞机、舰船到地面侦察设备和特务间谍, 全面搜集光学、语音和电子信息, 追查伊领导人的行踪; 紧接着运用精确制导武器, 对伊领导人藏匿之地进行"点穴"式打击。此次美伊战争, "倒萨"是首要目标, 是更换政权的前提, 萨达姆自然成为美国军事打击的重中之重。通过"斩首行动", 集中轰炸萨达姆及其核心人物出没的场所, 力求一举炸死萨达姆, 充分破坏他与军队的联系, 使其失去对军队的控制和指挥能力, 为分化瓦解伊拉克军队创造条件, 谋求以最小代价取得最大胜利, 达到速战速决。"斩首行动"虽未达到理想效果, 而对后来的军事行动却未产生很大的负面影响。

② 远战近战结合, 追求全维打击效果

这场战争的突出特点, 是远打近突, 全维综合打击。一方面, 美军充分发挥其非接触远战的优势, 为地面部队实施近战创造有利的条件。另一方面, 其地面充分利用已大量渗透伊境内的特种部队, 实施情报搜集、心理策反、瓦解军心士气以及直接军事打击等活动。美第3机步师、第101空中突击师和海军陆战队等地面常规部队, 在"震慑行动"开始后不久, 便快速投入作战, 突入伊拉克腹地。在美军这些地面部队近距离要"触及"伊军死守的某些点、线、面目标前，一般都由非接触性远战火力实施先行精确打击，将之摧毁，然后地面部队及时清剿占领，并搜索前进，从而实现非接触性远战与接触性近战在战场时空上的无缝隙链接，以追求最终最大的作战效益。这种"有悖常理"的战略思想以及其显著作战效果，非接触性作战并未完全排斥大范围有效的接触性近战行动。

③ 空地一体联合突击，与精神打击效果相衔接

美军充分发挥技术优势，广泛实施精确打击。美军以高度信息化的精确制导武器为主战武器，伊军以机械化、半机械化武器为主战武器，前者比后者先进了一两个时代，也正是透过这种"代差"，再次凸显了美军的精确打击优势在战争中巨大威力。据透露，美军投掷的精确制导弹药占全部投掷弹药的80%以上。(在海湾战争中占9%左右，阿富汗战争约为60%) 尽管美军尚未发布此次战争的战场评估，但"震慑行动"显示，美军具有在沙尘蔽日的不利气象条件下不间断地精确打击能力，其打击效果无疑达到了历史新高。

④ 实施全程心理战，积极谋求持续"震慑"

此次伊拉克战争，美伊双方在进行军事对抗的同时，都特别重视发挥媒体宣传战、心理战等手段的作用。交战双方在心理战方面投入的精力大大超过了以往任何一场战争，尤其是在争夺舆论宣传主动权上，双方各尽其能，各出奇招，互不相让，斗争异常激烈。美国凭借自己拥有世界上最发达的现代传媒体系，在战争中启动了庞大的宣传机器和心理作战系统，综合运用各种手段，充分调动各方面因素，造势攻心，将心理战贯穿于作战的全过程。开战之前，美国一方面大量集结兵力，炫耀武力，向全世界展示其伐伊倒萨的决心，试图用强大的军事实力摧垮伊拉克军民的精神防线。

以往	yǐwǎng	이전, 과거
拉开序幕	lākāixùmù	서막을 열다
擒贼先擒王	qínzéixiānqínwáng	도적을 잡으려면 먼저 우두머리를 잡아야 한다
全维	quánwéi	전방위, 전차원
特务间谍	tèwùjiāndié	공작원과 스파이
藏匿之地	cángnìzhīdì	은신처
点穴	diǎnxué	급소를 찌르다
重中之重	zhòngzhōngzhīzhòng	무엇보다 중요하다
负面	fùmiàn	마이너스
渗透	shèntòu	침투하다
腹地	fùdì	중앙부
缝隙	fèngxì	틈, 간격
有悖常理	yǒubèichánglǐ	상식에 어긋나다
排斥	páichì	배격하다, 배척하다
衔接	xiánjiē	맞물리다, 연결되다
代差	dàichā	세대차이
凸显	tūxiǎn	두드러지다
沙尘蔽日	shāchénbìrì	모래바람이 태양을 가리다
新高	xīngāo	신기원
奇招	qízhāo	기발한 수
炫耀武力	xuànyàowǔlì	(힘을) 과시하다, 뽐내다
摧垮	cuīkuǎ	무너뜨리다, 붕괴시키다

一、回答问题

(1) "擒贼先擒王"这句话的意思是什么？

(2) "斩首行动"的首要目标是什么？

(3) 伊拉克战争的突出特点是什么？

(4) 渗透伊境内的特种部队主要做了些什么活动？

(5) 美军的主战武器是什么？

二、判断正误

(1) 伊拉克战争有着与以往相似之处, 但没有其独特之处。(　　)

(2) "斩首行动"力求一举炸死萨达姆, 充分破坏他与军队的联係, 使其失去对军队的
控制和指挥能力。(　　)

(3) 非接触性作战完全排斥接触性近战行动。(　　)

(4) 伊军主战武器比美军的落后了一两个时代。(　　)

(5) 战争结束后, 美军马上就发布了此次战争的战场评估。(　　)

三、画线连词

(1) 集结　•　　　　• 行踪

(2) 拉开　•　　　　• 武力

(3) 追查　•　　　　• 兵力

(4) 炫耀　•　　　　• 序幕

四、请把下列韩文词汇写成中文 。

(1) 소탕하다　　　　　　(2) 산발적이다

(3) 충격과 공포　　　　　(4) TV담화

(5) 마이너스　　　　　　(6) 침투하다

(7) 틈새　　　　　　　　(8) 배척하다

(9) 세대차이　　　　　　(10) 모래폭풍

第3部

现代의 尖端武器

– 现代主要武器装备 –

单兵武器装备

1. M16系列步枪(美国)

　　M16式步枪是第二次世界大战后美国换装的第二代步枪, 也是世界上第一种正式列入部队装备的小口径步枪。该系列自动步枪主要包括M16式、M16A1式和M16A2式三种型号步枪。该系列步枪的特点是口径小、质量小、射击精度高、持续作战能力强, 在步枪通常射程(400m)内杀伤效果好, 广泛采用铝合金和塑料等轻型材料和先进的加工制造工艺。

　　M16式步枪采用导气管式工作原理。该枪与普通导气式步枪不同, 没有活塞组件和气体调节器, 而采用导气管。枪弹被击发后, 火药气体经导气孔高速进入导气管, 并直接进入机框与枪机之间的气室。枪机上的密封圈阻止气室内的火药气体前进, 因此急剧膨胀的气体便推动机框向后运动。机框走完了自由行程, 其上的开锁螺旋面与枪机闭锁导柱相互作用, 使枪机右旋开锁, 而后机框带动枪机一起继续向后运动。

　　该枪主要由上机匣组件、下机匣组件和枪机–机框组件构成。上机匣组件包括枪管、瞄准具、导机管、上下护木、枪口消焰器、枪管连接箍、防尘盖、提把、上机匣等。下机匣组件包括枪托、握把击发发射机构、保险机构、复进簧导管、复进簧、下机匣与机匣连接套等。枪机–机框组件包括装填拉柄、枪机闭锁导柱及其固定锁、枪机、抛壳挺、机框等。

生词

冲锋枪	chōngfēngqiāng	기관단총
机枪	jīqiāng	기관총
口径	kǒujìng	구경
铝	lǚ	알루미늄
塑料	sùliào	플라스틱, 합성수지
导气管	dǎoqìguǎn	가스활대
活塞	huósāi	피스톤, 밸브
组件	zǔjiàn	조립부품
机框	jīkuàng	노리쇠뭉치
气室	qìshì	약실
急剧膨胀	jíjùpéngzhàng	급속팽창
开锁螺旋	kāisuǒluóxuán	개폐나사
闭锁导柱	bìsuǒdǎozhù	잠금멈치
机匣	jīxiá	총몸
消焰器	xiāoyànqì	소염기
连接箍	liánjiēgū	댕기(덮개 고정링)
防尘盖	fángchéngài	먼지마개
提把	tíbǎ	운반 손잡이
枪托	qiāngtuō	개머리판
握把	wòbǎ	방아쇠 손잡이
复进簧	fùjìnhuáng	복좌용수철
装填拉柄	zhuāngtiánlābǐng	장전 손잡이
抛壳挺	pāokétǐng	탄피 차개

M16A1式步枪是M16式步枪的改进型，主要改进之处是：弹膛镀铬，重新设计了复进簧导管(亦称缓冲器)，以降低射速，在完成闭锁动作过程中防止反跳开锁；由于M16式步枪没有拉机柄，在机匣右侧后端增加了一个辅助闭锁装置，该装置由机框右侧的一排细齿和伸出机匣右边的辅助推机柄组成，其作用是在枪机因故障不能完全闭锁时，射手可用手推其闭锁；枪管下方可加挂M203式40毫米榴弹发射器，具有点、面杀伤能力。

M16A2式步枪是M16A1式的改进型，主要改进之处是：改用刚度较大的重枪管，缠距由305毫米改为178毫米，可发射比利时的SS109式5.56毫米枪弹，提高了有效射程和远距离杀伤威力；增加了3发点射机构，既可单发射击和3发点射，也可单发和连发射击；表尺可调整800米距离上的高低和方向偏差；取消了枪口消焰器朝下的开口，射击时可抑制枪口上跳，卧姿射击时可消除枪口区地面扬尘；机匣右侧抛壳口的后方增加了一个导壳板，抛壳时可防止打击(左)射手的脸部；护木由原来的方形改为圆形，改进了散热器，护木上面呈肋状，便于握持；枪托和握把改用高强度尼龙材料制成；备有轻便的可卸式两脚架，用以提高卧姿射击稳定性。

生词

弹膛镀铬	dàntángdùgè	약실을 크롬으로 도금하다
缓冲器	huǎnchōngqì	완충기
拉机柄	lājībǐng	장전손잡이
故障	gùzhàng	고장
缠距	chánjù	탄환이 강선에서 회전하는
		거리(강선회전율)

比利时	bǐlìshí	벨기에(Belgium)
表尺	biǎochǐ	가늠자
偏差	piānchā	편차, 오차
卧姿	wòzī	엎드려 쏴 자세
扬尘	yángchén	먼지가 날리다
导壳板	dǎokébǎn	탄피 유도판, 갈퀴
散热器	sǎnrèqì	방열기
肋状	lèizhuàng	늑골모양
尼龙	nílóng	나일론(nylon)
可卸式	kěxièshì	분리가능식
两脚架	liǎngjiǎojià	양각대

2. MP5SD系列9毫米微声冲锋枪(德国)

MP5SD9mm冲锋枪是约于1975年德国的赫克勒-科赫(Heckler&Koch)有限公司研制成功的新型单兵武器。该系列冲锋枪的主要特点是枪管稍短，且枪管上钻有30个直径为3mm的小孔，枪管外面套有40mm直径的消声筒。这消声筒有前、后两个气体膨胀室；射击时，一部分火药气体经枪管上小孔进入后膨胀室，然后再进入前膨胀室，最后从枪口部排出，从而使作用于弹头的气体压力减少，弹头初速低于亚音速，大大减少了武器射击时的声响。该系列冲锋枪都配有机械瞄准具、望远瞄准镜、光点投射器和像增强夜视瞄准具。机械瞄准具由固定式准星和带觇孔照门的翻转式表尺组成，射程装定为200m、300m和400m。

性能数据

- 口径：9mm
- 膛线：6条, 右旋
- 初速：285m/s
- 有效射程：135m
- 发射方式：单发、连发或3发点射
- 战斗射速：单发 40发/min, 连发 100发/min
- 闭锁方式：滚柱式

3. QJY88式 5.8mm机枪(中国)

　　5.8mm通用机枪的主要战术任务是歼灭1000m暴露的敌步兵, 压制敌火力点。必要时, 也可对低空飞行的敌机、直升机和伞兵进行射击。该枪弹箱容弹量大, 可与枪身或枪架连接, 保证机枪无论是在轻机枪状态还是重机枪状态, 均可随兵士运动中射击。该机枪配有白光瞄准镜和微光瞄准镜, 以确保通用机枪远距离的射击精度和夜间作战能力。

生词

微声	wēishēng	낮은 소리
钻	zuān	뚫다
消声筒	xiāoshēngtǒng	소음통
光点投射器	guāngdiǎntóushèqì	적외선 투사기
准星	zhǔnxīng	가늠쇠
觇孔照门	chānkǒngzhàomén	조준구
翻转式	fānzhuǎnshì	상하접철식
膛线	tángxiàn	강선
滚柱式	gǔnzhùshì	로울러식
暴露	bàolù	드러나다, 노출되다
弹箱	dànxiāng	탄약상자
白光	báiguāng	가시광선(햇빛, 조명빛 등)
微光	wēiguāng	미광(달빛, 별빛 등)

地面武器

1. 坦克

1) M1系列 '艾布拉姆斯'(Abrams) 主战坦克(美国)

M1系列主战坦克是1972年由美国'克莱斯勒'(Chrysler)公司开始研制，1981年定型。为纪念二次大战中著名的装甲部队司令格雷夫顿、艾布拉姆斯(Greighton W.Abrams)将军，特把该坦克命名为'艾布拉姆斯'主战坦克。主要有基本型、批量生产型(M1A1)和改进型(M1A2)等型号。目前，基本型已全部进行了改装。

M1坦克车长9.77米、宽3.65米、高2.4米，是世界首次采用燃气轮机作为主动力的制式坦克，越野速度和加速能力非常优秀，最大时速可达72㎞。M1坦克具备优异的防弹外形，正面部分装有先进的'乔巴姆'(Chobham)装甲。1988年6月开始生产的M1A1在车体前部加装贫铀装甲，强度是原来的5倍。

在武器装备方面，M1基本型的主炮为1门105㎜线膛炮，除可发射M60坦克制式炮弹外，还可发射曳光尾翼稳定脱壳贫铀弹芯穿甲弹等。在火力控制方面，该坦克采用了指挥仪式数字式坦克火控系统，使坦克具有在进行间射击固定目标和运动目标的能力。M1A1主战坦克主要特征是装备了1门120㎜滑膛炮，防护力也大大强于M1基本型。M1A2主战坦克改进项目众多，与M1及M1A1相比，它的突出优势来自于它的数字化车辆电子系统。迄今为止，M1A2已参加了美陆军为实现数字化而进行的所有"先进作战实验"，被认为是数字化部队的先行者。

- 战斗全重：54.5吨
- 平均越野速度：48.3km/h
- 涉水深度：无准备 1.219m，有准备 1.98m
- 爬坡度：60%
- 攀垂直墙高：1.244m
- 越壕宽：2.743m

生词

燃气轮机	ránqìlúnjī	가스터빈
越野	yuèyě	야지기동
贫铀	pínyóu	열화우라늄
线膛炮	xiàntángpào	강선포
曳光	yèguāng	예광
芯	xìn	심, 심지
指挥仪	zhǐhuīyí	지휘용 계기판
数字式	shùzìshì	디지탈방식
滑膛炮	huátángpào	활강포
涉水	shèshuǐ	도하(하다)
爬坡度	pápōdù	등판각도
攀	pān	기어오르다
越壕宽	yuèháokuān	참호 통과 능력

2) T90-Ⅱ型 主战坦克(俄罗斯)

90-Ⅱ型是北方公司(Uralvagonzavod)为满足现代作战要求而开发的一种全新式坦克。该坦克集中了许多世界上最先进的主战坦克的主要优点，大量采用了高新技术和先进的生产工艺，因而其使用性能优越，设计新颖，操作和维修简单。

90-Ⅱ型坦克重量相对较轻(小于48吨)，火力强，机动性好，总体尺寸车长7米、宽3.4米、高2米，最大公路行驶速度大于60km/h，最大公路行程大于400km，最大爬坡度60%，越壕宽3米和过垂直墙高0.85米。

90-Ⅱ的火力世界第一。威力强大的125mm滑膛炮结构紧凑、性能优越，可配用多种先进的炮弹，如：尾翼稳定脱壳穿甲弹、破甲弹和榴弹，前者具有极高的炮口速度和装甲穿透效能。这种强大的武器是受一个先进的火力控制系统支持的，该火控系统包括稳定式测距瞄准具、火控计算机、控制操纵板、激光功率测量仪(告警器)、控制箱、步进电机驱动装置、横风传感器、角速度传感器和其他辅助设备。该系统可对付昼夜移动的目标，而且操作程序简单，反应时间缩短，使坦克的作战能力得到了提高。

该坦克的机动性好，由一个8缸、4冲程，水冷，涡轮增压中冷式1200马力的柴油发动机驱动。该发动机的特点是可靠性好，油耗低，它与一个液力机械换档的变速箱连接，有4个前进档，2个倒档。该坦克的功率重量比是25马力/吨。

坦克的防护能力在正面弧形处得到特殊加强，炮塔前方和倾斜的前装甲板上挂有复合装甲块。这些可快速撤掉或安装，这是满足使用要求和适应反坦克威胁的发展所必须的。作为对坦克防护的完善，坦克内有一个防中子内衬层和自动灭火及抑爆系统。另外，该坦克外部涂有防红外线漆。这些新措施极大地改善了坦克的整体生存能力。还有，维修方便，动力装置可整体吊装，这有效地缩短了主要维修或修理工作的时间。

3) ZTZ-99式 主战坦克(中国)

ZTZ-99式 主战坦克是1990年中国兵器工业集团开始研制，经过近10年的研发，耗资数亿元人民币，于1999年正式定型，现已装备人民解放军装甲部队。在动力系统方面，该坦克采用883千瓦(1200马力)的涡轮增压中冷式大功率柴油发动机，最大公路时速达70km，0～32km加速时间为12秒。就防护水平而言，炮塔正面的防护达700㎜，车体防护能力相当于500～600㎜厚的均质钢装甲，如果在炮塔和车体上加装新型双防反应装甲后，抗装甲和破甲弹的能力可达1,000～1,200㎜。坦克火炮的威力可以说居于在世界上领先地位。125㎜高膛压滑膛坦克炮使用钨合金尾翼稳定脱壳穿甲弹时，可在2,000米距离上击穿850㎜的均质装甲，而使用特种合金穿甲弹时，同距离穿甲能力达960㎜以上。在火控方面，该坦克采用国际上先进而流行的'猎-歼式'火控系统(也称双指挥仪式)，其最显著的特点是，车长可以对火控系统进行超越炮长的控制，包括射击、跟踪目标和指示目标等。

生词

新颖	xīnyǐng	참신하다
行驶	xíngshǐ	주행하다
紧凑	jǐncòu	치밀하다, 빈틈없다
激光	jīguāng	레이저(laser)
功率	gōnglǜ	출력
告警器	gàojǐngqì	경보장치
冲程	chōngchéng	충정(stroke), 행정
倒档	dàodàng	후진기어
弧形	húxíng	호형, 활 모양
中子	zhōngzǐ	중성자
内衬层	nèichèncéng	내부 라이닝
吊装	diàozhuāng	(기중기 등으로)들어올리다
千瓦	qiānwǎ	킬로와트(kW)
钨	wù	텅스텐, 중석

4) 其他

〈'挑战者'(Challenger) Ⅱ型 主战坦克(英国)〉

〈'勒克莱尔'(Leclerc) 主战坦克(法国)〉

〈'梅卡瓦'(Merkava)Ⅳ型 主战坦克(以色列)〉

2. 步兵战车, 装甲车

1) M2/M3 '布雷德利'(Bradley) 步兵战车(美国)

〈M2型〉

〈M2A3型〉

　　该车系食品机械化学公司(FMC)根据1974年与美军签订的合同研制的, 1979年向美军交出样车, 同年12月正式命名为M2型和M3型, 又统称为'布雷德利'(Bradley)战车。首批生产型车辆于1981年5月交付使用, 1983年3月M2型正式装备美军。

〈M3A3型〉

　　该车车体为铝合金装甲焊接结构。整个装甲能防14.5mm枪弹和155mm炮弹破片。炮塔能旋转360°, 位于车辆中央偏右。炮塔内, 炮手的位置在左, 车长居右, 两人各有一个向前开启的单扇窗盖。炮手有昼夜合一瞄准镜, 夜间采用热像仪。车长有光学中继显视装置，放大倍率为4倍和12倍。此外，生产型车辆均有固定电源和备份昼间瞄准镜，一旦昼夜合一的主瞄准镜失灵，可供炮手或车长应急瞄准使用。炮手和车长均有用于前方和侧部观察的潜望镜。

主要武器为1门25㎜的M242链式机关炮，辅助武器有1挺7.62㎜的M240C并列机枪，位于主炮右侧。车载武器还有'陶'(TOW)式反坦克导弹，采用双管箱式发射架，内装待发弹2枚。发射架为升降式，行军时撤收放在炮塔左侧，俯仰范围为−20°～+30°。该导弹可3,750米距离上击毁对方装甲。为便于炮塔旋转、武器俯仰与操作，采用通用电气(G.E.)公司的炮塔驱动和稳定系统，该系统能使武器在越野时行进间射击。

该车投产后曾不断改进，第1期改进型命名为M2A1型，于1985年开始生产，1986年交付使用。第2期改进型M2A2型，1988年开始生产。主要改进项目有炮塔和车体外部披挂附加装甲，使该车能防30㎜炮弹。由于防护能力的提高，该车的战斗全重增到29.5吨，最大速度由66km/h降到57.6km/h。为此，该车发动机改用康明斯(Cummins)公司的VTA−930改进型柴油机，功率由原来的500马力提高到600马力。

生词

合同	hétóng	계약, 계약서
样车	yàngchē	샘플(sample)차량
焊接	hànjiē	용접(하다)
旋转	xuánzhuǎn	회전하다, 선회하다
单扇窗盖	dānshànchuānggài	단일 해치(hatch)
热像仪	rèxiàngyí	열상장치
电源	diànyuán	전원, 밧데리(battery)
失灵	shīlíng	기능을 상실하다
链式	liànshì	사슬, 체인(chain)
俯仰	fǔyǎng	굽어보고 쳐다보다
披挂	pīguà	붙이다, 걸치다

〈M6 Bradley Linebacker 新型防空步兵战车〉

2) LAV Ⅲ型'斯特莱克'(Stryker) 轮式轻型装甲车(美国)

这是指2002年2月被美陆军命名的'斯特莱克'(Stryker)新型轮式装甲车。美国设定了一个军事目标，在96小时内，可以把美军送达世界的各个地区。该车正是实施这一目标的具体行动。根据已与通用汽车(G.M.)公司签订的合同，美陆军将在2008年之前采购10种车型总数2,131辆新型轮式装甲车，总费用约40亿美元，其中2.1亿美元用于研制，约38亿美元用于采购，估计所需全寿命周期费用达90亿美元。这10种车型为：人员输送车、机动火炮系统、反坦克导弹发射车、侦察车、火力支援车、工程班组车、迫击炮运载车、指挥车、医疗救护车和三防侦察车。

所有各型"过渡型装甲车"都能够用C-130飞机运输，以提高旅级战斗部队的战略空运能力和战区部署能力，达到能在96小时之内将一个旅级战斗部队部署到世界的任何地方去的要求；每辆车(包括乘员)都可以在毋需外部支援的情况下坚持72小时。

该车采用8轮驱动形式，但也可选择4轮驱动；它还采用中央轮胎充放气系统，能够确保在软硬地面及泥泞地上的良好行驶性；其最大速度为96.5km/h，最大行程为650km，最大越壕宽为1.65m。各车的武器为12.7mm机枪和MK19型40mm自动榴弹发射器，据说将根据需要安装25mm自动炮；反坦克导弹发射车不久将装备'陶'(TOW)2B改进型导弹系统和改进型目标捕捉系统(ITAS)，具有较强的反坦克和摧毁掩体能力。

高技术战争是以精确制导武器为主战兵器，以高效信息处理为基本保障的战争。20世纪90年代以后的海湾战争和科索沃战争是典型的高技术战争，系统对系统、体系对体系对抗成为高技术战争的基本特征之一。该车最为突出的特点之一就是采用了以网络化为核心的信息技术，使整个车族具备了系统集成化的特点，可满足高技术战争的要求，适合在作为信息化战争时代初期阶段的高技术战争时期内使用。该车具有C4ISR(指挥、控制、通信、计算机、情报、监视和侦察)支持能力，使过渡型旅级战斗部队实现网络化。

生词

班组	bānzǔ	그룹, 팀
三防	sānfáng	화생방 방호
过渡型	guòdùxíng	원거리이동형
毋	wú	없다
轮胎	lúntāi	타이어
充放气	chōngfàngqì	공기를 주입하거나 빼다
泥泞	nínìng	진창, 질퍽거리다
捕捉	bǔzhuō	포착하다
掩体	yǎntǐ	벙커
科索沃	Kēsuǒwò	코소보

3) 其他

〈86式 步兵战车(中国)〉　　　　　　〈92式 轮式装甲车(中国)〉

3. 火炮

1) M109A6 '游侠'(Paladin) 自行榴弹炮

M109型是世界上装备数量和国家最多、服役期最长的自行榴弹炮之一。第一辆样车于1959年制成，最初打算使用156mm口径。在其服役的60～90年代，M109一直进行着改进，使其始终保持着先进的水平。尤其是其最新的M109A6型，由于对火控系统进行了很大的改进，是美军电子化作战的标准火炮配备，是重型机械化部队主要的火力支援武器

M109A6'游侠'，在1992年4月装备。战斗全重增加到28.7吨；采用半自动装弹系统，成员人数减少到了4人；换装M248火炮，身管和发射药进行了改进，榴弹射程增加到23.5km；新型带'凯夫拉'装甲的焊接炮塔；全宽炮塔尾舱，可以储藏更多发射药；基于电子计算机的新型自动火控系统，和其他战斗车辆实现了战场信息资源共享，可以在60秒之内完成从接受射击命令到开火的一系列动作；新的隔舱化系统；新型自动灭火抑爆系统；特种附加装甲等。在发射之后能夠迅速转移阵地。

性能数据

- 最大速度：56km/h
- 最大行程：390km
- 爬坡度：60%
- 武器：1门155mm炮, 1挺12.7mm机枪
- 最大射程：18,000～24,000km
- 最大射速：1～4发/min
- 高低射界：−3～+72°

生词

游侠	yóuxiá	협객
尾舱	wěicāng	후미 승무원실
储藏	chǔcáng	저장하다
共享	gòngxiǎng	공유하다
隔舱	gécāng	격창

2) 其他

〈83式 152mm 加榴炮(中国)〉

〈89式 122mm 榴弹炮(中国)〉

〈AUF1 155mm 榴弹炮(法国)〉

〈AS90 155mm 榴弹炮(美国)〉

4. 反坦克武器

1) '标枪'(Javelin) 反坦克导弹(美国)

'标枪'是一种便携式反坦克导弹, 开发于1980年代, 重约22.7kg, 它可以攻击坦克、地面目标(如碉堡), 甚至低空飞行的直升机。较之当前其他便携式导弹, '标枪'有着显著的优势。传统肩射式反坦克导弹均是指令制导的, 为了命中坦克, 士兵必须瞄准目标并且引导导弹飞行。发射这样的导弹通常会发出很大的声响, 烟雾及碎片会从导弹的发射管尾部冲出, 这样很容易导致敌人发现导弹的来源并进行还击, 士兵必须要么击毁坦克要么放弃这次攻击。但是'标枪'发射后, 它会自主制导飞向目标, 这样士兵可以迅速移动以躲避敌方还击火力或快速准备下一轮攻击。

'标枪'制导系统的核心是一组数字成像芯片, 能夠探测出战场上物体所发出的不可见的红外射线。士兵使用光学或红外观察器瞄准目标。步兵发现目标后按下发射按钮, 导弹成像芯片捕获目标电子图像, 导弹自行从发射管中发射。在导弹飞向目标途中, 其摄像系统每秒获取目标的新图像并与其存储器内的图像进行匹配。如果目标移动, 导弹仍会锁定它直至摧毁。'标枪'发射后的飞行高度很高，最后是从坦克上方进行攻击。"顶部攻击"使得导弹规避了坦克所采取的普通对抗手段，如产生烟雾以混淆导弹及士兵的视线。更重要的是，'标枪'所攻击的是坦克装甲最为薄弱的地方。

在伊拉克战争中，美陆军、海军陆战队以及英国皇家海军陆战队都装备了'标枪'，其有效射程为2,500米。但是，'标枪'也可以攻击65米远的目标，这就使得它比较适于在狭小地区作战，如巷战。'标枪'的另一个优点是它采用了"软发射"技术，不会产生那些极易暴露方位的黑烟或碎片。

2) AT-14 '短号'(Kornet)-E型 反坦克导弹(俄罗斯)

'短号'-E型是俄罗斯为出口研制的反坦克导弹，是世界上最先进的第三代半主动激光制导导弹，专门设计用来抗击诸如美国的M1A1、德国的'豹'(Leopard)Ⅱ型这种级别的坦克。该导弹系统总重53kg，导弹本身重27kg，可分解为反坦克导弹、发射管和三角发射架等三部分，携带和操作简单。'短号'-E型对钢装甲板的穿透能力达到1,200mm，而M1A1主战坦克最皮厚的地方也只有700mm。

3) 其他

另外，目前在世界上著名的"坦克杀手"有法德研制的'霍特'(HOT)、'米兰'(Milan)和俄罗斯的'萨格尔'(Sagger)型反坦克导弹。其中'霍特'导弹射程4,000米，垂直破甲800㎜。'米兰'导弹射程2,000米，垂直破甲690㎜。俄制'萨格尔'导弹属于第一代改进型反坦克导弹，采用光学瞄准跟踪，适于单兵携带，反应时间迅速。

生词

标枪	biāoqiāng	표창
碉堡	diāobǎo	토치카
烟雾	yānwù	연무, 스모그(smog)
碎片	suìpiàn	부스러기, 파편
还击	huánjī	반격(하다)
躲避	duǒbì	피하다
成像芯片	chéngxiàngxīnpiàn	이미지 칩(chip)
红外射线	hóngwàishèxiàn	적외선
按钮	ànniǔ	버튼, 단추
存储器	cúnchǔqì	저장장치
匹配	pǐpèi	짝을 맞추다
锁定	suǒdìng	(표적을)고정시키다, 정합하다
巷战	xiàngzhàn	시가전
短号	duǎnhào	코넷(금관악기)
杀手	shāshǒu	킬러(killer)

〈'萨格尔' 反坦克导弹(俄罗斯)〉　　　　〈'霍特' 反坦克导弹(德国)〉

〈'红箭'-8E 反坦克导弹(中国)〉

〈PF-98式 120mm反坦克火箭(中国)〉

〈新一代 LOSAT 反坦克导弹系统(美国)〉

防空武器

1. '毒刺'(Stinger)-RMP 防空导弹(美国)

　　'毒刺'-RMP(Reprogramable Micro Processor)是美国雷声(Raytheon)公司研制成功的世界上最先进短程防空导弹系统, 既可以肩扛, 也可以装载在陆军的'布雷德利'步兵战车上、海军陆战队'复仇者'(Avenger)和轻型装甲防空战车上、OH-58D直升机上以及特种作战部队的直升机上。

　　该型导弹是'毒刺'系列的最新型产品, 它的硬件和软件系统都已经得到改进和更新, 具备有更为精准的制导能力, 能夠对付现代空中威胁, 如战机、武装直升机、无人驾驶飞机及巡航导弹等。

2. '针'(Gimlet)-S型 便携防空导弹(俄罗斯)

　　'针'-S型是俄罗斯新一代便携式防空导弹系统的先驱。与其上一代产品一样, '针'-S也是便携式肩射武器, 但不同的是, 其爆炸物填料和爆炸后产生的碎片大量增加。其战斗部还采用了近炸引信, 其引爆算法能夠保证导弹作战部在接近目标的最佳时刻爆炸。此外, 同'针'式防空导弹系统相比, 该型的控制系统构造采用了全新的控制原理, 能夠显著增强导弹的精度。

该导弹发射管内装有一枚导弹，发射管连接有地面电源，还有一瓶用于寻的制导头光电探测器的散热剂。还装有可移动夜视仪，使炮手能夠检测并识别目标，对目标进行瞄准和跟踪直至导弹发射。在夜间发动空袭已成为家常便饭的今天，夜视仪在很大程度上拓展了防空导弹系统的能力，使其能夠用于夜间作战。

3. FN-6 便携式防空导弹(中国)

FN-6导弹由中国精密机械进出口公司研制，射高15~3,500米，射程500~5,000米，可以迎头攻击飞行速度为360米/秒的目标，尾追攻击飞行速度为300米/秒的目标，单发杀伤概率为70%。导弹直径72㎜，长1.495米。导弹尾部有4片固定弹翼，前部有4片控制舵。引导头前方是金字塔形，有一个4单元红外探测器。

战斗中的FN-6系统包括一个光学瞄准装置, 安装在发射筒左侧, 发射筒前部上方还安装有敌我识别器。电池和冷却器安装在发射筒前下方的握把上, 系统全重16kg。

4. '道尔'(Tor)M1型 防空导弹系统(俄罗斯)

'道尔'M1型由俄罗斯研制, 是一种全天候、机动式、垂直发射的单车自动化野战地空导弹武器系统。系统包括目标搜索雷达、制导站、导弹模块和底盘。目标搜索雷达和制导站的天线部分以及2个导弹模块(8枚导弹)、电视光学瞄准设备组成了一个转塔式整体位于底盘上, 整个转塔可360度旋转, 其他显视控制台等设备位于底盘里。目标搜索雷达可同时跟踪9个目标航迹和1个有源干扰, 为制导雷达目标制示信息; 制导站装有相控阵雷达, 用于补充搜索和自动跟踪1~2个目标, 同时可自动捕获、跟踪2枚导弹并给其发送控制指令, 制导2枚导弹攻击1个或2个目标; 电视光学瞄准系统可显示、观测21km内的目标, 提高对低空或超低空目标的跟踪能力。该型防空导弹系统全长为3.5米, 弹重是165kg, 射高为0.01~6km, 有效射程是1~12km, 最大飞行速度可达2.8马赫。

5. '箭'(Arrow)式 导弹防御系统(美国, 以色列)

'箭'式导弹由以色列与美国联合研发, 是目前世界上最先进的导弹防御系统。其射程可达50km的高空, 速度为9倍音速。这意味着该式导弹可在同温层击毁来袭导弹, 将敌方导弹坠毁碎片造成的危害减至最低, 同时如果首枚导弹拦截失败, 尚有时间发射第二枚导弹进行拦截。'箭'式2型导弹的首次试验始于1995年夏天，1998年9月14日成功进行了飞行试验，1999年11月1日拦截试验成功。此后2000年3月14日，以色列第一支'箭'式导弹连队部署。2003年1月5日进行的试验是首次针对多个来袭导弹进行拦截。

生词

毒刺	dúcì	독가시
肩扛	jiānkáng	어깨에 걸쳐 메다
复仇	fùchóu	복수하다, 원수를 갚다
硬件	yìngjiàn	하드웨어(hardware)
软件	ruǎnjiàn	소프트웨어(software)
引信	yǐnxìn	신관
家常便饭	jiāchángbiànfàn	일상의 식사
拓展	tuòzhǎn	넓어지다, 발전되다
控制舵	kòngzhìduò	방향타, 조정날개
单元	dānyuán	단원,
冷却器	lěngquèqì	냉각기
模块	mókuài	모듈(module), 발사체
底盘	dǐpán	밑, 하부
天线	tiānxiàn	안테나
相控阵雷达	xiāngkòngzhènléidá	위상배열 레이다
同温层	tóngwēncéng	성층권과 중간층의 통칭

〈PGZ95式 自行高炮(中国)〉

〈双管35mm 牵引高炮(中国)〉

〈'爱国者'(Patriot) 导弹防御系统(美国)〉

水面武器

1. '阿利、伯克'(Arleigh Burke)级 导弹驱逐舰(美国)

　　DDG-51 '阿利、伯克'级导弹驱逐舰, 在世界海军中可谓是声名最显赫。它是世界上第一艘装备'宙斯盾'(Aegis)系统并全面采用隐形设计的驱逐舰, 武器装备、电子装备高度智能化, 具有对陆、对海、对空和反潜的全面作战能力, 代表了美国海军驱逐舰的最高水平, 堪称尖端之舰, 典范之作, 是当代水面舰艇当之无愧的代表作。该级首舰'阿利、伯克'号于1988年12月开工, 1991年7月正式服役。

　　该级舰最引人注目之处当然是著名的'宙斯盾'系统。该系统包括: SPY-1D相控阵雷达, SPG-62防空导弹火控雷达, MK-41导弹垂直发射系统, UYK-43计算机, MK-2显示系统, MK-34火炮武器系统, 轻型机载多用途系统及全球定位系统(GPS)。全系统核心是SPY-1D相控阵雷达。它的天线由4块八角形的固定式辐射阵面构成, 工作时借助于计算机对各阵面上的发射单元进行360度的相位扫描, 不仅速度快、精度高, 而且仅一部雷达就可完成探测、跟踪、制导等多种功能, 可以同时搜索和跟踪上百个空中和水面目标。该雷达的工作参数可以迅速变换, 具有极强的抗干扰能力, 还能消除海面杂波的影响, 可以有效探测掠海飞行的超低空目标。该级舰是在冷战结束后, 美国海军战略调整的产物。由于其战略重点从"两强全球对抗"变化为"地区冲突", 从"海上决战"变为"沿海对陆支援", 所以要求新舰应具备远距离续航、浅海反水雷、对陆打击和联合作战能力。为此, 该级舰取消了'捕鲸叉'(Harpoon)反舰导弹, 增设了双直升机库, 增加了导弹载量, 并采用了诸如抗爆炸气浪冲击舱壁、先进的推进器装置、区域式配电系统、综合生存能力管理系统和光纤数据多路传输系统等一系列高新技术。

2. '现代'(Sovremenny)级 导弹驱逐舰(俄罗斯)

　　'现代'级驱逐舰是一种先进的大型水面战舰, 最大排水量达8,480吨, 最大航速达33节, 大小与美国海军的'提康德罗加'(Ticonderoga)级宙斯盾导弹巡洋舰相仿。该舰装备一架反潜直升机、48枚防空导弹、8枚反舰导弹, 还装备鱼雷、水雷、远程舰炮和复杂的电子战系统。该级的第一艘'现代'号于1985年进入前苏联海军服役。该舰由俄罗斯的北方船厂制造, 共为俄罗斯海军制造了18艘。'现代'级的战斗系统可使用各种来源的目标指示数据, 数据来源包括舰上主动和被动传感设备、舰队中的其他船只、侦察机或通过舰上起飞的直升机建立起来的通信数据链。该舰上装备的多通道防御系统使该舰能夠同时攻击多个目标。

生词

宙斯盾	zhòusīdùn	이지스(제우스신의 방패)
典范	diǎnfàn	모범, 본보기
当之无愧	dāngzhīwúkuì	부끄러울 것이 없다
引人注目	yǐnrénzhùmù	눈길을 끌다
扫描	sǎomiáo	윤곽을 그리다, 스캐닝
参数	cānshù	매개변수, 계수
掠海飞行	lüèhǎifēixíng	해면을 스치듯이 비행하다
捕鲸叉	bǔjīngchā	작살, 하푼(Harpoon)
光纤	guāngxiān	광섬유
传输	chuánshū	전송하다
船只	chuánzhǐ	선박

3. '提康德罗加'(Ticonderoga)级 导弹巡洋舰(美国)

　　美国海军的'提康德罗加'级导弹巡洋舰可谓名震天下。它头上戴有多顶桂冠：诸如"当代最先进的巡洋舰"、"具有划时代的战斗力和生命力"等等。而这些美称的得来是因为该级舰装备了极为先进的'宙斯盾'防空系统。众所周知，美国巡洋舰的首要任务是为它庞大的航母编队提供有效的空中保护。但是在冷战时期，面对前苏联大量反舰导弹的"饱火攻击"，各种传统的防空装备已有力不从心之感。于是，美海军开始发展革命性的'宙斯盾'防空系统，该系统可以对从潜艇、飞机和水面战舰上各个方向袭来的大批导弹进行及时探测并有效地应对。这是当代巡洋舰乃至当代水面舰艇的防空能力飞跃般提高的一个划时代的标志。

该级首舰'提康德罗加'号于1980年1月动工兴建，1981年4月下水，1983年1月正式服役。至1994年7月最后一艘'皇家港'(Port Royal)号入役为止，该级27艘的建造计划全部完成。该级舰前5艘使用2座MK-26-5型双联导弹发射装置。从第6艘'邦克山'(Bunker Hill)号起，该级舰全部装备先进的MK-4型导弹垂直发射系统，该系统可使'宙斯盾'的威力得到充分发挥。两者的有机结合，便构成了一道令人生畏的"空中盾牌"。

如前所述，该级舰的最引人注目之处就是'宙斯盾'系统。它有6大部分组成：相控阵雷达、指挥决策系统、武器控制系统、导弹火控系统、导弹发射系统及战备检查系统。相控阵雷达天线与传统的雷达天线迥异，它不需要机械转动，而是由4块平面天线阵组成。每个天线阵面可覆盖90度以上的方位角和高低角。每个天线阵面像蜻蜓的复眼那样，由4,480个辐射单元组成，并通过计算机对各辐射单元进行相位控制，定时发射出雷达波束以搜索目标。即使其中一个天线阵面瘫痪，搜索区也只是减少四分之一，整个雷达系统仍可继续工作。一旦探测到目标，计算机会立即指令实施跟踪，同时把目标数据送入指挥决策系统进行敌我识别、威胁评估等，并将结果输入火力控制系统；火控系统自动编制拦截程序，迅速将参数传给导弹。该系统能识别和跟踪数百个空中目标，并计算出其飞行轨迹，同时进行舰空导弹的中继制导。

4. '光荣'(Slava)级 导弹巡洋舰(俄罗斯)

1983年初，美国新型导弹巡洋舰'提康德罗加'号服役。同年9月，前苏联一艘面目全新的导弹巡洋舰也出现在海面上，这就是迄今为止俄罗斯发展的最后一级巡洋舰'光荣'级。它的装备特点和在俄海军舰队中的使命类似于'基洛夫'(Kirov)级。也许是由于'基洛夫'的造价过于昂贵，前苏联才发展了这样一级使用常规动力的缩小型'基洛夫'。

从该舰的性能、武备特点看，它的对舰导弹数量多、威力大；防空装备除'基洛夫'号外比前苏联任何一级巡洋舰都强，可谓是具有较强防空能力的反舰型导弹巡洋舰。该级舰适于配合核动力水面舰只活动，为舰队担任警戒、护航。此外还可作为舰队的组成部分，用来攻击敌航空母舰和两栖力量，破坏敌海上交通线，并在两栖登陆作战行动中提供对岸火力支援。该级舰共有4艘；分别为'光荣'号、'乌斯季诺夫(Ustinov)元帅'号、'瓦良格'(Variag)'号和'罗波夫(L'vov)海军上将'号。

该舰长186米，宽21.5米，吃水7.6米。标准排水量9,800吨，满载排水量11,200吨。编制员额454人，其中军官38名。该级舰为燃气轮机推进方式，最大航速32节，续航力7,500海里/15节。

5. '弗吉尼亚'(Virginia)级 核动力导弹巡洋舰(美国)

六七十年代，随着'尼米兹'(Nimitz)级核动力航母的研制成功和陆续服役，美国海军仅有的3艘核动力巡洋舰已无法满足需要。为此，美海军提出了发展'加利福尼亚'(California)级和'弗吉尼亚'级核动力导弹巡洋舰的计划。其中，'弗吉尼亚'级共建造了4艘，分别为'弗吉尼亚'号、'得克萨斯'(Texas)号、'密西西比'(Mississippi)号和'阿肯色'(Arkansas)号。其首舰'弗吉尼亚'号于1972年开工，1974年下水，1976年9月服役。该级是美海军第四级，也是迄今最后核动力导弹巡洋舰，由此成为美海军的"绝唱"。

该级舰的主要任务是与核动力航母一起组成强大的特混编队，在危机发生时迅速开赴指定海域，为航母编队提供远程防空、反潜和反舰保护，同时也为两栖作战提供支援。

它是第一艘全综合指挥与可控制的导弹巡洋舰，具有独立或协同其他舰艇对付空中、水下和水面威胁的作战能力，可在全球范围内执行各种作战任务。

该级舰各个方面的设计都从自动化考虑，因而比'加利福尼亚'级减少舰员100人左右。此外，它还着重考虑了全舰的居住性，其生活条件较为舒适，有利于舰员在海上长期生活，执行作战任务。该级舰装备了美海军当时先进的综合指控系统和武器系统，而且在建造时就考虑了今后的改装需要，在船体尺寸等方面都留有余地。自从八十年代以来，该级舰先后进行了几次改装，不但防空、反潜能力大幅提高，而且还首次具备了对地攻击能力，大大提高了该级舰执行任务的灵活性。

该级舰长178.3米，宽19.2米，吃水9.6米。轻载排水量8,623吨，满载排水量11,300吨。该级舰动力装置为双桨双舵核动力齿轮传动蒸汽轮机推进系统。2台通用电气(G.E.)公司的D2G型压水冷却反应堆，总功率70,000马力，使用周期长达10年。该反应堆通过热交换器向减速齿轮箱提供蒸汽，使舰艇的最大航速超过30节。

生词

名震天下	míngzhèntiānxià	명성이 천하를 흔들다
桂冠	guìguān	월계관
众所周知	zhòngsuǒzhōuzhī	모두가 익히 아는 바와 같이
力不从心	lìbùcóngxīn	힘이 모자라 뜻대로 안되다
令人生畏	lìngrénshēngwèi	두려움을 느끼게 하다

盾牌	dùnpái	방패
迥异	jiǒngyì	판이하다, 아주 다르다
蜻蜓	qīngtíng	왕잠자리
复眼	fùyǎn	겹눈
波束	bōshù	빔(beam)
输入	shūrù	입력하다
轨迹	guǐjì	궤적
迄今为止	qìjīnwéizhǐ	현재까지
昂贵	ángguì	(값이)비싸다, 등귀하다
吃水	chīshuǐ	흘수
绝唱	juéchàng	명품, 걸작
开赴	kāifù	출동하다, 떠나다
灵活性	línghuóxìng	융통성, 유연성
桨	jiǎng	노, 스크류
蒸气轮机	zhēngqìlúnjī	증기터빈
反应堆	fǎnyīngduī	원자로

6. '洛杉矶'(Los Angeles)级 攻击核潜艇(美国)

'洛杉矶'级是美海军的第5代攻击核潜艇，也是世界上建造批量最大的一级核潜艇，具有优良的综合性能，主要承担反潜、反舰、对陆攻击等任务。首艇SSN-688'洛杉矶'号于1972年2月开工，1976年11月服役，最后1艘'夏延'(Cheyenne)号于1996年3月服役，持续时间长达20余年，才最终完成了这一数量高达62艘的庞大造舰计划。其中从1985年8月开工的'圣胡安'(San Juan)号开始，'洛杉矶'级后23艘做了较大改进，性能又有进一步提高。

'洛杉矶'级全长110.3米，宽10米，水上航行时吃水9.9米，水上排水量6,080吨，水下排水量6,927吨，水下航速32节，艇员编制133人，其中13名军官。其动力装置为1座通用电气公司S6G压水反应堆，2台蒸汽轮机，功率26MW，约35,000马力，单轴，1台辅助推进电机，325马力。该级潜艇从SSN751'圣胡安'号开始加装消音瓦，并以水平舵代替了围壳舵，在冰区上浮时可自由伸缩。

7. ‘奥斯卡’(Oscar)级 核动力导航导弹潜艇(俄罗斯)

　　前苏联自60年代起建造了一系列的巡弋导弹潜艇, 包括柴油电力的‘朱丽叶’(Juliet)级与核动力的‘回声’(Echo)级, ‘奥斯卡’级则是最新的一级。这些巡弋导弹潜艇的任务是攻击占优势的北约海军, 特别是美国的舰队。

　　巨大的‘奥斯卡’级潜艇与更庞大的‘飓风’(Typhoon)级核动力弹道导弹潜舰为同一时期

所建造, 充分反映出前苏联醉心于建造巨大的舰只。'奥斯卡'级第一艘于1978年开工, 1980年下水, 并不久展开测试, 两年后第二艘亦随之完工, 接着前苏联转而建造'奥斯卡'级的加长型, 北约组织将两艘称为'奥斯卡'Ⅰ级, 其余则称为'奥斯卡'Ⅱ级。到了1991年末期两级皆已服役, 其中'奥斯卡'Ⅱ级尚有5艘在建造中。'奥斯卡'Ⅱ级全长154米, 宽18米, 水上航行时吃水10米, 水下排水量16,000吨, 航速33节。其动力装置为2具压水式核子反应炉, 双轴。

生词

消音瓦	xiāoyīnwǎ	음향차폐타일
围壳舵	wéikéduò	함수수평타
冰区上浮	bīngqūshàngfú	빙하지역에서 부상하다
巡弋	xúnyì	순시하다, 순항하다
北约组织	běiyuēzǔzhī	북대서양조약기구(NATO)
醉心(于)	zuìxīn(yú)	~에 심취하다, 몰두하다

8. '尼米兹'(Nimitz)级 航空母舰(美国)

'尼米兹'级是当今世界上美国海军独家拥有的大型核动力航空母舰, 它的巨大威力令任何海上对手望尘莫及。'斯坦尼斯'号是在'尼米兹'级总共9艘当中第7艘航母, 于1991年3月开工, 1993年11月下水, 1995年6月服役。该舰其飞行甲板长332.9米, 宽78.3米, 吃水11.9米, 标准排水量79,973吨, 满载排水量100,550吨, 面积超过了3个足球场。舰内从机库甲板以上分为9层, 其中5层在岛式上层建筑内, 机库甲板以下除双层甲板外又分为8层。整个舰从龙骨到桅顶高为76米, 相当于20层的高楼。

该舰动力装置为2座通用电气公司的压水堆和4台蒸汽轮机, 反应堆热效率为25.6%, 每个反应堆驱动2台蒸汽轮机, 总功率高达26万马力, 最高航速35节。燃料可持续使用15年, 续航力可达80万~100万海里, 自持力为90天。它现在配备的是美军的"标准型"舰载机联队, 总数有80架左右, 但在紧急情况下的载机可达100架。

　　该舰的生存力极强，舰体除设有若干道纵向隔舱外，还有23道水密横隔壁和10道防火隔壁。舰体和甲板采用高弹性钢，可以抵御穿甲弹的攻击。在舰的两舷设有隔舱系统，弹药库、机舱等重要部位的顶部和两侧还装有63.5㎜厚的'凯夫拉'装甲。

　　该舰编制人员为5,984人，其中航空人员为2,800人。该舰的作战能力是很惊人的，其舰载机所能控制的空域和海域可达上千公里，其自身一昼夜机动也有500海里。它的舰载机可以24小时不停顿地进行战斗巡逻，每天可出动200多架次的飞机，其载机比例还可以根据实际情况随时进行调整，以适应不同作战任务的需要。

9. '库兹涅佐夫'(Kuznetsov)号 航空母舰(俄罗斯)

　　在超级大国时代，前苏联曾经拥有过全球第二的强大海军，与美国海军在世界各大洋展开激烈竞争，但是在航空母舰这一项目上，前苏联却与美国有着天壤之别。与美海军相比，前苏联在航母发展上可以说是起步晚、发展慢、水平低。直到1967年才出现了'莫斯科'(Moscow)级直升机母舰，但这是个非驴非马的东西，无法称其为航母。又经过几年努力，前苏联在70年代中期终于拥有了使用垂直起降飞机的'基辅'(Kiev)级"战术航空巡洋舰"，这才算是初步走上了发展航母的正路。

'库兹涅佐夫'号是俄罗斯的第一艘可搭载固定翼飞机(不含垂直短距离起降飞机)的常规动力航空母舰。该舰曾三易舰名，苏联解体后改为现名，并于1991年正式服役。该舰的特点是，舰上装有滑橇式飞行甲板，舰上所装备的武器系统齐全，威力强大。该舰全长304.5米，其飞行甲板最宽70米，吃水10.5米，满载排水量67,500吨。动力装置为8台锅炉驱动，4台蒸汽轮机，4轴推进总功率达20万马力，最高航速30节，续航力达13,500海里。

它可以搭载24架固定翼飞机和17架直升机。此外，该舰装有12单元SS-N-19垂直发射反舰导弹系统(备弹12枚)、4座6单元SA-N-9垂直发射防空导弹系统(备弹192枚)、6座'卡斯坦'近战武器系统、6座6管30mm炮和2座10管反潜火箭发射系统等。

生词

望尘莫及	wàngchénmòjí	도저히 따라갈 수 없다
龙骨	lónggǔ	(배의)용골, 킬(keel)
桅顶	wéidǐng	돛대의 꼭대기
惊人	jīngrén	놀라게 하다
天壤之别	tiānrǎngzhībié	천양지차

非驴非马	fēilǘfēimǎ	어정쩡하다
滑橇式	huáqiāoshì	스키점프대 모양
锅炉	guōlú	보일러

10. 其他

〈'现代'级 导弹驱逐舰(中国)〉

〈'江湖'级 导弹护卫舰(中国)〉

〈'小鹰'(Kitty Hawk)号 航空母舰(美国)〉　〈'基辅'(Kiev)级 航空母舰(俄罗斯)〉

空中武器

1. 直升机

1) AH-64 '阿帕奇'(Apache) 武装直升机

随着现代战争对抗手段的发展，武装直升机的作战环境日益严酷，所以增强隐蔽性，提高攻击力、电子干扰能力及机动能力就已成为直升机追求的目标。未来武装直升机必须采用集通用模块、人工智能、数据融合、高速数据总线等先进技术于一体的新一代航空电子综合系统。这样，在未来数字化战场上，战斗直升机将具备很强的信息战能力，即可自身直接侦察、探测和获取近实时的战场信息，也可综合使用之，以最大限度地提高作战能力。不仅能对地面目标实施低空或超低空攻击，而且可与敌直升机或固定翼飞机相对抗。

AH-64 '阿帕奇'是美国麦道(McDonnell Douglas)公司根据美陆军提出的"先进攻击直升机计划"研制的武装直升机。该机能在恶劣气象条件下昼夜执行反坦克任务，并有很强的战斗、救生及生存能力。1975年9月原型机首飞，1984年正式交付，1989年12月在巴拿马(Panama)首次参战，1991年的海湾战争和1999年北约对南联盟军事打击时大量使用，以显示了优异的作战能力。

'阿帕奇'机长17.8米，宽5.23米，高4.7米，旋翼直径14.6米，最大速度365km/h，巡航速度293km/h，实用升限6,400米，续航时间3小时。该机桨叶和机身为加强型，可防12.7㎜枪弹和23㎜炮弹的射击。该机的飞行速度快，能贴近地面低飞，并能充分利用地形、地物做掩护，迅速接近敌方，发射炮弹、火箭和导弹，然后迅速隐蔽，使敌方的地面防空炮火较难将其击中。该机的主要武器包括1门链式机炮，以及可挂载16枚'海尔法'(Hellfire)导弹或76枚70㎜对地攻击火箭等的4个外挂点。现有型号分别为AH-64A、AH-64B、AH-64C和 AH-64D '长弓(Longbow) 阿帕奇'。

2) Ka-50 '黑鲨鱼'(Black Shark) 武装直升机(俄罗斯)

Ka-50是世界上首创的单座共轴反转旋翼式战斗直升机。1991年投入批生产，1992年获得初步作战能力，1995年装备部队。该型机被选作俄罗斯下一代反坦克直升机。除能完成反坦克任务外，还可实施近距低空快速攻击，主要用于与敌直升机空战，摧毁敌坦克、装甲和非装甲等技术装备，以及歼灭敌在前沿或纵深的有生力量。卡莫夫(Kamov)设计局花了整整7年时间研制该型直升机飞行员弹射救生系统。这个系统可以在零高度、零速度(也就是停在地面不动)条件下进行弹射救生。美国国防部对该型机所作的评论中认为，Ka-50具有明显的空中优势，目前西方尚无与之相匹敌的直升机。

该型机在总体布局上沿用了卡莫夫设计局独特的双旋翼共轴式无尾桨技术，使得其结构更加紧凑，省去了转动尾桨所用的动力消耗，机动性、灵活性大大加强。共轴式旋翼气动力对称性显然优于单旋翼式，不存在各轴之间互相交连的影响，机动飞行时易于操纵。改变航向时也很容易保持直升机的飞行高度，这在超低空飞行和飞越障碍物时尤其可贵，对飞行安全有重要意义。该型机打破了武装直升机依靠适坠性设计来救生的常规，首次实现了驾驶员的弹射救生。该型机单座舱采取了智能化设计，成功地解决了西方许多年来未解决的一名驾驶员驾驶操作与作战操作的矛盾。但该型机在夜间的或在恶劣气象条件下的作战能力都比较弱。'Ka-51H'是可以在夜间和任何气象条件下作战的单座直升机，1997年通过试飞，现已批生产。

俄罗斯又在1996年研制成功了Ka-52'短吻鳄'(Alligator)战斗直升机。该机是双座昼夜全天候智能型多用途直升机，它有85%的结构与Ka-50一样。该机的最显著特点是采用了并列双座布局的驾驶舱。该布局的优点在于两人可共用某些仪表、设备，从而简化了仪器操作工作，使驾驶员能集中精力跟踪目标，最大限度地缩短作出决定的时间。尤其是第二乘员可保障实施侦察或电子对抗，搜索和识别远距离目标，能在任何天气条件下和任何时间指示目标，并区分目标，协调与地面部队及攻击机的行动，以及执行其他任务。

〈Ka-52 武装直升机〉

日益严酷	rìyìyánkù	날로 험해지다
桨叶	jiǎngyè	프로펠러
贴近	tiējìn	바짝 붙다
外挂点	wàiguàdiǎn	외부 무기 장착대
黑鲨鱼	hēishāyú	검은상어
单座	dānzuò	1인승(↔双座)
共轴反转	gòngzhóufǎnzhuǎn	동축반전(하나의 축에 달린 2개의 프로펠러가 서로 반대방향으로 회전하는 것)
弹射救生	dànshèjiùshēng	로켓 발사식 비상탈출
短吻鳄	duǎnwěnè	악어, 엘리게이터
驾驶舱	jiàshǐcāng	조종실
仪表	yíbiǎo	계기판

3) 其他

〈Mi-28 '浩劫'(Havoc) 攻击直升机(俄罗斯)〉

〈AH-1 '超级眼镜蛇'(Super Cobra) 武装直升机(美国)〉

2. 歼击机, 强击机, 轰炸机

1) F-16 '战隼'(Fighting Falcon) 战斗机(美国)

F-16是美国洛克希德、马丁(Lockheed Martin)公司研制的单发型多用途战斗机, 主要用于空战, 也可用于近距空中支援, 是美空军现役的主力机种。该机于1972年开始研制, 1974年进行试飞, 1978年开始装备美空军。该机为半硬壳式结构, 悬臂式中单翼, 单垂尾正常式布局, 进气道位于机身腹部。它采用了边条翼、空战襟翼、翼身融合体、高过载座、电传操纵系统、放宽静稳定度等先进技术, 再加上性能先进的电子设备和武器, 使之具有结构重量轻、外挂载荷量大、机动性好、对空对地作战能力强等特点, 是具有代表性的第三代战斗机。

该机装有1门20㎜多管机炮, 备弹511发。全机有9个外挂点, 两个翼尖各1个, 机身下1个, 机翼下6个。外挂武器包括'响尾蛇'(sidewinder)和'麻雀'(sparrow)等的空空导弹、'幼畜'(Maverick)空地导弹、'鱼叉'(Harpoon)反舰导弹、'哈姆'(Harm)反辐射导弹, 以及各种制导炸弹、核弹和常规炸弹等。最大外挂4,760kg(机内满油)。

性能数据

- · 最大平飞速度(高度 12,000米): 马赫2.0
- · 巡航速度(高度 11,000米): 马赫0.8
- · 最大爬升率: 330米/秒

- 实用升限: 15,240米
- 转场航程(带副油箱): 3,890km
- 作战半径: 370~1,320km

2) '苏'(SU)-35 Flanker E 战斗机(俄罗斯)

SU-35是俄罗斯'苏霍伊(Sukhoi)实验设计局'开放型联合股份公司在SU-27基础上发展的单座全天候战斗攻击机, 主要用于制空和对地攻击。该机为SU-27的高级发展型, 改进了机体、发动机、机载设备和武器系统, 可以根据攻击目标的不同完全自动地进行飞行模式和武器的控制。电传操纵系统由模拟式换成数字式的, 增加了前翼, 采用三翼面气动布局, 重新设备了前机身, 加大了雷达天线, 增大了尾锥以安放后视雷达, 在其生产型上还将采用"三元"推力矢喷管, 但该机仍然没有考虑隐身问题。SU-35原型机于1988年6月首飞, 1993年早期完成最终测试, 1994年9月完成11架预生产型飞机, 90年代末期开始装备部队。

主要机载设备有多功能低空地形跟踪雷达, 搜索距离可达200km, 可以同时跟踪10个目标, 并可对其中的4个目标进行攻击。还有热成像机载激光指示器、红外搜索/跟踪传感器、雷达告警接受机。翼尖有电子干扰吊舱等。

在机载武器方面, 装有1门30㎜机炮, 备弹150发。有1个挂架, 可以挂装各种导弹、炸弹和火箭, 包括'Aphid'、'Alamo'、'Archer'空空导弹等, 最大武器外挂载荷8,000kg。

- 最大平飞速度: 马赫2.0
- 最大起飞重量: 18,400kg
- 实用升限: 18,000米
- 最大航程(内部满油): 4,000㎞
- 作战半径: 710㎞

生词

半硬壳式	bànyìngkéshì	반강체식
进气道	jìnqìdào	공기흡입구
边条翼	biāntiáoyì	표준형 날개
襟翼	jīnyì	보조날개
放宽	fàngkuān	넓히다, 확장하다
响尾蛇	xiǎngwěishé	방울뱀
幼畜	yòuchù	어린 가축
鱼叉	yúchā	작살
爬升率	páshēnglù	상승율
升限	shēngxiàn	상승한도
副油箱	fùyóuxiāng	보조연료탱크
模式	móshì	모드(mode)
模拟式	mónǐshì	아날로그 방식
尾锥	wěizhuī	꼬리부분 페어링
三元	sānyuán	삼원(Tri-plane: 카나드-주익 -수평미익의 배열구조)
推力矢喷管	tuīlìshǐpēnguǎn	추력 편향노즐

3) F-22A '猛禽'(Raptor) 新一代战斗机(美国)

    F-22是美空军委托洛克希德(Lockheed)、波音(Boeing)以及通用动力(G.E.)公司合作研制的新一代战斗机, 也是专家们所指的目前唯一面世的"第四代战斗机", 它将成为21

世纪初叶的主战战机。1990年9月原型机首飞。美军最初计划采购750架，经过两次预算削减后确定的采购数量是438架。1997年9月EMD型飞机首飞，2002年开始交付生产型飞机，预计2004年形成初步作战能力。

该机采用双垂尾双发单座布局。垂尾向外倾斜27度，恰好处于一般隐身设计的边缘。其两侧进气口装在边条翼下方，与喷口一样，都作了抑制红外辐射的隐身设计，主翼和平尾采用一致的后掠角和后缘前掠角，都是小展弦比的梯形平面形，水泡形座舱盖凸出于前机身上部，全部投放武器都隐蔽地挂在4个内部弹舱之中。

F-22执行空中优势任务外，也能使用'联合直接攻击弹药'(JDAM)之类的武器进行精确对地攻击。由于隐身和超音速巡航的需要，在隐身状态该机的基本军械装置被安装在机内。飞机上有1门内装机炮和3个内部武器舱：2个武器舱沿进气道安排(每个舱可容纳1枚安装在伸缩自动安全装置上的火箭)，另1个武器舱在机身的下部，可容纳4枚火箭或6枚导弹。在4个机翼下的悬挂装置吊架上可以安排4枚或8枚空空导弹。

性能数据

- 最高飞行速度: 马赫1.9
- 最大起飞重量: 36,300kg
- 实用升限: 18,000米
- 最大航程: 3,704km
- 作战半径: 1,300~1,500km

4) F-117A '夜鹰'(Night Hawk) 隐形战斗机(美国)

F-117A是美国洛克希德、马丁公司研制的单座亚音速隐身战斗机, 主要用于携带激光制导炸弹对地面目标实施精确攻击。1978年, 美国政府批准F-117A的研制计划, 1981年6月第一架原型机首次试飞。1983年10月生产定型开始交付使用, 美空军共订购59架, 1990年交付完毕。

为了达到隐身的目标, 该机采用了独特的外形设计。机翼和全动蝶形尾翼均采用菱形翼剖面, 飞机的外形由很多折面组成, 这些折面与铅垂线的夹角大于30度, 以便把雷达波上下偏转出去。机身表面和转折处的设计, 使雷达反射波集中于水平面内的几个窄波束, 这样就能使两个波束之间的"微弱信号"与背景噪声难以区别。这种波束很窄, 使敌方雷达不能得到足够的连续回波信号, 而确定该飞机是否是一个实在目标还仅是一种瞬变噪声。

所有的武器都挂在内置的武器舱内, 可以携带美空军战术战斗机的全部武器。基本配置是两枚908kg重的炸弹; BLU-109B低空激光制导炸弹或GBU-10/GBU-27激光制导炸弹, 还可装'幼畜'空地导弹和AGM-88反辐射导弹, 也可以携带'响尾蛇'空空导弹。

性能数据

- · 最大平飞速度: 1,040km/h
- · 最大正常使用速度: 马赫0.9
- · 内部武器载荷: 2,268kg
- · 最大起飞重量: 23,814kg
- · 作战半径(无空中加油, 带满载武器): 1,056km

生词

委托	wěituō	맡기다, 위탁하다
恰好	qiàhǎo	마침, 절묘하게
边缘	biānyuán	가장자리, 경계선
喷口	pēnkǒu	분사구
后掠角	hòulüèjiǎo	(비행기 날개의)후퇴각
展弦	zhǎnxián	(비행기 날개의)시위
水泡	shuǐpào	물방울
凸出	tūchū	튀어나오다, 돌출하다
容纳	róngnà	수용하다, 용납하다
蝶形	diéxíng	나비 모양
菱形	língxíng	마름모꼴
剖面	pōumiàn	절단면, 단면
铅垂线	qiānchuíxiàn	연직선
噪音	zàoyīn	소음, 잡음

5) B-2 '幽灵'(Spirit) 隐形战略轰炸机(美国)

B-2是美国最新研制的隐身战略轰炸机。1978年开始研制, 1989年7月首次试飞。美空军原定采购133架B-2, 但1991年国防预算削减后采购量减至76架。在1982年到1991年之间, 总共有15架先后进入空军服役。

该机的性能特点是如下:

① 携弹量大, 攻击力强。该机能携带16枚重2,000磅的精确制导炸弹, 或8枚4,400磅的炸弹, 这些炸弹可由卫星制导同时攻击16个不同的地面目标。

② 航程远, 攻击纵深大。该机作战航程最大可达12,000km以上, 美空军曾扬言, B-2能在接到命令后数小时内由美国本土起飞, 攻击世界上任何地区的目标。

③ 采用独特的隐身外形和材料, 能有效地躲避雷达的探测; 达到良好的隐形效果, 能实现隐身突防。

④ 雷达系统有时不够稳定, 对环境适应能力较差, 后勤保障任务繁重, 潮湿的气候会破坏其表面雷达涂层。

B-2采用了翼身融合的无尾飞翼形布局, 整个飞机像一个巨大的三角形飞标。机身隆起, 两个S形进气道分别置于机身两侧, 进口处有三点式分流板, 两个V形的发动机喷口位于机翼之上, 而且距机翼后缘较远。座舱位于机头位置, 共有4块观察窗口。起落架舱片尺寸较大, 起降时可起到垂尾作用。

机载武器在两个并排的武器舱内均可装旋转式发射架。可带16枚AGM-69SRAMⅡ导弹或AGM-129先进巡航导弹。另外还可携带B61战术及战略核炸弹或B83战略核炸弹, MK36型500kg水雷, MK82型250kg炸弹(最多带80枚), 350kg燃烧弹。还有, 计划增加携带精确制导炸弹的能力, 1,000kg级的可带16颗, 250kg级的可带76颗。

6) '图'(TU)-160 '海盗旗'(Blackjack) 战略轰炸机(俄罗斯)

TU-160是前苏联'图波列夫(Tuporev)设计局'研制的4发变后掠超音速远程战略轰炸机, 用于替换'米亚'-4和'图'-95飞机执行战略轰炸任务。估计该机是在70年代初'图'-22M首次试飞后开始研制的, 原型机于1981年12月首飞, 1987年5月开始进入部队服役, 1988年形成初步作战能力。该机采用边后掠布局, 机翼位置较低, 采用翼身融合体技术与机身相连, 圆形细长机身, 4台发动机并列安装在翼身连接处的下部。采用电传操纵系统进行飞行控制, 4名机组人员前后并列, 每人都有单独的弹射座椅。

TU-160的作战方式以高空亚音速巡航、低空亚音速或高空超音速突防为主, 在高空可发射具有火力圈外攻击能力的巡航导弹, 进行防空压制时, 可以发射短距攻击导弹。此外, 该机还可以低空突防, 用核炸弹或核导弹攻击重要目标。1981年西方首次发现TU-160的存在, 该机在1995年的巴黎航展上首次公开露面, 截止1992年底停产时, 该机共交付40架。主要机载设备有导航及攻击雷达、机尾装有预警雷达、天文和惯性导航系统、航行座标方位仪、机前下部整流罩内装有摄像机以辅助武器瞄准以及主动和被动电子对抗设备等。弹舱内可载自由落体武器、短距攻击导弹或巡航导弹等，两个12.80米长的武器舱；前舱的旋转发射架可带6枚巡航导弹，后舱的2个发射架可带24枚短距攻击导弹。

性能数据

- 最大平飞速度: 马赫1.88
- 巡航速度: 马赫0.9
- 最大航程(无空中加油, 带满载武器): 12,300km
- 内部武器载荷: 40,000kg
- 最大起飞重量: 275,000kg
- 作战半径: 2,000km

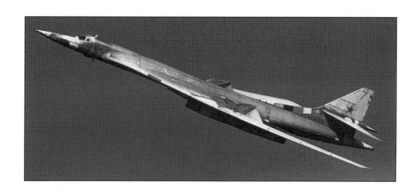

7) A-10 '雷电'(Thunderbolt) 空中支援攻击机

A-10是美国费尔柴尔德(Fairchild)公司为美空军研制的双发亚音速近距空中支援攻击机, 主要用于攻击坦克群和战场上的活动目标及重要火力点。该机原型机于1972年5月首次试飞, 1975年交付使用。该机采用平直机翼、双垂尾布局, 飞机的低空亚音速性能好, 生存力高, 其装甲可承受23mm炮弹的打击。此外, 还有结构简单, 反应灵活, 短距起落等优点。1991年1~2月的海湾战争中, 有120架A-10参战, 在反坦克作战中发挥了很大的作用。

　　A-10装有1门30㎜速射机炮，备弹1,350发，可击穿较厚的装甲，主要用于攻击坦克和装甲车辆。11个挂架，可挂武器包括普通炸弹、集束炸弹、'幼畜'空地导弹、'响尾蛇'空空导弹和火箭发射架等，最大外挂载荷7,250kg。

- 作战飞行速度(高度1,500米): 713km/h
- 巡航速度(高度1,525米, 满载重量): 623km/h
- 实用升限: 10,000米
- 转场航程: 4,850km
- 近距支援作战半径: 463km

生词

磅	bàng	파운드(pound)
扬言	yángyán	큰소리치다, 떠벌이다
潮湿	cháoshī	축축하다, 습기가 많다
起落架	qǐluòjià	랜딩기어(landing gear)
航展	hángzhǎn	항공박람회
整流罩	zhěngliúzhào	정류덮개
摄像机	shèxiàngjī	픽업 카메라
集束炸弹	jíshùzhàdàn	집속폭탄

3. 无人侦察机, 预警机

1) RQ-1 '捕食者'(Predator) 无人侦察机(美国)

RQ-1 '捕食者'不只是一架飞行器, 而是一种在中等高度长时间飞行的无人驾驶飞行系统, 主要用于战场侦察和监控。这套系统具体包括4架带有传感器的飞机、一个地面控制站和一套卫星通信链路等, 操作和维修的战勤人员多达55人。

1994年1月, 美海军以3,170万美元的先进概念技术验证合同, 要求有关方面在30个月内生产无人机并建立3个地面站。首批3架飞机和一个地面站同年10月交付。飞机于1994年7月初进行了首次试飞, 1996年6月底完成技术验证。1997年, 该型机被授予军用代号RQ-1A。RQ-1B是美国1999年新开发的变型机。B型机增大了机身, 采用了Y形尾翼和涡桨发动机, 进一步提高了起飞重量, 增强了续航能力。

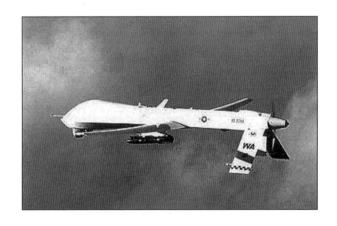

RQ-1机长8.21米, 高2.13米, 翼展14.8米, 空重1,350kg, 实用升限7,010米, 巡航速度时速130km, 最大航程400海里。和A型相比, RQ-1B型的飞行速度和高度都有所提高, 使之具有快速到达战场, 提供侦察和指示目标的能力, 以及具有更高的生存能力。B型能够携带多种载荷, 包括合成孔径雷达、光电摄像机、红外成像仪、全球卫星定位系统(GPS)和惯性复合导航系统等先进的高科技设备, 甚至可装'海尔法'(Hellfire)导弹。它的任务区续航时间为32小时, 通常采用常规轮式起飞和软式着陆, 紧急情况下也可用降落伞回收。

不过, 该型机也存在一些致命的缺点, 例如体积比较大, 被发现的几率较高; 操作复杂，非常依赖地面控制等。据不完全统计，从1995年美军在波黑(Bosnia & Herzegovina)首次使用RQ-1至今，已有10架'捕食者'坠毁或被击落。

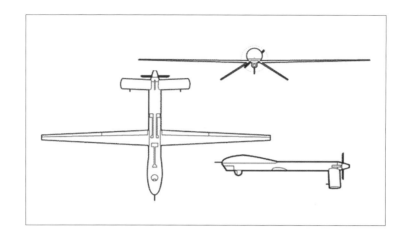

2) E3A '望楼'(Sentry) AWACS 预警机(美国)

E-3是美国波音(Boeing)公司根据美空军"空中警戒和控制系统计划"研制的全天候远程空中预警机。1963年美空军提出要求，1966~1970年对比筛选出预警机方案。从1964年到1973年研制筛选出雷达方案。又用3年时间对预警机所用雷达、数据处理、显示、通信进行分系统与全系统综合试飞，最后以波音707客机为基础研制3架原型机，1975年首次试飞，对生产型电子设备进行了飞行试验。1977年3月，第一架生产型E-3交付使用。

主要机载设备可分为雷达、敌我识别器(IFF)、数据处理系统、通信系统、导航与导引系统、数据显示与控制和6个分系统。雷达，为威斯汀豪斯(Westinghouse)公司研制的AN/APY-1型S波段脉冲'多普勒'(Doppler)雷达，平板隙缝式天线装在转速6转/分的天线罩内，可根据不同作战条件把360度方位圆分成32个扇转区，选用不同的工作模态和抗干扰措施。敌我识别器，以AN/APS-103询问机为基础的高方向性询问/接收式系统，该雷达天线在主雷达天线的背面。通信系统，装有14种高频、甚高频、超高频设备。导航系统，装两套轮盘'木马Ⅳ'惯导系统，AN/ARN-99'奥米加'导航仪，ANP-200'多普勒'导航仪。数据显示与控制系统，装有9台多用途数据显示与控制台，用以显示目标与背景信息，在显示器的下方用表格显示目标的各种数据。显示器还能以放大32倍的倍率指挥多机空战。数据处理系统，其核心为IBM公司的4Picc-1计算机。

性能数据

- 最大平飞速度: 853km/h
- 执勤巡航速度: 马赫0.6
- 实用升限: 12,200米
- 执勤续航时间: 6~8小时
- 最大起飞总重: 147,000kg

生词

验证	yànzhèng	검증하다
涡桨发动机	wōjiǎngfādòngjī	터보프롭(turboprop) 엔진
孔径雷达	kǒngjìngléidá	합성개구(SAR) 레이다
依赖	yīlài	의존하다, 의지하다
筛选	shāixuǎn	선별하다
脉冲	màichōng	펄스(pulse)
隙缝式	xìfèngshì	균열식
扇转区	shànzhuǎnqū	섹터(sector)
询问	xúnwèn	질문하다, 문의하다
甚高频	shèngāopín	초단파(V.H.F)
超高频	chāogāopín	초고주파(U.H.F)
轮盘	lúnpán	핸들, 조종간
表格	biǎogé	표, 양식
执勤	zhíqín	근무를 하다, 당직을 하다

〈MIG−29 Fulcrum 战斗机(俄罗斯)〉

〈J−10 战斗机(中国)〉

〈F−18E '大黄蜂'(Super Hornet) 战斗机(美国)〉

〈F—15 '鹰'(Eagle) 战斗机(美国)〉

〈F—14 '熊猫'(Tomcat) 战斗机(美国)〉

〈B—1 战略轰炸机(美国)〉

精确制导炸弹及特种炸弹

1. BGM-109 '战斧'(Tomahawk) 巡航导弹

'战斧'是美国海军最先进的全天候、亚音速、多用途巡航导弹, 1972年开始研制, 1983年装备部队, 迄今已装备5种型号: A型为海基对陆核攻击型, B型为海基反舰型, C型和D型均为海基对陆常规攻击型, G型为陆基核攻击型。近年来大出风头的'战斧'巡航导弹, 就是BGM-109C/D型及其改进型Block Ⅲ型。

无论是何种形式的'战斧'巡航导弹, 它的外形尺寸、重量、助推器、发射平台都相同。不同之处主要是弹头、发动机和制导系统。'战斧'导弹身长6.17米, 直径52.7厘米, 水平翼长2.62米, 发射时重量(包括250kg的推进器)为1,452kg。因发射的母体不同, 发射方式也有所区别, 舰艇上用的是箱式发射器, 或垂直发射器; 在潜艇上既可用鱼雷发射管发射, 也可用垂直发射器发射。导弹在航行中, 采用惯性制导加地形匹配或卫星全球定位修正制导, 射程在450~2,500km, 飞行时速约800km。据称, 其命中精度可达到在2000km以内误差不超过10米的程度。'战斧'导弹巡航高度, 海上为7~15米, 陆上平坦地区为60米以下, 山地150米, 有很强的低空突防能力。

美国在1991年海湾战争中首次使用'战斧'巡航导弹, 此后又在多次战争中使用。 在海

湾战争中，美海军一共发射了288枚'战斧'，仅有6枚未能进入巡航状态(发射失败)。据美国防部公布的结果，成功率达到了85%。此后'战斧'导弹频繁亮相：1993年1月17日，美国向伊拉克的军事基地发射45枚，据称有40枚导弹命中目标；6月25日，美国又对伊拉克情报总部大楼发射了23枚，并称有19枚命中了目标。1995年9月10日，北约对波黑塞族发动空袭，美海军巡洋舰'诺曼底'号发射13枚'战斧'。1996年9月3~4日，美国对伊拉克南部"禁飞区"内的防空设施进行了海空军联合导弹突击。其中，美海军发射了31枚战斧。据美国防部透露，其中有29枚命中了目标，成功率提高到94%。这是'战斧'导弹问世以来取得的最好作战纪录，主要是由于使用了改进型(Block Ⅲ型)导弹。

〈'战斧' Block Ⅲ型 巡航导弹〉

〈AGM-86C 巡航导弹〉

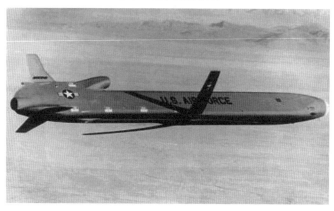

2. GBU-24 '宝石路'(Paveway) 激光制导炸弹

'宝石路'激光制导炸弹是目前世界上生产数量最大的精确制导炸弹系列, 已发展出 I、II、III三代, 其编号GBU表示"制导炸弹"(Guided Bomb Unit)。目前美军使用的'宝石路'系列炸弹几乎参加过自越战以来所有的作战行动。历次实战证明了'宝石路'炸弹系列制导炸弹是一种费效比很高的武器, 在"沙漠风暴"空袭发起时美军投下的第一枚炸弹就是F-117A携带的GBU-27, 并准确的摧毁了巴格达市中心的电话电报大楼; F-111F战斗轰炸机曾在一次行动中出动46架, 每架携带4枚GBU-12, 创下了摧毁132辆坦克及装甲车的记录。

GBU-28(亦称 Bunker Buster)是 GBU-24激光制导炸弹的改进型, 采用B、C两种热寻的延迟引信。此种炸弹头接触地面后引信不爆炸, 而是钻入地下; 当遇到混凝土时, B引信引爆, 炸开一个洞后继续往下钻; 遇到钢板加固物质时, 受地下掩体的热辐射, C引信爆炸; 钻透钢板后, 最后在地下掩体内爆炸。

这种钻地炸弹主要分2,000磅和5,000磅两种, 可由F-15E、F-111等飞机投掷。其中5千磅GBU-28炸弹长5.85米, 带弹翼直径4.47米, 投掷距离5千米。作战使用时, 攻击飞机必须与本机/他机/地面的激光照射器配合工作。该炸弹可穿透30米厚的土地和6米厚的加固混凝土。

〈GBU-24〉

〈GBU-28 Bunker Buster〉

大出风头	dàchūfēngtóu	크게 부각되다
亮相	liàngxiāng	모습을 드러내다
波黑塞族	Bōhēisāizú	보스니아 세르비아 민족
禁飞区	jìnfēiqū	비행금지구역
费效比	fèixiàobǐ	비용대효과비
沙漠风暴	shāmòfēngbào	'사막폭풍'(작전명)
热寻的	rèxúndì	열추적
延迟引信	yánchíyǐnxìn	지연신관
混凝土	hùnníngtǔ	콘크리트
加固物质	jiāgùwùzhì	보강물질
投掷	tóuzhì	투척하다

3. GBU-31 '联合直接攻击弹药'(JDAM)

　　JDAM(Joint Direct Attack Munitions)是美国波音(Boeing)公司研制的全球卫星定位系统(GPS:Global Positioning System)制导的全天候、自动寻的常规炸弹, 全称'联合直接攻击弹药', 是在现役炸弹上加装惯性/卫星定位(INS/GPS)制导装置而成。

　　JDAM制导炸弹系列现有多种型号, 代号为GBU-29/30/31/32, 前两个为通用爆破型, 后两个为专用侵彻型。还有一种弹重2,270kg的专用侵彻型, 代号为GBU-37/B。上述型号仅是该制导炸弹系列中的第一阶段产品, 采用了卫星定位/惯性导航组合制导作为全程制导，其设计的圆概率误差为13米，在靶场投弹时圆概率误差达到了10米。

1994年4月，该炸弹开始小批量生产，1995年6月美空军首次用B-2轰炸机进行了空中投放试验，1995年7月海军首次用F/A-18进行了空投试验，1996年1月空军又用B-1轰炸机进行试验，同年底用F-16战斗机进行投放试验。试验的效果总体达到了预定的要求。

JDAM可以从距离目标大约15km的地方发射，并各自攻击所指定的目标。执行任务时，任务数据先提前装载到载机的计算机中，发射前，载机将释放口令、目标匹配信息、武器终端参数输入到JDAM的制导系统中，该炸弹自动完成初始化。发射后，弹体中的GPS接收器开始工作，通过接收卫星信号，控制炸弹尾部的小型尾翼，以调整炸弹落地前的飞行姿态并准确地击中目标。

专家指出，GPS技术是指利用一组地球同步轨道卫星确定地球上任一地点的方位，因而它比激光制导炸弹更可靠，也更精确，轰炸误差不超过几英尺。专家说，使用激光制导炸弹攻击时，飞行员必须以较低高度飞行，以便确认目标并用激光束引导炸弹。如果激光束被薄雾或烟雾阻断，炸弹就会失去引导，其轰炸效果自然大打折扣。而卫星制导炸弹则无需轰炸机飞行员引导，炸弹一旦投下，依靠自身的GPS系统飞向目标。由于不需要飞行员瞄准目标，轰炸时载机可以较高高度飞行，从而保障了飞机和飞行员的安全。更重要的是，由于采用不可见的数字制导方式，轰炸可以在任何气象条件下进行。

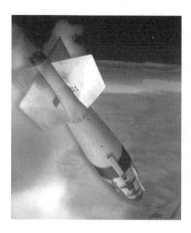

4. AGM-154 '联合防区外武器'(JSOW)

JSOW(Joint Stand-Off Weapon)的正式编号为AGM-154, 实际上是一种制导炸弹。它采用GPS及惯性制导加红外末制导的复合制导方式, 命中精度可达6~10米。该弹采用模块式结构, 根据作战任务不同可在地面装配成A、B两型。A型内装145枚BLU-97型子炸弹, 主要用于攻击停放的飞机、车辆、导弹阵地等目标; B型内装6枚BLU-108B型子炸弹, 主要用于攻击装甲和加固目标。AGM-154型炸弹弹身中藏有一副弹翼, 在投下后1.5秒内伸出来, 因而它的滑翔性能用当好, 滑翔速度可达0.75倍音速。弹重476kg, 射程27~72km, 由德克萨斯(Texas)仪表公司制造, 每枚60万美元。美军在1997年已订购111枚A型炸弹。

侵彻型	qīnchèxíng	관통형
圆概率	yuángàilù	확률
靶场	bǎchǎng	사격장
释放	shìfàng	풀어놓다, 방출하다
终端	zhōngduān	단말, 터미널(terminal)
初始化	chūshǐhuà	초기화
英尺	yīngchǐ	피트(feet)
打折扣	dǎzhékòu	할인하다, 떨어지다
停放	tíngfàng	세워두다
滑翔性	huáxiángxìng	활공성

5. CBU-94 石墨炸弹(Blackout Bomb)

　　1999年5月2日夜, 南联盟首都贝尔格莱德(Beograd)整座城市突然陷入了黑暗之中。这是因为美军使用一种新式武器破坏了南联盟的输电网。南联盟的电力工程师们虽然在几小时内修复, 但在5月7日, 输电网再一次遭到攻击, 造成南联盟全境70%的电力供应瘫痪, 给战火中的南联盟人民造成了巨大的困难。美军使用的秘密武器就是CBU-94'石墨炸弹'。CBU-94的英文名称为'Blackout Bomb', 直译为"防空灯火管制炸弹", 被外界形象地称为'黑弹'。它是一种专门用于攻击电力设施的集束炸弹。

　　该武器由两部分组成: SUU-66/B型战术弹药撒布器(TMD)和BLU-114/B型子炸弹。它的头部是引信, 中间是由3片壳体组成的圆柱形容器, 尾部是折叠弹翼。集束炸弹被投放后, 折叠尾翼打开并偏转一定角度, 使撒布器逆时针旋转。达到一定高度后, 引信使撒布器裂开, 抛出子弹药。

〈CBU-94 '石墨炸弹'〉

〈BLU-114/B 子炸弹〉

CBU-94内装有约200颗BLU-114/B型子弹药。该子弹药是'石墨炸弹'的核心部分，长约20厘米，直径约6厘米，内有充气伞。它被释放后放出充气伞稳定下降，经过预定时间后放出经过化学处理的石墨细丝。这些石墨细丝像团乌云一样随风飘动，附着到变压器、输电线等高压设备上，造成短路，从而造成供电中断。由于石墨是良导体，当电流流经石墨细丝时，该点的场强增大，电流流动加快，开始放电，形成一个电弧，导致电力设备局部熔化。如果电流进一步增强，可以烧断输电线，甚至由于过热或电流过强而引起大火。有时电弧产生的电能极高，能夠引起爆炸，爆炸产生的金属碎片又引发更大的灾难，所以这种子弹药对电力设备的破坏能力极强。

6. CBU-105 '风向修正布撒器'(WCMD)制导 集束炸弹

CBU-105是在CBU-97的基础上换装洛克希德、马丁(Lockheed Martin)公司生产的'风向修正布撒器'(WCMD: Wimd Corrected Munition Dispenser)制导组件组装而成。与CBU-97一样，CBU-105集束炸弹内装填10枚BLU-108/B传感器引爆弹药，主要用于对付敌方群集主战坦克和装甲人员运输车等目标。

〈CBU-97 综合效应炸弹(CEM)〉

　　由于在海湾战争中现有制导炸弹暴露出了自身存在的许多问题, 美空军随后启动了WCMD项目。用灵巧制导尾部成套装置, 替代空军当前库存中集束炸弹所配用战术弹药布撒器(如SUU-65/B)的尾翼部分之后, 形成的新型布撒器称为WCMD。它是无动力型战术弹药布撒器, 依靠尾翼调整来控制弹药的飞行轨迹。采用该型布撒器后, 集束炸弹的性能将显著提高, 具体表现在三个方面: ① 炸弹投放精度显著提高, CBU-105从13,000米高空投放后, 其命中精度(圆概率误差)将达到26米, 属于近精确制导炸弹。② 炸弹的投放高度增加, 如CBU-97的最高投放高度为6,000米, 而CBU-105增加到了12,000米。③ 炸弹投放距离增加, 如CBU-105的投放距离增加到了19.3km, 使得美军战机可从敌方防空火力的有效射程之外对目标进行攻击。

生词

石墨	shímò	흑연
南联盟	nánliánméng	유고연맹
输电网	shūdiànwǎng	전기공급망
撒布器	sābùqì	살포장치
折叠	zhédié	접다, 개다
团乌云	tuánwūyún	커다란 먹장구름
电弧	diànhú	전호, 전기불꽃(arc)
熔化	rónghuà	융해하다
电能	diànnéng	전기에너지
灾难	zāinán	재난, 재앙
灵巧	língqiǎo	정교하다, 뛰어나다

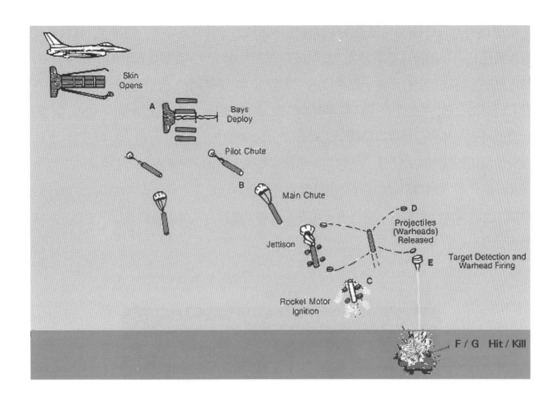

7. 大型燃料空气炸弹(MOAB)

〈BLU-81 '‡ ß '(Daisy Cutter)〉

  2003年3月11日, 美国在佛罗里达(Florida)州南部一个空军基地, 成功地进行了新型燃料空气炸弹(Massive Ordnance Air Blast Bomb)的首次实弹试验。根据美国军方提供的数据, 这种采用GPS制导的炸弹重21,000磅, 比在越南战争和阿富汗战争中使用的15,000磅炸弹'雏菊剪'(Daisy Cutter)还要重近一半, 因此, 有了另一个称呼"炸弹之母"。

所谓'燃料空气炸弹'是由低点火的高能燃料装填的特种常规炸弹。使用时，将装有挥发性碳氢化合物的液体燃料弹丸，发射或投掷到目标上空，在预定的时间内爆破容器，释放燃料，与空气混合形成一定浓度的气溶胶云雾。再经第二次引爆，可产生2,500℃左右的高温火球，并随之产生区域爆轰冲击波，起到摧毁目标和杀伤人员的作用。目前，新型燃料空气炸弹已经可以将两个过程合在一次爆炸中完成了，因此，爆炸时可以形成强大的超压和猛烈的冲击波。同时它会迅速将周围空间的氧气吃掉，产生大量的二氧化碳和一氧化碳，爆炸现场的氧气含量仅为正常含量的1/3，而一氧化碳浓度却大大超过允许值，造成局部严重缺氧、空气剧毒。在实战中，燃料空气弹本身所造成的杀伤，其威胁远远小于给对方士兵带来的空前恐惧。

〈MOAB〉

8. BDU-33 贫铀弹(Practice Bomb)

天然铀被提取出供核武器装料或核反应堆装料之后剩余的核废料，称为贫化铀，简称贫铀。贫铀弹是指以贫铀为主要原料制成的各种导弹、炮弹或子弹。其特点是在袭击目标时能产生高温化学反应，其爆炸力、穿透力大大超过一般弹药，可摧毁坚固建筑物，以及坦克和装甲车。

贫铀弹对人体和环境的危害主要是在其爆炸后，其中的贫铀会以粉尘的形式漂浮在大气中，其中50%以上是可吸入粒子。这些粉尘被人体吸入后在肺液中很难消溶。　如果一个人吸入了20毫克的贫铀粉末，那么，他身体细胞将每天置身于危险射线的照射之下，同时，吸入这些放射性粉末的人也有患白血病等危险。此外，贫铀弹爆炸后会造成局部地区铀浓度的骤然升高，放射性微粒和气溶胶随空气流动四处飘散，散布在空中，并逐渐沉降至地表，进入水和土壤，污染环境和人类的食物链，给人们的生活和生产带来严重影响。

9. HPM 电磁波炸弹(E-Bomb)

电磁波炸弹，又称'高能微波炸弹'(HPM: High-Power Microwave)或'电磁脉冲武器'(EMP: Electromagnetic Pulse)，专用来摧毁敌方的电子通信设备。电磁脉冲是在核爆效应下生产的电磁场。核爆产生的γ射线和x射线以光速由爆点向四周辐射，与空气中的氧、氟原子撞击产生电子形成的强大电磁场就是电磁脉冲。这些电子会放射出频率极短的磁场，对军用和民用电子、信息、通信系统破坏效应巨大，堪称C4I系统超级杀手。

科学家在模拟电磁脉冲实验中发现，电子装备最易受电磁脉冲破坏，虽然装备外观完整无损，但内部记忆电路、集成电路、逻辑电路、放大电路等均因瞬间超载而烧毁无法正常工作。而越先进、复杂、灵敏的装备受其影响越大。对核爆产生的电磁脉冲实验表明，其形成的电磁场在极短时间内达到最大强度。整个脉冲持续虽然非常短暂，但瞬间释放的能量却非常大。由于电磁脉冲是以电磁波形态发射，任何金属导体均能接收电磁脉冲并将能量输送至体内，而导致内部电子组件产生不正常反应，尤其是对C4ISR系统影响最大。系统一旦受其攻击，将会立即瘫痪。

现代战争中，对情报信息获取和控制已经成为决定战争胜负的关键因素。电磁脉冲对情报信息系统有硬件破坏、消除储存资料、破坏微处理器系统的功能等效应。由于电磁脉冲所释放的能量使得设备发生功能紊乱、操作失常等各种故障现象，从而造成整个信息系统瘫痪，信息无法传递或传递信息失误，严重地影响信息收集、传递、处理的时效性，进而影响作战指挥。

电磁脉冲可影响电离层的稳定性。当雷达波掠过时，被电磁脉冲干扰的区域会使其传播途径弯曲，造成雷达所确定的目标位置与目标实际位置产生误差，严重时甚至产生吸收作用。假如雷达波从目标物反射回来通过受干扰区域，反射波将全部被吸收，从而使雷达信号中断，不能将信息及时传递到指挥中心，影响指挥系统的正常工作。

电磁脉冲很容易使电缆感应电压值超过最大容忍限值，其结果会造成火花式短路现象，损坏线路，而线路上各式终端设备(如配线箱、交换机)也易遭受线路累积的能量而烧毁，造成指挥系统的工作中断。

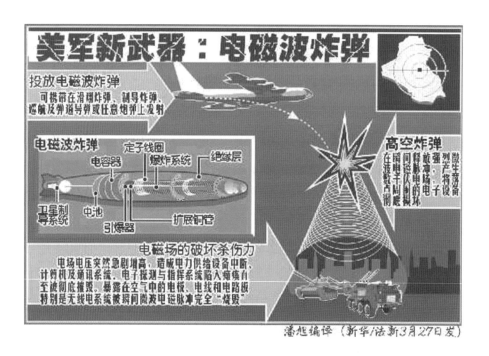

此外，电磁脉冲还能对人员实施间接杀伤。指挥系统操作人员如果接触到一个聚集有大量电磁脉冲的收集体，如金属体、电子装备等均会遭受到极高电压的灼伤，严重的甚至会造成死亡。

电磁脉冲巨大破坏作用促使一些国家加紧电磁脉冲武器的研制。早在上个世纪80年代，美国就强调对电磁脉冲武器的研制，要求国防部在研发进攻性电磁脉冲武器的同时，对新研发的武器装备均需要考虑对电磁脉冲的防护，并在全美多个基地建成了各型电磁脉冲模拟器10余座，用来进行电磁脉冲武器研制和防护实验。俄罗斯也对电磁脉冲进行了深入研究，目前已建有多种大型电磁脉冲模拟器，借以测试电磁脉冲武器的效力和各种电子系统的防护能力。

生词

雏菊剪	chújújiǎn	데이지 절단용 가위
能量	néngliáng	에너지
碳氢	tànqīng	탄소와 수소
气溶胶	qìróngjiāo	공기용해졸(sol)
氧气	yǎngqì	산소
二氧化碳	èryǎnghuàtàn	이산화탄소
允许值	yǔnxǔzhí	허용치
剧毒	jùdú	치명적이다
空前	kōngqián	유례가 없다
提取	tíqǔ	추출하다
剩余	shèngyú	남다
粉尘	fěnchén	분진, 미세먼지
漂浮	piāofú	떠다니다
消溶	xiāoróng	용해되다, 풀리다
骤然	zhòurán	갑자기, 삽시간에
微粒	wēilì	미립자
微波	wēibō	마이크로웨이브
电磁场	diàncíchǎng	자기장
氟	fú	불소
频率	pínlù	주파수
硬件	yìngjiàn	하드웨어[↔软件]
电离层	diànlícéng	전리층
传播	chuánbō	중계하다
弯曲	wānqū	구불구불하다
电缆	diànlǎn	케이블(cable)
灼伤	zhuóshāng	화상을 입다

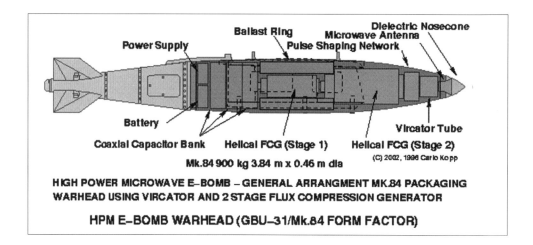

High Power Microwave E-Bomb – General Arrangement Mk.84 Packaging
Warhead using Vircator and 2 Stage Flux Compression Generator

HPM E-BOMB WARHEAD (GBU–31/Mk.84 FORM FACTOR)

부 록

본문해석

제1부 중국의 군대 – 인민해방군

제1강 군기

중국인민해방군(PLA)은 1927년 8월1일에 창설되었으며, 중국공농혁명군, 중국공농홍군, 팔로군, 신사군 등의 단계를 거쳐 1946년 10월 중국인민해방군으로 명칭을 바꾸었다. 인민해방군의 군기는 혁명전쟁 시기에 만들어져 발전된 것이다. 1927년 9월초 '추수봉기'를 준비하기 위해 갓 창설된 '공농혁명군 제1군 제1사단'은 당 중앙의 명령을 받들어 봉기깃발을 공동으로 연구하고 제작하였다. 기의 바탕은 붉은색으로 혁명을 상징하고, 중앙의 흰 별은 공산당 영도를 상징한다. 별 안에 낫과 도끼를 교차되게 새겨놓은 것은 노동자와 농민의 긴밀한 단결을 나타낸다. 기폭의 깃대 쪽 모퉁이 흰색 헝겊 띠에는 해서체로 "중국공농혁명군 제1군 제1사단"이라고 세로로 쓰여 있다.

1949년 6월15일 인민혁명군사위원회는 인민해방군 군기 모양을 규정하는 명령을 반포하였다. 기는 붉은색, 직사각형 모양으로 가로와 세로의 비율은 5:4이며, 기폭의 깃대 쪽 상단에는 황금색 별과 '8·1' 두 글자가 새겨져있어 "8·1 군기"라고 줄여 부른다. 별과 '8·1' 두 글자는 인민해방군이 1927년 8월1일 남창봉기로부터 탄생한 이래 오랜 분투를 겪어왔으며, 그 찬란한 성광(星光)으로 전국을 두루 비춘다는 의미를 지니고 있다.

1992년 9월5일, 강택민 중앙군사위원회 주석은 인민해방군 의장대가 사용할 육·해·공군 군기 모양(디자인)을 공포하였다. 육·해·공군 군기의 상반부(군기 면적의 5/8)에는 모두 인민해방군 군기의 기본양식을 유지하였고, 하반부(군기 면적의 3/8)는 군종을 구분하였다. 육군은 초록색으로 푸른 대지를 상징하고, 인민해방군의 일부분으로서 조국의 영토 안전을 지키기 위해 용감히 분투할 것이며, 대적할 적이 없다는 것을 의미한다. 해군은 파란색과 흰색 줄무늬로 바다와 파도를 상징하며, 인민해방군의 일부분으로서 조국의 넓은 영해를 보위하기 위해서 어떠한 위험도 무릅쓰고 용감히 나아간다는 의미를 지니고 있다. 또한 공군은 하늘색으로 드넓은 하늘을 상징하고, 인민해방군의 일부분으로서 신성불가침의 조국 영공 보위를 위해 날개를 펴고 날아오른다는 의미를 가지고 있다.

제2강 군대휘장

인민해방군 군대휘장은 1949년 6월15일 인민혁명군사위원회의 지시에 의하여 사용이 공포되었다. 황금색 테두리를 두른 붉은 별 모양으로 중간에는 황금색으로 된 '8·1' 두 글자가 새겨져있어, '8·1 군대휘장'이라고도 불린다. 1951년 2월1일 총참모부가 발표한 '인민해방군 내무조령(초안)'에는 육·해·공군 휘장모양이 부록으로 실려 있었다. 육군의 휘장은 곧 인민해방군의 휘장이고, 해·공군의 휘장은 '8·1'을 주체로 하고 있으며, 해·공군은 인민해방군의 일부분임과 육군의 기초 위에 발전하여 성장한 것임을 의미한다. 해군의 휘장은 진한 남색 바탕에 은회색의 쇠닻이 덧붙어 있고, 남색 바탕은 광활한 해양을 의미하고, 쇠닻은 함정을 나타내고, 해군을 상징한다. 공군 휘장은 황금색으로 된 매의 양 날개가 덧붙어 있으며, 공군의 용감함과 결단성, 그리고 멈추지 않는 비행을 상징하고, 또한 조국 수호의 영광된 임무를 결연히 짊어지겠다는 의미가 있다.

1990년 6월 중앙군위가 발표한 '인민해방군 내무조령'에 인민해방군 군대휘장 모양을 새롭게 부록으로 수록하였으며, 휘장 사용에 대해서 (다음과 같이) 명확하게 규정하였다. 휘장은 비율에 맞게 확대 및 축소할 수 있다. 행사、 열병、 군인 선서、 중요 집회 등을 진행할 때(사열대 중앙에 게시) 사용할 수 있고, 혹은 비장(臂章, 팔 상부에 붙이는 휘장)、 상장、 차량、 함정、 항공기、 중요 건축물에 사용될 수 있다. 하지만 상업광고나 군대휘장의 장엄함을 해치는 장소 혹은 장식품에는 사용을 금지한다.

제3강 계급

계급은 국가가 군인의 등급、 지위、 권한、 책임、 명예대우 등을 구별하기 위한 호칭이면서 표식이다. 중국군은 일찍이 1939년~1942년과 1946년 두 차례에 걸쳐 계급제도 시행을 준비하였으나 특수한 역사적 조건과 환경으로 인해, 모두 실현되지 못하였다. 중화인민공화국 건국 후인 1953년 1월9일, 마오쩌둥 주석은 중앙군위의 '계급제도 시행 준비 작업에 관한 지시'를 비준하였다. 그리하여 전군이 계급제도의 시행을 준비하게 되었다. 1955년 2월8일, 제1기 전국인대 상무위원회 6차 회의에서 〈인민해방군 군관(장교) 복무 조례〉를 통과시켰으며, 이 조례에서 해방군은 국제적으로 통용되는 계급체계를 채택한다고 규정하였다. 같은 해 8월11일 국방부는 〈군사(부사관) 및 병사 계급 평정에 관한 지시〉를 발표하였다. 중국에서 최초로 시행한 군대 계급은 모두 6등급 19계급으로 이루어졌다. 그러나 1965년 6월1일, 해방군 계급제도는 문화대혁명으로 인해 취소되고 말았다.

해방군 계급제도가 다시 부활한 것은 1988년이다. 1988년 7월1일 제7기 전국인대 상무위원회 제3차 회의에서 〈인민해방군 군관(장교) 계급 조례〉가 통과되었고, 같은 해 9월5일 국무원 제21차 상무회의에서는 〈인민해방군 현역 장병(부사관 및 병사) 복무 조례〉가 통과되었다. 이 두 조례에 의하면 해방군 계급체계는 모두 6등급 18계급으로 이루어졌다. 군관(장교) 계급의 호칭은 해·공군 및 전문기술 군관(장교)은 계급 앞에 각각 '해군'、 '공군'、 '전문기술'이라는 호칭을 덧붙였다. 예를 들면, '해군 소위'、 '공군 상교'、 '전문기술 소장' 등과 같다. 육군、 정치、 후근 군관은 직접 계급을 불렀다.

1993년 4월과 1999년 6월 두 차례에 걸쳐 〈인민해방군 현역 장병(부사관 및 병사) 복무 조례〉가 수정되어, 수정 후 장병 계급은 4등급 8계급으로 바뀌었다. 지원병역제(모병제) 장병은 1~6급 부사관, 의무병역제(징병제) 병사는 상등병과 열병(일등병)으로 구분되었다. 전군 및 무장부대 장병의 신식 계급장은 1999년 12월1일부터 사용되기 시작하였다. 1994년 5월에는 〈인민해방군 군관(장교) 계급 조례〉도 수정되어, 1급상장 계급이 없어졌다. 현재 인민해방군의 계급체계는 (아래와 같이) 7등급 18계급으로 이루어져있다.

장성 : 상장, 중장, 소장

영관장교 : 대교, 상교, 중교, 소교

위관장교 : 상위, 중위, 소위

고급부사관 : 6급 부사관, 5급 부사관

중급부사관 : 4급 부사관, 3급 부사관

초급부사관 : 2급 부사관, 1급 부사관

병사 : 상등병, 열병(일등병)

제4강 인민해방군 조직 및 편제

군사력은 한 국가의 각종 무장조직의 총칭이다. 중국의 군사력은 인민해방군, 인민무장경찰부대 그리고 민병 등 3개 요소를 포함하고 있다. 인민해방군은 육군, 해군, 공군, 제2포병 등 4개의 군종으로 구성된다. 육군은 인민해방군의 제일 중요한 군종이다. 오늘날의 육군은 주로 보병, 포병, 기갑, 공병, 통신, 화학 등의 병과로 이루어져있다. 다양한 작전능력을 구비하고 있어 단독작전 뿐만 아니라 해·공군과 합동작전을 수행할 수도 있다. (또한) 재래식 전쟁과 핵전쟁도 수행할 수 있다. 육군의 편제는 집단군, 사단, 여단, 연대, 대대, 중대, 소대, 분대로 이루어져 있고, 어떤 병과는 여단 편제가 없다.

해군의 주체는 함정부대이다. 해군의 주요 병과로는 잠수함부대, 해상함정부대, 해군항공, 해안방어부대, 해병대 등이 있다. 해군의 작전 능력은 과거의 단일 해상작전에서 수중, 공중, 얕은 종심의 육지(지상) 등 입체작전을 수행할 수 있도록 확장되었다. 해군의 주요 임무는 해상으로부터의 적 침입을 방어하고, 국가의 해양권익을 보호하는 것이다. 해군의 편제는 함대, 해군기지(군단급), 해상경비구역(사단급), 함정지대(사단급), 함정대대(연대급), 함정중대(대대급)로 구성된다. 중국은 북해함대, 동해함대, 남해함대 등 3개의 함대를 보유하고 있다.

공군의 주체는 항공병이다. 이외에도 고사포병(지대공 미사일 포함), 공수부대, 레이더병, 통신병 등의 병과가 있다. 공군은 기동성이 강하고, 화력이 강력한 특징을 지니고 있어 방공(防空) 이외에도 육·해군 작전(예를 들어 공중수송, 정찰 등) 지원과 적 후방에 대한 공습 등의 임무를 수행한다. 공군의 편제는 군구공군, 공군군, 비행사단, 비행연대, 비행대대, 비행중대로 구성되어 있다.

제2포병은 중국의 핵 역량이며 전략미사일부대라고도 부른다. 제2포병은 중거리, 장거리, 대륙간 탄도미사일부대 그리고 공정건축, 정찰, 컴퓨터, 수송, 전문근무지원부대를 포함하고 있다.

인민무장경찰부대는 중앙군위의 결정에 따라 인민해방군 가운데 국내 치안근무를 담당하던 부대를 공안부서에 넘겨 공안부서가 병역제를 시행하는 무장, 변방(국경방어), 소방경찰과 함께 통합하여 성립되었다. 무장경찰도 중화인민공화국 병역법과 인민해방군 조령과 조례의 적용을 받는다.

민병은 생산 활동에서 벗어나지 않은(생산 활동을 하고 있는) 대중무장조직이며, 인민해방군의 협력자이자 예비역량이다.

중국 무장역량의 최고지휘기구는 중국 공산당 중앙군사위원회이다. 중앙군위는 예하의 인민해방군 총부, 인민무장경찰 총부, 중앙군위 인민무장위원회를 통해 상술한 3가지 무장역량을 지휘한다. 국방부는 국무원의 한 개 행정부처로서, 중앙군위의 지도를 받는다. 중앙군위 산하에는 총참모부, 총정치부, 총후근부, 총장비부가 있다. 총참모부는 전국의 군사력 건설과 작전지휘를 책임지는 군사 영도기관으로, 예하에 작전부, 정보부, 통신부, 군훈부, 군무부, 병종부 등의 부서가 설치되어 있다. 총정치부는 전군의 정치업무 영도기관으로써, 군내의 당 업무와 정치업무를 책임진다. 총후근부는 전군에 대한 군수지원업무 영도기관으로, 전문적 군수지원업무에 대한 지휘·관리의 책임을 지며, 군대의 각종 군수지원 보장을 조직적으로 시행한다. 총장비부는 전군의 무기장비 건설업무를 조직적으로 영도하는 책임을 맡는다. 대군구는 4총부와 부대 사이에 있는 조직이다. 국가의 행정구역과 지리적 위치 그리고 전략전역 방향, 작전임무 등에 따라 설치된 군대 1급 조직이며, 전비(戰備)구역 내에서의 최고 군사영도지휘기관이다. 대군구는 관할구역 부대의 정규화, 현대화 건설을 지도하고, 관할구역 내 모든 군 및 병과부대의 합동작전을 통합지휘하며, 구역 내의 민병, 병역, 동원 업무와 전장 건설을 지도·관리하는 책임을 진다.

제5강 중국의 군사력

1999년 10월1일 건국 50주년을 기념하기 위해 중국 정부는 천안문 광장에서 열병식(군사퍼레이드)을 거행하였다. 이는 1984년 이래 처음으로 열린 행사였다. 이 열병식은 10여 년에 걸친 중국 군대 개혁의 새로운 성과를 보여주었다는 면에서 중요한 의미를 지닌다. 열병식에서 사람들은 중국이 연구개발한 차세대 전략핵무기를 볼 수 있었다. 이때 모습을 드러낸 신형 전략미사일은 모두 소형이었지만, 그 성능과 명중률은 매우 높은 것이었다. 정찰위성의 감시를 피하기 위해 신속히 미사일을 발사할 수 있고, 미사일 발사대를 트럭에 설치하여 이동이 가능케 하였다. 핵탄두는 소형화를 실현시켰고, 추진체는 고체연료를 사용하였다. 이 미사일 중에는 중거리 탄도미사일도 있었다. 이 미사일은 일본 등 중국 주변국을 모두 사정거리 범위 안에 둔 것이다. 그리고 미국 서부 연안까지 도달할 수 있는 사정거리 8,000km의 장거리 탄도미사일도 있었다. 이밖에도 중국은 잠수함 발사 신형 장거리 탄도미사일과 사정거리 12,000km로 미국 동부까지 도달할 수 있는 신형 지상발사 대륙간 탄도미사일(ICBM) 연구개발에 성공하였다. 하지만 이 두 종류의 미사일은 이 열병식에 참가하지 않았다.

현재의 중국 육군은 기계화보병, 전차, 포병, 고사포, 공병 및 통신부대 등의 기술부대로 구성된 합성집단군이며, 공수부대, 헬기기동부대, 해병대 등의 신속대응부대도 포함하고 있다. 올해 열병식에서 사열을 받은 (인원)은 위장복(얼룩무늬 전투복)을 입은 합성집단군 병사, 공수부대 그리고 해병대로 구성된 도보행진부대였다. 헬기기동부대의 무장헬기는 천안문 상공을 날아갔다. 이밖에 예비역 부대도 이 열병식에 참가했다. 도보행진부대 다음에는 무기장비가 뒤를 이었다. 사열을 받은 대부분의 무기는 국산 신형무기였다. 예를 들어 신형 전차, 장갑과 궤도를 장착한 보병수송용 장갑차, 보병전투차량, 각종 야포, 다연장 로켓포, 대전차포 및 방공 미사일 등이 그것이다.

열병식이 끝날 무렵 항공기 편대가 천안문 상공으로 날아왔다. 사열을 받는 수백 대의 항공기는 전투기 외에도 해군 항공대에 실전배치된 '페이빠오(날으는 표범)'전폭기, 러시아제 수호이-27, 공중급유기 그리고 각종 헬기가 있었다. 그중 '페이빠오'전폭기와 공중급유기는 처음 공개적으로 모습을 드러낸 것이다. 수호이-27의 행동반경은 매우 크다. 만약 공중급유기와 함께 조화를 이룬다면 그의 행동반경은 더욱 커질 것이고, 항속시간 역시 더욱 길어질 것이다. 더욱 주목할 만한 것은 합성집단군 간부를 양성하는 최고 군사학교인 국방대학의 학생들과 기타 군사학교의 학생들도 이번 열병식에 참여했다는 것이다. 이것은 중국의 군사개혁이 "양적인 것에서 질적인 것으로 전환"하고 있다는 것을 말한다. 즉, 군인(병력)의 수를 줄이는 동시에 무기의 질(성능)을 끊임없이 개선하고, 무기를 사용하는 군인의 소양(자질)을 향상시켜 과학기술 강군이라는 목표를 실현하고자 하는 것이다. 이번 열병식의 중요 의의와 영향은 앞으로 몇 년 내지 십 몇 년 안에 드러날 것으로 보인다.

제6강 육군

중국인민해방군 육군은 1927년 8월1일 창설된 이래 80여 년이라는 건설과정을 거쳐 현재는 강력한 화력과 돌파력(돌격력) 그리고 고도의 기동능력을 보유한 제병협동 합성군으로 발전하였다. 육군은 보병, 포병, 기갑, 공병, 통신, 화학 등 전문 병과들과 대전자전, 지도제작 그리고 항공 등의 부대로 편제되어 있다.

보병은 도보 또는 수송장갑차나 보병전투차량에 탑승하여, 기동하며 작전을 수행하는 병과로서 지상작전을 (수행하는) 주요 역량이다. 보병은 임무에 따라 산악보병, 차량화보병, 기계화보병으로 나뉜다. 포병은 각종 야포, 대전차포, 대전차 미사일 그리고 전역/전술 미사일을 기본장비(무기)로 삼는 지상 화력돌격(공격) 임무를 수행하는 병과이다. 포병에는 지상포병, 고사포병, 지대공 미사일 부대가 있다. 기갑부대는 편제상 전차부대와 장갑보병부대(기계화부대)를 주체로 하며, 포병, 대전차미사일, 방공, 화학, 공병 및 기타 (전투)근무지원보장부대로 편성된다. 장비는 주력전차 외에도 수륙양용전차, 경전차, 지뢰제거전차, 대전차미사일 발사차량 등이 있다. 공병은 야전공병, 부교, 건축, 보수유지, 위장, 야전급수공정 등의 전문 부(분)대로 편성된다. 통신은 야전통신과 고정기지통신, 통신공정 그리고 군사우편업무 등의 전문 부(분)대로 이루어져 있다. 화학은 방화(防化), 화염방사, 연막 등의 부(분)대로 편성된다. 방공은 고사포와 지대공미사일 무기를 기본장비로 하여 대공작전임무를 수행하는 병과이다. 육군항공은 공격헬기, 수송헬기 그리고 기타 전용헬기 및 고정익 경비행기를 장비로 하고 있으며 공중기동과 지상전투를 지원하는 임무를 수행한다.

육군의 건제단위는 집단군, 사단(또는 여단), 연대, 대대, 중대, 소대, 분대 순이다. 연대 이상은 대부분 합성편제를 채택하고 있다. 예를 들면, 집단군은 통상적으로 약간의 보병사단(또는 여단), 기갑사단(또는 여단), 포병여단, 방공여단, 헬기대대, 공병연대, 통신연대 및 각종 보장부대 등을 예하에 둔다. 육군은 임무에 따라 야전부대, 변방(국경방어)부대, 경호경비부대 등으로 나뉜다. 육군은 독립적인 영도(지휘)기관을 두지 않고, 총부의 관련부서가 그 기능을 행사한다. 집단군에서 연대까지의 각급 영도(지휘)기관은 통상 사령부, 정치부(처), 군수지원부(처), 장비부(처)를 두고 있다.

제7강 집단군

19세기 초 세계 군사무대에는 육군 각 병과를 하나로 통합한 전역편성단위가 출현하였는데, 이것이 바로 집단군이다. 20세기 중엽, 2차 세계대전은 집단군의 이러한 기본 전역군단의 편제 및 작전을 더욱 성숙되고 완벽하게 하였다. 중국 군대의 편제서열상 최초로 진정한 의미의 합성집단군이 출현한 것은 1985년이다. 1985년, 중국의 지도자 덩샤오핑은 당시의 국제정세와 주변 정세의 발전 추이를 예견하고, 군대건설지도에 대한 인식의 전략적 변화가 있어야 한다는 의견을 제시하였으며, 병력 100만 감축이라는 중대한 정책결정을 내렸다. 이 중대한 전략적 결정의 산물 중 하나가 바로 육군 집단군을 조직한 것이다.

신중국 성립 전야의 육군 총병력은 약 420만 명이었지만 1950년에는 520만으로 증가하였고, 1951년 말에는 580여만 명에 이르렀다. 그 후, 여러 차례의 병력 감축을 거쳐 70년대에 이르러서는 육군에 편제된 인원이 신중국 성립 당시의 1/3로 줄어들었다. (그렇지만) 그중 특수부대는 빠르게 발전하여 (특수부대의 규모가) 육군부대 병력 비율의 20%를 넘어섰다. 1980년 이후, 육군은 3차례의 비교적 큰 규모의 편제조정을 실시하였다. 중공 14대를 전후로 하여, 중국군은 현대 기술 특히 하이테크 조건하에서의 국지전에서 싸워 이긴다는 목표를 기반으로 삼아 군대의 질적 건설에 대한 새로운 요구를 제기하였다.

현재의 합성집단군 편성은 1985년 개혁의 중대한 성과이다. 보유하고 있던 육군 전부를 집단군으로 재편하고, 원래 군구에 속해 있던 기갑부대 전부, 포병과 공병 대부분을 집단군에 편입시켰으며, 원래 군단 소속이던 병과부대들을 집단군 소속의 기갑사(여)단, 포병여단, 고사포여단, 공병연대, 통신연대로 통합 편성하였다. 또한 화학, 수송부대를 확대 편성하고, 어떤 집단군에는 육군항공부대와 전자전 부대를 증강 배치하였다.

집단군의 편성은 육군부대의 화력, 기동력, 돌격력, 방호력, 신속대응능력 등을 전면적으로 강화하여 총체적인 작전역량과 독립적인 작전능력을 크게 향상시켰다. 20세기 90년대로 넘어들면서 (전쟁양상은) 하이테크 조건하의 국지전이 새로운 추세로 자리 잡았다. 오늘날 세계의 주요 군사대국들은 다투어 군 현대화건설을 향해 속도를 높이고 있다. 합성집단군은 (이미) 기본적인 전역편성단위가 되었으며, 작전 요소의 소형화, 다기능화, 합성화라는 뚜렷한 특징을 드러내면서, 총체적인 작전능력이 유례없는 발전을 이루었다. 현재 중국의 집단군은 이미 지상돌격역량, 화력타격역량, 작전보장역량과 군수지원보장역량 등 4개 부분에서 기본적인 틀을 갖추었으며, 이 네 가지 역량이 상호 지원하고 유기적으로 결합되어 하나의 완성된 작전시스템을 구축하고 있다.

제8강 해군

인민해방군 해군은 1949년 4월23일 정식으로 창설되었으며, 이제는 모든 병과가 망라되고 재래식 무기와 첨단무기를 두루 갖추어, 해상, 수중, 공중, 해안에서 입체적인 공방작전과 전략적인 공격능력을 구비한, 국가의 영해를 효과적으로 보위할 수 있는 전투역량으로 성장하였다. 그 주요 임무는 독립적으로 또는 육군, 공군과 협동하여 해상으로부터 침입해 오는 적을 막고, 해양주권을 지키며, 해양권익을 보호하는 것이다. 해군은 주로 해상함정부대, 잠수함부대, 항공부대, 해안방어부대, 해병대 등의 병과 및 각종 보장부대로 편성되어 있으며, 북해, 동해, 남해 등 3개 함대와 해군항공병부 및 각종 군사학교, 과학연구실험기구, 예비역부대와 군민연합방어단위(부대)로 이루어져 있다. 해군의 편제인원은 현재 약 30만 명으로, 그중에는 해군항공 2만 5천명, 해안방어부대 2만 5천명, 해병대 4만 명이 포함되어 있다.

해상함정부대는 해상에서 작전임무를 수행하는 병과로서 해군의 기본 작전역량이다. 전투함정부대와 근무지원함정부대를 포함하고 있으며, 광활한 해역에서 대함, 대잠, 방공, 기뢰전, 대안공격 등의 작전능력을 갖추고 있다. 주로 적의 해상 병력과 해안 목표를 공격하고, 상륙 및 대상륙작전을 지원하는 데 쓰인다. 또한 해상교통로를 보호 또는 파괴하고, 해상봉쇄 및 대봉쇄작전을 수행하며, 작전병력과 물자를 수송하고, 제해권과 해상제공권을 탈취하는 것이 주요 임무다. 그리고 평시에는 해상과학실험 및 탐사작업을 보호하거나 직접 여기에 참여하고, 해양자원을 개발하며 국가의 해양권익을 보위한다. 편제는 통상 지대(사단급), 대대(연대급), 중대(대대급)의 건제를 유지하는데, 예를 들면 구축함 지대, 호위함 대대, 미사일쾌속정 중대 등이 그것이다. 통계에 따르면, 현재 인민해방군 해군은 약 300여 척의 주력함정(이 가운데는 잠수함 63여척, 구축함 20척, 호위함 50여척)과 550척의 전투함정(미사일정 180~200척, 어뢰정 100~150척), 150~200척의 보조함정을 보유하고 있다.

잠수함부대는 수중에서 작전임무를 수행하는 병과이다. 잠수함의 동력에 따라 재래식 동력 잠수함부대, 핵추진 잠수함부대로 나뉘고, 무기장비에 따라 어뢰잠수함부대, 미사일잠수함부대, 전략미사일잠수함부대로 나뉜다. 잠수함부대는 수중에서 어뢰, 기뢰, 미사일 등의 무기를 사용하여 적을 공격할 능력을 갖추고 있으며, 주로 적의 중·대형 수송선과 작전함정을 소멸하는데 운용된다. (또한) 적의 해상교통로를 파괴하고, 아군의 해상교통로를 보호하며, 적의 기지나 항구, 해안의 중요 목표물을 파괴하는 것도 중요한 임무다. 이밖에도 정찰, 기뢰 살포, 대잠, 순시, 인원과 물자 수송 등의 임무를 수행하기도 한다. 기본편제는 지대(연대급)이며, 예하에 몇 척의 잠수함을 거느린다.

해군항공병은 주로 해양 상공에서 작전임무를 수행하는 병과이다. 통상 폭격항공병, 전폭항공병, 전투항공병, 지상공격항공병, 정찰항공병, 대잠항공병부대와 조기경보, 대전자전, 수송, 구조 등 보장임무를 수행하는 부대로 편성된다. 해군항공병은 해양 전구의 제공권을 탈취하고 유지하는 중요한 역량이며, 해군의 주요 돌격병력 가운데 하나로서, 해전의 과정과 결과에 중대한 영향을 미칠 수 있다. 편제서열은 함대항공병, 항공사단, 연대, 대대, 중대 순이다. 해군항공병은 10개의 항공사단(6개 전투기사단, 3개 폭격기사단, 1개 훈련사단)으로 편성되어 있으며, 약 540대의 작전기(폭격기 150대, 전투기 400대)와 약 100대의 헬기를 보유하고 있다.

해안방어병은 연해 주요지역과 도서에 배치되어 화력으로 해안방어의 임무를 수행하는 병과이다. 통상 해안미사일부대와 해안포병부대로 이루어져 있다. 기본임무는 해협과 항로 봉쇄, 적 함정 격파, 연안 해역의 해상교통로 및 함선 엄호, 해안과 도서의 수비부대 작전지원, 기지 및 항구와 연해 주요지역의 안전을 확보하는 것이다. 편제는 독립연대, 대대, 중대 등으로 유지되며, 각각 해군기지 또는 수경구에 소속된다. 해안방어부대는 50~80대의 대함미사일 발사대와 200~300문의 화포, 500~

700문의 고사포를 보유하고 있다.

해병대는 해군에서 상륙작전 임무를 담당하는 병과로서, 수륙양용작전을 실시하는 신속돌격역량이다. 통상 보병, 포병, 기갑, 공병 그리고 정찰 및 통신 등의 부(분)대로 구성되어 있다. 해병대의 기본임무는 독립적으로 또는 육군과 협동하여 상륙 및 대상륙작전을 수행하는 것이다. 편제서열은 여단, 대대(연대), 중대, 소대, 분대 순이다.

인민해방군 해군의 영도기관으로는 사령부, 정치부, 후근부, 장비부가 설치되어 있고, 예하에 북해, 동해, 남해함대 및 해군항공병부를 두고 있다. 각 함대는 기지, 함정지대, 수경구 등을 관할한다.

제9강 해병대

해병대는 이름 그대로 해군에서 상륙작전 임무를 담당하는 병과이다. 주요 임무는 독립적으로 혹은 육군과 배합하여 상륙작전을 실시하고, 후속제대의 상륙을 보장할 수 있도록 상륙지점 및 상륙지역을 탈취하고 공고히 하는 것이다. 이밖에도 해병대는 해안방어 등의 임무를 맡기도 한다. 해병대는 육군과는 다른 운송수단과 무기장비를 갖추고 있다.

중국의 해병대는 1953년 화동군구에서 최초로 창설되었다. (처음에는) 중앙군위의 비준을 거쳐 1개 육군 보병연대와 2개 보병대대를 기반으로 삼아 만들어졌다. (하지만) 임무등 상황의 변화로 인해 1957년 6월에 해체되었으며, 70년대 말 중앙군위의 결정에 따라 재건되었다. 편제체제는 기동성과 신속대응 등의 특징이 두드러지고 독립작전 능력을 높이는 방향으로 조정되었다. 편성에 대해 말하자면, 해병대는 육·해·공 3군을 거의 망라하였다. 즉, 보병, 포병, 정찰병, 기갑, 미사일병, 공수병, 잠수병, 화학병 등 없는 것이 없었다. 작전영역에서는, 산림에서 도서, 공중에서 수중, 열대지역에서 한대에 이르기까지 미치지 않는 곳이 없었다. 또한 각개 병사의 자질을 보면, 모두 뛰어난 특기를 지녔으며, 무술 실력도 상당히 뛰어났다. (중국은) 1980년대에 국방현대화를 추진하면서 정규화된 해병대를 조직하기 시작하였다. 원래 8개였던 해병사단을 해안방어사단으로 개편하여 집단군에 편입시키거나 삭제하였고, (적정인원만) 3개 함대에 각각 소속된 3개의 해병여단으로 편성한 다음, 총병력을 대략 15,000명으로 유지하였다. 1990년대 중기, 제인(Jane's)그룹은 중국이 주변지역(특히 남해지역)에 대한 신속 배치의 필요성에 따라 해병대의 규모를 3개 사단 45,000명으로 늘릴 것이라고 보도한 바 있다. 또 독일이 발표한 《군사력 균형》(The Balance of Military Power 1995~1996)에 의하면, 중국 해병대의 병력은 38,000명에 이른다고 지적하였다. 그러나 이러한 데이터는 현재까지 입증되지 않은 상태이다.

중국의 해병대는 일반적인 해병대와 다르게 보병과 수병의 능력을 겸비하고 있을 뿐만 아니라 여러 병과로 이루어진 합성부대이다. 그 편제는 여단을 기본단위로 하고 있으며, 여단본부에는 사령부, 정치부, 후근부를 두고, 예하에 3개 해병대대를 비롯하여 1개 전차대대, 1개 포병대대, 1개 수륙양용전차대대, 1개 통신대대 등이 편제되어 있다. 그리고 각 해병대대는 3개의 해병중대 외에 1개 고사기관총 중대, 1개 박격포 중대와 수륙양용대를 관할한다. 또한 여단본부 직할로 잠수중대, 화학중대、공병중대、차량중대、의무중대、경비중대、대전차중대、교도대、헬기팀 등 중대급 단위의 부대들이 편제되어 있으며, 각 해병여단은 5,300명 이상의 병력을 보유하고 있다.

예전에 양안관계가 첨예할 당시 '타이완 해방'은 줄곧 중국 해병대의 최종 임무였다. 하지만 양안관계가 완화되고 '원양해군'의 방침이 확립된 이후, (중국 해병대에는) 새로운 임무가 다시 부여되었다. 1992년 10월호《현대군사》의 보도에 의하면, 해병대의 새로운 임무는 "해상의 유전시설을 방위하고, 외국이 강점한 중국의 영토를 회복"하는 것이라고 했다. 이 글의 함의는 장차 남해가 해병대의 주요 임무지역이 될 것이며, 이에 따라 남해함대에 대다수의 해병대가 배치될 것임을 의미하는 것이다. 이밖에도 근래에 들어 신속배치 군사력을 강화하려는 움직임이 커지는 것은 해병대가 이미 전략적 중점발전대상으로 인식되고 있음을 보여준다. (지금 중국은) 수륙양용 함대가 미래 임무 수요에 순응할 수 있도록 해병대의 규모 확대 외에도 장비를 신형으로 교체하는 데 주력하고 있으며, 특히 부대의 신속배치 및 방공, 대장갑 능력을 강화시키고 있다.

제10강 공군

인민해방군 공군은 1949년 11월11일 정식으로 창설된 후, 60년의 발전을 거쳐 항공병、지대공미사일병、고사포병、레이더병、공수병、대전자、기상 등 여러 병과가 통합되고, 전투기、지상공격기、폭격기、수송기 등 여러 기종으로 이루어진 현대화 된 최첨단 군으로 발전하였다. 주 임무는 국토방공, 육·해군작전 지원, 적 후방 공습, 공중수송 및 항공정찰 등이다.

항공병은 공군의 주요 구성 부분이자 작전역량이다. 항공병은 전투항공병、지상공격항공병、폭격항공병、정찰항공병、수송항공병 등을 포함한다. 전투항공병은 공중에서 적의 항공기와 비행하는 공습무기를 격멸하는 병과이며, 지상공격항공병은 적의 지상부대 또는 기타 목표를 공격하는 병과이고, 폭격항공병은 지상과 해상목표물에 대해 폭격을 실시하는 공격병과이다. 정찰항공병은 정찰기를 기본 장비로 하여 공중에서 정보를 획득하며, 수송항공병은 군용수송기와 헬기로 공중수송 임무를 수행한다. 지대공미사일병은 지대공미사일로 무장하여 방공임무를 수행하는 병과로, 통상 전투항공병、고사포병과 함께 작전을 수행하며, 고사포병은 주로 방공작전에 투입되고, 적의 공중 목표를 격멸하여 전투항공병이 제공권을 장악하는 데 도움을 준다. (또한) 공수병은 기체 강하 또는 낙하산 강하 방식으로 지상작전에 개입하는 병과로써, 보병、기갑、포병、공병、통신병 및 기타 전문부(분)대로 구성되고, 적 종심 안의 중요한 목표나 지역을 탈취하는 것이 그 임무다.

공군의 지휘기관에는 사령부、정치부、후근부、장비부가 설치되어 있고, 그 예하의 기본 전투서열은 군구공군、공군 군(기지)、사단(여단)、연대(스테이션)、대대、중대 순으로 이루어져 있다. 군구 공군은 임무에 따라 예하에 하나 내지 몇 개의 공군 군(기지) 또는 항공사단과 하나 내지 몇 개의 방공혼성사단、지대공미사일사단(여단, 연대)、레이더여단(연대) 혹은 고사포여단(연대)을 거느린다. 공군 군(기지) 예하에는 몇 개의 항공사단 및 필요한 전투지원、전투근무지원부(분)대가 있다.

제11강   제15공정군

제15공정군은 1961년 6월1일에 창설된 중국인민해방군의 유일한 공수부대이다. 다른 나라와 다른 점은 이 큰 규모의 공수부대가 육군의 직접 지휘를 받는 것이 아니라 공군에 직속되어 있다는 것이다. 사실 이러한 편제 논리는 구소련의 공수부대를 모델로 삼은 데서 비롯되었다. 이와 같은 용병법은 (작전시) 편제된 인원과 수송수단을 통합 운용할 수가 있고, 전투병력과 공중수송부대간에 발생할 수 있는 연락단절을 회피할 수 있다는 데 착안한 것이다. 15공정군은 제43사단, 제44사단, 제45사단 등 3개의 공수보병사단을 골간으로 하고, 공군 제13공중수송사단의 90여 대 각종 수송기 및 일부 육군항공 소속의 독립 헬기연대(대대)와 함께 공동으로 "언제든지 비행할 수 있고, 언제든지 강하할 수 있으며, 언제든지 타격할 수 있는" 현대화된 공격형 신속대응부대로 조직되었다. 1975년과 1985년 두 차례의 편제 조정과 1994년, 1997년의 확대 편성을 거친 후, 15공정군은 유도병, 자동차병, 공병, 보병, 포병, 통신, 정찰, 화학 등 8개 기술병과를 보유한 해방군 돌격역량으로 점진 발전해 왔다. 군 본부는 후베이성 샤오간(孝感)에 위치하고 있으며, 행정구획상으로는 광저우(广州)군구에 속하지만 전략적 기동은 중앙군위가 직접 지휘 영도한다. 제43사단 및 그 예하의 제127, 제128, 제129 등 3개 공수보병연대와 1개 경포병연대의 주둔지는 허난성 카이펑(开封)에 위치하고 있다. 그리고 제44사단 및 그 예하의 제130, 제131, 제132보병연대와 경포병연대는 후베이성 잉산(応山)지역에 배치되어 있으며, 제45사단 및 그 예하의 제133, 제134, 제135보병연대와 경포병연대는 후베이성 황베이(黃陂)에 주둔하고 있다. 개략적으로 15공정군의 총병력은 약 3만 명 정도가 될 것으로 추측된다.

제12강   제2포병

인민해방군 제2포병은 1966년 7월1일에 창설되었으며, 지대지 전략미사일부대와 재래식 전역전술미사일부대로 이루어져 있다. 제2포병의 주 임무는 중국에 대한 적의 핵무기 사용을 억제시키고, 적이 핵 공격을 감행해 왔을 때, 통수부의 명령에 따라 독립적이거나 혹은 기타 군의 전략핵부대와 합동으로 제한적이고 효과적인 자위적 반격을 실시하여 적의 전략적 중요 목표를 타격하는 것이다.

지대지 전략미사일 부대는 일정 규모와 실전능력을 갖춘 주요한 핵 위협역량이자 전략적 핵 공격역량이다. 이 부대는 단거리, 중거리, 장거리미사일 및 대륙간탄도미사일 부대와 공병부대, 작전보장부대, 장비기술보장부대, 군수지원부대로 구성되어 있다. 재래식 전역전술미사일부대는 전술미사일무기체계를 갖추고 재래식 미사일 공격임무를 수행하는 부대이다.

현재 제2포병은 이미 다양한 모델의 미사일과 다양한 발사방식의 작전진지를 구축하고, 여러 종류의 미사일 무기장비시스템을 기본적으로 갖추었으며, 신속기동능력과 정밀타격능력이 더욱 향상되어 국가안보와 세계 평화 유지에 중요한 역할을 하고 있다.

제2포병은 단거리 미사일(사거리 1,000km이내), 중거리 미사일(1,000~3,000km), 장거리 미사일(3,000~8,000km), 대륙간탄도미사일(8,000km이상) 등이 포함된 여러 모델의 지대지 전략미사일과 전역전술 재래식 미사일을 장비하고 있으며, 주·야간과 각종 복잡한 기상조건하에서의 발사능력을 구비하고 있다. 이러한 미사일의 특징은 사거리가 멀고, 살상 및 파괴력이 크며, 명중정확도가 비교적 높고, 돌발방어능력과 생존능력이 강하다는 것이다. (미사일과 한 세트로) 연동하는 작전지휘 및 방호시스템과 기타 각종 시설이 구축되어 고정 발사와 기동 발사가 가능하기 때문에 생존능력이 상당히 우수하다.

제13강 중국의 핵무기 연구개발 과정

중국은 1964년 첫 번째 원폭 실험으로부터 현재에 이르기까지 핵무기 개발과 발전에 40여 년의 역사를 가지고 있다. 60년대 중기부터 중국은 중거리, 장거리, 대륙간, 잠수함발사 미사일 개발에 계속 성공하였고, 이들과 연계된 핵탄두도 연이어 모델별로 생산하여 실전 배치하였다. 80년대 중기에 이르러서는 기본적으로 제1세대 핵무기 발전과정이 완성되었다. 지상발사 미사일, 잠수함발사 미사일, 폭격기의 삼위일체 전략 핵역량이 갖추어져 핵 대국으로서의 물질적 기반을 닦은 것이다. 그러나 중국의 제1세대 핵무기는 전체적인 규모면에서 상대적으로 작아 핵탄두가 약 330여 개에 불과하였고, 기술도 낙후되어 실제적인 위협능력은 한계를 보였다.

① 지상발사 탄도미사일
중국의 제1세대 전략 핵역량은 지상발사 탄도미사일을 위주로 하였고, 주로 'DF-2, 3, 4'호와 'DF-5'호 4개 모델의 지대지 탄도미사일로 구성되었다. 이러한 지상발사 미사일은 대개 60~70년대의 기술로 제조된 것이어서, 각 미사일마다 1개의 핵탄두만 장착할 수 있고, 명중률도 상당히 떨어졌다. 이밖에도 4개 모델의 미사일은 모두가 액체추진제를 사용하여 체적이 클 뿐만 아니라 기동이 어렵고 저장에도 불편하였으며, 발사시에는 긴 준비시간이 필요하였다.

'DF-2'호 미사일은 1단 액체추진제 로켓 엔진을 장착한 중단거리 지대지 전략탄도미사일이다. 1960년 연구에 착수하여 1964년 실험에 성공했다. 최대 사거리는 1,200km이고, 2만 톤급 핵탄두 1발을 실을 수 있다. 지금은 이미 퇴역하였지만 현재까지 30기 정도가 여전히 남아있는 것으로 추정된다. 'DF-3'호는 1단 액체추진제 로켓 엔진의 중거리 지대지 전략탄도미사일이다. 1965년에 연구를 시작하여 1967년 실험에 성공하였고, 최대 사거리가 3,000km인데, 1985년에 다시 사거리 연장을 위한 성능개량실험을 통해 최대 사거리를 4,500km정도로 향상시켰다. 이 미사일은 지상 이동발사 기능이 있으며, 현재까지 모두 약 70여 기의 미사일이 배치되었다. 'DF-4'미사일은 2단 액체추진로켓의 중장거리 지대지 전략탄도미사일이다. 1964년 연구를 시작하여 1970년 시험 발사에 성공하였고, 1976년 사거리 연장 실험을 통해 최대 사거리가 8,000km정도로 향상되었다. 이 미사일은 지하의 사일로에서 고정 발사하며, 300만 톤급 탄두 1발을 실을 수 있다. 현재까지 이미 20기 정도가 실전배치된 것으로 보인다. 'DF-5'미사일 역시 2단 액체추진로켓을 장착한 대륙간 지대지 전략탄도미사일이다. 1965년 연구개발을 시작하여, 1970년에 처음 연구 비행실험을 하고 1980년 실탄 비행실험에 성공하였다. 최대 사거리는 12,000km에 이른다. 이 미사일 역시 지하 사일로에서 고정 발사되며, 500만 톤급 탄두 1발을 실어 나를 수 있다. 현재까지 약 10기가 실전배치된 것으로 알려진다.

② 잠수함발사 탄도미사일

중국은 1958년 핵잠수함을 연구개발하기로 결정한 이래 숱한 어려움을 극복하면서 30년이 지난 80년대에 들어 미사일 핵잠수함과 잠수함발사 미사일 개발에 잇달아 성공함으로써 마침내 수중 전략핵역량을 건설하게 되었다. 1968년 최초의 어뢰 핵잠수함 건조가 시작되어 1971년 진수하였고, 1974년 해군에 인도하였다. 서방에서는 이 잠수함을 '한급(漢級)' 핵잠수함이라 부른다. 미사일잠수함은 1970년부터 개발이 시작되어 1981년 진수하였고, 1983년 해군의 전투서열에 편입되었다. 서방에서는 이 잠수함을 '시아급(夏級)' 미사일잠수함이라 부른다. 이 잠수함은 배수량 8,000톤, 길이 120m, 항속 약 22노트, 최대 잠수가 가능한 수심이 300m이다. 또한 12개의 미사일 발사관에 12기의 'JL(巨浪)-1' 잠수함발사 탄도미사일을 장착하고 있다. 1990년까지 중국은 이미 2척의 '시아급' 핵잠수함을 건조하였고, 3척은 현재 건조 중이다. 추정에 의하면 '시아급' 핵잠수함의 전체 건조계획은 4~6척 사이가 될 것이며, 2~3척으로 상시 전비순찰을 유지할 것으로 보인다.

'JL-1'은 2단 고체추진로켓의 중거리 잠수함발사 전략탄도미사일이다. 1967년 정식으로 연구개발에 착수하여 1982년 재래식 미사일잠수함에서 발사실험에 성공하였다. 그러나 1985년 '시아급' 핵잠수함에서의 첫 번째 발사실험은 실패하였고, 3년 후인 1988년 두 번째 실험에서야 성공을 거두었다. 이 미사일은 중국의 기타 전략미사일과 달리 고체추진제를 사용하고, 200만 톤급의 탄두 1개를 장착할 수 있다. 이 미사일의 최대 약점은 사거리가 3,000km밖에 되지 않아 적측 해안에 가까이 접근해야만 공격이 가능하기 때문에 적의 대잠 역량에 의해 견제를 받기 쉽다는 것이다. 'JL-1'은 현재 약 50기 정도가 생산되었다.

③ 공중 핵무력

중국의 세 번째 핵역량은 'H(轰)-6'폭격기와 'Q(强)-5'강습기가 운반하는 핵폭탄으로 이루어져 있다. 추정에 의하면 중국은 현재 약 150발 정도의 항공기 투하 핵폭탄을 보유하고 있는 것으로 보인다. 'H-6'와 'Q-5'는 모두 50~60년대의 기술로 제작된 항공기로 현대의 방공체계에 대응하는 능력이 부족하다. 게다가 이 두 기종의 비행기는 핵탄두가 실린 장거리 순항미사일을 장착하지 못하기 때문에 실질적인 핵작전 능력을 발휘하는 데는 한계가 있다. 'H-6' 폭격기는 중국이 구소련의 아음속 중형 폭격기를 모방하여 만든 것이다. 1959년 구소련은 중국에 2대의 'TU(图)-16' 폭격기의 시제기와 전투기술자료를 제공하였는데, 1963년부터 중국이 이를 모방 제작하기 시작하여 5년이 지난 1968년에 'H-6'를 생산하게 된 것이다. 이 비행기는 최대 시속이 1,000km/h이고, 최대 9톤의 폭탄을 적재할 수 있으며, 작전반경은 약 3,000km로 아시아 대부분 지역과 러시아의 극동 및 중앙아시아 지역까지 미친다. 'H-6'는 약간의 개조로 핵탄두 투하가 가능하여, 중국 최초의 원자탄과 수소탄 공중 폭발실험은 모두 이 항공기가 실시하였다. 중국은 현재 120여 대의 'H-6' 폭격기가 취역하고 있다.

제14강 중국의 전략핵역량

최근 몇 년 동안 중국은 핵실험에 박차를 가해왔다. 각계의 분석을 통해 보면, 80년대 초중기 중국은 소형, 기동, 돌발방어, 안전성의 원칙에 입각하여 제2세대 전략 핵무기 발전의 사전 연구와 이론 설계를 시작하였다. 일련의 실험을 거쳐 설계원리의 정확성을 검증하였고, 다탄두 분리유도 등과 같은 중대한 핵심 기술의 난관을 돌파하였으며, 90년대 중기에 이르러서는 제2세대 핵무기 개발이 이미 마지막 단계에 진입하였다. 중국이 현재 발전시키고 있는 제2세대 전략 핵무기는 다음과 같은 주요 특징을 지니게 될 것이다.

첫째, 다탄두 분리유도 기술을 적용하여 한 발의 미사일에 적어도 3개, 많게는 6~10개의 핵탄두를 탑재할 수 있고, 각각의 탄두는 모두 독립된 목표를 공격할 수 있으며, 정확도 역시 대폭 향상된다.

둘째, 절대 다수의 미사일은 액체추진제 대신 고체추진제를 사용하게 된다. 그리하여 미사일의 체적을 작게 하고, 발사 반응시간도 단축될 뿐만 아니라, 보관과 운반이 용이해진다.

셋째, 탄도의 사정거리가 향상되어 지상 기동 미사일과 잠수함발사 미사일은 8,000km 정도까지, 지하 사일로에서 고정 발사하는 미사일은 15,000km에 이르게 된다.

넷째, 사정거리가 2,000km를 초과하는 핵탄두 장착 공대지 순항미사일 개발을 서둘러 공중 핵타격 범위를 늘림과 동시에 적의 공중방어 돌파에 따른 위험을 벗어난다.

① 지상발사 미사일

'DF-4'와 'DF-5' 미사일을 다탄두로 개조하는 것 외에 중국의 제2세대 지상발사 전략미사일은 주로 다음 3종류의 신형으로 구성되고 있다. 중거리 기동 미사일은 지상에서 이동하며 발사할 수 있고, 사정거리 약 4,000km에 고체추진로켓을 사용하며, 1~3개의 핵탄두 또는 화학탄두와 재래식 고폭탄까지 탑재할 수 있다. 이 미사일은 현재 보유한 'DF-3' 중거리 액체추진 미사일을 대체하게 된다. 장거리 기동 미사일은 사정거리 8,000km정도에 고체추진 로켓을 사용하고, 최소 3개의 탄두를 장착한다. 이 모델의 미사일(DF-31)은 'DF-4' 액체추진 장거리 미사일을 대체할 것으로 보인다. 대륙간 고정발사 미사일은 지하 사일로에서 발사되며, 사정거리 15,000km 정도에 고체추진 로켓을 사용하고, 6~10개의 탄두가 탑재 가능하다. 이 모델의 미사일(DF-41)은 현재의 'DF-5호' 액체연료 대륙간탄도미사일을 대체하게 될 것이다.

② 잠수함 발사 미사일

'JL-1'을 다탄두로 개조하는 것 외에 중국은 'JL-2' 미사일과 이와 배합되는 신형 미사일 핵잠수함을 개발하여 제2세대 수중 핵 운반체로 삼고 있다. 'JL-2'는 2단 고체추진 로켓을 사용하며, 사정거리 8,000km 정도에 6~8개의 탄두를 탑재할 수 있는 장거리 잠수함발사 탄도미사일이다. 'JL-2'를 보유한 이후 중국의 미사일 핵잠수함은 적 해안으로부터 멀리 떨어진 심해에서 공격이 가능해졌기 때문에 적 대잠역량의 견제를 걱정할 필요가 없게 되었다. 'JL-2'의 체적은 'JL-1'보다 훨씬 크다. 따라서 중국은 '시아급' 핵잠수함을 바탕으로 신형 '094형(晉級)' 핵잠수함을 개발하여 'JL-2'의 운반체로 삼게 된 것이다. 어떤 소식통에 따르면, 이 신형 미사일 핵잠수함의 미사일 발사관은 '시아급'의 12개에서 16개로 늘었다고 한다. '런던국제전략연구소'가 최근 발표한 연구보고서에 의하면 중국은 'JL-2'를 장착한 핵잠수함 6척을 건조할 가능성이 있다.

③ 공중 핵전력

공중 핵전력 분야에서 중국이 현재 가장 서두르고 있는 프로젝트는 장거리 순항미사일과 'H-7' 폭격기를 개발하여 제2세대 공중 핵전력의 주체로 만드는 것이다. 장거리 순항미사일은 공중에서 발사할 수 있는 핵탄두 장착 미사일이다. 중국은 현재 초음속, 초저공비행의, 가시거리 초월 공격능력과 자동화 및 정밀유도시스템을 갖춘 장거리 순항미사일에 대한 연구개발을 진행하고 있다. 이 순항미사일의 사정거리는 현재 미국과 러시아의 미사일과 비슷한 2,000∼3,000km 사이로 알려지고 있다. 중국이 만약 개발에 성공한다면 차세대 폭격기의 작전능력이 강화될 뿐만 아니라 현재의 'H-6'도 계속하여 사용할 수 있게 된다. 'H-7'은 80년대에 연구개발하기 시작한 전투폭격기로 중국 공군의 최우선 추진항목 가운데 하나이다. 이 항공기는 러시아의 '수호이-24', 영국의 '토네이도' 전폭기와 유사하며, 최고시속 마하 1.8, 작전반경 1,500km, 최대 폭탄적재량 5톤으로 초저공비행을 위해 지형레이더와 전자교란장치를 탑재한다. 또한 핵무기를 적재할 수 있으며, 만약 장거리 순항미사일을 장착한다면 아주 강력한 핵공격 능력을 갖추게 될 것이다. 이밖에도 1987년에 중국 군부는 일찍이 현재의 'H-6' 중형 폭격기를 대체하고 제2세대 공중 핵무기의 주요 운반체가 될 신형 장거리 초음속 폭격기 연구개발에 관해 논의한 바 있다. 이 계획은 아마도 21세기 초에 전개될 것으로 예상된다.

'런던국제전략연구소' 추정에 따르면 앞으로 15년 내에 중국이 배치할 제2세대 핵전력의 규모는 지금의 3∼5배가 될 것이라고 한다. 이 추정에 근거하여 산출해 보면, 중국의 제2세대 지상발사 전략탄도미사일(사일로 고정발사와 지상 기동발사 두 가지 포함)은 300기 정도가 될 것으로 보인다. 만약 각 미사일에 3개의 탄두만 탑재한다 해도 900∼1,000여 개의 핵탄두를 발사할 수 있는 것이다. 미사일 핵잠수함 역시 6척 정도로 발전되고, 각 핵잠수함에 16개의 발사관이 있다고 계산하면, 90여 기의 잠수함발사 미사일을 장착할 수 있다. 만약 각 미사일에 6개의 탄두를 탑재한다면 550개의 핵탄두를 발사할 수 있는 것이다. 폭격기와 강습기 또는 함정에 탑재하는 것과 핵탄두를 장착한 장거리 순항미사일만 하더라도 최소한 수 백기가 생길 수 있다. 이렇게 된다면 중국의 제2세대 핵전력은 2,000개 정도의 핵탄두를 발사할 수 있다는 말이 된다. 이는 중국이 현재 보유한 핵탄두 총수량의 6∼7배에 이르는 것이다. (더욱이) 이것은 단거리 미사일과 같이 전술 핵무기에 사용되는 핵탄두는 포함시키지 않은 수량이다.

제2부 군사문선

제15강 훈련캠프 입소

대학을 졸업한 후 나는 훈련캠프에 입소하였다. 먼저 주관부서에 등록하고 군복을 수령한 다음 배정받은 곳으로 가서 3개월의 군사훈련을 받는 것이다. 훈련이 시작되던 날, 아침 식사를 마친 후 구대장의 호각소리와 함께 우리는 집합하였다. 우리 구대에는 3개의 분대가 있었다. 구대장이 분대별 횡대로 집합시킴에 따라 우리는 3열 횡대로 섰다. 정열이 끝나자 그는 우리를 연병장으로 인솔하였다. 연병장에 도착하자 먼저 인원점검을 하였는데, 이것은 의례적인 일이다. 인원점검을 하기 전에는 먼저 열의 선두를 정돈해야 한다. 구대장의 "번호!" 구령이 떨어지면 우리는 우에서 좌로 번호를 외친다. 번호를 할 때는 맨 마지막 사람을 제외하고 모두가 머리를 돌리는 동작을 해야 한다. 제1분대가 번호를 하면 2분대와 3분대가 뒤를 잇는다. 만약 2, 3분대가 1분대와 인원수가 같으면 마지막 사람은 "번호 끝!"이라 말하고, 인원이 맞지 않으면 "O명 미도착!"이라 복창한다. 각자의 위치는 항상 고정되어 있으며, 매일 훈련할 때마다 이렇게 시작하였다. 번호가 끝난 후에는 복장을 확인한다. 지휘자가 "복장 확인!" 구령을 내리면 우리는 신속하게 두 손을 들어 올려 모자 창의 양 끝을 잡고 단정하게 썼는지 본 다음, 위에서 아래로 옷깃과 단추를 확인한 후에 허리로 내려가 요대가 잘 매어 있는지를 살핀다. 지휘자가 "동작 그만!"하면 다시 차렷 자세로 돌아간다.

총기를 지급받은 후에는 훈련하기 전에 먼저 총기검사를 하였다. 총기검사란 하늘을 향해 격발함으로써 총기 안에 실탄이 있는지 살펴보는 것이다. 총기검사가 끝나고 차렷 자세를 익히기 시작하였다. 차렷은 군인의 기본자세다. 차렷과 연계되는 동작은 "쉬어"로써 일종의 휴식하는 자세이다. "열중쉬어"는 익히기에 수월한 동작으로, 군사훈련, 위병근무와 함상도열 때 주로 사용한다. 열중쉬어 때는 왼발을 왼쪽으로 일 보 벌리고 두 손을 등 뒤에 얹는데, 총기를 휴대했을 때는 손을 뒷짐질 필요가 없다. 이밖에도 정지간 회전동작인 "좌향좌", "우향우", "뒤로 돌아"가 있었다. 지휘자는 우리에게 구분동작을 시킨 후에 전체동작을 하게 하였다. 처음에는 훈련 중에 대열이 매우 흐트러졌지만 나중에는 정돈된 상태를 유지하게 되었다.

행진간 보행법에는 "바른걸음", "큰걸음", "뜀걸음", "제자리걸음" 등이 있다. 바른걸음은 군인이 행진할 때 상용되는 보행법이다. 큰걸음은 분열식과 기타 열병(퍼레이드)과 같은 의전성 장소에서 쓰인다. 행진하다가 지휘자의 "제자리 서"라는 구령을 들었을 때는 전진을 멈춰야 한다. 행진하다 멈추면 일반적으로 대열의 줄이 맞지 않게 되는데, 이때 지휘자가 "우로 나란히!"라고 구령하면 우리는 잔걸음을 밟으며 고개를 돌려 줄 우측 선두를 보고 줄을 맞춘다. 지휘자가 다시 "바로!" 구령을 내려야 전방을 볼 수 있다. 어떤 때는 "좌로 나란히!" 혹은 "좌우로 나란히!" 등의 구령을 내리기도 한다. 행진간 정돈된 상태를 유지하는 방법은 지휘자가 "하나, 둘, 하나, 둘"로 구령하거나 "하나, 둘, 셋,

넷"을 외치는 것이다. 만약 후자일 경우에는 우리도 지휘자의 구령을 따라서 외쳐야 한다. 군인은 대열에 들어있을 때 반드시 지휘자의 지시에 따라야 한다. 만약 자신에게 무슨 일이 있을 때는 먼저 "보고합니다!"를 외치고 허락을 받은 후에야 비로소 열외할 수 있다. 지휘자도 어떤 상황이 생기면 특정인을 호명하여 "열외!" 구령을 한다. 대열로 되돌아가는 구령은 "위치로!"이다. "열외"이든 "위치로"이든 모두 뜀걸음을 해야 한다.

매일 훈련이 끝나면 내무정리를 한다. 내무정리는 단지 청소하는 데 그치지 않으며, 실제로 중요한 것이 침구정돈이다. 요구에 따라 침구를 두부처럼 네모반듯한 덩어리로 접는다. 대대급과 중대급에서는 내무사열이 종종 있다. 토요일과 일요일은 우리들의 휴식시간이다. 일요일 저녁에는 점호를 해야 한다. 이 점호는 사람이 있는지 확인할 뿐만 아니라 구대장이 지시사항을 말하기도 한다. 이 3개월의 훈련기간 동안 우리는 또 몇 차례의 비상훈련과 야영훈련도 받았다. 비상훈련은 통상 밤에 우리가 막 잠자리에 들었을 때 실시된다. 나팔소리가 들리자마자 구대장이 호각을 불면 우리는 재빨리 옷을 입고 배낭을 꾸린 다음, 배낭을 짊어지고 밖으로 뛰어가 줄을 선다. 집합이 끝난 후에는 보통 연병장을 두 바퀴 뛰고 돌아왔다. 3개월의 훈련은 (이렇게) 우리를 민간인에서 군인으로 바꾸어 주었다.

〈손자의 조련술〉

손자는 춘추시대 때 제나라 사람이며, 뛰어난 군사전략가이다. 그가 병법에 조예가 깊다는 말을 듣고 오왕이 그를 접견하였다. "그대가 쓴 13편의 병법을 과인은 이미 다 보았다. 그대는 그 병법에 따라 병사를 조련할 수 있겠는가?"라는 오왕의 말에 손자는 "가능합니다."라고 대답하였다. 오왕이 다시 "그러면 궁녀들에게 한번 시도해 보겠는가?"하자 손자는 "좋습니다." 이에 오왕은 180명의 궁녀를 불러오게 하여 손자에게 훈련을 맡겼다. 손자는 궁녀들을 두 팀으로 나누고 오왕이 총애하는 후궁 두 명을 뽑아 각 팀의 대장으로 임명한 다음, 모든 궁녀에게 무기를 나누어주었다. 그리고는 큰소리로 궁녀들에게 물었다: "너희들은 자신의 가슴과 등과 좌우의 손이 가리키는 방향을 아는가?" 궁녀들이 대답하였다: "압니다." 손자가 다시 큰소리로 "내가 너희들에게 앞으로! 라고 명령하면 가슴과 마주하는 방향을 보고, 좌로! 하면 왼손이 있는 쪽을 향해 보도록 한다. 모두 내 말을 알겠는가?"라고 하자 궁녀들은 한 목소리로 "알겠습니다!"고 대답하였다. 손자는 행여 그녀들이 기억을 못할까 염려되어 이 규정을 몇 번이나 설명하였다. 이어서 북을 울리고 "우로!"라는 구령을 내렸는데, 궁녀들은 듣고도 동작은 하지 않고 깔깔대며 웃음을 터뜨리는 것이었다. 손자가 말하기를 "아마도 이번에는 명령이 명확하지 못했던 것 같다. 그렇다면 이것은 지휘관의 잘못이다."하면서 재차 규정을 자세히 설명하였다. 그러한 다음 "좌로!" 구령을 내렸는데 궁녀들은 또 깔깔 웃어대었다. 이때 손자가 엄숙한 모습으로 말했다. "명령이 명확하지 못한 것은 지휘관의 잘못이지만, 명령이 분명함에도 규정대로 하지 않는다면 그것은 너희들의 잘못이다." 말을 마치자 손자는 군법에 따라 두 명의 궁녀대장을 처형하도록 지시하였다.

누각에서 훈련을 지켜보던 오왕은 갑자기 손자가 자신이 총애하는 후궁을 죽이려는 광경을 보고 대경실색하여 사람을 보내 손자에게 말했다. "나는 이미 장군의 용병능력을 알고도 남소. 이 두 후궁은 모두 내가 가장 아끼는 여인으로, 그녀들이 없으면 나는 입맛조차 느낄 수 없을 터이니 제발 용서

해 주시오!" 이에 손자가 말하였다. "대왕께서는 저에게 훈련을 맡기셨습니다. 무릇 장수란 군대를 이끌고 싸울 때는 설령 군주의 명령이라도 받아들이지 않는 것입니다."하고는 법무관에게 두 후궁을 죽이라고 명령하였다. 손자는 다시 두 명의 궁녀를 대장으로 지명하고 훈련을 재개하기 시작하였다. (이후) 명령에 따라 궁녀들은 앞으로, 뒤로, 좌로, 우로, 꿇어앉아, 일어서 등을 요구하는 대로 척척하면서 아무도 감히 소리를 내지 않았다. 이러한 정황을 확인한 후 손자는 사람을 보내 오왕에게 보고하였다. "조련은 이제 끝났으니 대왕께서 납시어 보셔도 좋습니다. 이 병사들은 지금 당장 끓는 물과 타는 불에 뛰어들게 하여도 능히 해낼 수 있을 것입니다." 이에 오왕은 "장군께 숙소로 돌아가 쉬시라고 하라. 나는 내려가 보고 싶지 않다."며 손사래를 쳤다. 이 말을 전해들은 손자는 탄식하며 이렇게 말하였다. "대왕은 단지 나의 병서만 즐겨 읽을 뿐, 내가 병법대로 하는 것을 보고 싶어하지는 않는구나." 오왕은 손자가 마음에 들지는 않았지만 그의 용병술이 뛰어난 것을 인정하고 결국 그를 장군으로 임명하였다. 그 이후로 오나라는 점차 강성해지기 시작하였다.

제16강 군대의 카멜레온 – 위장전투복

1890년부터 1902년까지 영국은 네덜란드계 남아프리카인의 후예인 보아인과 전쟁을 하였는데, 당시 보아인의 군대는 영국군의 1/5에도 미치지 못하였다. 전장의 자연환경은 주로 밀림 안이었다. 초기에는 영국군이 우위를 점하여 많은 보아인을 포로로 잡았지만, 오래지 않아 영국군에게 불운이 시작되면서 빈번하게 보아인의 습격을 받게 되었다. 영국군이 보아인을 찾아내려면 상당한 어려움을 겪었는데, 영국군은 한참이 지나서야 보아군의 복장이 밀림의 목초와 유사한 황록색으로 바뀌었기 때문이란 사실을 깨달았다. 이 뿐만 아니라 무기에도 녹색을 칠하여 열대수림 중에 숨어있으면 쉽게 발각되지 않았던 것이다. 그러나 영국군은 어리석게도 여전히 붉은색 군복을 착용하여 뚜렷한 표적이 되었기 때문에 항상 기습을 당할 수밖에 없었다. 뒤에 영국의 병사들도 보아인처럼 황색이나 녹색 군복을 입고서야 비로소 공격당하는 국면에서 벗어날 수 있었다. 일설에 의하면 바로 이때부터 각국 군대의 복장이 황록색으로 바뀌었다고 한다. 중국의 육군도 예외가 아니어서 옅은 황록색에서 짙은 황록색으로, 지금은 또 초황록색으로 바뀐 것이 모두 자신을 은폐하고 적을 제압하기에 유리하기 때문이다.

나중에 비행기가 등장하고 정찰장비가 발전함에 따라 단지 옷의 위장색만으로는 (은폐하기가)어려워졌다. 이에 다시 지금의 초록에 가까운 보호색이 출현하였고, 전투시에는 옷이나 모자에 나뭇가지를 꽂아 전투환경에 적응하면서 비행기가 발견하기 어렵게 하였다. 나뭇가지 삽입과 위장망 제작에서 영감을 얻어 위장복이 연구되어 나왔다. 옷에 서로 다른 형상의 반점을 그리고, 서로 다른 색상을 입힘으로써 반점의 색상과 모양을 이용하여 표적의 외형을 위장할 수 있으며, 사람으로 하여금 표적을 초목과 구분하기 어렵게 만든 것이다. 2차 세계대전에서 이러한 위장복이 광범위하게 출현하였다. 그러나 2차대전 이후 과학의 신속한 발전, 특히 전자정찰기술의 발전은 위장복의 많은 취약점을 노출시켰다. 첫째, 전장의 환경이 저마다 달라 사막, 해양, 밀림이 있는가 하면, 겨울과 여름, 봄가을이 있기 때문에 위장복이 각종 환경하에서의 은폐를 충족하기란 매우 어렵다는 것이다. 둘째, 전자정찰수단의 발전으로 주변환경과 약간만 다른 물체도 구분할 수 있기 때문에 위장복은 아주 쉽게 발각되었다.

어느 날, 미국의 한 위장복 연구전문가가 베트남 전장을 시찰했을 때, 문득 카멜레온의 변색으로부터 영감을 얻었다. 카멜레온처럼 저절로 환경에 적응할 수 있는 위장복을 만들 수 있지 않을까? 지금 이러한 기술은 이미 성공하여 미국과 일본에서는 일종의 변색 광섬유를 연구개발해 내었다. 이러한 섬유로 군복을 만들 경우, 병사가 밀림에 들어가면 녹색으로, 사막에서 은폐하면 황색으로, 꽃이 만발한 수풀에 엎드리면 여러 가지 색상으로 변할 수 있다. 이러한 사실을 미루어 보건대, 위장복을 이용하여 자신을 은폐하는 것은 대단히 중요하며, 특히 돌발적인 기습을 감행할 때 더욱 중요하다(는 것을 알 수 있다.).

제17강 탱크

탱크는 무기와 회전포탑을 장착한 궤도식 장갑전투차량으로, 현대 육군의 주요 무기이자 기본 돌격역량이다. 탱크는 1차 세계대전 때 등장하였다. 당시 교전 쌍방은 참호와 철조망, 기관총 사격집중구역으로 이루어진 방어진지를 돌파하기 위해서는 화력, 기동력, 방호력이 한데 결합된 무기를 필요로 하였고, 이에 따라 영국인이 최초의 탱크를 설계제작하게 된 것이다. 80여 년의 발전과정을 거치면서 탱크는 이미 여러 종류가 나왔다. 사람들은 일반적으로 전투중량과 화포구경에 따라 중형(重型), 중형(中型), 경형 3가지로 구분한다. 중형(重型)탱크는 무게가 40톤 이상이고 화포의 구경이 최대 122mm에 이르며, 전장에서 종종 중형(中型)탱크의 진격을 엄호하거나, 중형(中型)탱크와 보병작전을 지원하고 적 탱크나 자주포 소멸 및 적 방어시설물을 파괴하는 데 사용된다. 중형(中型)탱크는 무게가 보통 20~40톤이고, 화포구경은 보통 105mm를 넘지 않는다. 이러한 탱크가 가장 다수를 차지하며, 기갑부대의 주요 작전임무를 수행하는 데 쓰인다. 경형탱크는 20톤 이하의 중량에 화포구경이 통상 85mm를 넘지 않는다. 장갑의 두께가 얇아 방호능력이 떨어지지만 산지나 전답, 모래지역, 소택지 작전에 적합하다. 주요 임무는 정찰이나 경계, 화력지원 혹은 중형(重型), 중형(中型)탱크가 갈 수 없는 곳에서의 작전을 수행하는 것이다. 60년대 이래 다수의 국가에서는 용도에 따라 탱크를 주전탱크와 특수탱크로 구분하고 있다. 주전탱크는 여러 가지 작전임무를 수행하는 데 사용하고, 특수탱크는 특수한 임무를 수행하는 데 쓴다. 예를 들면 수륙양용탱크, 화염방사탱크, 공중투하탱크, 지휘탱크, 정찰탱크, 지뢰살포탱크, 교량가설탱크 등이 그것이다.

탱크는 다음과 같은 몇 가지 장점이 있다.
① 방호력: 탱크의 차체와 포탑은 두꺼운 장갑 때문에 강력한 방호능력을 갖고 있어 일반적인 총탄이나 포탄이 뚫을 수 없다. 70년대 이래 대전차기술의 발전에 따라 탱크의 방호능력도 새로운 발전이 이루어졌다. 많은 탱크가 복합장갑과 반응장갑을 채택하고 있으며, 아울러 차체의 높이를 낮추었다. 이밖에 차 안에는 보통 소화장치와 화생방 방호장치(3방장치)를 갖추고 있다.
② 화력: 탱크에는 주포와 동축기관총 및 고사기관총 등 여러 무기가 장착되어 있다. 화포의 구경이 크고 여러 종류의 포탄을 발사할 수 있을 뿐만 아니라 포탑은 360도 회전할 수 있다. 고사기관총은 저공 비행기와 지상의 경형 장갑목표에 대응이 가능하고, 동축기관총은 근접한 (적)보병을 향해 소사할 수 있다. 현대의 탱크는 모두 선진화된 화력통제시스템을 가지고 있어 사격할 때 조준이 매우 정확하다.
③ 기동력: 탱크는 고성능 엔진을 장착하고 있기 때문에 기동능력이 대단히 강력하다. 현대 탱크

의 최대 시속은 50~72km, 최대 기동거리가 300~650km에 달하며, 순간적인 방향전환이나 지그재그식 운행도 가능하다. 0.9~1.2m의 수직담장과 2.7~3.15m 폭의 참호고랑을 넘고 30도의 경사도 오를 수 있다.

물론 탱크에도 약점은 있다. 첫째, 상부와 저부의 장갑이 얇기 때문에 미사일이나 ICM탄 및 대전차지뢰의 공격에 취약하다. 둘째, 탱크의 궤도가 외부에 있어 파괴당하기 쉬우며, 내부의 탄약과 기름탱크도 포탄에 맞아 화재를 일으킬 우려가 있다. 셋째, 탄약과 연료는 후방에 의존하므로 병참선이 차단되는 것을 두려워한다.

제18강 '코마'의 위력

1967년 10월21일 저녁 무렵, 이스라엘의 최신식 구축함 '아이라트'호가 이집트의 싸이드 항 이북 11해리 떨어진 해상을 항해하고 있었다. 이스라엘 수병들은 갑판 위에서 담소를 나누며 바다의 아름다운 경치를 감상하였다. 그들은 이집트 해군이 감히 나와 싸우지 못할 것이라 여겼던 것이다. 그런데 갑자기 멀리 수면 위에서 몇 개의 검은 점이 나타나더니 '아이라트'호를 향해 빠른 속도로 다가오는 것이었다. "보고합니다. 이집트 해군의 쾌속정입니다!" '아이라트'호의 관측병이 다급히 함장에게 보고하였다. "몇 척의 조그만 보트로 감히 우리와 겨루겠다니. 우리 함포의 사정거리에 들어오면 없애버려라!" '아이라트'호의 함장은 상대를 아주 가소롭게 여겼다. 그러나 '아이라트'호의 장병들은 이 쾌속정들이 이집트 해군의 비밀병기인 '코마'급 미사일정이란 사실을 전혀 몰랐다.

쾌속정들이 아직 함포 사정거리에 들어오지 않았는데 한 쾌속정에서 붉은 섬광이 번쩍하면서 한 발의 '스틱스' 함대함 미사일이 '아이라트'호를 향해 빠르게 날아오는 것이 보였다. "미사일정을 향해 빨리 사격하라!" 함장이 다급하게 명령을 내렸다. 4문의 주포와 6문의 보조포가 일제히 불을 뿜었지만 한 발도 쾌속정을 명중시키지 못하였다. 함장은 또 급히 미사일을 피하도록 지시하였다. 그런데 뜻밖에도 미사일이 배를 따라 방향을 바꾸어 날아오는 것이 아닌가! 70초 후 굉음과 함께 미사일이 '아이라트'호의 보일러실에 명중하면서 엄청난 폭발이 일어나고 배는 즉시 추진력을 잃어버렸다. 또 채 1분도 되지 않아 두 번째 미사일이 날아와 기관실에 명중하였고 '아이라트'호는 치명상을 입고 말았다. 이어서 세 번째 미사일이 배의 후미를 강타하자 바닷물이 파열된 곳으로부터 선실로 쏟아져 들어와 '아이라트'호는 순식간에 바다 속으로 가라앉아 버렸다.

미사일정이 처음 등장하자마자 작은 함정으로 멀리 떨어진 곳에서 30배나 큰 대함정을 격침시킨 전례를 만든 것이다. 이 사건 이후로부터 더욱 많은 나라가 미사일정을 개발하기 시작하였다. 미사일정은 함대함 미사일을 사용하는 소형 고속전투함정이다. 주로 근해작전에 사용되며, 편대 혹은 각개 함정으로 적의 중·대형 함정에 대응하여 미사일 공격을 감행한다. 50년대 말에 소련이 갓 개발한 '스틱스' 미사일을 P-3급 어뢰정에 장착함으로써 세계 최초의 미사일정인 '코마'호가 된 것이다. 이 함정은 길이가 25.5m, 배수량 75톤으로 38노트의 항속능력이 있으며, 미사일 2발을 장착하였다.

〈정밀유도무기〉
정밀유도무기는 긴 사정거리, 빠른 속도, 높은 정확도, 강한 위력, 뛰어난 기동성으로 말미암아 고도의 작전효능을 발휘한다. 이 때문에 현대전쟁에서 승리요소 가운데 그 지위가 더욱 두드러진다. 무엇보다 정밀유도무기는 아주 높은 비용대효과비를 갖추고 있다. 가령 포클랜드 전쟁에서 아르헨티나는 1발에 40만 달러짜리 '엑소세' 대함미사일을 발사하여 일거에 영국의 2억 달러짜리 미사일구축함 '셰필드'호를 격침시켰으니, 그 비용대효과비는 40만 달러 대 2억 달러였다. 그 다음으로는 전쟁일정을 더욱 단축시킨다는 점이다. 4차 중동전쟁은 교전 쌍방이 정밀유도무기를 대량으로 사용함에 따라 그 일정이 불과 18일밖에 걸리지 않았다. 걸프전쟁은 첨단무기의 시험장으로 불릴 만큼 20여 종의 정밀유도무기가 사용되어 전쟁은 42일만에 종결되었다. 그 다음은 작전방식에 대해 중대한 영향을 미쳤다는 점이다. 정밀유도무기가 전장에 대량 응용되고 첨단 투발형태가 폭넓게 운용되면서 현대전쟁은 작전방식, 특히 작전행동에서 심각한 변화가 일어났다. 하나는 작전행동이 더욱 변화무쌍해진 것인데, 예를 들면 "외과수술식 타격방법"을 채택했다는 것이다. 또 하나는 작전방식이 더욱 새로워진 것으로, 가령 "지공일체화작전"이 갈수록 완벽해지고 있다는 것이다. 정밀유도무기는 이제 마이크로 일렉트로닉스와 컴퓨터 기술의 발전에 따라 더욱 고도 지능화를 향해 발전하고 있으며, 다용도 유도장치를 발전시켜서 상이한 플랫폼에서도 발사할 수 있는 능력을 갖추고, 대교란능력을 향상시키고 있다.

제19강 세계를 깜짝 놀라게 한 '리틀 보이'

1945년, 일본은 전장에서 패전을 거듭하고 있었지만, 그래도 끝까지 저항하겠다는 의지를 보였다. 트루먼 미국 대통령은 최대한 빨리 전쟁을 끝내기 위해 '리틀 보이'라는 이름의 신무기를 사용하기로 결정하였다. '리틀 보이'는 뉴멕시코 주의 사막에서 연구개발에 갓 성공한 무기로써, 그 위력이 엄청난 것이었다. 1945년 8월6일, 태평양 티니안 섬의 북부 비행장에서는 사람들이 개조한 B-29 '스트라토 포트리스' 폭격기에 길이 약 3.5m, 직경 90cm, 무게 5톤의 '리틀 보이' 1발을 장착하였다. 기장 베이츠 대령은 승무원과 함께 그 비행기에 탑승하여 하늘로 이륙한 후 B-29 폭격기 편대 속에 진입하여 일본을 향해 날아갔다.

아침 7시, 3대의 B-29 폭격기가 일본의 히로시마 상공에 날아와 폭탄을 투하하지 않고 선회만 하다가 사라졌다. 알고보니 그들은 기상자료를 수집하기 위한 것이었다. 8시경, 2대의 B-29 폭격기가 또다시 히로시마 상공에 나타났는데, 그 중 1대에 '리틀 보이'가 장착되어 있었다. 베이츠 대령은 앞선 3대 비행기에서 보낸 기상자료를 면밀히 살펴본 다음 공격명령을 하달하였다. 8시16분, 폭격수 필립 소령이 스위치를 눌러 비행기 복부에 있는 투하실 문을 열었다. '리틀 보이'가 9,600m 상공에서 투하된 지 43초 후, '리틀 보이'는 지면으로부터 600m 떨어진 공중에서 폭발하였고 눈을 부시게 할 만큼 강렬한 백색 섬광이 일어나더니 지축을 흔드는 폭음이 울리며 거대한 버섯구름이 솟구쳐 올랐다.

'리틀 보이'의 위력은 TNT 2만 톤과 맞먹는 것이라 몇 초 안에 히로시마를 삼켜버렸고, 삽시간에 도시는 잿더미로 변해버렸다. 이 폭격으로 히로시마에는 78,150명의 사망자와 51,408명의 부상 및 실종자가 발생하였고 48,000채의 건물이 파괴되었다. '리틀 보이'는 바로 세계에서 처음으로 투하된 원자폭탄이었던 것이다. 3일 후, 또 1대의 B-29 폭격기가 일본 나가사키에 '팻 맨'이라 부르는 원자폭탄 1발을 투하하여 10만 명에 가까운 사상자가 발생하자 일본은 8월15일에 무조건항복을 선포하였다. 원자폭탄은 비록 일본의 항복을 앞당기기는 하였지만 수많은 민간인의 살상을 초래했다.

〈미사일의 특징〉

미사일은 다른 무기와 비교할 때 다음과 같은 6가지의 특징을 가지고 있다. 첫째, 사정거리가 길다. 중거리 미사일의 사정거리는 1,000~5,000km이며, 대륙간탄도탄은 무려 13,000km에 이른다. 둘째, 속도가 빠르다. 전략미사일의 최대 비행속도는 초당 7,000m으로 음속의 20배에 해당한다. 중거리 미사일도 아주 빨라서 구소련의 SS-14의 경우 1,400km 이상의 목표를 타격하는 데 불과 11분밖에 걸리지 않는다. 셋째, 정확도가 높다. 대전자교란 조치와 배합하면 표적이 사정범위 안에 있을 때 명중률은 70~90%에 달한다. 현재 대륙간탄도탄의 오차범위는 300m 이내에 있는데, 미국의 MX 전략미사일의 경우 오차범위는 90m에 불과하다. 전술미사일의 오차는 몇십 m에서 몇 m 정도일 뿐이다. 넷째, 위력이 강하다. 전략미사일은 대부분 핵탄두를 장착하고 있어, 그 위력이 TNT 몇 천내지 몇 천만 톤에 달한다. 예를 들면 구소련의 SS-18은 그 위력이 TNT 2,500만 톤과 맞먹어 미국이 일본의 히로시마와 나가사키에 투하했던 원자탄 총량의 625배나 된다. 다섯째, 기동성이 우수하다. 전술미사일은 병사 개인이 발사할 수도 있고, 차량이나 항공기, 함정에서도 발사가 가능하다. 전략미사일은 육지뿐만 아니라 해저(잠수함)에서도 발사할 수 있다. 여섯째, 생존력이 높고 돌발상황에서의 방어능력이 뛰어나다. 전략미사일은 지하의 발사정(사일로)에 은닉되어 있거나 핵잠수함 또는 전략폭격기에 장착되어 있기 때문에 발견하기가 어렵다. 전략미사일은 다탄두분리유도기술을 많이 채택하고 있어 대기권으로 재진입과 동시에 여러 개의 폭표를 타격할 수 있기 때문에 상대방이 막을래야 막을 수가 없다.

제20강 작은 관광지도의 큰 역할

1942년 8월, 태평양전쟁이 긴박한 단계에 접어든 무렵, 미국과 일본은 솔로몬 군도 가운데 잘 알려지지 않은 과달카날이란 작은 섬에서 격전을 벌였다. 전투하기 전까지 미군은 이 섬에 대한 정보가 거의 없었기 때문에 섬의 지형이나 일본군의 병력배치에 관해서는 더욱 알지 못했다. 그런데 작전이 실시되는 동안 미 전략정보국에서 과거 한 기자가 이 섬을 여행하며 찍었다는 7장의 풍경사진을 보내왔다. 미군은 사진에 나타난 정보를 토대로 하고 절묘한 처리과정을 거쳐 섬의 지형, 수문지리와 일본군의 배치 및 주요 지휘부를 분석해내고, 일본군 야전비행장의 위치를 판단하였다. 이에 따라 미군은 순조롭게 상륙하여 불과 1천여 명의 손실을 대가로 일본군 5만 명을 섬멸하고 과달카날 전투에서 승리를 거둘 수 있었다.

이와 유사한 사례로, 40년 후 미군은 또 한 번 관광지도를 전쟁에 활용하여 성공을 거둔 바 있다. 1983년 10월25일, 원래 지중해를 목적지로 기동하고 있던 6함대는 갑자기 그레나다로 방향을 돌려 상륙작전임무를 수행하라는 명령을 받았다. 이 섬을 공략할 육, 해, 공 3군으로 편성된 연합작전부대는 사전에 아무런 준비도 되어있지 않기 때문에 그레나다의 옛 지도를 복사한 자료에 의존해서는 해병대에게 공격로를 찾아줄 수도 없었고 함포에 표적의 좌표를 설정해 줄 수도 없었다. 이때, 한 지휘관이 그레나다가 관광산업이 상당히 발달한 곳임을 생각해내었다. 현지에서 관광객에게 판매하는 지도가 매우 정교하고 상세하니까 군용지도가 부족한 상황에서 이 섬의 지형과 작전지휘를 연구하는 데 도움을 줄 수 있다고 생각한 것이다. 이에 이 섬을 다녀온 적이 있는 장병들로부터 여러 장의 관광지도를 입수하여 신속히 복사본을 부대에 발송하였다. 미 해병대는 이 지도들을 이용하고 지휘관의 다양한 지식을 가미하여 지형의 유불리조건을 정확히 판단해 냄으로써 상륙작전임무를 성공리에 완수할 수 있었다.

현대전쟁에서 전장의 지형을 연구할 다양한 수단이 있기는 하지만, 돌발적인 상황에서 작전부대가 사전에 충분한 지형 준비가 부족한 상태로 전투에 투입되는 경우는 과거에도 있어왔고, 앞으로도 피하기 어렵다. 이것이 바로 지휘관에게 정상적인 상황에서 지형을 능숙하게 활용할 수 있고, 전혀 준비가 안 된 예기치 못한 상황에서도 현장에서의 여러 가지 지형자료를 종합적으로 이용하여 작전에 적응할 수 있는 능력을 갖추도록 요구하는 까닭이다.

제21강 인류 최초의 공중첩보전

비행기가 최초로 공중정찰에 이용된 것은 1911년의 '이터전쟁'이라 할 수 있다. 1911년 9월29일, 이탈리아와 터키 사이에 리비아의 귀속문제로 인해 전쟁이 발발하였다. 전쟁이 시작된 후 비행기는 아주 빨리 공중정찰에 이용되었다. 10월23일, 이탈리아군의 피아자 대위는 '쁘라리오' 비행기를 몰고 터키군 진지 상공을 정찰하며 터키군의 전력과 배치를 파악하였다. 이 정찰은 큰 성과가 있었으며, 조종사는 꼬박 1시간가량 터키군을 샅샅이 살폈다. 이탈리아군이 비행기의 힘을 마음껏 발휘하고 있을 때 터키군 진지 상공에는 비행기의 흔적조차 보이지 않았다. 알고 보니 터키군은 비행기에 대한 인식이 미흡하여 비행기를 아무 쓸모가 없는 장난감으로 여겼던 것이다. 이 때문에 전쟁이 시작된 후 터키군에는 뜻밖에도 참전할 비행기가 전혀 없었다. 그런데 이제 이탈리군의 정찰기가 머리 위에서 마구 활개를 쳐도 터키군은 어떻게 저지할 방법을 몰라 그저 바라볼 수밖에 없었다. 이탈리아군은 정보를 획득한 다음, 허점을 노리고 공격해 왔기 때문에 터키군의 손실은 막대하였다. 정신 없이 두들겨 맞은 터키군은 마침내 공중에서 훔쳐보는 눈을 저지해야 한다는 사실을 알게 되었다.

10월25일, 이탈리아군의 '니우쁘트' 비행기 1대가 또 다시 터키군 진지 상공으로 날아와 정찰하자, 이번에는 터키군이 공격을 가하였다. 정찰기는 언뜻 아주 큰 숙영지를 발견하였다. 조종사는 그곳에 아마도 많은 터키군이 주둔하고 있을 것이라 생각하고 더 분명히 보기 위해 저공으로 진지 상공을 선회하기 시작하였다. 터키군도 자신들의 진지가 노출되었다는 것을 알고 즉각 소총으로 맹렬히 사격해 왔다. 결국 정찰기의 날개가 3발의 총탄에 맞아 손상을 입었다. 공중정찰이 계속 늘면서 이탈리아군 지상부대는 마치 눈이라도 생긴 듯이 터키군의 일거수일투족을 꿰뚫어 보며 전투에서 번번이 승리하였다. 그리고 이러한 승전은 이탈리아군 조종사들의 의욕을 더욱 진작시켰다. 어느 날, 피아자 대위는 문득 기발한 아이디어를 떠올렸다. "사람들이 땅에서 사진기로 사진을 찍을 수 있다면, 사진기를 비행기에 설치하고 공중에서도 적군을 찍을 수 있지 않을까?" 그는 궁리를 거쳐 마침내 이를 시도해 보기로 했다. 1912년 2월23일, 피아자는 정찰기를 몰고 터키군 상공에 도달하여 진지에 초점을 맞추고 신속하게 사진기의 셔터를 누르고는 유유히 돌아왔다. 흥미로운 것은 그 사진기는 한 번의 비행 중에 단지 한 번만 촬영할 수 있었다는 사실이다. 그러나 이것이 인류 최초의 비행기를 이용한 공중사진정찰이었다는 점에서 그 전략적 의의는 매우 컸다. 이탈리아군의 정찰기가 갈수록 인정을 받으면서 더욱 많은 (활용성을)모색하기 시작하였다. 5월2일 저녁, 이탈리아군의 한 대위가 갑자기 정찰기를 몰고나가 터키군 상공을 더듬다가 뜻밖에도 흐릿한 야음 속에서 터키군의 움직임을 포착하였다. 30분에 걸친 정찰은 이탈리아군 포병이 적시에 타격할 수 있도록 정보와 데이터를 제공해 주었다. 이것도 인류 최초의 야간공중정찰이었다는 점에서 남다른 의미를 갖는다. 야간정찰을 성공리에 실시한 후 이탈리아군은 이러한 활동을 멈추지 않고 빈번하게 출격하여 터키군을 밤에도 불안하게 만들었다. 1912년 10월18일, 터키와 이탈리아는 스위스 로잔에서 평화조약에 서명함으로써 (마침내)전쟁을 종결하였다.

전쟁기간 동안 이탈리아군의 정찰기는 터키군에 대한 정보, 특히 터키군의 배치와 장비상황을 대량으로 획득하여 아군 지상부대가 작전하는 데 정확하고도 적시적인 정보를 제공해주었다. 정찰기가 두드러진 실적을 올리게 된 것은 당연히 이탈리아의 비행기에 대한 높은 안목과 터키의 인식 부족을 꼽지 않을 수 없다. 그리고 이탈리아가 전쟁의 전반에 걸쳐 비행기를 과감히 시험해 본 것은 인류의 공중작전에 매우 가치있는 경험모델을 제시하였고, 특히 1914년 발발한 제1차 세계대전에 커다란 영향을 미쳤다.

<야간 투시기술의 군사적 응용>

야시기술은 군사적으로 응용범위가 매우 넓다. 현재 야시기술은 이미 야간정찰, 조준, 지휘, 조종, 지도 판독, 제어유도, 야전 수리 및 전장 구조 등 다방면에 걸쳐 응용되고 있다. 능동식 적외선야시장치는 주로 근거리 관측, 사거리가 짧은 무기의 야간조준과 각종 차량의 야간 조종 등에 사용한다. 미광증폭식 야시장치는 야간에 전방진지에서 적의 지형과 보유 화력을 관찰하거나 감시활동을 할 수 있게 하고, 각종 경무기와 화포에 장착하여 야간 조준사격을 실시할 수 있으며, 각종 차량에 설치하여 야간 조종이 가능하게 만든다. 또 소형 함정에 장착하여 적 함정의 활동과 공격 징후를 감시하고, 변경이나 해안방어진지, 초소 등지에서 적정을 살피거나 적의 기습 및 파괴를 예방하는 데 쓸 수 있다. 미광증폭식 모니터는 지휘관이 전방진지 혹은 지휘소 안에서 적정과 지형을 관찰할 수 있게 하고, 비행기나 탱크에 장착하여 정찰 또는 무기의 조준용으로 사용할 수 있다. 함정과 비행기에서 적함이나 적기의 활동을 감시하는 데 쓰기도 하고, 변경·해안경계, 차량 조종, 항공기 유도, 폭탄 투하, 착륙 및 화력통제, 추적, 제어유도 등에도 사용된다. 열상장치는 각종 정찰무기의 조준과 유도, 각종 차량의 야간 조종과 비행기의 이착륙 등에 사용되고 있다.

제22강 기상전

기상의 운용은 제2차 세계대전에서 절정을 이루었다. 참전한 각 나라마다 여기에 각별한 관심을 보였던 만큼, 기상산업의 진정한 번영도 이때부터 시작된 것이라 할 수 있다. 1941년, 일본은 진주만을 기습하기로 결정하였지만 이를 실행하기까지의 과정은 멀고도 험난하였다. 일본군 당국은 이 작전의 중요성을 의식함과 동시에 세 가지의 난점이 존재한다는 것을 명확히 알고 있었다. 만약 이를 성공적으로 극복할 수 있으면 승리하지만, 그렇지 못하면 패배하기 때문에 실로 엄청난 모험이었다. 그들은 세 가지의 문제를 고려해야만 했다. 첫째, 기습을 달성할 수 있을 것인가? 즉, 미군의 삼엄한 경계망을 피할 수 있는가의 문제였다. 둘째는 보급문제다. 일본에서 가장 가까운 노선으로 진주만까지는 10일의 시간이 필요한데, 과연 어떻게 이동 중에 보급을 성공적으로 할 수 있을 것인가? 이것은 가장 실질적이면서 대단히 중요한 문제였다. 마지막 문제는 미군의 주력 함정이 언제 진주만에 정박하는지 파악할 수 있는가의 문제다. 이 세 가지 문제는 표면상으로 기상과 별로 관계가 없는 것처럼 보이지만 실제로는 그렇지가 않았다. 이것은 일본군 당국이 (작전에)반영한 것에서 엿볼 수 있다.

　이 작전을 위해서 일본은 모든 기상전문가들을 한데 모아서 연구하였다. 일찍이 일본 연합함대 사령관인 야마모도 이소로쿠가 이 아이디어를 제시한 1941년 1월부터 일본의 기상관측소는 해군의 명령에 따라 서태평양에 대한 기상관측을 실시하기 시작하였던 것이다. 기습의 구체적인 방안이 제시되자 일본 해군은 더욱 보안을 유지하기 위해서 아예 서태평양 지역의 관측소를 접수해 버렸다. 9월을 전후해서 일본 해군 요원들은 중앙기상대 예보과에 치시마 부근의 기상분석과 예보를 빈번하게 문의하였다. 그들은 주로 그곳에서 함정에 급유를 할 수 있는 양호한 날씨가 있을지 알고 싶어 하였으며, 아울러 열흘 전에 정확한 판단을 내려야 했다. 11월 말이 되자 일본의 기상도는 기밀사항으로 바뀌었고, 기상업무도 전투준비상태에 돌입하였다. 날씨보도는 군사관제를 실시하고 일기예보와 기상도는 더 이상 공개되지 않았으며, 기상통신은 암호형식으로 바꾸었다. 일본이 얼마나 기상의 군사적 역할을 분명히 의식하고 있었는지를 보여주는 대목이다. 그리고 이것은 일본의 진주만 기습이 성공하게 된 중요한 원인이었다.

　그러면 3가지 난점을 어떻게 해결했을까? 이를 위해 일본군 당국은 일본의 거의 모든 기상전문가들을 소집하였고, 이 난제에 맞추어 심도있게 연구를 진행하였다. 첫 번째 난관을 극복하기 위하여 수문과 기상이 복잡한 북쪽 항로를 선택하였다. 왜냐하면 북쪽 항로는 고공에서 서풍이 아래쪽으로 급하게 부는 곳에 위치하여 광풍과 폭우가 잦아 그곳을 항해하는 선박이 적고, 미 정찰기도 소홀히 할 가능성이 높았기 때문이었다. 이와 동시에 일본은 기동부대가 여전히 큐슈에서 활동하는 것처럼 거짓정보를 흘려서 미군으로 하여금 일본군 주력부대가 자국 항구에 머물고 있다고 믿게 하였다. 두 번째 난관을 극복하기 위해 일본 해군의 연락장교는 1941년 가을부터 중앙기상대 예보과를 빈번히 찾아가 상황을 파악하기 시작하였다. 나중에 기상대는 1941년 11월 하순부터 12월 상순까지 북쪽 항로에 풍랑이 약할 것이라는 분석을 내놓았다. 일본군은 이 정보를 획득하자 기동함대는 11월26일 에토로후시마의 히토카뿌 만을 출항하여 해상에서 보급을 실시하기로 신속히 결정을 내렸다. 세 번째 난관의 극복 역시 기상과 관계가 있었다. 일본군이 공격일자를 12월8일로 잡은 까닭은 첫째, 그날이 일요일이라 미군이 휴가를 즐기는데다 군함들도 진주만에 정박할 기회가 많다고 보았기 때문이다. 또 한 가지 중요한 이유는 이날이 마침 음력 19일이기 때문에 밤부터 일출 때까지 달빛이 있어 항공기의 비행에 유리하다는 점이었다. 일본군은 바로 이러한 이점들을 이용하여 1941년 12월8일 동이 틀 무렵 돌격대가 진주만 이북 220해리의 예정지점에 도달할 때까지 미군에게 발각되지 않았던 것이다. 일본군의 350대 항공기가 2개의 제파로 나누어 폭격을 감행함에 따라, 미 태평양함대는 엄청난 손실을 입게 되었다. 일본은 이 기습에서 또 하나의 묘책을 썼는데, 그것은 날씨의 전단을 이용하여 한랭전선에서 진입하면 쉽게 발각되지 않는다는 점이었다. 한 미군장교는 다음과 같이 기술하였다. "그날 하늘에는 공교롭게도 수많은 조각구름이 일본을 보호하였고, 우리의 고사포에 혼란을 일으켰다. 일본은 뛰어난 기상대를 가졌으며, 또한 기상을 완벽하게 이용하였다." 어떤 의미에서 본다면 일본의 진주만 습격이 성공한 것은 인류전쟁사에서 기상을 성공적으로 이용한 하나의 전형적인 사례라 할 것이다.

제23강 전자전

　사람들은 흔히 화포, 탱크, 함정을 사용한 전쟁을 '강철전쟁'(가령 제2차 세계대전)이라 부르고, 지금처럼 정밀유도무기, 전자무기와 장비(첩보위성 포함)를 사용하는 전쟁을 '전자전'이라 부른다. 2차대전 중에는, 영국의 황실공군이 최초의 전자전 개념을 제기하였는데, 그들은 전투기가 독일군의 레이더에 탐지되는 것을 막기 위해 극히 간단한 전자교란수단을 사용하였다. 1943년 7월24일 깊은 밤, 함부르크의 독일 레이더망에 국적 불명의 비행기 편대가 날아오는 것이 탐지되었다. 그런데 이때 레이더 조작병은 갑자기 모니터의 브라이트 스폿이 삽시간에 늘어나 마치 수천 대의 비행기가 한꺼번에 날아오는 것 같은 모습을 발견하였다. 레이더 조작병은 지금까지 이런 광경을 본 적이 없었기 때문에 아연실색하지 않을 수 없었다. 레이더가 정확하게 표적을 지시할 수 없었기 때문에 2시간 반 동안 무려 2,300톤의 폭탄이 함부르크 항구와 시내에 투하되었지만, 폭격임무를 수행한 791대의 영국 폭격기는 불과 몇 대밖에 격추되지 않았다. 영국은 어떻게 이처럼 작은 대가로 엄청난 전과를 올릴 수 있었는가? 알고 보니 그들은 최초로 일종의 신식 전자교란무기——'채프'를 사용했던 것이다. 그들은 함부르크 상공으로 날아갈 때 마치 선녀가 꽃을 뿌리 듯 대량의 플레어를 살포하여 독일군의 레이더를 무력화시켰다. 2차대전 기간 동안 영·미 연합군은 총 20만 톤의 '채프'를 투하했다고 한다. 전쟁 후반기에 미국이 매달 사용한 '채프'는 2,000톤에 달하였는데, 이는 독일군 고사포의 사격효과를 75%나 떨어뜨렸고, 1대의 비행기를 격추하는 데 사용된 포탄의 수를 800발에서 3,000발로 증가시켰다.

　'채프'가 레이다에 교란작용하는 것을 발견한 사람은 영국의 과학자인 콜란이다. 사실 이 현상을 이미 1942년에 발견한 것은 독일의 엔지니어인 로젠스타인이었지만, 당시 나치 공군사령관인 괴링은 이것을 영국이 이용하면 독일에 불리하다고 생각하여 이를 숨겼다가 관련 기술자료들을 폐기해 버렸다. 함부르크가 공습을 받은 후 독일의 고위장교는 이 '채프'를 만지지 않도록 명령을 내렸는데, 그것은 '채프'에 독성이 있을 가능성 때문이었다고 한다. 2차대전이 끝난 후 전자전은 괄목할 발전이 있었고, 특히 미군의 장비가 가장 앞서나갔다. 걸프전쟁에서 다국적부대는 이라크를 대규모 공습하기 몇 주일 전부터 이미 전자정찰과 교란에 착수하였다. 공습이 시작된 후에는, 미국의 EF-12 '빅크라운' 헬기와 EA-6 '프라울러' 등 전자교란기와 폭격기가 동시에 출격하여 전자전을 전개하였다. 전쟁의 결과는 이라크 군대가 연합군의 대규모 공습에 의해 아주 짧은 시간 동안에 완전히 반격능력을 상실해 버린 것이었다.

〈대전자전 기술의 발전〉

　20세기 초에 무선기술이 군사영역에 응용되기 시작하면서 전자전은 탄생하였다. 2차 세계대전 동안에는 무선교란 대항장비가 군사적으로 대량 사용되기 시작했다. 50년대에서 60년대에 이르러 전자전 항공기, 전자전 함정과 전자정찰위성이 잇달아 출현함에 따라 대전자전은 전쟁에서 반드시 필요한 조치이자 수단이 되었다. 최근에는 과학기술의 꾸준한 발전으로 전자기술의 군사적 응용은 더욱 폭넓어지고 심도가 깊어졌다. 한편으로는 새로운 전자설비가 각종 무기의 신속대응, 정확성, 파괴력 등 "하드킬" 능력을 크게 향상시켰으며, 또 한편으로는 무기들이 쉽게 교란되고 파괴되는 "소프트킬" 처지에 직면하도록 만들었다. 이것은 대전자전이 통신이나 레이더 교란대항의 한계를 넘어 대항의 범위를 거의 모든 군사영역과 각각의 무기 시스템까지 확대시켰으며, 작전의 모든 과정에 개입함으로써 '3차원 전장'을 '4차원 전장'으로 변화시켰다. 현재 군사영역에서는 지휘통신체계, 군사정보체계 혹은 무기통제시스템을 막론하고 모두가 첨단의 전자장비에 의존하고 있다. 또한 대전자전이 전투, 전역의 과정과 결과에 영향을 미칠 뿐만 아니라 중대한 전략적 의미를 띤다는 사실은 이미 실전에서 입증되었다. 이 때문에 러시아군이 "무선전자장비의 발전은 로켓이나 핵무기의 발전과 동일한 의미를 갖는다."고 인식하는 것처럼 모든 나라가 대전자전을 대단히 중시하고 있다. 미군도 "지금 전자능력 우세를 탈취하고 유지하는 것은 2차대전 때 제공권을 장악하는 것보다 더 중요하다."고 여긴다. 미래의 전자전 양상이 더욱 치열하고 더욱 복잡해지며, 더욱 전면적이 될 것임을 말해주는 것이다.

제24강 지휘자동화시스템

1991년 1월16일 발발한 걸프전쟁에서는 대량의 첨단무기장비가 전장에 폭넓게 응용되었고, 그 중에서도 지휘자동화시스템의 응용이 다국적부대가 승리하는 데 중요한 역할을 하였다. 다국적부대는 이 지역에 총 70여 만의 병력을 집결하고, 3,000여 대의 항공기, 4,000여 대의 전차와 장갑차를 동원하였으며, 10여 개 국가의 군대가 이 전쟁에 참가했다. 이와 같이 방대하면서도 분산배치된 군사력을 놓고서 제병합성, 대종심, 원거리, 신속 기동의 공지합동작전을 실시해야 하는데, 지휘자동화시스템으로 지휘통제하지 못한다면 그 임무를 완수하기란 어렵다. 다국적부대는 주로 글로벌 군사지휘통제 자동화시스템을 통해 미국 본토와 걸프지역 부대간의 작전지휘와 통신을 보장받았다. 군사지휘통제 자동화시스템은 지휘센터, 탐지 및 조기경보시스템과 국방통신시스템으로 구성되었으며, 주요 임무는 미국 국가지휘당국이 어떠한 상황에서도 각지에 분산되어 있는 전략부대를 끊임없이 지휘할 수 있도록 보장해 주는 것이다.
　① 지휘센터
　지휘센터는 국가급과 전구급으로 구분된다. 국가급 지휘센터는 미국 본토에 있고, 사우디아라비아의 수도 리야드에 전구지휘센터를 설치하여 국방통신시스템, 군사 및 상용 위성통신시스템을 통해 지휘통제하고 70여 만 참전부대의 연합작전을 협조한다.
　② 탐지 및 조기경보시스템
　이 시스템은 지상 레이더, 위성과 조기경보기를 포함하며, 주로 적의 공격징후를 사전에 알려 기습을 예방하는 역할을 한다. 걸프전쟁에서 다국적부대가 사용한 탐지 및 조기경보시스템에는 GPS 국방지원조기경보위성과 조기경보기가 있다. GPS 시스템의 공간부분에는 18개의 위성이 포함되어 각각 6개의 궤도평면에 배치되어 있고, 이밖에도 3개의 예비용 위성이 있어 24시간 내내 지상에 항로유도 데이터를 전송해 주는데, 좌표의 정밀도는 16m에 이른다. 조기경보기는 전술경계에도 사용하고 전장 지휘통제에도 사용한다. 다국적부대가 동원한 38대의 조기경보기는 첫째, 이라크군의 공중역량을 식별, 감시하고, 둘째는 전술지휘센터가 되어 아군 전투기의 공격지점을 유도하고, 공중과 지상부대의 협동을 지휘하였다.
　③ 국방통신시스템
　이것은 미군의 중요한 전구전략통신망으로, 자동전화망, 자동보안전화망, 자동디지털망, 국방교환망과 국방데이터망 및 국방위성통신시스템 등을 포함하며, 작전지휘, 병참지원, 정보처리 등 각 분야에서 중요한 기능을 발휘한다. 위성통신은 이미 원거리 전략통신의 주역이 되었고, 그 전술적 응용범위도 날로 확대되고 있다. 걸프전쟁에서는 적어도 12개 채널의 통신위성이 미군에게 제공된 바 있다. 전술통신 측면에서는 가시거리통신을 기초로 한 전술지역통신망으로는 통신의 요구를 완전히 충족시킬 수 없기 때문에 미 육군은 다시 개량된 고주파통신으로 전환하였다. 개량된 고주파 기지국을 거치면 군단, 사단, 여단과 대대 이하의 각급 제대가 기동, 화력, 방공, 정보와 전자전 등 각각의 영역에 사용할 수 있으며, 아울러 전장 지휘관에게 원거리보안전화와 데이터전송능력을 제공할 수 있다. 걸프전쟁에서 다국적부대는 주로 연합전술정보 분배시스템, 무선기지국, 단채널 지상 및 항공기 탑재 무선시스템을 통해서 기동통제, 화력통제, 방공, 정보전자전, 전투근무지원 등 5개 기능과 링크하여 전방 전투부대의 통신을 보장받았다.

제25강 하이테크전쟁의 특징(1)

근래 세계에서 발발했던 몇 차례의 하이테크 특징을 띤 국지전을 보면, 그 기본적 특징은 다음과 같은 8가지로 설명이 가능하다.

① 전쟁 승리요소 가운데 하이테크 무기장비의 지위 부각

국지전쟁에서 대량의 하이테크 무기장비가 광범위하게 응용되었고 무기의 살상파괴력도 현저히 증대되었으며, 작전의 효율성을 크게 높임으로써 전쟁의 승리요소 가운데 하이테크 무기장비의 지위가 더욱 부각되었다. 걸프전은 2차대전 이후 규모가 가장 크고 하이테크 무기장비를 가장 많이 사용한 국지전이었다. 미국을 위시한 다국적군이 사용한 하이테크 무기장비는 100여 종에 달하였다. 가령 정밀유도기술, 대전자기술, 정보정찰기술, 스텔스기술 및 현대화된 무기장비와 고도로 자동화된 지휘통제시스템 및 선진화된 작전수단 등을 폭넓게 응용함으로써 시종일관 주도권을 장악하고 전쟁에서 승리하였다.

② 뚜렷해진 대종심, 고입체의 특성

하이테크 무기장비가 폭넓게 응용됨에 따라 작전공간이 대폭 확장되었고, 국지전에 대종심, 고입체의 특성이 드러났다. 교전이 지상, 공중, 해상, 해저 심지어 우주에서 동시에 진행됨으로써 전방과 후방의 개념이 옅어졌다. 첫째는 원거리 작전능력이 향상되면서 작전공간을 원근이 교차하는 대종심으로 확장하였고, 작전행동에서 대종심타격이 더욱 강조되고 있다. (이러한 현상은) 정찰위성이 지구 전체를 정찰과 감시범위로 삼을 만큼 작전정찰거리가 늘어나고, 순항무기, 미사일, 전략폭격기로 대표되는 원거리 작전무기가 세계 어느 구석도 타격할 수 있을 만큼 무기의 사정거리가 길어졌으며, 함정과 장거리 수송기가 단시간 내에 대량의 병력과 무기를 세계 각지로 기동시켜 작전임무를 수행할 만큼 기동능력의 향상을 가져왔다. 둘째는 무기장비의 분포고도가 확대되면서 작전공간이 '고저결합' 쪽으로 발전하였고, 작전행동에서 "공지일체화", "해공일체화"가 더욱 강조되는 등, 전쟁의 입체성이 뚜렷해지고 있다.

③ 전쟁의 리듬이 빨라지고 기간이 단축

하이테크전쟁은 기술집약형 전쟁이다. 하이테크 무기의 신속한 작전능력과 야간, 악천후, 기상조건을 극복하는 능력이 날로 강화됨으로써 작전행동을 고속도, 전천후, 전시간으로 발전시키고 있다. 고도로 자동화된 작전지휘시스템과 고효율의 신속기동수송능력과 반응이 빠르고 속도가 빠르며 효율이 높은 무기장비는 작전행동을 더욱 신속하게 만들고 전쟁기간을 크게 단축하는 특징을 갖게 한다. 가령 포클랜드 전쟁은 기간이 74일, 걸프 전쟁은 42일에 불과하였다.

제26강 하이테크전쟁의 특징(2)

④ 더욱 복잡하고 어려워진 협동작전

하이테크전쟁은 참가하는 군병종이 많고 무기장비가 복잡하다. 또한 전장이 광활하고 속도와 리듬이 빠르며, 기간이 짧고 상황변화가 매우 심할 뿐만 아니라 작전 방법과 수단의 전환이 빈번하다. 따라서 작전의 협동과 체계적인 지휘가 더욱 복잡하고 어려울 수밖에 없다. 근래 세계에서 발생한 몇 차례의 하이테크 조건하 국지전쟁이 드러낸 두드러진 특징은 해, 공군과 기타 기술병종의 참전이 갈수록 많아지고, 그들의 지위가 더욱 부각되었다는 점이다. 연합작전과 동일한 작전목적을 둘러싼 제병협동행동은 이제 극히 중요한 문제로 대두되었다. 따라서 하이테크 조건하의 국지전쟁에서는 어떻게 하면 제병협동작전의 통합된 위력을 발휘할 수 있느냐가 전쟁의 승리에 대단히 중요한 역할을 하게 된다. 뿐만 아니라 무기장비의 기술과 성능이 강해질수록 협동작전에 대한 요구도 높아지고 있다.

⑤ 지휘통제의 자동화 추세

하이테크전쟁은 한편으로 작전역량의 구성이 복잡하여 통합성 요구가 높기 때문에 통합지휘와 집중통제, 지휘효율의 전면적인 향상에 대한 필요성이 더욱 제기되고 있다. 다른 한편으로는 C3I(지휘자동화시스템)의 발전이 또한 지휘효율을 높이는 데 강력한 수단이 되기 때문에 전장지휘통제는 더욱 자동화 추세를 보이고 있다. 걸프 전쟁은 80만의 병력과 10여 개의 군병종 및 30여 개국의 군대가 참전하였고, 작전은 대부분 야간에 실시되었지만, 유기적인 배합, 긴밀한 협동, 일사불란한 행동이 가능하고 다원일체화의 통합전력을 충분히 발휘할 수 있었던 것은 C3I 시스템의 폭넓은 사용과 결코 무관하지 않다. 따라서 고효율의 자동화 지휘통제시스템은 하이테크전쟁에서 작전지휘 효과를 높이는 중요한 요소이며, 총체적 작전능력을 증강시키는 필수불가결한 '역량 배가기"인 것이다.

⑥ 더욱 치열해진 제전자권 쟁탈전

전자전은 이미 하이테크전쟁의 주요 부분이며, 전장의 주도권을 장악하는 주요 수단이다. 따라서 제전자권은 전장의 주도권을 장악하는 데 결정적인 역할을 한다. 전자전 수단을 정확히 응용한다면 공격과 방어에 유리한 조건을 창조해낼 수 있을 뿐만 아니라 전쟁의 과정도 대폭 줄일 수 있다. 걸프전이 발발하기 전에 전자정찰과 대정찰, 교란과 대교란, 파괴와 대파괴를 기본 내용으로 하는 '보이지 않는 전쟁'은 이미 치열하게 전개되고 있었다. 다국적군은 대규모 공습과 지상공격에서 광범위, 장시간, 고강도의 전자교란을 통해 '소프트킬'을 실시하여 이라크군의 지휘통제시스템을 마비시키고 방공시스템을 무용지물로 만들었으며, 무기장비의 기능을 불능화시킨 다음, 효과적으로 '하드킬'을 배합하여 최소의 대가로 최대의 승리를 거두었다. 이는 상당한 수준에서 전자전 분야가 성공을 거둔 덕분이었다.

제27강 하이테크전쟁의 특징(3)

⑦ '고기능 투발형태'에 따른 작전방식의 변화

'고기능 투발형태'의 다양한 운용은 하이테크전쟁의 가장 본질적이고 가장 기본적인 특징이다. 바로 이러한 특징이 하이테크전쟁의 작전방식에 커다란 영향을 미쳤다. 구체적으로 설명하면 다음과 같다.

첫째, 작전행동이 더욱 민첩하고 다양해졌다. '고기능 투발형태'는 과거의 '용량 투발형태'와 다르다. 그것은 용량의 증대를 통해서 작전의 목적을 달성하려는 것이 아니라, '용량 투발형태'에 정밀하고 효과적인 통제를 가미하여 예상 목적을 달성하는 것이다. 이는 작전목표를 선택하고 작전행동의 통제성을 한층 높이는 데 편리하다. 따라서 공격하는 쪽은 가장 효과적인 작전행동을 선택 실시하여 예상 목적에 도달할 수가 있다. 수비하는 측은 방어의 효율성을 높여야 하므로 방어행동도 반드시 더욱 민첩하고 다양해야 한다.

둘째, 작전방식이 더욱 새로워졌다. 하나는 지상작전방식에 새로운 변화가 생겼다는 것이다. 하이테크 무기를 바탕으로 하는 현대의 작전에는 '비선형작전'이란 새로운 방식이 등장하였다. 지상의 전장에는 뚜렷한 불규칙성이 나타나고, 전후방의 한계가 모호해졌다. 넓은 전장에서 밀집되어 있는 대규모의 부대를 찾기란 어렵고, 강력한 돌격력과 민첩성을 구비한 다기능 혼성부대가 크게 활약한다. 작전역량은 전방과 종심 안에서 동시에 전개되며, 후속제대는 적의 종심이나 후방으로 직접 투입되기 때문에 작전공간이 순식간에 넓어진다. 공중강습부대, 공수부대, 전역기동부대, 특수혼성부대, 상륙돌격부대 등 각종 집단이 다방향, 다층차 공격을 실시하며, 공군은 깊은 종심의 목표를 중점적으로 타격한다. 또 하나는 공중작전방식에도 변화가 생겼다는 점이다. 각종 항공기의 전투적 특성에 따라 상호 배합하여 공격기, 엄호기, 전자전기, 지휘통제기와 각종 지원기가 통합 편제된 공중공격집단이 대규모, 고강도의 작전을 실시하고 제공권을 탈취하며 지상군의 작전을 지원한다. 마지막으로는 '공지합동작전'의 방식도 새롭게 바뀌었다는 점이다. 고도로 정보화된 전장에서 정보화의 우세는 곧 전장 주도권 장악의 전제조건이다. 대전자전의 실시가 화력대항보다 우선하는 것이 전쟁의 선행조건이 되기 시작하였다. 고도로 정보화된 무기통제시스템은 화력과 기동력을 배가시키는 장치로써 각종 무기의 작전효율성 향상에 새로운 지평을 열었다. 예를 들어 레이저 폭탄의 명중정확도는 1m 범위 안이고, '패트리어트' 미사일이 '스커드' 미사일의 요격에 성공하는 확률은 70%에 달한다. 그러나 대전자전은 반드시 강력한 화력과 기동력이 결합되어 있어야만 더욱 큰 역할을 할 수가 있다. 따라서 하이테크전쟁에서 전자, 화력, 기동은 필수불가결한 3대 요소인 것이다.

⑧ 병참지원능력에 대한 요구 증대

'고기능 투발형태'는 군사작전방식에 많은 영향을 미쳤다. 작전의 통합성을 높이고 작전의 리듬을 가속시켰을 뿐만 아니라, 전쟁에서 비용, 살상력, 파괴력의 확대를 가져왔고, 병참지원의 어려움을 가중시켜 병참지원능력에 대한 요구가 더욱 증대되었다. 병참지원능력에는 주로 물자보급, 의료구호, 수리정비, 수송보장 등이 포함되는데, 이 중에서도 가장 중요한 것은 수송보장능력이다. 하이테크전쟁 조건하의 병참지원능력은 세 가지의 요구사항을 반드시 충족해야만 한다. 첫째, 물자보급능력은 반드시 전쟁의 고비용에 적응할 수 있어야 하고 둘째, 의료구호능력은 하이테크 무기의 살상효과에 적응해야 하며 셋째, 수리정비능력은 하이테크 무기장비의 완벽도에 대한 요구에 반드시 적응해야 한다는 것이다.

제28강 하이테크전쟁사례 – 포클랜드 전쟁(1)

포클랜드 전쟁이란 아르헨티나와 영국이 말비나스 군도의 귀속문제를 놓고 벌인 분쟁을 가리킨다. 이 군도는 남대서양의 마젤란 해협 동부에 위치하고, 서쪽으로 남미 대륙의 해안에서 480km 떨어져 있다. 솔레이터(동 포클랜드), 대 말비나스(서 포클랜드)의 두 큰 섬과 200여 개의 작은 섬으로 이루어졌으며, 길이 30마일, 폭 80마일의 수역에 분포되어 있고 면적은 1,2173㎢에 이른다. 해안선의 굴곡이 심하고 지형이 복잡하며, 군도는 북부에서 동서로 뻗은 두 줄기의 산맥이 중심을 이루는데, 가장 높은 봉우리가 705m. 섬에는 구릉이 많고 하천은 짧으면서 유속이 느리다. 기후는 한랭다습하여 연평균기온이 5.6도에 불과하다. 연중 강수량은 625mm로, 1년 가운데 눈비가 내리는 날이 많게는 250일 정도나 된다. 섬에 사는 주민은 약 3,000명인데, 97%가 영국계 후손이고 80%가 기독교를 믿으며, 주로 목축업에 종사한다. 행정수도는 스탠리 항(아르헨티나는 '푸에르토 아르젠티노'라 부름)이며, 인구는 1,989명(2001년)이다. 이밖에도 섬에는 영국군이 주둔하고 있다.

포클랜드 군도를 최초로 발견한 사람은 영국의 존 데이비스로 알려져 있다(1592년). 그리고 기록에 가장 먼저 이 섬에 상륙한 사람은 존 스트롱(1690년)으로, 그는 2개 섬 사이의 해협을 포클랜드라 명명했다고 한다. 1764년 프랑스 인이 처음으로 동 포클랜드에 주거지를 세웠고, 이 군도를 '말비나스'라 이름 하였다. 이듬해에는 영국인이 서 포클랜드에 최초의 주거지를 건설하였다. 1770년 스페인에게 점령을 당하면서 1774년 영국 해군이 철수하게 되지만 여전히 군도에 대한 주권은 포기하지 않았다. 1806년 아르헨티나에서 반 스페인 봉기가 발생함으로써 스페인의 통치가 막을 내리고, 1816 아르헨티나는 스페인의 식민통치에서 벗어나 독립을 선포함과 동시에 이 군도의 주권도 승계하였다. 1820년에 아르헨티나는 군대를 섬에 진주시키고 성장을 임명하더니, 1829년 7월10일 이 군도에 대한 관리를 공식적으로 실시하기 시작하였다. 1832년 다시 주권을 제기한 영국은 이듬해 이 섬을 영국인이 최초로 발견했다는 사실을 이유로 삼아 군대를 파견하여 점령한 다음, 섬에 있던 아르헨티나 주민 전부를 쫓아내었다. 그리고 1843년에는 총독을 임명하고 의회와 집행위원회 등의 기구를 설치하였으며, 1892년 이 군도를 영국의 식민지로 공표하였다. 여기에 대해 아르헨티나의 역대 정부는 모두 인정을 하지 않았으며, 말비나스 군도의 주권 수복을 대외정책의 중요한 목표로 삼았다. 20세기 70년대 초, 아르헨티나는 군도에 대한 주권을 계속 견지한 끝에 국제사회에서 다수 국가의 공인을 얻어내었다. 2차 세계대전 이후에도 양국은 여러 차례의 회담을 거듭했지만 의견의 상충점을 끝내 해결하지 못하였다.

1982년 2월, 뉴욕에서 열린 쌍방회담이 결렬되자, 아르헨티나는 4월2일 4,000여 명의 군대를 파견하여 말비나스 군도와 남 조지아 섬을 기습 점령한 다음, 주권의 수복을 선포하였다. 영국은 여기에 강력히 반발하면서 아르헨티나와의 단교를 선포함과 동시에, 4월5일 해군력의 2/3에 해당하는 연합함대를 남대서양으로 출동시켜 74일의 격전을 치루면서 6월14일 마침내 행정수도를 점령하고 아르헨티나 주둔군의 항복을 받아냈다. 이 전쟁에서 영국은 250명이 전사하였고, 아르헨티나군의 사망자는 1,000명을 넘었다.

전쟁이 끝난 후 포클랜드 섬에는 '자치'를 시행하여 독자적인 헌법, 화폐, 깃발, 휘장이 사용되었고, 총독은 영국 여왕을 대신하여 행정권을 행사하였다. 1982년 11월4일, UN총회에서는 90:12로 아르헨티나의 말비나스 군도에 대한 주권 요구를 지지하면서 쌍방의 회담 재개를 촉구하였다. 이후에도 UN총회는 두 차례의 결의안을 내고 회담의 재개와 함께 평화적으로 사태를 해결하도록 요구하였다. 그러나 1986년 10월, 영국은 포클랜드 섬 주위의 200해리를 관할 어로구역으로 일방 선포하였다. 아르헨티나가 이에 대해 강력히 반발하면서 말비나스 섬에서 영국과 재차 군사행동도 불사할 뜻을 내비치는 것은 뻔한 일이었다. 동년 11월25일 제41차 UN총회에서는 결의안을 통과시키고 영국이 군도 문제에 관해 아르헨티나와 협상할 것을 재차 요구하였다. 그렇지만 영국은 주권 문제를 제외한다면 어떤 문제에 관해서도 회담할 용의가 있다는 주장만 내놓았다.

제29강 하이테크전쟁사례 – 포클랜드 전쟁(2)

1982년 4월2일에서 6월14일까지 74일이 걸린 포클랜드 전쟁은 정식으로 선전포고를 거치지 않은 전쟁이었다. 외교전문가들은 "무력충돌", 군사전문가들은 "포클랜드 전쟁"이라 말하는 이것은 20세기 최초의 현대화된 전쟁으로 꼽을 수 있다.

1982년 2월 뉴욕에서 진행된 양국 간의 회담이 결렬되었다. 아르헨티나는 무력으로 섬을 수복할 준비에 착수하고 일명 '로사리오'라는 작전계획을 수립하였다. 3월19일, 아르헨티나 한 회사의 노동자 39명이 남 조지아 섬으로 와서 낡은 고래 가공공장을 철거한 뒤, 애국심의 표현으로 섬에 아르헨티나 국기를 게양하자 영국은 즉각 이에 대해 강력히 비난하였다. 3월24일, 영국은 포클랜드에 주둔하고 있던 해군의 쇄빙선 '인듀어런스'호에 2대의 헬기와 40명의 병사를 싣고 남 조지아 섬으로 가 무력시위에 들어갔다. 3월26일, 아르헨티나의 갈티에리 대통령이 '로사리오' 계획을 앞당겨 실행하도록 명령함에 따라 구축함 2척, 호위함 2척, 탱크상륙함 1척, 잠수함 1척, 쇄빙선 1척, 2개 대대의 해병대를 실은 보급선 1척으로 구성된 제40 상륙혼성편대가 벨그라노 항에서 포클랜드를 향해 출항하였다. 또 호위함 1척, 2개 소대의 해병대를 실은 지원함 1척으로 이루어진 제60 상륙혼성편대가 데세아도 항에서 남 조지아 섬으로 향했으며, 항모 1척, 구축함 4척, 호위함 1척, 유조선 1척으로 구성된 제20 혼성편대는 전역엄호를 맡았다. 이 작전의 최고 지휘관은 육군 제5군단장 겸 말비나스 전구 사령관인 오스왈도 가시아 중장이었다.

4월10일, 제40 편대가 포클랜드 섬에 도달하였다. 자정 무렵, 해병대의 정찰소대가 펨브로크에 상륙하였고, 이튿날 새벽에는 수중침투조가 요크 해안에 상륙하였다. 6시30분에는 아르헨티나의 주력부대가 루커리 만에 상륙하여 곧장 비행장과 항구를 점령하였고, 8시30분 7대의 C-130 수송기가 3,000여 명의 지원부대를 싣고 옴으로써 아르헨티나군의 총병력은 4,000 명에 이르렀다. 9시에 영국 총독이 휘하 장병 181명을 이끌고 투항함에 따라 아르헨티나는 포클랜드 섬을 점령하였으며, 연이어 행정기구를 설치하고 메넨데즈 준장을 군정장관에 임명하였다.

포클랜드 섬이 아르헨티나에 점령당한 사실을 확인한 영국은 즉시 아르헨티나와 단교를 선포하고 대처 수상을 의장으로 한 전시내각을 구성하여 최고 정책결정기구로 삼았다. 아울러 군사행동을 마지막 카드로 남겨놓고 정치, 외교, 경제 등 다양한 수단을 총동원하여 아르헨티나의 철군을 압박하다가 그래도 굴복하지 않는다면 무력을 사용하여 포클랜드를 재탈환하기로 방침을 정하였다. 4월3일, 영국 의회는 2차대전 이후 처음으로 포클랜드 섬의 무력수복 결의안을 만장일치로 통과시켰다. 혼성함대 사령관에는 우드워드 해군 소장이 임명되었는데 그는 당시 나이 49세로, 해군학원을 졸업한 뒤 잠수함 함장, 구축함 함장, 국방부 해군작전계획처장 등을 역임하였으며, 영리하면서도 과감하여 "바다의 늑대"라는 별명을 가진 인물이었다.

4월 5일, 영국군이 '허큘리스'호와 '인빈시블'호 항공모함을 핵심으로 편성한 혼성함대는 전함 37척, '해리어' 전투기 20대, 각종 헬기 58대, 해병대 3,500명을 보유하고 포츠머스와 지부랄타에서 출항하였으며, 대서양에 있던 4척의 핵잠수함도 전속력으로 포클랜드를 향해 항진하였다. 혼성함대가 13,000km를 항해하는 동안 참전부대는 작전방안 수립, 전투서열 편성, 전술훈련 등 일련의 준비작업을 끝냈다. 아울러 4월4일 의회가 가결시킨 법령에 근거하여 58척의 민간 선박을 징발하고 함대의 병참지원역량으로 삼았다. 동시에 징발된 민간 선박을 필요에 따라 신속히 개조하였는데, 예를 들면 여객선인 '엘리자베스 2세'호와 '캔버러'호는 병력수송선으로, 컨테이너선인 '애틀란틱 컨베이어'호와 '애틀란틱 코스웨이'호는 항공기 수송선으로 각각 개조되었다. 영국의 이러한 효율적이고 신속한 임전준비는 전쟁에서 승리하는 데 초석이 되었다.

제30강 하이테크전쟁사례 – 포클랜드 전쟁(3)

4월17일, 영국 함대는 아센션 섬에 도착하여 하루 동안 재정비를 하면서 물자를 보충하고 실탄사격을 실시하여 총포를 정렬하였다. 이와 때를 같이 하여 전시내각은 전쟁을 분쟁지역으로 국한하고 아르헨티나 본토는 공격하지 않는다는 원칙을 제시하였다. 아울러 외교와 정치적 공세를 적극 전개하여 미국이나 유럽공동체 등 국가들의 지지를 끌어내는 한편, 아르헨티나와의 군수물자 거래를 중단시켜 무기가 들어가지 못하게 만들었다. 반면에 영국에게는 (이 국가들이) 병참지원, 통신, 위성정보 등의 편리를 제공해 주도록 유도하였다. 4월19일, 혼성함대는 아센션 섬을 떠나 포클랜드로 향했다.

4월22일, 14명의 해군 특수단정대원(약칭 SBS)들이 먼저 C–130 수송기를 통해 남 조지아 섬 북부 해역에 강하하여 잠수함으로 갈아타고 섬에서 약 3해리 떨어진 곳으로 이동한 다음, 단정을 저어 섬 해안에 잠입하였다. 이들은 정찰을 하면서 섬에 있는 아르헨티나군의 병력, 장비, 화력배치를 샅샅이 살피고, 후속부대가 상륙하기 좋은 지점을 선정하였으며, 또한 지뢰지대를 말끔히 제거해 놓았다. 4월25일, SBS 대원의 유도를 받아 제42 해병 강습대가 헬기로 섬에 상륙하였으며, 저녁 6시에는 섬의 행정수도인 그리트베켄 항을 점령하였다. 같은 날, 포클랜드 해역을 순찰하던 영국군 '링스' 헬기는 수면에 떠오른 상태로 항해하는 아르헨티나의 '산타페'호 잠수함을 발견하고 즉시 공격에 돌입, AS–12 공대함미사일 발사와 더불어 폭뢰를 투하하였다. 이 공격으로 '산타페'호는 심각한 타격을 입고 모래사장에 좌초되었으며, 65명의 승무원들은 어쩔 수 없이 배를 버리고 빠져나와 영국군에게 포로가 되었다. '산타페'호는 나중에 예인되던 도중 침몰하고 말았다. 4월26일, 영국군은 1명의 사망자도 없이 남 조지아 섬의 아르헨티나군 수비대 156명을 포로로 잡았다. 그리고 남 조지아 섬의 재점령은 영국군으로 하여금 중요한 전진기지 하나를 얻게 한 것이었다.

4월28일, 마침내 영국군의 함대가 포클랜드 섬에 도달하였다. 영국 국방부는 "그리니치 시간으로 4월30일 11시부터 포클랜드 섬 주변 200해리 금지구역으로 진입하는 모든 항공기와 선박은 공격을 받게 될 것"임을 선포하였다. 아르헨티나군 역시 포클랜드 섬에 등화관제와 통금을 실시하는 등 최고 경계상태로 들어갔다. 4월30일, 영국 함대는 포클랜드 섬에 대한 공중 및 해상봉쇄 배치를 완료하였다. 이날 '컨쿼러'호 핵잠수함은 1척의 순양함과 2척의 구축함으로 구성된 아르헨티나군의 함대를 포착하여 지휘부에 보고하고 추적에 들어갔다. 5월2일, 전시내각의 승인을 거쳐 '컨쿼러'호는 금지구역 밖 36해리 지점에서 3일 동안 추적해 온 1,400야드 떨어진 아르헨티나의 '벨그라노 장군'호 순양함을 향해 3발의 MK-8 어뢰를 발사했다. 이 가운데 2발이 명중하여 순양함은 45분 후 침몰하고 말았으며, 321명의 아르헨티나 군인이 사망하거나 실종되었다. 이 격침사건으로 말미암아 아르헨티나군의 사기는 크게 떨어져서, 해군의 주력이 포클랜드 해역에서 철수하여 전쟁기간 내내 본토에 박힌 채 다시는 나와 싸울 엄두를 내지 못하게 만들었다.

5월4일, 아르헨티나군의 '해왕성' 정찰기가 영국의 '쉐필드'호 구축함을 발견하고 즉시 2대의 '수퍼 에땅달' 공격기를 호출하였다. 출격한 아르헨티나 전투기는 수면에서 50m의 고도로 초저공비행을 하면서 레이더를 피한 다음, 함정으로부터 46km 떨어진 곳에서 갑자기 150m 고도로 상승하더니 불과 30초 사이에 조준레이더를 켜서 표적을 마킹하고 2발의 AM-39 '엑소세' 미사일을 발사한 후, 급선회함과 동시에 30m 고도로 하강하여 돌아가 버렸다. '쉐필드'호는 1발의 미사일에 명중되자마자 큰 화염에 휩싸였으며, 복구요원들의 5시간에 걸친 진압에도 불구하고 불길이 잡히지 않자 함장은 어쩔 수 없이 배를 포기하도록 명령했다. 여기에서 78명의 영국 군인이 사망하거나 실종되었고, '쉐필드'호는 영국으로 예인되던 중 가라앉아 버렸다.

제31강 하이테크전쟁사례 – 포클랜드 전쟁(4)

5월14일 밤, 영국의 특공대 50명이 3대의 헬기를 타고 8명의 선발대원의 유도를 받아 섬에 착륙하여 아르헨티나군의 항공기 10여 대를 폭파하였다. 대원 가운데 포병관측조는 섬에 있는 표적의 좌표를 '갈라모건'호 구축함에 전송하여 맹렬한 함포사격을 유도함으로써 1개의 무기고와 6개의 레이더 기지를 파괴시켰다. 그리고 (임무를 마친) 대원들은 화염 속에서 헬기로 무사히 귀환하였다. 2명의 경상자를 대가로 큰 전과를 올리고 상륙의 장애물도 제거한 것이다. 그러나 포클랜드 섬에 있는 아르헨티나군의 병력은 14,000명에 달하지만 영국군의 상륙부대 1진은 많아야 1,000명에 불과하다는 점을 고려하지 않을 수 없었다. 어떻게 하면 소수로 다수를 이길 것인가? 해답은 적의 의표를 찌르는 방법뿐이었다. 우드워드 사령관은 이 문제로 고심을 거듭한 끝에 기만전술(미혼진)을 쓰기로 하였다.

'공중특전단'(약칭 SAS)과 SBS가 파견한 특공대는 일찍부터 섬에 잠복하면서 영국 국적 주민의 비호 아래 아르헨티나군의 방어배치상황을 파악하는 한편, 사방에서 적극적인 교란활동을 펼치고 있었지만 지휘부에 대해서만 습격을 하지 않았다. 그 이유는 영국군이 이미 암호를 해독하고 있어 아르헨티나군 지휘부가 정보를 제공하는 주요 출처였기 때문이다. 5월20일, 영국 함대는 포클랜드 섬 서남쪽 해상에서 기동하면서 구축함을 보내 해안 표적에 포격을 가하고 다윈 항과 폭스 베이에 양동상륙을 실시함으로써 아르헨티나군의 관심을 온통 스탠리 항 방향으로 쏠리게 하였다. (그러나 사실은) 영국군 강습제대는 이틀 전에 남 조지아 섬에서 포클랜드 섬 동북쪽 200해리 해역으로 집결해 있었다. 그리고 상륙하기 하루 전 오후, 악천후와 야음을 이용하여 상륙지역으로 기동한 다음 패닝 부근에서 전투전개를 하였다.

5월21일 새벽 3시, SAS 특공대가 제1제대로 패닝에 상륙하여 이미 앞서 상륙한 정찰대의 협조 아래 약 50명의 아르헨티나 수비대를 궤멸시켰다. 3시30분, 영국군의 함포가 공격준비사격에 들어가고, 3시40분에 2척의 상륙공격함과 4척의 상륙함이 산 카를로스에서 여러 지점으로 입체적인 상륙을 감행, 별다른 저항 없이 순조롭게 해안에 도달하였다. 영국군은 아르헨티나군의 야간전투능력이 떨어지는 약점을 틈타 신속하게 인원과 물자를 수송한 끝에 4시간 만에 2,500명의 병력과 32,000톤의 물자를 육지에 올릴 수 있었던 것이다. 그리고 바로 진지를 구축하고 방어망을 짜서 아르헨티나군의 공격에 대비하였다. 과연 날이 밝자마자 아르헨티나군은 16대의 '푸카라' 공격기와 14대의 '미라쥐' 전투기를 출격시켜 영국 함대와 상륙부대의 해안진지를 맹렬히 공격해왔다. 아르헨티나의 전투기 조종사들은 미국, 프랑스, 이스라엘 교관의 엄격한 훈련을 받은 경험이 있기 때문에 조종기술이 뛰어나고 용감하며 전투력도 우수하였다. 그들은 영국군의 고사포, 미사일과 '해리어' 전투기로 구성된 방공체계와 맞서도 전혀 두려워하지 않았다. (이 공격으로) '아덴트'호 호위함이 격침되고, 구축함 1척, 호위함 2척, 보조함 1척이 손상을 입었으며, 아르헨티나군도 14대의 전투기가 격추되는 대가를 지불해야 했다. 영국군은 아르헨티나군의 공격을 버텨내고 20㎢의 해안진지를 장악하였으며, '해리어' 전투기와 헬기가 이착륙할 수 있는 철판식 간이 비행장을 깔고 상륙진지를 한층 보강하였다.

5월25일부터 27일까지 사흘 동안 상륙한 영국군 병력은 5,000명에 달하였고, 해안진지는 150㎢로 확대되었다. 보급기지, 통신 중추시설을 건립했는가 하면, 철판식 간이 비행장에 알루미늄 합금 활주로를 추가로 깔기도 하였다. 5월27일, 영국군은 지상에서 공격을 전개하기 시작하였다. 두 갈래로 길을 나누어 스탠리 항을 향해 나아갔다. 남부 축선은 제2 공수대대가 선도하고 제45 해병대대가 지원하면서 동남쪽 국도를 따라 다윈 항, 구즈그린, 피츠로이 만, 블러프 코브를 거쳐 남쪽에서 공격하고; 북부 축선은 60명의 SAS 대원이 앞장서고 제3 공수대대와 제4 해병대대가 뒤를 받치면서 더글라스, 틸 만을 거쳐 곧장 스탠리 항을 공략하였다.

제32강 하이테크전쟁사례 – 포클랜드 전쟁(5)

6월1일, 남부 축선의 영국군은 켄트 산에 도달하여 북부 축선부대와 합류하였다. 이때 아르헨티나군은 외곽포진을 포기하고 주력을 집중하여 스탠리 항을 사수하기로 방침을 세웠다. 영국군은 켄트 산과 자매 산을 공략하고 스탠리 항에 대한 포위망을 형성한 후에는 공격을 서두르지 않고 부대배치를 조정하거나 급양보충에 신경을 썼다. 단지 SAS와 SBS 대원만 사방에 파견하여 전장정찰만 실시할 뿐이었다. (그러나 이것을 통해) 아르헨티나군이 켄트 산, 자매 산을 1차 방어선으로, 해리엇 산, 롱던 산을 2차 방어선으로, 그리고 와이어리스 산, 텀블다운 산, 윌리엄 산, 새퍼 산에 연하는 선을 주 방어진지 즉 '갈티에리 방어선'으로 삼고 있다는 사실을 빠르게 밝혀내었다. 또한 3겹의 방어선 사이마다 대량의 지뢰와 장애물을 깔아놓았고, 화포로 보호를 받는 비밀통로 하나만 연락용으로 남겨두었다는 사실도 간파하였다.

우드워드 사령관은 적정을 파악한 후 후속부대인 제5 보병여단을 작전에 투입하기로 결정하였다. 제5여단은 예하에 3개 대대가 있는데, A대대는 웨일즈 근위대이고, B대대는 스코틀랜드 근위대로써 과거 2차대전에 참전한 경험이 있고 알라만 전역에서 독일군을 대파하여 명성을 떨쳤다. C대대는 명성이 찬란한 '구르카'대대로, 병사 전원을 네팔의 구르카 족에서 선발하여 붙여진 이름이다. 구르카 족은 역경 속에서도 용맹하고 전투에 능한 것으로 유명하며, 저마다 구르카 전통의 만도(휘어진 칼)를 차고 있다. 2차대전 때, 이들은 예리한 만도와 무시무시한 칼솜씨로 동남아를 휩쓸던 일본군을 유린한 바 있다.

6월7일, 제5여단은 상륙함을 타고 은밀히 출항하여 리블리 섬에 상륙할 채비를 하였다. 스완 만을 지날 때, 여단장인 윌슨 무어 준장은 피츠로이에 있는 아르헨티나군이 철수하고 있는 것을 보았다. 무어 장군은 직업군인의 탁월한 직감으로 이것이 절호의 기회라는 생각이 들었다. 그는 지휘부의 승인도 거치지 않고 독단활용으로 스탠리 항에서 불과 16km밖에 떨어지지 않은 블러프 만에 상륙하도록 명령을 내렸다. 이러한 그의 행동은 전쟁이 끝난 후에 대부분의 사람들로부터 "능동적 사고의 극치"라는 인정을 받았다. 아르헨티나군의 철수로 말미암아 제5여단 3,500명의 병력은 블러프 만에 순조롭게 상륙할 수 있었다. 6월11일, 사흘간의 준비를 거쳐 영국군은 '발칸' 폭격기와 '해리어' 전투기로 밀집폭격을 실시함과 동시에, 지상부대가 구축함, 호위함의 화력지원 아래 아르헨티나의 2차 방어선을 향해 맹공을 가하였다. 제45 해병대대는 해리엇 산과 롱던 산을 공략하고 2차 방어선을 돌파한 다음, 스탠리 외곽의 모든 감제고지를 장악하였다. (이 과정에서) 아르헨티나군의 유일한 반격은 해안에 설치한 AM−39 '엑소세' 미사일로 '갈라모건'호 구축함에 손상을 입힌 것이었다.

6월14일, 영국군의 공격이 계속되자 아르헨티나군은 중장비를 버리고 스탠리 항 시내로 퇴각하였다. 아침 7시30분부터 영국군은 모든 화력을 집중하여 맹포격에 들어갔다. 아르헨티나의 화포가 반격하면 즉각 역추적 레이더와 컴퓨터 화력통제시스템의 유도를 받은 정밀타격에 의해 파괴되었다. 이어서 영국군은 스탠리 항 안에 있는 표적들을 집중적으로 포격하기 시작하였다. 꼬박 10시간에 걸친 맹렬한 포격에서 영국군은 총 12,000발의 포탄을 발사함으로써 보유한 탄약 거의 대부분을 쏟아 부었다. 오후가 되면서 양국군 대표는 비공식 정전협상에 들어갔고, 같은 날 밤 9시 스탠리 항에 남아있던 9,000여 명의 아르헨티나군이 투항함으로써 전투는 일단 종식되었다. 6월15일, 아르헨티나 대통령이 포클랜드 전투가 이미 종결되었음을 선언하였고, 영국도 아르헨티나의 항복과 포클랜드 섬의 탈환을 선포하였다. 이로써 74일에 걸친 포클랜드 전쟁은 마침내 공식적으로 끝나게 된 것이다. 7월 중순, 쌍방은 전쟁포로를 교환하고, 8월에는 해상 및 공중 금지구역의 취소와 함께 정상적인 항해의 회복을 선포하였다.

제33강 하이테크전쟁사례 − 걸프 전쟁(1)

걸프전은 20세기 90년대에 발발한 규모가 크고 고도로 현대화된 국지전이다. 이라크가 쿠웨이트를 침공함으로써 촉발된 국제적인 무력충돌이며, 미국을 위시한 다국적군이 이라크에 대해 발동한 하이테크전쟁이었다. 전쟁은 1991년 1월17일에 시작되어 2월28일 종결되기까지 42일이 소요되었다.

1990년 8월2일, 쿠웨이트 시간으로 새벽 1시, 이라크 공화국수비대의 3개 사단이 공군, 해군, 해병대와 특전대의 지원과 협동 아래 국경을 넘어 기습적으로 진격해 왔다. 이 가운데 1개 기계화보병사단과 1개 기갑사단이 주공을 맡아 쿠웨이트시티를 직접 압박하고, 1개 기갑사단은 조공을 담당하였다. 특전대는 01시30분 쿠웨이트시티의 주요 정부기관을 헬기로 강하하여 점거하고, 해병대는 상륙을 감행하여 왕궁 및 기타 주요 시설을 탈취목표로 삼았다. 05시10분, 주공부대와 특전대가 쿠웨이트시티에서 합류한 뒤, 14시간의 시가전을 거쳐 저녁 7시에 이라크군은 도시를 완전히 점령하였다. 8월3일 정오 무렵, 이라크군은 쿠웨이트와 사우디아라비아의 국경지역에 방어진지를 구축하고, 쿠웨이트 전역에 대한 점령을 끝냈다. 8월6일까지 쿠웨이트에 진입한 이라크군의 병력은 약 20만 명, 탱크는 2,000여 대에 이르렀다. 8월8일, 사담 후세인 이라크 대통령이 쿠웨이트를 합병하여 '19번째 성'으로 편입한다고 선포하면서, "영원히 이라크에서 떼어낼 수 없는 일부분"이 될 것이라 말하였다.

이라크가 쿠웨이트를 점령한 후, 국제사회는 걸프지역 위기를 해결하기 위해 많은 노력을 기울였다. 1990년 8월2일부터 11월29일까지 UN안보리가 이라크를 비난하고 제재하는 문제와 관련하여 내놓은 결의안만 하더라도 12개에 이르렀다. 이 가운데 678호 결의안은 UN 회원국들에게 만약 1991년 1월15일까지 이라크가 쿠웨이트에서 철수하지 않을 경우 "필요한 모든 수단"을 사용하여 결의사항을 집행하도록 권한을 부여하였다. 이것은 미국이 38개 국가로 연합군을 구성하여 걸프지역에 파병, 무력으로 위기를 해결하려는 방침에 합법적인 근거가 되었다. 미국은 UN 결의안을 근거로 삼아 신속하게 대이라크 국제군사동맹을 조직하였고, 이어서 부시 대통령은 사우디아라비아로 부대를 배치하는 작업에 착수하도록 국방부에 지시하였다. 50여 개의 국가가 형식은 다르지만 이라크에 대한 군사행동에 지지를 보내거나 참여하였다. 걸프지역의 국가들과 독일, 일본, 한국 등은 전쟁에 소요되는 비용 약 600억 달러 가운데 540억 달러를 부담하였고, 38개국이 전투부대, 전투지원부대 또는 근무지원부대를 파병하였다. 이와 동시에 미국은 본토 전역에서 동원을 함으로써 2차대전 이래 최대 규모로 예비역 부대의 동원과 배치가 실시되었다.

부시 대통령이 걸프지역에 전투부대 배치를 명령한 후, 1990년 8월7일부터 1991년 1월17일까지 다국적군은 '사막의 방패'로 불리는 걸프지역 군사력 배치작전에 돌입하였다. (한편) 국제사회의 군사적 압력에 직면한 이라크도 쿠웨이트 점령을 현실로 굳히기 위하여 대대적인 전쟁준비에 들어갔다. 8월2일 이후 징병을 확대하여 전쟁이 발발할 때 이라크군은 100만 명에서 125만 명으로 증가하였고, 20여 개의 육군사단을 새로 창설하거나 재편하였으며, 500만 명의 민병을 조직하였다. 다국적군의 병력이 증가함에 따라 이라크군 역시 쿠웨이트에 병력을 계속 증강시켜, 전쟁이 시작되기 전 이라크 남부와 쿠웨이트에 배치된 병력은 54만 명, 탱크 4,200대, 장갑차 2,800대, 화포 3,200여 문에 이르렀다. 또한 대량의 방어진지를 구축하여 쿠웨이트·사우디와 이라크·사우디 국경을 따라 전장 260km나 되는 '사담 방어선'을 설치하였다.

제34강 하이테크전쟁사례 – 걸프 전쟁(2)

1991년 1월17일부터 다국적군이 '사막의 폭풍'작전을 실시함으로써 걸프 전쟁은 막이 올랐다. 17일 새벽 2시39분, 미군 101공중강습사단의 '헬파이어' 미사일과 '히드라' 로켓을 장착한 9대의 '아파치' 무장헬기가 3대의 MH-53J 특수작전헬기의 유도 아래 이라크·쿠웨이트 국경에 있는 레이더 기지를 파괴하였다. 그리고 그 뒤를 이어 다국적군의 수백 대 비행기가 F-15 '이글'과 F-14 '톰캣'의 엄호하에 예정된 이라크군의 목표물을 향해 공격을 가하기 시작하였다. 25분 후에는 여러 대의 F-117 '나이트 호크' 스텔스 폭격기가 레이저 유도폭탄을 이라크 경내에 있는 주요 목표, 가령 대통령궁, 지하 지휘소, 방공센터 등에 발사함으로써 이라크군의 방공지휘시스템이 치명적인 손상을 입었다. 연이어서 페르시아 만에 정박하고 있던 16척의 함정과 2척의 잠수함에서 발사한 '토마 호크' 순항미사일이 화학무기 제조회사, 바트 당 당사, 대통령궁, 발전소 등을 타격함에 따라 이라크 전국의 전력공급시스템이 마비되었다. 개전 후 48시간 동안 다국적군이 발사한 총 180기의 순항미사일은 이라크 경내에 있는 주요 군사시설들에 명중하였다.

제1제파에 이어 다국적군의 제2제파 공격이 실시되었다. 이번에는 무인항공기와 '디코이'를 이용한 공격이었다. 이라크군의 레이더가 교란되어 작동하자, 다국적군의 F-4G '와일드 위젤'과 F-18 '호넷' 전투기는 고속 반복사미사일을 발사하여 10여 곳의 레이더와 지대공미사일 기지를 파괴하였다. 이 기간 동안 이라크군은 MIG-29와 미라쥐 F-1을 출격시켜 다국적군의 항공기를 요격하려 했지만 지상(레이더)와 연결되지 않아 실효를 거두지 못했다. 공습이 시작되고 3일 동안 이라크군의 항공기가 출격한 대수는 하루 100번도 채 되지 않았다. 다국적군의 공습으로 이라크군의 방공시스템은 거의 마비되고, 사담과 쿠웨이트 전구 및 이라크 동부 부대 사이의 통신연락도 거의 두절되어 버렸다. 이후에도 다국적군은 날마다 일정 수량의 항공기를 보내 이라크군을 계속 압박하였다. 24개 주요 비행장과 38개 간이 비행장의 활주로 및 기타 시설물이 심각한 손상을 입었고, 594개 격납벙커 가운데 375개와 그 안에 있던 항공기가 파괴되었으며, 100여 대의 항공기가 이란으로 피난함에 따라 이라크군의 공군력은 거의 상실되었다. 1월27일, 미 중부군사령부는 (다국적군이) 제공권을 장악하였다고 발표했다. 27일 이후 다국적군은 소량의 항공기로 공중순찰을 하고, 대량의 항공기는 공화국수비대와 쿠웨이트 지역의 이라크군을 고립시키거나 공격하는 데 투입하였다.

제35강 하이테크전쟁사례 - 걸프 전쟁(3)

공습과 동시에 다국적군의 해군력도 이라크 공격에 들어갔다. 1월18일 저녁, 미 구축함 '니콜라스' 호와 쿠웨이트의 '인디펜던스'호 쾌속정은 야음을 틈타 무선침묵을 실시하며 쿠웨이트시티 동남쪽에서 약 75km 떨어진 다우라 유전에 조용히 접근하였다. 이라크군의 가시거리 밖에서 미군의 '링스' 헬기가 공대함미사일로 1개의 해저시추대를 명중시켜 시추대의 폭약이 폭발하자, 이어서 2대의 함정이 11개 해저시추대 가운데 9개에 포격을 가하였다. 이로써 함재기들이 쿠웨이트와 이라크로 이어진 항로를 진입하는 데 위협요소가 제거되었다. 또한 '레인저'호 항모에서 발진한 A-6 공격기가 주바이르 하구에 MK-36 '디스트럭터' 기뢰를 부설함에 따라 페르시아 만 북부에 있던 이라크 해군함정들은 바스라 등 항구시설이나 해군기지와 격리되고 말았다. 22일 저녁, '미드웨이'호 항모의 A-6 공격기가 집속폭탄을 이용하여 전자전 임무를 수행하던 이라크의 유조선 1척을 격침한데 이어, 1월 24일부터 다국적군 해군이 이라크군의 해군함정에 공격을 개시함에 따라 2월2일에는 대함미사일을 발사할 수 있는 13척의 함정이 모두 파괴되거나 대파되고, 모든 기지와 항구가 심각한 손상을 입었으며, 페르시아 만 북부의 모든 시추시설이 점령당하였다. 이로써 이라크의 해군 역시 전투력을 상실하였으며, 2월8일 미 중부군사령부는 다국적군에 의해 페르시아 만 북부해역의 제해권이 장악되었다고 발표하였다.

　다국적군은 또한 4척의 항모, 6척의 이지스 순양함, 12척의 구축함과 호위함을 동원하여 방공작전을 실시하였다. 2월24일에는 항모에서 발진한 F-15 전투기가 이라크군의 '미라쥐' F-1 2대를 격추하였다. 25일 새벽 상륙부대가 위장상륙을 실시하자 이라크군이 겨우 2발의 대함미사일을 하였는데, 그 가운데 1발은 다국적군 해군이 발사한 미끼(디코이)에 교란되어 빗나가고, 나머지 1발은 미사일에 요격되었다. 이 방공작전이 전개되는 동안 다국적군의 함재기가 출동한 횟수는 총 3,805차례에 달했지만, 이라크군의 항공기가 자발적으로 출동한 횟수가 적어서 작전의 성과는 별로 크지 않았다. 이밖에도 다국적군은 대수뢰전과 상륙작전을 펼치기도 하였다. 다양한 해상작전을 통해 다국적군은 불과 3주일 만에 이라크 해군을 거의 궤멸시켰다. (특히) 상륙부대의 양동작전과 공격은 10여 개 사단의 이라크 해안방어부대를 견제함으로써 지상전에 돌입하기 위한 유리한 조건을 이끌어내었다.

제36강　하이테크전쟁사례 – 걸프 전쟁(4)

　2월24일 새벽부터 28일 8시까지 다국적군의 100시간에 걸친 지상작전이 전개되었다. 24일 새벽 4시, 미 제18공정군이 가장 먼저 공격을 개시하고, 프랑스 제6기갑사단의 정찰부대가 이라크 국경에 진입하였으며, 그 주력부대들이 뒤를 이어 작전에 들어갔다. 프랑스군은 대전차미사일을 장착한 헬기를 이용하여 이라크군의 장갑표적과 방어시설물에 대해 공격을 가하였다. 미 제101공중강습사단은 '개구리 도약' 방식으로 약진, 이라크 국경 안 150km 지점에 전초기지를 마련한 다음, 일몰 전에 국경 안 270km까지 깊숙이 들어가 이라크군의 주요 병참선과 퇴로를 차단하였다. 미 제7군단은 14시30분에 공격준비사격을 개시하고, 30분 후 이라크군을 향해 전진하여 일몰 전까지 이라크 국경 30여 km 안으로 진입함과 동시에 1,500명의 이라크군을 포로로 잡았다. 사우디아라비아 북부에서 공격을 담당한 연합부대는 14시에 공격을 개시하였지만 여러 가지 저항에 직면한 나머지 선두부대가 10km를 전진하는 데 그쳤다. 04시에 작전을 개시한 미 제1원정부대는 비록 저항에 부딪쳤지만, 날이 저물기 전까지 쿠웨이트 안으로 20여 km를 들어가 안정된 근거지를 확보하였다. 동부축선의 연합부대는 08시에 공격을 개시하여 당일에 쿠웨이트 경내 20여 km 지점까지 진입하는 데 성공했다. 다국적군의 첫 날 공격으로 이라크군의 일선부대는 대부분이 전투능력을 크게 상실하였다.

　25일, 다국적군은 계속 공격을 확대해 나갔다. 제18공정군은 (적의) 종심을 향해 전진하였는데, (예하의) 제82공중강습사단은 프랑스 제6기갑사단이 확보한 전초기지에 진주하였고, 제101공중강습사단은 역사상 최장거리의 공중작전을 전개하여, 제3여단이 이라크 경내 280km까지 진출하였다. 제7군단 역시 공중지원 아래 전차부대가 이라크군의 장갑표적을 대량 분쇄하였다. (한편) 북부축선 연합부대는 일몰 전까지 예정된 목표를 탈취하였다. 제1원정부대는 이라크군의 수차례에 걸친 역습을 격퇴하면서 쿠웨이트시티로부터 16km 떨어진 지점까지 전진하였다. 동부축선 연합부대는 계속 북진하다가 이라크군이 대량으로 투항하면서 전진속도가 늦어져 일몰 전까지 20여 km를 진격하는 데 그쳤다. 사담의 전 전선에 걸친 후퇴명령이 하달된 것은 25일 자정 무렵이었다.

26일, 다국적군의 이라크군 대규모 병단에 대한 섬멸작전이 시작되었다. 제18공정군은 공격방향을 동북쪽으로 꺾어 일몰 전에 유프라테스 강 골짜기의 교통선을 차단함으로써 이라크군의 쿠웨이트 전구에 대한 증원을 저지하는 한편, 이라크 남부와 쿠웨이트 경내의 이라크군에 대한 포위망을 형성하였다. 제7군단도 이라크 경내에서 종심포위작전에 들어갔다. 1개 기병사단을 보강하여 이라크 공화국수비대의 저항을 분쇄하면서 일몰 전까지 동쪽으로 40~50km를 전진하였다. (한편) 북부축선 연합부대는 쿠웨이트시티를 향해 전진하여 일몰 전까지 약 90km 앞으로 나아갔다. 제1원정부대는 계속 북진하면서 일몰 전에 무틀라 산 길목을 탈취한 다음, 이튿날 새벽 3시30분 쿠웨이트 국제공항을 점령하였다. 동부축선 연합부대는 계속 진격하여 일몰 전까지 쿠웨이트시티에 진입할 준비를 완전히 끝마쳤다.

27일, 이라크군이 모든 전선에서 후퇴하자 다국적군은 곧 추격작전으로 전환하였다. 제18공강군이 동쪽의 바스라를 향해 전진을 계속하면서 제7군단과 배합하여 이라크군의 마지막 퇴로인 바스라 서북쪽의 하마르 통로를 차단하자, 제7군단은 모든 역량을 전투에 투입하여 이라크군에게 막대한 피해를 입힘과 동시에 북쪽으로 후퇴하는 이라크군 전체를 포위망 속에 가두었다. (한편) 북부축선 연합부대는 쿠웨이트시티를 점령하기 위한 만반의 준비를 완료했다. 제1원정부대의 일부가 무틀라 산을 막고, 일부는 쿠웨이트 국제공항의 이라크군을 섬멸함과 동시에 동부축선부대와 합류하였으며; 동부축선부대는 쿠웨이트시티의 목표들을 탈취한 다음 쿠웨이트시티에 진입하여 서남쪽에서 입성한 북부축선부대와 합류하였다.

28일, 제18공강군은 이라크 경내로 진출하는 임무를 완수하고 이라크군의 퇴로를 차단하였으며, 08시 경 바스라로부터 약 50km 떨어진 곳에서 전진을 멈추었다. 제7군단은 바스라 서쪽에 있는 이라크 패잔병에 대한 소탕작업을 계속 전개하였다. (한편) 북부축선 연합부대는 진격을 멈추고 진지를 강화하였다. 제1원정부대가 진격을 멈춘 것은 08시였다. 동부축선부대 역시 공격을 중지하고 진지강화에 들어갔다. (결국) 오전 8시 정각, 모든 다국적군이 작전을 전면 중지함으로써 전쟁은 막을 내린 것이다.

걸프 전쟁에는 "사막의 폭풍"(대규모 공습)과 "사막의 군도"(지상공격) 작전을 통해 미국과 영국, 프랑스, 이탈리아, 캐나다, 사우디아라비아, 쿠웨이트, 바레인, 카타르, 아랍에미레이트 등 10개국의 군대가 참전하였다. 항공기가 총 9만4천 회나 출격하였고, 8만8천여 톤의 폭탄이 투하되었으며, 280발의 함재 미사일이 발사됨으로써 이라크는 참담한 손실을 입었다. 해군과 공군이 거의 모든 전투력을 상실하였고, 지상군의 절반이 궤멸되거나 치명상을 입는 등, 경제적인 손실은 2천억 달러를 넘었다. 다국적군 역시 600여 명의 사상자와 더불어 막대한 전비가 소모되었다. 쿠웨이트가 입은 경제적 손실은 600여 억 달러로, 재건하는 데만 10년의 시간이 소요되었다.

제37강 하이테크전쟁사례 – 코소보 전쟁(1)

코소보 전쟁의 내재적 원인은 오래 동안 지속되어온 민족갈등 때문이었다. 중세에 코소보는 세르비아 민족의 문화와 정치의 중심이었지만, 1389년 터키군이 세르비아군을 격파함으로써 이 지역은 터키의 통치 아래 놓이게 되었다. (이후) 세르비아인들이 대거 그곳에서 빠져나오는 틈을 타 알바니아인이 대량으로 이주해 주류가 되면서 이슬람교와 이슬람 문화가 점차 퍼지기 시작하였다. 1912년, 제1차 발칸 전쟁에서 세르비아, 몬테네그로, 그리스와 불가리아로 구성된 동맹군이 터키군을 무찌르면서 코소보는 500여 년 만에 다시 세르비아로 귀속되었다. 1918년, 세르비아는 크로아티아, 슬로베니아와 함께 유고슬라비아 왕국을 이룩하였다. (그러나) 2차 세계대전 중에 독일과 이탈리아 파시스트가 유고를 침공하면서 코소보는 또 이탈리아의 보호를 받는 알바니아 왕국에 편입되었다가, 2차대전이 끝난 후에 당시 티토가 이끄는 유고슬라비아의 영토로 재차 귀속되어 하나의 자치성(省)이 되었다.

1980년 티토가 서거한 후, 유고슬라비아의 민족갈등은 날로 첨예해져 점차 국가가 분열되는 양상으로 나아갔다. 1981년 이후 코소보 지역에는 폭동이 끊이지 않았다. 1989년, 세르비아의 밀로세비치 대통령은 코소보 알바니아인들의 민족분리 움직임에 대하여 강경정책을 시행하기 시작하였다. 1990년에 세르비아 신헌법을 반포하면서 코소보 지역의 자치권 대부분을 박탈한 것이 그 대표적인 사례다. 1991년, 알바니아인들은 불법으로 간주된 '민족 결의대회'를 열어 '코소보 공화국'을 수립하기로 결정하였다. 또 1992년에는 비밀리에 루고바를 코소보 공화국의 대통령으로 선출하였지만, 국제사회의 승인을 받지는 못했다. (더욱이) 알바니아인 가운데 급진주의자들은 이미 1984년부터 외부세력의 지원 아래 '코소보 해방군'을 결성하여 폭력으로 독립을 쟁취하고자 노력해 왔다. 1995년, 보스니아 · 몬테네그로 문제와 관련된 '데이턴 협정'이 통과되자 알바니아인들은 코소보도 보스니아와 몬테네그로처럼 세르비아인의 통치에서 벗어나 자신들의 국가를 세울 수 있는 시기가 무르익었다고 여겼다. 1997년 12월, 코소보 해방군의 세르비아인을 겨냥한 공격이 빈발함을 구실로 유고 연방정부는 이러한 분열행동에 대해 진압작전을 실시하였다. 1998년 2월과 3월, 알바니아 무장세력과 현지의 세르비아 경찰 사이에 벌어진 두 차례의 유혈충돌은 코소보의 상황을 한층 더 악화시키기에 이르렀다. 국제사회가 당사자들에게 평화적인 해결을 거듭 호소하였지만, 쌍방간의 회담은 끝내 합의점을 찾지 못하였다. 이리하여 NATO가 이를 빌미로 유고 연방에 대한 군사행동에 착수함으로써 코소보 전쟁은 발발하게 되었다.

제38강 하이테크전쟁사례 – 코소보 전쟁(2)

코소보 전쟁은 대체로 4개의 단계를 거쳤다.
① 제1단계(1999.3.24～3.27)
1999년 3월24일 저녁 7시55분, NATO군은 첫 공습을 실시하여 유고군의 방공미사일 진지와 레이더 기지, 비행장, 지휘통제센터, 통신시스템 등 군사목표물을 중점적으로 공격하였다. 이는 유고군의 방공시스템을 신속하게 마비시켜 작전지역의 제공권을 완전히 장악함으로써 NATO 공군기의 안전을 확보하고 후속단계의 대규모 공습에 유리한 조건을 조성하기 위한 것이었다. 이 단계에서 NATO군은 모두 4차례의 공습을 실시하였는데, 주로 유고 연방의 레이더 기지와 발전소를 표적으로 삼았다. 유고는 밀로세비치 정부의 영도 아래 즉각 총동원령을 내리고 NATO의 공격에 적극 대응하였다. (그런데 공습과정에서) NATO군의 F-117 '나이트 호크' 스텔스 전폭기 1대가 유고군의 SAM-3 미사일에 격추당한 사건이 일어났다. 이는 F-117이 등장한 이래 처음으로 격추된 사례였

기 때문에 유고군의 사기를 크게 높인 반면, NATO군에게는 큰 충격을 주어 F-117의 방호력을 강화하기 위한 여러 가지 조치를 강구하게 만들었다. 한편, 유고군의 공군기도 발진하였지만 쌍방간 역량의 차이가 워낙 커서 NATO군 전투기의 상대가 되지 않았다. 유고군은 5대의 MIG-29 최신예 전투기가 격추되는 심각한 피해를 입었다. 1단계에서 NATO는 총 1,300여 회나 항공기를 출격시키고 400여 발의 순항미사일을 발사했으며, 정밀유도무기의 사용비율이 98%에 이르고 제공권도 거의 장악하였지만 소기의 목적을 달성하지 못했다. (반면에) 유고군은 방공시설이 무력화되었음에도 불구하고 지휘체계가 여전히 작동하였으며, 기동방공을 통해 생존력과 전쟁잠재력을 유지하였다.

② 제2단계(3.28~4.4)

3월28일 오후, 아드리아 해에 배치된 미국 전함이 몬테네그로의 포드고리차 지역에 있는 군용비행장을 향해 2발의 순항미사일을 발사하면서 NATO군의 제2단계 작전이 시작되었다. 유고 지역의 기상조건이 호전되자 NATO군은 공습의 규모를 확대시켜 종래의 간헐식 폭격에서 24시간 지속폭격으로 전환하였다. 이러한 공습의지와 강도는 유고 측의 예상을 훨씬 뛰어넘는 것이었다. 이에 유고군은 작전방침을 생존 보장과 지구전 방식으로 조정하여, 항공기, 전차, 화포 등 대형 무기장비를 전략요충지에 구축해 놓은 방호시설 안으로 숨긴 다음, 교묘하게 대량의 가짜 표적과 진지를 만들어 적이 식별하기 어렵게 하였다. 또한 요충지의 방공역량을 강화하고, 지상전에 대비하여 코소보 국경지역의 주요 통로마다 대량의 지뢰를 매설하는 한편 마케도니아, 불가리아와의 국경에 대한 방어력을 보강하였다. (동시에) '인종청소계획'을 지속적으로 추진하면서 코소보 해방군에 맹공을 가하고, 정보활동을 강화하여 스파이를 색출해내었다. (이처럼 변경된 방침의) 작전을 통해서 유고군은 잇달아 새로운 전과를 거두었다. 3월29일 3명의 미군 특수부대원을 포로로 잡은 것이 한 예이다. 이와 더불어 유고 연방은 적극적인 외교활동을 전개하여 외부의 지원과 세계 여론의 동정 및 지지를 끌어내었다. 유고의 완강한 저항으로 말미암아 NATO군이 본래 의도했던 단시일 군사작전을 통한 코소보 사태 해결은 완전히 무산되고, NATO는 어쩔 수 없이 병력을 증파해야만 하였다. 여기에는 1개 항모전단과 B-1 전략폭격기 등 130여 대의 작전기가 포함되었다.(75대의 항모 함재기 포함)

제39강 하이테크전쟁사례 - 코소보 전쟁(3)

③ 제3단계(4.5~5.27)

NATO는 유고에 대한 공격의 강도를 높이고 최대한 빨리 전쟁목적을 달성하기 위해서 계속 병력을 증강하였다. 3단계 작전이 종료되기 전까지 아드리아 해에 배치된 전함은 이미 40여 척, 참전한 항공기는 1,100여 대나 되었다. NATO군이 중점을 두고 타격한 목표물은 첫째가 유고군의 지휘통제시스템과 레이더, 미사일 진지, 비행장 등 방공체계, 둘째가 유고군의 군사기지, 잠재역량과 탱크, 화포, 장갑차 등 중무기 및 수송장비, 셋째가 유고의 통신체계, 주요 교통수송로와 중추시설 및 주요 공업기지 등 기반시설과 생산설비, 넷째는 유고의 내무부, 국방부, 공군 방공사령부와 대통령 관저 등 주요 기관이었다.

NATO의 공습작전은 다음과 같은 특징이 있었다. 첫째, 지속시간이 길다는 점이다. 4월5일부터 5월27일까지 53일에 걸쳐 날마다 24시간 내내 공습을 그치지 않았다. 이와 같이 장시간 동안 지속적으로 진행된 폭격은 2차대전 이후 발생한 수차례의 국지전에서도 보기 드문 것이었다. 둘째, 공습의 범위가 넓다는 점이다. NATO의 공습범위는 단지 군사목표에 국한하지 않고 민간목표에 이르기까지 확대되었다. 여기에는 교량, 국도, 철로, 정유공장, 전력체계, TV 방송국, 병원, 재래시장, 국제선 열차, 난민 차량행렬, 대통령 집무실 등이 (무차별로) 포함되었다. 셋째, 작전수단이 다양하다는 점이다. 공중타격과 특수작전이 병행되고, 원거리 공격과 근접폭격, 정밀타격과 스텔스 공격이 이루어졌는가 하면, 재래식 탄약과 특수탄약이 사용되기도 하였다. 넷째, 타격의 강도가 높다는 점이다. 매일 출격하는 각종 항공기의 수가 수백 대에 달했고, 열화우라늄탄, 집속폭탄, 흑연폭탄 등 (살상효과가 큰) 특수폭탄이 사용되었다.

NATO는 또한 3단계에서 유고에 대한 해상 석유운송 금지 등의 경제제재조치를 더욱 강화하는 한편, 심리전, 전자전, 첩보전, 특수전 등 다양한 작전방식을 두루 사용하였다. 예를 들면 유고 전지역에 대한 세르비아어 방송, 전단 살포, 뉴스 선전기관의 시설 폭격, 각종 수단을 통한 전자교란과 제압, 금융 전산시스템과 지휘통제시스템에 대한 네트워크 공격 등이 그것이다. 아울러 지상작전을 위한 군사배치도 진행되기 시작하였다. 4월5일, 미군은 24대의 '아파치' 무장헬기와 2,000명의 육군 병력을 이 지역으로 보냈다.

유고는 통합적인 방공시스템이 무너진 상황에서도 소규모의 게릴라식 방공조에 의존하며 적기를 공격하였다. 또한 완강히 저항함과 동시에 국제사회의 지지와 원조를 얻기 위해 꾸준히 외교적 노력을 기울였다. 4월7일, 일방적으로 동방정교의 부활절 기간 동안 코소보에서 휴전한다고 선포하였고, 12일에는 의회가 유고의 러시아·벨로루시 연합 가입안을 통과시켰으며, 5월2일에는 평화적으로 전쟁을 끝낼 의향이 있음을 표시하기 위해 3명의 미군 포로를 석방함으로써 미국 내부에 반전여론을 불러일으키기도 하였다. 9일에는 정부 성명을 통해 코소보에 반드시 러시아가 참여하는 UN 평화유지군이 주둔한다면 동의할 것임을 발표하였다.

유고가 설령 결사적으로 항전한다 하더라도 전세를 역전시키기는 어렵고, 직면한 상황은 갈수록 암담해졌다. (유고가 처한) 구체적인 상황은 다음과 같이 요약된다. 첫째는 피해가 막심했다는 점이다. 5월22일까지 NATO군의 2만5천 대가 출격한 공습에서 투하된 폭탄량은 히로시마에 떨어진 원자폭탄의 3.5배와 맞먹어 6,000여 명의 사상자와 1천억 달러의 재산피해를 냈고, 대량의 교량, 도로, 발전소, 유류창고 등 기반시설이 파괴되어 국민들의 생활에 심각한 영향을 주었다. 둘째는 외부의 지원을 기대할 수 없게 되었다는 점이다. 유고는 본디 러시아 등으로부터 대량의 원조가 있을 것으로 생각하고, 또 이를 위해 많은 노력을 기울였지만, (실제) 러시아 등의 지원은 기껏해야 심정적인 성원과 소량의 인도주의적 구호품에 그쳤을 뿐이었다. 러시아가 '3불원칙', 즉 군사적으로 전쟁에 휘말리지 않을 것, NATO와 공개적으로 충돌하지 않을 것, '냉전'시대로 돌아가지 않을 것을 고수함에 따라 유고의 희망사항은 산산조각이 났던 것이다. 셋째는 주변의 안보환경이 악화되었다는 점이다. 전쟁이 발발한 이후 유고와 접경한 모든 국가들이 NATO 편에 서버렸다. 넷째는 내부에서 비관적인 정서가 드러났다는 점이다. 부대의 사기가 떨어져 배반과 탈영이 속출하는가 하면, 야당은 기회를 틈타 추궁하며 빨리 NATO와 코소보 문제에 관해 협상하고 조속히 전쟁을 끝내도록 요구하였다. 유고 정부는 어쩔 수 없이 당면한 현실을 직시하고 항전을 지속하는 한편, 전쟁을 끝낼 다른 방도를 적극 모색해야만 했다.

제40강 하이테크전쟁사례 – 코소보 전쟁(4)

④ 제4단계(5.28~6.10)

5월28일, NATO는 전쟁 발발 이래 가장 맹렬한 공습을 실시하였다. 총 792대의 항공기가 출격하여 유고군의 수십 개 군사목표와 교량, 발전소 등 기반시설을 파괴함에 따라 대도시 여러 곳에 전기와 수도가 끊겼다. 6월1일부터 10일까지 NATO군은 유고에 대한 공격의 강도를 늦추지 않았다. (그 이유는) 6월5일부터 열리는 유고와의 협상에서 우위를 점하기 위한 것이었다. (따라서) NATO는 6월4일부터 코소보 경내에 있는 유고의 지상부대와 경찰부대, 대형 무기장비, 방공진지, 비행장 등의 군사목표를 집중적으로 타격하였다. 아울러 만약 유고가 3주일 안으로 NATO의 조건을 받아들이지 않으면 지상전 가능성도 고려할 것이라며 으름장을 놓았다.

2개월 남짓에 걸친 NATO의 융단폭격은 유고에 전쟁의 재앙을 몰고 와 막대한 인적, 물적 손실을 입혔다. 공습을 위주로 한 전쟁에 직면하여 유고는 소개, 은폐, 기동전술을 활용하며 상당한 수준의 전투력을 효과적으로 보존하였지만, 국력이 약하고 반격할 무기가 모자랐으며, 유고군에게는 충분한 방어책이나 적을 물리칠 힘이 없었다. (더욱이) 민생과 직결된 경제기반시설은 폭격으로 인하여 대부분이 파괴되었다. 이러한 상황에서 유고 정부는 고위 정·군회의를 열고, 비록 현재 NATO 내부에 심각한 의견대립이 존재하고 정치적, 심리적 압박에 부딪쳐있지만, (NATO의) 유고에 대한 공격의 강도는 계속 강화될 것이라는 데 인식을 같이 하였다. (이에 따라) 국가의 더 큰 피해를 막고 국내정세를 안정시키기 위하여 유고는 '8국 집단'을 수용하여 코소보 문제에 관해 협상하고, NATO와 정전회담을 열기로 결정하였다. 6월1일, 유고 연방은 이러한 결정을 EU 윤번제 의장국인 독일에 정식으로 통보하였다. (이어서) 3일에는 세르비아 의회가 '8국 집단'이 제시한 평화협상을 수용한다는 안건을 압도적인 다수로 통과시켰다. '8국 집단'의 협상안은 기본적으로 NATO의 정전조건을 충족하면서 유고가 코소보 주둔 평화유지군에 참여할 수 없다는 원칙적 입장을 드러낸 것이었다. 5일, NATO와 유고의 군사대표단이 마케도니아 국경의 한 작은 마을에서 만나 평화협상과 유고군의 코소보 철수 등 세부적인 문제를 논의하고 의견을 조율하였다. 그 이튿날에는 쌍방의 대표가 마케도니아의 쿠마노보 비행장에서 다시 만나 논의를 계속한 끝에 9일, 쌍방은 유고군의 철수일정에 관한 합의에 도달하였다. 그리고 6월10일, 유고군이 대규모로 코소보에서 철수를 시작하고, 당일 저녁 NATO 유럽연합군 사령관인 클라크 장군이 유고 연방에 대한 군사행동을 중지한다고 선언함으로써 78일에 걸친 코소보 전쟁은 마침내 막을 내리게 되었다.

제41강 하이테크전쟁사례 – 아프간 전쟁(1)

2001년 9월11일, 테러리스트들이 미국 영공에서 4대의 민간 여객기를 탈취하여 그중 2대가 뉴욕의 세계무역센터 빌딩에 돌진하고, 1대는 미 국방성 펜타곤 건물의 모퉁이에 충돌하였으며, 나머지 1대가 펜실베니아 지역에 추락하였다. 이와 동시에 백악관 근처에서는 차량폭탄테러사건이 일어나, 이날 발생한 테러공격으로 수많은 사람이 목숨을 잃었다. 곧바로 이어진 조사를 통해 미국은 '9·11' 사태의 원흉이 아프간 탈레반 정권의 지원을 받는 '알 카에다'조직의 우두머리이며 사우디의 거상인 빈 라덴이라 단정하고, 탈레반 정권에 빈 라덴을 넘겨줄 것을 요구하였다. 그러나 탈레반이 인도를 거부함에 따라 미국은 아프간 지역에서 탈레반 정권 타도와 빈 라덴의 체포를 위한 군사행동에 착수할 계획을 세웠다.

약 1달의 준비과정을 거쳐 현지시간 10월7일 밤 9시에 미국은 정식으로 아프간에 대한 공격을 개시하였다. 최초로 공격을 받은 곳은 6개의 대도시로, 수도인 카불과 남부의 칸다하르, 동부의 잘라라바드, 서부의 헤라트, 북부의 마자리샤리프와 쿤두즈 등이었다. 이와 더불어 아프간의 반 탈레반 세력인 '북부동맹'도 절호의 기회를 잡고 탈레반의 후방을 미리 차단함으로써 탈레반 정권은 안팎으로 공격받는 곤경에 빠지게 되었다.

10월18일, 미군의 특수부대가 칸다하르 지역으로 들어가 지상작전을 전개하기 시작하였다. 11월 9일에는 '북부동맹'의 부대가 북부의 대도시인 마자리샤리프를 점령하였는데, 이것은 미 · 영 연합군이 1개월 동안 공습한 이래 실질적으로 거둔 최초의 승리이자 아프간 전반의 군사적, 정치적 형세를 바꾸는 계기가 되었다. 11월13일, '북부동맹'의 부대가 수월하게 수도 카불을 접수하였다. 목격자의 진술에 따르면 탈레반 부대는 12일 저녁부터 트럭에 분승하여 카불을 벗어나기 시작했으며, '북부동맹'이 공격을 개시한 13일 새벽에는 이미 카불 시내에 탈레반의 그림자도 볼 수 없었다는 것이다. 탈레반의 이러한 행동은 패주가 아니라 전략적인 후퇴로 분석되었다.

11월17일, 5년 동안 해외로 망명했던 아프간의 전 대통령 라바니가 카불로 다시 돌아오고, 11월 18일에는 탈레반의 북부 마지막 거점인 쿤두즈가 함락되었다. 12월4일, UN의 주재하에 아프간의 4개 종파가 참석한 본 회의에서는 반 탈레반 사령관인 하미드 카르자이를 위시한 임시내각이 '북부동맹'으로부터 정권을 인수받아 전통의 '대국민의회'를 소집할 때까지 6개월 동안 아프간을 통치한다는 데 합의가 이루어졌다. 12월6일, 칸다하르의 수비군이 투항하자 미군의 군사작전은 빈 라덴 색출과 '알 카에다' 소탕이라는 마지막 단계로 접어들게 되었다. 색출작전은 주로 칸다하르 남부지역에서 펼쳐졌다. 12월22일, 아프간에서는 임시정부 취임식이 거행되어 라바니 전 대통령이 권한을 카르자이에게 공식적으로 이양하였다. 2002년 1월29일, 미국은 탈레반이 이미 패주하였다고 공식 발표하였다. 미국은 비록 미군이 아직도 아프간에서 잔당을 소탕하고 있지만, 탈레반은 이제 완전히 와해되어 더 이상 아프간의 영토 어느 곳도 효과적으로 통제할 수 없을 것이라 여긴 것이다.

지금 미군은 탈레반과 알 카에다의 포로들을 심문하고 있지만, 아프간 경내에서의 폭탄테러나 무장충돌은 끊이지 않고 있으며, 아프간 주둔 미군들은 신원불명의 괴한들로부터 공격을 받고 있다. 20여 개국의 5,000여 병력이 카불과 그 주변지역에 주둔하고 있고, 미국과 영국의 군대는 여전히 빈 라덴 색출작업을 진행하고 있다. 현재까지 미국은 전쟁을 일으킨 2개의 목적---탈레반 제거와 빈 라덴 체포----가운데 어느 하나도 달성하지 못했다. 왜냐하면 탈레반은 소멸된 것이 아니라 단지 흩어졌을 뿐이기 때문이다. 아마도 아프간 경내의 탈레반과 알 카에다에 대한 소탕은 "임무는 중요한데 길은 먼"작업이 될 것이고, 이 전쟁은 더 오래 지속될 것 같다.

제42강 하이테크전쟁사례 – 아프간 전쟁(2)

미군이 아프간 전쟁에서 실시한 군사작전은 다음과 같은 몇 가지의 두드러진 특징을 가지고 있다.
① 철저한 보안 유지, 신속한 병력 이동

미국의 이 테러분자를 겨냥한 군사행동계획은 극비사항으로써, 보안의 수준이 전례가 없는 뉴스 봉쇄까지 포함하였는데, 이는 미국에서 극히 보기 드문 일이었다. 알려진 바에 의하면 이번 군사행동은 극소수의 고위 관료만 인지하고 있었다고 한다. 아프간을 공습한지 몇 시간 후에야 럼스펠드 국방장관이 이 소식을 살짝 귀띔했을 정도여서, 미국의 언론매체는 그를 "정보 봉쇄의 전문가"라 불렀다.

군사목표가 확정된 후, 미군은 1991년 걸프전 이래 최대의 군사이동을 전개하였다. 9월18일, 미 해군은 5함대의 '엔터프라이즈'호, '칼 빈슨'호, '루스벨트'호와 7함대의 '키티 호크'호 등 4척의 항공모함을 출동시켜 영국의 '일러스트리어스'호 항모와 함께 페르시아 만과 인도양 해역에 신속히 집결하였다. 19일, 미 공군이 첫 파견한 100여 대의 군용 항공기 가운데에는 B-52 폭격기, F-16 전투기와 조기경보기가 포함되었다. 이와 동시에 미 육군의 '델타'와 '그린베레', 해군의 '네이비 실', 공군의 '공중특공대' 등 특전부대(총병력은 4만6천여 명으로, 현역이 64%, 예비역과 군무원이 36%를 차지)와 영국 황실공군의 특전부대도 지정된 집결지에 속속 도착하였다. 알려진 바로는 10월7일 전까지 미군은 기본적인 군사배치를 완료했다고 한다. 중동지역에 배치된 전투기는 600~700대, 해상과 지상부대의 병력은 20만에 달했으며, 주요 병력은 아프간 주변의 800~1,500km 지역, 예를 들면 인도, 파키스탄 및 서부와 남부의 10여 개 군사기지에 배치하여 4면 포위형태를 이루었다.

② 치밀한 계획 수립, 신중한 공격목표 선정

이번 군사행동의 정치적 목표는 빈 라덴의 테러조직을 격멸하고 탈레반 정권을 무너뜨린 다음, 아프간의 각 파벌들과 협조하여 친미연합정부를 세우는 것이었다. 이를 위하여 제1단계 작전에서는 상대를 최대한 타격하되 무슬림 국가들이 민감하게 반응하지 않도록 미군은 군사행동 전반을 세심하게 기획하고 공격목표를 선정하는 데 신중을 기하였다.

미군은 탈레반 무장세력의 지휘기구, 비행장, 레이더, 방공진지, 병기공장과 창고, 테러리스트 훈련캠프 등의 군사목표물에 대해 중점적으로 공격하였다. (반면에) 민간인 사상자를 줄이기 위해 공업, 교통, 인구 밀집지역의 목표물을 타격하는 데는 상당히 신경을 썼다. 1차 공격의 31개 목표 가운데 3개만 카불에 근접하고, 4개가 비교적 사람이 많은 거주지이었을 뿐, 나머지는 모두 인적이 드문 농촌지역에 있었다. 또한 주요 목표를 타격할 때도 융단폭격이 아니라 기술과 정보의 우세를 최대한 살리고, 표적의 종류와 구조에 따라 사용하는 무기와 탄약을 달리 하였으며, 표적의 심장부만 타격하여 "점으로 면을 제압"하고 최대의 비용효과를 거두고자 하였다.

공습이 시작되자 미군은 야음을 이용하고 장거리 정밀유도무기를 앞세우는 한편, 장거리, 스텔스, 고공을 결합한 '돌방전술'로 아프간 경내의 목표물에 연속적인 공격을 가함으로써 탈레반의 방공시스템을 일거에 마비시키고, 불과 이틀 만에 제공권을 거의 장악하였다. 그리고 그 후에 탄약공장, 병기수리창, 유류창고, 물자창고 등에 대한 공격의 강도를 높여 전쟁 잠재력을 약화시키며, 마지막으로 탈레반의 유생역량을 소진시키고 항공기, 장갑차, 전차, 차량 및 지상부대를 공격하는 절차를 밟아나갔다.

제43강 하이테크전쟁사례 – 아프간 전쟁(3)

③ 입체적인 정찰, 폭넓은 정보수집

미군은 전략적이거나 전역급의 공습작전을 펼 때 통상 우주, 항공, 해상 및 지상의 정찰감시기지를 사용하여 전방위, 전천후적인 정찰을 실시하는데, 중점적인 공습구역에 대한 정찰범위는 무려 10~20만 ㎢에 이른다. 해상에서는 4척의 항모와 대형 함정들이 모두 원거리 레이더와 신호정찰 분석시스템 등 첨단설비를 갖추고 있고, 함재기에는 신형 전술정찰장치가 부착되어 모두 표적에 대한 실시간 탐지와 정찰이 가능하다. 지상에서도 미군은 개전하기 전부터 특수부대를 아프간 경내로 잠입시켜 표적의 위치추적과 전투기의 공격 유도임무를 맡겼다. 개전 후에는 더욱 빈번하게 특수부대를 파견하여 공습결과 평가와 정찰수색활동을 실시하였다. 이밖에도 미국은 아프간 인접국과의 정보교환을 강화하여, 파키스탄, 타지크스탄 등이 대량의 가치있는 전술정보를 제공해 주었다.

④ 융통성있는 조정통제, 적정수준의 타격강도 유지

미국은 아프간에 대한 공격을 개시할 때부터 이번 대 테러작전의 성격을 "지구성, 전면성, 신세기 최초의 전쟁"이라 규정하였는데, 이는 군사행동이 몇 주일 혹은 몇 개월이 아니라 오랜 시간 지속될 가능성이 있음을 암시한 것이다. 1단계 공격에서 미군이 단지 소규모의 특수부대를 팀 단위로 아프간 종심에 투입하여 "치고 빠지는" 유격정찰전을 펼친 까닭은 빈 라덴의 은신처를 찾고 탈레반의 심장부를 습격하는 데 주목적이 있었기 때문이다. 미군이 대규모 지상작전을 전개하지 않은 이유는 이러하다. 아프간은 산악지대가 대부분이고 교통이 몹시 낙후되어 기계화부대가 기능을 발휘하기 어렵다. 또한 다년간의 전쟁을 거치면서 아프간에는 참호, 비밀동굴, 구덩이가 전국에 산재되어 있고, 지뢰가 대량으로 매설되어 있으며, 방어시설과 체계가 잘 갖춰져 있다. (게다가) 탈레반은 전투경험이 풍부하고 종교적 신념이 투철하며 유격전에 능할 뿐만 아니라 주민들 속에 섞여있기 때문에 한꺼번에 섬멸하기 어려웠다. 따라서 (미군은) 전쟁의 상항변화를 보면서 지상부대를 투입할 수밖에 없었다.

한편 공중타격에서도 미군은 목표의 성격에 따라 타격의 강도를 조절하는 데 주의를 기울였다. 비행장, 레이더와 같은 중요한 목표물은 철저히 파괴하고, 국도, 발전소처럼 민생과 관련된 기반시설에 대해서는 강도를 낮춘 것이다. 아울러 "단숨에 목표를 달성"하려고 서두르기보다는 시기를 고려하면서 타격의 강도와 범위를 조절하고자 하였다. 아프간 전역을 끊임없이 무차별로 폭격하는 것이 아니라 작전의 필요성에 근거하여 적시에 공격지역과 강도를 조절한 것이다. 예를 들면, '북부동맹'이 신생 연합정부의 명의로 카불 공격에 동의한 이후에야 미군은 그 지역의 탈레반군을 폭격하였고, '북부동맹'과 러시아 등 관련 국가들의 태도에 따라 폭격을 강화하거나 중지하였다.

⑤ 통합된 힘으로 제압, 공격수단의 종합적 운용

미군은 이번 군사행동에서 절대적인 힘의 우세를 갖고 있다 하더라도 탈레반과 빈 라덴 조직의 전투 특성과 아프간의 특수한 지리환경에 비추어 볼 때, "빈 라덴 체포, 테러조직망 분쇄, 탈레반 정권 타도"의 전쟁목적을 달성하려면 군사적 수단만으로는 실효를 거두기 어렵다는 사실을 잘 알고 있었다. 따라서 럼스펠드 미 국방장관은 미국이 '모든 것이 새로운 전쟁'을 해야 한다고 여러 차례 강조하였다. "전쟁은 유동적이며, 형식은 다양하다. 상대에게 정치, 경제, 군사 등 종합적 수단을 통해 숨통을 조여야 한다. 2차대전 때와 같은 대량파괴성 연속폭격도 없고, 걸프전과 같은 지상전 석권도 없다." 즉 현대화된 비정규전으로 전통의 유격전에 대처하여 군사전도 하고 정치전도 해야 한다는 것이다.

제44강 하이테크전쟁사례 – 이라크 전쟁(1)

이라크 전쟁은 걸프 전쟁, 코소보 전쟁, 아프간 전쟁에 이은 또 하나의 대규모 국지전쟁으로써, 신세기에 들어 미군이 최대 규모의 병력을 해외로 투입한 사례이며, (교전 쌍방의) 전력 차이가 현격하고 정보화 수준이 높은 전쟁이었다.

① 교전 쌍방의 병력과 배치
전쟁이 발발하기 전, 미 · 영 연합군의 걸프 지역에 배치된 병력은 29만 명, 전투기가 1천여 대, 전차가 2천여 대에 달했으며, 이밖에도 6개의 항모전단을 포함한 100여 척의 함정이 걸프 만과 지중해에 배치되어 있었다. 그 중에서 쿠웨이트에 배치된 병력이 11만 1천 명을 넘을 정도로 쿠웨이트는 이라크 공격의 주요 기지였다.

반면에 이라크의 주력부대는 공화국수비대와 공화국특별수비대 및 공군을 포함하여 총병력이 약 42만여 명이었다. 이 가운데 육군은 병력이 37만여 명, 주력전차 2,200대와 각종 장갑차량 3,700를 보유하였고, 해군은 총병력 2천여 명에 19척의 함정을, 공군은 총병력이 약 3만 명이고 전투기 316대와 100대의 무장헬기를, 방공병은 총병력 약 1만7천에 고사포 6천 문과 SAM 미사일 발사대 4,500대를 보유하였다. 이밖에 65만의 인민군이라 부르는 예비역부대와 2만4천여 명의 준군사부대가 있었다.

② 주요 전쟁 경과
이라크 현지시간으로 1003년 3월20일 05시35분, 미군의 이라크에 대한 공격이 시작되었다. 이라크 전쟁은 작전의 경과에서 보면 대체로 3개 단계로 나눌 수 있다.
• 제1단계: '참수' 작전(3.20~3.22)
3월20일, 2대의 F-117 스텔스전투기가 바그다드 남부의 지하벙커 한 곳을 향해 2천 파운드짜리 정밀유도폭탄 4발을 발사함과 동시에, 홍해와 걸프 만의 6척 함정에서 바그다드의 목표물을 향해 45기의 '토마호크' 순항미사일이 발사되었다. 그리고 그 직후 부시 미 대통령은 TV로 전국에 생중계된 대국민담화를 통해 미국과 연합군이 이라크의 무장을 해제하기 위한 전쟁을 개시하였다고 발표하였다. 이라크 전쟁이 공식적으로 막을 올린 것이었다.
• 제2단계: '충격과 공포' 작전(3.22~4.9)
럼스펠드 미 국방장관은 22일 이라크에 대한 군사행동의 결정성 공습이 시작되었다고 발표하였다. 미군은 이를 '충격과 공포 공습작전'이라 불렀다. 바그다드는 맹렬한 공습을 받고 도시 전체가 엄청난 폭음과 공습경보 사이렌, 대공포 발사음이 뒤섞인 소리로 요란했으며, 곳곳에서 화염이 치솟고 검은 연기가 피어올랐다.

• 제3단계: 소탕작전(4.8~4.14)

바그다드 함락에 이어 이라크 고위 지도자가 돌연 사라지고 연합군이 티크리트를 장악함으로써 이라크 전쟁은 막을 내렸다. 특히 4월14일, 미 해병대가 티크리트 시가지를 완전히 장악하고 시내의 대통령궁을 점령한 것은 전쟁이 소탕단계에 들어섰음을 상징하는 것이었다. (이후로 이라크에서는) 가끔씩 산발적인 저항만 있을 뿐이었다. 같은 날, 미 해군의 '키티 호크'호와 '컨스텔레이션'호 2개의 항모전단은 명령을 받고 걸프 만을 떠나 모항으로 복귀하였다.

제45강 하이테크전쟁사례 – 이라크 전쟁(2)

미군의 주도하에 진행된 이 전쟁을 들여다보면 과거와 비슷한 점도 있지만 독특한 점이 몇 가지가 있다.

① 시종 '참수' 작전으로 일관, 곧장 심장부를 노리고 신속한 국면 장악 기도

이 전쟁은 '참수'작전으로 서막을 열고, "도적을 잡으려면 먼저 그 우두머리를 잡아야 한다"는 격언처럼 사담과 그 핵심인물 제거를 가장 중요한 목표로 삼아 진행되었다. '참수'를 달성하기 위하여 미군은 주로 2가지의 하이테크 수단을 활용하였다. 먼저 전방위 정찰감시시스템이 운용되었다. 위성, 항공기, 함정에서부터 지상정찰장비와 스파이에 이르기까지 광학, 음성, 전자정보를 샅샅이 수집하여 이라크 영도자의 행방을 추적하였다. 그리고 그 다음에는 정밀유도무기가 동원되어 이라크 영도자의 은신처에 대한 '점혈식' 타격을 가하는 것이었다. 이 전쟁은 '사담 제거'가 최우선 목표이며 (이라크의) 정권교체의 전제조건이었기 때문에, 사담은 자연히 미국 군사작전의 초점 타깃 중에서도 초점이 되었다. '참수'작전을 통해서 사담과 그 핵심인물들이 출몰하는 장소를 집중 폭격하여 일거에 사담을 제거하고자 힘쓰는 한편, 사담과 군대 간의 연락망을 철저히 파괴하여 군대에 대한 지휘통제력을 상실하게 만들고 나아가 이라크군을 와해시킴으로써 최소의 대가로 최대의 승리를 거두고 속전속결을 달성하고자 하였던 것이다. '참수'작전은 비록 소기의 목적을 이루지는 못했지만 이후의 군사작전에 마이너스적인 영향을 미치지는 않았다.

② 원전과 근전을 결합, 전방위적인 타격효과 추구

이번 전쟁의 두드러진 특징은 멀리서 타격하고 가까이에서 기습하는 전방위 종합타격을 사용했다는 점이다. 한편으로는 (적과) 접촉하지 않고 원거리 공격의 우세를 십분 발휘하여 지상군의 근접전에 유리한 조건을 조성하였고, 또 한편으로는 이라크 경내에 침투해 있는 대량의 특수부대를 이용하여 정보수집, 회유, 적군 사기 저하 및 기습 등의 활동을 전개하였다. 미 제3기계화보병사단, 제101공중강습사단과 해병대 등 정예 지상부대는 '충격과 공포'작전이 시작되고 얼마 되지 않아 곧바로 작전에 투입되어 이라크의 요지로 진입하였다. 미군은 이 지상부대들이 근거리에서 이라크군이 사수하려는 점, 선, 면의 목표와 접촉하기 전에 통상 먼저 원거리 화력으로 정밀타격하여 파괴한 다음, 지상부대가 적시에 소탕점령하고 수색 및 전진을 하게 하였다. 원전과 근전이 전장의 시간과 공간에 빈틈이 생기지 않도록 연결됨으로써 종국에는 최대의 작전효과를 얻고자 했던 것이다. 이렇게 "상

식을 벗어난" 전략적 사고와 높은 작전성과는 비접촉성 원전이 결코 접촉성 근전의 유효성을 완전히 배제하지 않은 데서 비롯되었다.

③ 공지일체 협동공격은 심리적 타격효과와 연결

미군은 기술적 우세를 최대한 살려 폭넓게 정밀타격을 실시하였다. 미군이 고도로 정보화된 정밀유도무기를 위주로 했다면, 이라크군은 기계화 혹은 반기계화 무기를 위주로 싸웠다. 전자는 후자에 비해 한두 세대 앞선 것이고, 미군은 바로 이러한 "세대차이"를 통하여 다시 한 번 전쟁에서 정밀타격의 엄청난 위력을 드러내 보인 것이다. 밝혀진 바에 의하면, 미군이 투척한 정밀유도폭탄은 전체 사용량의 80% 이상을 차지하였다.(걸프전에서는 약 9%, 아프간에서는 약 60%) 미군이 아직까지 이번 전쟁의 평가보고서를 발표하지 않았지만, '충격과 공포'작전에서 보여주었듯이 미군은 모래바람이 태양을 가리는 불리한 기상조건 아래서도 끊임없는 정밀타격능력을 구비하였고, 그 타격효과는 역사상 최고였다는 데 의심의 여지가 없다.

④ 심리전 지속, '충격과 공포'효과 유지

이번 이라크 전쟁은 쌍방이 전투가 진행되는 와중에서도 미디어의 선전전, 심리전 기능을 유난히 중요시했다는 특징이 있다. 쌍방은 과거 어느 전쟁에서도 볼 수 없을 만큼 심리전에 많은 에너지를 쏟아 부었다. 특히 여론선전의 주도권을 잡기 위해 전력을 다하고 제각기 묘안을 짜내며 한 치의 양보도 없는 치열한 경쟁을 펼쳤다. 미국은 세계에서 가장 발달된 미디어 체계의 힘을 빌려, 전쟁기간 동안 방대한 선전기기와 심리전 시스템을 가동하고, 각종 수단을 동원하여 필요한 곳으로 보내 활용하는 등, 심리전을 전쟁의 모든 과정에 병행하였다. 전쟁이 발발하기 전부터 미국은 대규모의 병력을 집결시켜 무력을 과시함으로써, 이라크 공격 의지를 전 세계에 드러내고, 이라크인들의 심리적 방어선을 무너뜨리고자 했던 것이다.

제3부 현대 주요 무기장비

각개병사 무기체계

1. M16계열 소총(미국)

M16식 소총은 제2차 세계대전 후 미국이 교체한 제2세대 소총이며, 세계에서 첫 번째로 부대에 정식 장비된 소구경 소총이다. 본 계열의 자동소총은 M16식, M16A1식, M16A2식 등 3가지 형태로 구분된다. 본 계열 소총은 구경이 작고, 무게가 가벼우며, 명중률이 높고, 작전지속능력이 강한 특징이 있다. 소총의 통상 사정거리(400m)내에서 살상효과가 높으며, 알루미늄 합금과 합성수지 등 경량화된 소재와 선진화된 제조기술을 다양하게 적용하였다.

M16식 소총은 가스활대식 작동원리를 채택하였다. 이 소총은 일반 가스작용식과 달리, 피스톤과 가스조절기가 없고, 가스활대를 사용한다. 탄환이 발사된 후, 화약 가스는 가스구멍을 지나 빠른 속도로 가스활대에 진입하고, 노리쇠뭉치와 노리쇠 사이의 가스관으로 바로 들어간다. 그러면 노리쇠의 가스링이 가스관 내 화약기체의 전진을 가로막게 되고 이로 인해 급속 팽창한 기체는 노리쇠의 후퇴작용을 일으킨다. 노리쇠가 자유행정을 마친 후, 그 위의 노리쇠 돌림못과 톱니모양의 돌출부는 상호 작용하여, 노리쇠뭉치를 우측으로 회전시켜 열리도록 하고, 이후 노리쇠는 계속적으로 후퇴작용을 하게 된다.

이 소총은 윗 총몸결합체, 아래 총몸결합체, 노리쇠-노리쇠뭉치 결합체로 구성되어 있다. 윗 총몸결합체는 총열, 조준기, 가스활대, 상하 총열덮개, 총구소염기, 총열댕기(덮개 고정링), 먼지마개, 방아쇠 손잡이, 윗 총몸 등이 포함된다. 아래 총몸결합체는 개머리판, 방아쇠 손잡이 격발기, 조정관, 복좌용수철 도관, 복좌용수철, 아래 총몸 및 몸통연결덮개 등이 포함된다. 노리쇠-노리쇠뭉치 결합체는 장전손잡이, 칼퀴 및 칼퀴못, 노리쇠뭉치, 탄피 차개, 노리쇠 등이 포함된다.

M16A1식 소총은 M16식 소총의 개량형으로, 주요 개선부분은 약실을 크롬으로 도금하고, 복좌용수철 도관(또는 완충기라고도 불림)을 다시 설계하였으며, 분당 발사 속도를 낮춤으로써 잠김작용에서 반대로 튀어 풀리는 현상이 나타나는 것을 방지하였다. M16식 소총은 장전손잡이의 문제점이 있기 때문에, (M16A1식은) 총몸 우측 후단부에 노리쇠전진기를 추가하였다. 이 장치는 노리쇠뭉치 우측의 톱니와 총몸 우측으로 뻗어있는 보조추진손잡이로 구성되어있으며, 노리쇠 고장으로 인하여, 완전히 폐쇄할 수 없을 때, 사수가 손으로 밀어 폐쇄하는 작용을 한다. 총열 아래에는 M203식 40mm 유탄발사기를 장착할 수 있어, 점(點)·면(面) 살상 능력을 구비하였다.

M16A2식 소총은 M16A1식의 개량형으로, 주요 개선부분은 강도가 더 높은 중(重)총열로 바꾸었고, 강선회전율을 305mm에서 178mm로 개선하였으며, 벨기에의 SS109식 5.56mm소총탄을 발사할 수 있게 하여 유효사거리 및 원거리 상살 능력을 향상시켰다. 또한 3발 점사장치를 추가하여, 단발과 3발 점사는 물론 연발사격도 가능하게 하였다. 가늠자는 800m 원거리의 고저(高低) 및 방향 편차를 조정할 수 있다. 총구소염기 아래 방향의 구멍을 제거하여, 사격시 총구가 위로 들리는 것을 보완하였고, 엎드려 쏴 자세로 사격시 총구 부분에서 먼지가 날리는 것을 해소하였다. 총몸 우측 탄피 방출구 뒷부분에 탄피 유도판을 설치하여, 탄피 추출시, 탄피가 왼손잡이 사수의 얼굴을 타격하는 것을 방지하였다. 총열덮개는 원래의 정방형에서 원형으로 바꾸었으며, 방열기를 개선하였다. 총열덮개 상면은 늑골모양으로 하여 소총을 파지하기 편하게 하였다. 개머리판과 방아쇠 손잡이는 고강도 나일론 소재를 사용하여 제작하였다. 휴대하기 수월한 분리 가능식 양각대를 사용하여, 엎드려 쏴 사격시 안정성을 향상시켰다.

2. MP5SD계열 9mm 소음 기관단총(독일)

MP5SD 9mm 기관단총은 1975년 독일의 Heckler&Koch사가 연구개발에 성공한 신형 개인화기이다. 이 계열 기관단총은 총열이 다소 짧고, 총열에 직경 3mm의 작은 구멍이 30개 뚫어져 있으며, 총열 바깥 덮개에는 40mm 직경의 소음기가 장착되어 있는 특징이 있다. 이 소음통의 앞뒤에는 가스팽창실이 2개가 있다. 사격시, 일부의 화약 가스는 총열상의 작은 구멍을 통해 뒤쪽 팽창실로 진입 후, 다시 앞쪽 팽창실로 들어가며, 마지막으로 총구부분을 통해서 배출된다. 그래서 탄두에 작용하는 가스의 압력을 감소시키고, 탄두의 총구속도를 아음속보다 낮게 하여, 화기의 사격 소음을 크게 감소시켰다. 이 계열의 기관단총은 기계식 조준기, 망원조준경, 적외선 투사기, 야간조준기가 갖추어져 있다. 기계식 조준기는 고정식 가늠쇠와 조준구를 지닌 상하접철식 가늠자로 구성되어 있으며, 사정거리 200m, 300m, 400m로 설정되어있다.

〈 성능제원〉

구경 : 9mm
강선 : 6조 우선
총구속도 : 285m/s
유효사거리 : 135m
발사방식 : 단발, 연발, 3발 점사
전투발사속도 : 단발 40발/분, 연발 100발/분
잠김방식 : 로울러식

3. QJY 88식 5.8mm기관총(중국)

5.8mm 통용기관총의 주된 전술적 임무는 1,000m내에 노출된 적 보병을 섬멸하고, 적의 화력 집중구역을 제압하는 것이다. 필요시, 저공비행하는 적기, 헬기 그리고 공수병에 대해 사격을 가할 수

있다. 본 기관총의 탄약상자는 용량이 크고, 총몸이나 총틀에 연결할 수 있어서, 경(輕)기관총·중(重)기관총 상태를 막론하고 병사가 휴대하여 기동 중 사격을 할 수 있도록 보장해 준다. 이 기관총은 원거리 사격의 정확성과 야간 작전능력을 보장하기 위하여 주간조준구와 야간조준경이 장착되어있다.

지상무기

1. 전차

1) M1계열 '애이브럼스(Abrams)' 주력전차(미국)

M1계열 주력전차는 1972년 미국의 크라이슬러(Chrysler)사가 연구개발을 시작하여, 1981년에 모델로 지정된 것이다. 2차대전에서 명성을 날린 기갑부대 사령관 그레이튼 애이브럼스(Greighton W. Abrams) 장군을 기리기 위해서 모델의 이름을 '애이브럼스' 전차라 명명하였다. 기본형, 대량생산형(M1A1), 개량형(M1A2) 등의 모델이 있으며, 현재 기본형은 모두 개량된 모델로 바뀌었다.

M1 전차는 전장이 9.77m, 전폭은 3.65m, 전고는 2.4m이고, 세계 최초로 가스터빈을 주동력으로 한 모델이다. 야지기동속도와 가속능력이 매우 우수하며, 최대속도는 72km/h에 달한다. M1전차는 우수한 방탄기능을 갖추었으며, 정면 부분에 최신의 초우밤(Chobham) 장갑을 장착하였다. 1988년 6월 생산을 시작한 M1A1 전차의 차체 앞부분은 열화우라늄 장갑을 덧붙여, 기존의 것보다 강도가 5배나 향상되었다.

무장 부분에서, M1 기본형의 주포는 105mm 강선포이고, M60 계열의 일반 포탄뿐만 아니라, 예광 꼬리날개 안정분리식 열화우라늄 철갑탄도 발사할 수 있다. 화력통제시스템부분을 보면, (이 전차는) 지휘계기판용 디지털 화력통제시스템을 채택하여, 전차가 고정표적 및 이동표적에 대해 기동간에도 사격할 수 있는 능력을 갖추었다. M1A1 주력전차는 120mm의 활강포 1문을 장착하였고, 기본형에 비해 방호력을 한층 높인 것이 주된 특징이다. M1A2 는 훨씬 더 많은 부분이 향상되었으며, M1 및 M1A1 전차와 비교하여 디지털화된 차량전자시스템을 두드러진 강점으로 꼽는다. 현재까지 M1A2전차는 미 육군이 디지털화의 실현을 위해 실시한 모든 "선진작전실험"에 두루 참가함으로써, 디지털화 부대의 선두주자로 여겨지고 있다.

〈M1 기본형 성능제원〉
전투중량 : 54. 5톤
평균야지기동속도 : 48.3Km
도섭능력 : 장비무장착시 1.219m, 장비장착시 1.98m
등판능력 : 60%
수직장애물 통과능력 : 1.244m
참호통과능력 : 2.743m

2) T90-Ⅱ형 주력전차(러시아)

90-Ⅱ형은 러시아의 우랄차량공사(Uralvagonzavod)가 현대의 작전요구에 부흥하기 위하여 개발한 최신식 전차이다. 이 전차는 각국 최신 주력전차의 장점을 집약하고, 첨단기술과 선진제작기법을 채택하였기 때문에, 그 성능이 우수하고 설계가 독창적이며 조작과 정비도 간편하다.

90-Ⅱ형 전차는 무게가 상대적으로 가볍고(48톤 이하), 강력한 화력과 우수한 기동력을 보유하고 있다. 전체적인 제원을 보면 전장은 7m, 전폭이 3.4m, 전고가 2m이다. 최대 도로주행속도는 60km/h 이상이고, 최대 도로항속거리는 400km 이상이며, 최대등판능력은 60%, 참호통과능력은 3m, 수직장애물 통과능력은 0.85m에 이른다.

90-Ⅱ의 화력은 세계 제일이다. 강력한 위력의 125mm 활강포는 치밀한 구조와 우수한 성능으로 꼬리날개 안정분리 철갑탄, 장갑파괴탄, 유탄 등과 같은 다양한 종류의 최신 포탄을 상황에 맞추어 사용할 수 있다. 전자(꼬리날개 안정분리 철갑탄)는 매우 높은 포구속도와 장갑관통능력을 가지고 있다. 이러한 종류의 강력한 무기는 최신 화력통제시스템의 뒷받침이 있어야 하며, 이 화력통제시스템에는 안정식 거리측정조준기, 화력통제컴퓨터, 통제조종판, 레이저출력측량기(경보장치), 컨트롤 박스, 전기기계 구동장치, 측풍센서, 각속도 감응센서와 기타 보조설비 등이 포함된다. 이 시스템은 주야간 이동표적에 대해 대응할 수 있을 뿐만 아니라 프로그램 작동이 간단하고 반응시간을 단축시켜, 전차의 작전 능력을 크게 향상시켰다.

이 전차의 기동성은 매우 우수하며, 8기통, 4행정, 수냉식, 터빈증압중냉방식의 1200마력 디젤엔진을 사용한다. 이 엔진은 신뢰성이 높고, 연료 소모량이 적으며, 유압식 변속기와 연결되어 4단 전진기어와 2단 후진기어를 가지고 있다. 이 전차의 출력 대 중량비는 25마력/톤이다.

전차의 방호력은 정면을 유선형으로 설계함에 따라 대폭 강화되었으며, 포탑 전방과 경사진 전면 장갑판 위에는 복합(반응)장갑 덩어리를 걸 수 있도록 만들었다. 이 반응장갑들은 빠른 시간 안에 설치나 철거가 가능한 것으로, 사용자의 요구를 충족하고 대전차 위협에 대응하기 위해 필수적인 것이다. 또 방호력의 완벽을 기하기 위해 전차 내부에는 중성자 방어 차폐라이너와 자동소화 및 폭발억제시스템을 갖추었다. 이밖에도 이 전차의 외부에는 적외선 흡수 도료가 칠해져 있다. 이러한 새로운 조치들은 전차의 전체적인 방호능력을 크게 개선시켰다. 또한 정비가 편리하여 동력장치를 기중기로 한 번에 들어 올릴 수 있기 때문에 정비하거나 수리하는 시간을 효과적으로 단축할 수가 있다.

3) ZTZ-99식 주력전차(중국)

ZTZ-99식 주력전차는 1990년 중국병기공업그룹이 연구개발에 착수하여, 약 10년의 연구기간과 수억 위안의 비용을 투자한 끝에 1999년 정식으로 모델을 확정하였으며, 현재는 인민해방군의 일부 기갑부대에 실전배치되어 있다. 동력시스템은 883kw(1200마력)의 터빈 증압중냉식 고출력 디젤엔진을 채택하여, 최대 도로주행속도가 70km/h에 달하며, 0~32km까지의 가속시간은 12초에 불과하다. 방호수준에 대해 말하자면, 포탑 정면은 700mm, 차체는 500~600mm 정도의 두꺼운 균질 강철장갑으로 이루어져 있다. 만약 포탑과 차체에 최신의 적층형 반응장갑을 덧붙인다면, 장갑방어능력은 1,000~1,200mm까지 다다르게 된다. 전차포의 위력은 세계 제일의 수준이라고 말할 수 있다. 125mm 고강압 활강전차포에 텅스텐 합금의 꼬리날개 안정분리철갑탄을 사용하면, 2,000m 거리에서 850mm의 균질장갑을 관통할 수 있으며, 특수합금 철갑탄을 사용하게 되면 동일 거리에서의 관통능력이 960mm 이상에 이른다. 화력통제장치를 보면, 이 전차는 국제적으로 널리 사용되는 '추적−타격식(이중지휘용 계기판식) 화력통제시스템'을 채택하고 있는데, 이것의 가장 두드러진 특징은 전차장이 화력통제시스템에 대해서 사격, 목표 추적 및 목표 지시 등 포수의 역할까지 수행할 수 있다는 점이다.

2. 보병전투차량 및 장갑차

1) M2/M3 '브래들리(Bradley)' 보병전투장갑차(미국)

이 차량은 식품기계화학회사(FMC)가 1974년 미군과 체결한 계약에 따라 연구개발된 것으로, 1979년 미군에 시제차량을 선 보였고, 동년 12월에 M2형과 M3형으로 정식 명명하였으며, 이를 'Bradley' 전투장갑차라 통칭하였다. 첫 번째 양산형 차량은 1981년 5월에 인도되었고, 1983년 3월 M2형이 정식으로 미군에 장비되었다.

이 장갑차의 차체는 듀랄루민(duralumin, 알루미늄 합금) 장갑을 용접해 만들었다. 모든 장갑은 14.5mm 총탄과 155mm포탄의 파편에 대한 방어가 가능하다. 포탑은 360° 회전이 가능하고, 차량 중앙은 우측으로 약간 치우쳐 있다. 포탑 내 포수는 좌측에, 차량장은 우측에 위치하며, 각각 앞쪽으로 열리는 단일 해치를 가지고 있다. 포수는 주야간 조준경이 있으며, 야간에는 열상장치를 사용한다. 차량장은 광학중계 현시장치를 보유하고 있는데, 확대배율은 4배와 12배이다. 이외에도, 양산된 차량은 모두 고정 배터리와 예비용 주간조준경을 가지고 있어, 만약 주야간 주(主) 조준경이 기능을 상실하게 되면, 포수나 차량장은 (이를 사용하여) 응급 조준이 가능하다. 또한 포수와 차량장에게는 모두 전방과 측방 관찰에 사용하는 잠망경이 장착되어 있다.

주요 무기는 M242 25mm 체인식 기관포 1문이며, 보조 무기로 M240C 7.62mm 동축 기관총 1정이 주포 우측에 위치하고 있다. 차량 탑재 무기로는 'TOW'형태의 대전차 미사일이 있으며, 이는 이중 발사대 형태로, 내부에 2발의 미사일을 장착한다. 발사대는 승강(昇降)식이고, 기동시 탈거하여 포탑 좌측에 놓아두며, 상·하강 범위는 −20° ~+30°이다. 이 미사일은 3,750m 거리에서 적 장갑을 격파할 수 있다. 포탑의 회전과 무기의 상·하강 및 조작을 간편하게 하기 위해서, 제너럴일렉트로닉(G.E.)사의 포탑 구동 및 안정화 시스템을 채택하였는데, 이 시스템은 야지 기동 간에도 사격이 가능하게 한다.

이 장갑차는 생산된 후 지속적으로 개량되어, 제1기 개량형은 M2A1형이라 명명되었고, 1985년 생산을 시작하여 1986년에 인도되기 시작하였으며, 제2기 개량형은 M2A2형으로 1988년에 생산되기 시작하였다. 주로 개량된 사항은 포탑과 차체 외부에 장갑을 추가로 덧붙여 30mm 포탄도 방호할 수 있도록 한 것이다. (그러나) 방호능력이 향상됨에 따라 이 장갑차의 전투하중은 29.5t까지 증가하였고, 최대 속도도 66km/h에서 57.6km/h로 낮아졌다. 이에 따라 장갑차의 엔진을 커밍스(Cummins)사의 VTA-930 개량형 디젤엔진으로 교체함으로써 출력을 이전의 500마력에서 600마력으로 높이게 되었다.

2) LAVⅢ형 '스트라이커(Stryker)' 차륜형 경장갑차(미국)

이것은 2002년 2월 미 육군이 명명한 '스트라이커' 신형 차륜형 장갑차를 가리킨다. 미국은 96시간 내에 미군을 세계 각지로 보낼 수 있어야 한다는 군사목표를 설정한 바 있는데, 이 차량(의 제작)이 바로 그 목표를 실현하는 구체적인 행동이었다. 이미 제너럴모터스사와 체결한 계약에 따라 미 육군은 2008년 전에 10종의 신형 차륜형 장갑차 2,131대를 구매하였다. 소요예산은 약 40억 달러로, 그 가운데 2.1억 달러는 연구개발에 투입되고, 약 38억 달러가 구매에 사용되었다. 전체 수명주기에 소요되는 비용은 90억 달러에 이를 것으로 추정된다. 이 (장갑차의) 10가지 종류란 인원수송차량, 기동화포시스템차량, 대전차미사일발사차량, 정찰차량, 화력지원차량, 공정팀차량, 박격포운반차량, 지휘차량, 의료구호차량, 화생방(NBC) 정찰차량을 말한다.

각종 모델의 "원거리 이동형 장갑차"는 모두 C-130 수송기로 운반이 가능하고, 여단급 전투부대의 전략적 공중수송과 전투지역 배치능력이 향상됨으로써, (미군은) 96시간 내에 1개 여단급 전투부대를 세계 어떤 장소로도 배치할 수 있게 되었다. 또한 각 차량(승무원 포함)은 외부의 지원이 없는 상황에서도 72시간 동안 작전 수행이 가능하게 되었다.

이 차량은 8륜 구동식을 채택하였지만, 4륜구동도 선택이 가능하다. 또한 중앙 타이어 공기 주입 및 방출 시스템을 채용하여, 무르거나 딱딱한 지면 및 질퍽거리는 곳에서도 양호한 주행성능을 보장할 수 있다. 차량의 최대 속도는 96.5km/h이고, 최대 항속거리는 650km이며, 최대 참호통과능력은 1.65m이다. 각 차량의 무기는 12.7mm 기관총과 MK19형 40mm 자동유탄발사기가 있으며, 필요시 25mm 자동포를 장착하기도 한다. 대전차미사일 발사차량은 머지않아 TOW2B 개량형 미사일 시스템과 개량형 목표포착시스템(ITAS)을 장착하여, 더 강력한 대전차 및 참호 파괴 능력을 구비하게 될 것이다.

하이테크 전쟁은 정밀유도무기를 주력 무기로 하며, 고도의 정보처리를 기본으로 하는 전쟁이다. 20세기 90년대 이후의 걸프 전쟁과 코소보 전쟁은 전형적인 하이테크 전쟁으로, 시스템 대 시스템, 체계 대 체계의 대항이 하이테크 전쟁의 기본 특징 가운데 하나가 되었다. 이 차량의 가장 두드러진 특징 가운데 하나는 네트워크화를 핵심으로 한 정보기술을 채용하고 모든 차량이 시스템 집적화(集積化)를 갖춤으로써, 하이테크 전쟁의 요구를 충족할 뿐만 아니라 정보화 전쟁시대의 초기단계인 하이테크 전쟁시기에 사용하기 적합하다는 점이다. 이 차량은 C4ISR(지휘, 통제, 통신, 컴퓨터, 정보, 감시 및 정찰) 지원 능력을 구비하고 있어서 원거리 이동형 여단급 전투부대의 네트워크화를 실현할 수가 있다.

3. 화포

1) M109A6 '팰러딘(Paladin)' 자주화 유탄포

M109형은 세계에서 보유 수량 및 보유 국가가 가장 많고, 복역기간이 가장 긴 자주화 유탄포 가운데 하나이다. 첫 번째 시제 차량은 1959년에 만들어졌으며, 최초에는 156mm 구경을 사용할 계획이었다. 복역하던 1960~90년대에도 M109는 지속적으로 성능개량을 실시해 왔기 때문에, 지금까지도 선진적인 수준을 유지하고 있다. 특히, 최신형인 M109A6형은 화력통제시스템에 대한 획기적인 개량을 함으로써, 미군의 전자화된 작전의 표준 화포장비이자, 중형 기계화 부대의 주요 화력지원무기가 되었다.

M109A6 'Paladin'은 1992년 4월에 실전배치되었다. 전투중량은 28.7톤으로 증가하였으며, 반자동 장전시스템을 채택하여 승무원을 4명으로 감소시켰다. 또한 M248화포로 교체하고, 포신과 추진장약을 개량하여 유탄의 사정거리를 23.5km까지 늘렸다. 신형 케블라(Kevlar) 장갑을 포탑에 용접하였고, 포탑 후미 공간의 폭을 넓혀 더 많은 추진장약을 저장할 수 있게 하였다. 컴퓨터에 기반을 둔 신형 자동화력통제시스템은 다른 전투차량과 전장정보를 공유하게 되어, 사격명령의 접수부터 발포에 이르기까지 일련의 동작을 60초 내에 완성할 수 있도록 하였다. 새로운 격실 시스템과 신형 자동소화 및 폭발억제시스템 그리고 특수 부가장갑 등이 보완되었다. 발사 후에는 신속히 진지를 옮길 수 있다.

〈성능제원〉
최대속도 : 56km/h
최대항속거리 :390km
등판능력 : 60%
무장 : 155mm 포 1문, 12.7mm 기관총 1정
최대사거리 : 18,000~24,000km
최대발사속도 : 1~4발/분
고저사계 : −3~+72 °

4. 대전차무기

1) '재블린(Javelin)' 대전차미사일(미국)

'Javelin' 휴대용 대전차 미사일은 1980년대 개발된 것으로, 무게가 약 22.7kg이다. 이 미사일은 전차와 지상목표(예를 들면 토치카)를 공격할 수 있으며, 심지어 저공비행하는 헬기를 공격할 수도 있다. 오늘날의 다른 휴대용 미사일과 비교해 보면 'Javelin'은 우수성이 현저하게 드러난다. 전통적인 견착식 대전차미사일은 모두 지령에 의해 유도되는 것으로, 전차를 명중시키기 위해서는 병사가 반드시 목표를 조준하고 있어야 하고, 미사일의 비행을 유도해야만 한다. 이러한 미사일은 통상적으로 매우 큰 소음을 낼 수 있으며, 연무와 파편이 발사관 후미부에서 분출된다. 이렇게 되면 미사일을

발사한 곳이 적에게 노출되어 반격을 받기 쉬우므로, 병사는 반드시 전차를 파괴하든지 아니면 더 이상의 공격을 포기해야 한다. 그러나 'Javelin'은 발사 후 스스로 목표물을 향해 비행하기 때문에 병사는 적의 반격으로부터 신속히 피신하거나 신속히 다음 공격을 준비할 수가 있다.

'Javelin' 유도시스템의 핵심은 디지털 이미지 칩으로, 전장상의 물체가 발산하는 보이지 않는 적외선을 탐지해 낼 수 있다. 병사는 광학 또는 적외선 관측기를 사용하여 표적을 조준한다. 병사가 표적을 발견한 후 발사버튼을 누르면, 미사일 이미지 칩은 표적의 전자영상을 포착하고, 미사일이 자동적으로 발사관에서 발사된다. 미사일이 표적을 향해 비행하는 도중에는 촬영시스템이 매초마다 표적의 새로운 영상을 획득하여, 기억장치에 저장된 이미지와 대조한다. 만약 표적이 이동한다 하더라도, 미사일은 그것이 파괴될 때까지 계속 표적에 정합되어 있다. 'Javelin'은 발사 후 비행 고도가 높아 마지막에는 전차의 상부를 공격한다. "상부공격"으로 미사일은 전차가 가지고 있는 일반적인 방어수단, 예를 들면 연막을 생성하여 미사일이나 병사의 시선을 교란시키는 것을 교묘하게 회피할 수 있다. 더욱 중요한 것은 'Javelin'이 공격하는 부분은 전차 장갑 중 가장 취약한 곳이라는 점이다.

이라크 전쟁 중 미국의 육군과 해병대 그리고 영국 해병대는 모두 'Javelin'을 장비하였으며, 유효사정거리는 2,500m이었다. 그러나 'Javelin'은 65m 거리의 목표도 공격할 수 있어, 시가전과 같은 협소한 지역의 작전에도 사용이 비교적 적합하다. 'Javelin'의 또 다른 장점은 "소프트 발사"기술을 채택하여, 방향을 쉽게 노출시키는 검은 연기나 파편을 만들어내지 않는다는 것이다.

2) AT-14 '코넷(Kornet)'-E형 대전차미사일(러시아)

'Kornet'-E형은 러시아가 수출을 목적으로 연구개발한 대전차미사일로서, 세계에서 가장 우수한 제3세대 반능동식 레이저 유도미사일이며, 미국의 M1A1, 독일의 Leopard Ⅱ와 같은 등급의 전차에 대응하기 위해 전문적으로 설계된 것이다. 이 미사일 시스템의 총중량은 53kg이고 미사일 본체의 중량은 27kg이며, 대전차미사일, 발사관, 삼각발사대 등 3부분으로 나뉘어 있어 휴대와 조작이 간편하다. 'Kornet'-E형의 강철장갑판 관통능력은 1,200mm에 달하는데, M1A1 주력전차는 가장 두꺼운 부분이라 하더라도 700mm 밖에 되지 않는다.

3) 기타

이외에도 현재 세계에서 유명한 "전차킬러"로는 프랑스가 연구개발한 'HOT'와 'Milan'、 러시아의 'Sagger' 대전차미사일이 있다. 이 가운데 'HOT'는 사정거리가 4,000m이고, 수직 장갑파괴력은 800mm에 이른다. 'Milan'은 사정거리가 2,000m이고, 수직 장갑파괴력은 690mm이다. 러시아제 'Sagger'는 제1세대 개량형 대전차미사일에 속하는 것으로, 광학조준추적방식을 채택하였고 각개병사가 휴대하기 편리하며 대응시간이 빠르다.

방공무기

1. '스팅어(Stinger)'-RMP 방공미사일(미국)

'Stinger'-RMP는 미국의 레이시온(Raytheon)사가 연구개발에 성공한 세계에서 가장 우수한 단거리 방공미사일로서, 어깨 견착사격이 가능할 뿐만 아니라 육군의 'Bradley' 보병전투차량, 해병대의 'Avenger' 및 경형 장갑방공전투차량, OH-58D 헬기 그리고 특수작전부대의 헬기에도 탑재가 가능하다.

이 미사일은 'Stinger'계열의 최신형 제품으로, 미사일의 하드웨어와 소프트웨어 시스템이 모두 개량 및 갱신되어 더욱 정밀한 유도능력을 구비함으로써, 전투기, 무장헬기, 무인항공기, 순항미사일 등과 같은 현대전의 공중위협에 충분히 대처할 수 있게 되었다.

2. '짐렛(Gimlet)'-S형 휴대용 방공미사일(러시아)

'Gimlet'-S는 러시아 차세대 휴대용 방공미사일 체계의 선구적인 제품이다. 이전의 무기와 똑같이 'Gimlet'-S도 휴대용 견착발사식 무기이나, 다른 점은 폭발물의 충전재와 폭발 후 생성되는 파편이 크게 증가했다는 것이다. 그 공격부에는 근접폭발신관을 장착하였고, 기폭계산법은 미사일 공격부가 목표물에 접근한 최적의 시각에 폭발하도록 설계되어 있다. 이외에도 'Gimlet'식 방공미사일 시스템과 비교해 보면, 이 미사일의 통제시스템 구조는 완전히 새로운 원리를 채택하여 미사일의 정밀도를 현저히 증가시켰다.

이 미사일 발사관 내부에는 1발의 미사일이 장착되어 있고, 발사관 넥서스(nexus)가 지상 배터리와 연결되었으며, 1통의 열추적 광전지 탐지장치에 사용하는 산열제(散熱劑)가 (부착되어)있다. 또한 이동식 야시기를 장착하고 있어, 포수로 하여금 표적을 탐지/식별하고, 표적에 대해 미사일이 발사될 때까지 조준 및 추적을 할 수 있게 한다. 야간 공습이 이미 흔한 일이 되어버린 오늘날, 야시장치는 방공미사일 시스템의 능력을 상당 수준으로 끌어올려 야간작전에도 사용할 수 있게 하였다.

3. FN-6 휴대용 방공미사일(중국)

FN-6 미사일은 중국정밀기계수출입사가 개발하였다. 사격고도가 15~3,500m이고 사정거리는 500~5,000m이며, 비행속도 360m/s의 표적을 정면에서 공격할 수도 있고, 비행속도 300m/s의 표적을 (뒤에서) 추적 공격할 수도 있다. 단발에 살상할 수 있는 확률은 70%이다. 미사일은 직경이 72mm, 길이가 1.495m이며, 꼬리부분에 4개의 고정날개가 있고, 앞부분에는 4개의 방향타가 달려 있다. 유도부 전방은 피라미드 모양을 하고 있으며, 4단원 적외선탐지기가 장착되었다.

전투 중 FN-6 시스템에 포함된 1개의 광학조준장치는 발사관 좌측에, 발사관 전면 상단에는 피아식별장치가 설치되어 있으며, 전지와 냉각기는 발사관 전면 하단의 손잡이에 붙어있다. 이 시스템의 총중량은 16kg이다.

4. '도르(Tor)' M1형 방공미사일 체계(러시아)

'Tor'M1형은 러시아가 연구개발한 전천후, 기동식, 수직발사의 단차형 자동화 야전 지대공미사일 무기시스템이다. 시스템은 목표탐지레이더, 유도스테이션, 미사일 모듈 및 하부로 구성되어 있다. 목표탐지레이더와 유도스테이션의 안테나 부분 및 2개의 미사일 모듈(8발의 미사일), 모니터식 광학조준설비가 하나의 회전포탑식 조립체를 이루어 하부 위에 위치한다. 포탑은 360° 회전이 가능하며, 기타 현시제어판은 하부 안에 위치하고 있다.

목표탐지레이더는 9개 표적의 비행궤적과 1개의 교란 소스를 동시에 추적할 수 있으며, 유도레이더에 표적의 정보를 제시해준다. 유도스테이션에 장착된 위상배열 레이더는 1~2개의 표적을 보충 탐지하고 자동추적하는 데 사용되며, 동시에 2개의 미사일을 자동포착 및 추적하고, (미사일에) 통제지령을 발송하여 2개의 미사일로 1개 혹은 2개의 표적을 공격할 수 있다. 모니터식 광학조준시스템은 21km 내의 표적에 대한 현시/관측이 가능하기 때문에 저공 또는 초저공 표적에 대한 추적 능력이 향상되었다. 이 모델의 방공미사일 시스템은 전장이 3.5m이고, 미사일 중량은 165kg, 사격고도는 0.01~6km, 유효사거리가 1~12km이며, 최대 비행속도는 마하 2.8에 달한다.

5. '애로우(Arrow)'식 미사일방어시스템(미국, 이스라엘)

'Arrow'식 미사일은 이스라엘과 미국이 공동 개발한 것으로 오늘날 세계에서 가장 앞서있는 미사일 방어시스템이다. 사정거리가 50km 고공까지 이르며, 속도는 음속의 9배이다. 이것은 이 미사일 시스템이 동온층(同溫層: 성층권과 중간층을 합쳐 부르는 말)에서 공격해오는 미사일을 요격하여, 적측 미사일의 파편이 만들어내는 위험을 최소화함과 동시에, 만약 첫 번째 미사일이 요격에 실패한다 하더라도, 두 번째 미사일로 요격할 시간이 아직 남아있다는 것을 의미한다.

'Arrow'식 2형 미사일의 최초 시험은 1995년 여름에 착수하였으며, 1998년 9월14일 비행시험을 성공적으로 실시하고 1999년 11월1일 요격시험에 성공하였다. 이후 2000년 3월14일 이스라엘 최초의 'Arrow'식 미사일 중대가 배치되었다. 2003년 1월5일에 실시한 시험은 동시다발의 미사일 공격을 가상한 최초의 요격시험이었다.

해상무기

1. '알레이 버크(Arleigh Burke)'급 미사일구축함(미국)

DDG-51 'Arleigh Burke'급 미사일 구축함은 전 세계의 해군 가운데 그 명성이 제일 찬란하다고 할 수 있다. 이 함정은 '이지스(Aegis)' 시스템을 장착하고, 전면적인 스텔스 설계를 채택한 세계 최초의 구축함으로, 무장 및 전자장비가 고도로 지능화되어 있고, 육·해·공군 및 잠수함에 대한 전방위적 작전수행능력을 갖추었다. 이 함정은 미 해군 구축함의 최고 수준을 상징하며, "첨단 함정의 대표적인 모델"이라 부를만한 현대 해상함정 중 최고로서 손색이 없는 걸작이다. 이 급 최초의 함정인 'Arleigh Burke'호는 1988년 12월에 건조를 시작하여 1991년 7월 정식으로 취역하였다.

이 계열의 함정이 가장 주목을 받는 부분은 당연히 그 유명한 '이지스' 시스템이다. 이 시스템에는 SPY-1D 위상배열 레이더, SPG-62 방공미사일 화력통제시스템, MK-41 미사일수직발사대, UYK-43 컴퓨터, MK-2 현시시스템, MK-34 함포시스템, 경항공기 다용도 탑재시스템, GPS 시스템 등이 포함되어 있다. 이 모든 시스템의 핵심은 (역시) SPY-1D 위상배열 레이더이다. 이것의 안테나는 4개의 팔각형 고정식 방사면으로 구성되어, 작동시 컴퓨터를 통해 각 면의 복사소자에 대한 360° 위상스캐닝을 진행한다. 속도가 빠르고 정밀도가 높을 뿐만 아니라 단지 하나의 레이더로 탐지, 추적, 유도 등 여러 가지 기능을 완벽하게 수행할 수 있으며, 동시에 100개 이상의 공중 및 해상 목표를 탐지하고 추적할 수가 있다. 이 레이더의 작업매개변수는 신속한 변환이 가능하기 때문에 매우 강력한 전자교란 대응능력을 갖출 수 있으며, 또한 해면의 잡다한 파장의 영향을 제거할 수 있기 때문에 해면을 스치듯이 비행하는 초저공 표적도 효과적으로 탐지가 가능하다.

이 계열의 함정은 냉전이 종식된 이후, 미 해군의 전략적 조정에 따른 산물이다. 전략적 중점이 "양극 대결"에서 "지역 충돌"로, "해상 결전"에서 "연해지상지원"으로 바뀜에 따라, 새로운 함정은 당연히 원거리 항해, 근해 대(對)기뢰 처리, 대(對)지상공격 및 연합작전 등의 능력을 구비하도록 요구받게 되었다. 이런 이유로, 이 계열의 함정은 하푼(Harpoon) 대함미사일을 없애고, 2개의 헬기 격납고를 증설하였으며, 미사일 적재량을 늘리고, 폭발 충격에 견디는 방호격실, 선진 동력장치, 분산식 배전시스템, 통합생존능력 관리시스템, 광섬유 데이터 다경로(多路) 전송시스템 등과 같은 일련의 첨단기술을 채택하게 된 것이다.

2. '소브르메니(Sovremenny)'급 미사일구축함(러시아)

'Sovremenny'급 구축함은 선진화된 대형 전함으로 최대 배수량이 8,480t이고 최대 항속은 33노트이며, 크기는 미 해군의 'Ticonderoga'급 이지스 미사일순양함과 비슷하다. 이 함정에는 대잠 헬기 1대, 대공미사일 48발, 대함미사일 8발이 장착되어 있으며, 어뢰, 기뢰, 장거리함포와 복잡한 전자전 시스템을 구축하고 있다. 이 급 최초의 'Sovremenny'함은 1985년 구소련 해군에 취역했다. 러시아의 북방 조선소가 건조하였고, 러시아 해군에 총 18척이 인도되었다. 'Sovremenny'급 전함의 전투시스템은 함상의 능동 및 수동 감응설비, 함대 내의 다른 함정이나 정찰기 혹은 함상에서 이륙한 헬기를 통해 연결된 통신데이터 링크의 목표지시 데이터를 이용한다. 이 함정에 장착된 다채널 방어시스템은 여러 개의 표적에 대한 동시 공격이 가능하다.

3. '티콘데로가(Ticonderoga)'급 미사일순양함(미국)

미 해군의 'Ticonderoga'급 미사일순양함은 그 명성이 대단하여, 머리 위에 많은 월계관을 쓰고 있다. 예를 들면, "현대의 최첨단 순양함", "획기적인 전투력과 생명력을 구비한 (순양함)" 등이 그것이다. 이러한 칭송은 첨단의 '이지스' 방공시스템을 장착하였기 때문에 얻어진 것들이다. 익히 아는 바와 같이 미국 순양함의 가장 중요한 임무는 거대한 항공모함 편대에 효과적인 공중방호를 제공하는 데 있다. 하지만 냉전시기에는 구소련의 대량의 대함미사일을 이용한 "집중포화공격(전술)"에 직면하여, 각종 전통적인 방공장비가 그 역량을 제대로 발휘하지 못한다는 느낌을 주었다. 이리하여, 미 해군은 혁명적인 '이지스' 방공시스템을 발전시키기 시작했던 것이다. 이 시스템은 잠수함, 항공기, 함정 등 여러 방향에서 공격해오는 많은 미사일에 대해 적시에 탐지하고 효과적으로 대응할 수가 있었다. 이것은 당대의 순양함 내지 해상함정의 방공능력을 비약적으로 향상시킨 획기적인 지표였다.

이 계열 최초의 함인 'Ticonderoga'호는 1980년 1월 건조를 시작하여, 1981년 4월에 진수하였으며, 1983년 1월 정식으로 취역하였다. 1994년 7월 'Port Royal'호를 마지막으로 이 급 27척의 건조 계획은 모두 완료되었다. 이 계열의 함정 중 최초 5척은 2개의 MK-26-5형 2단 미사일 발사장치를 사용하였지만, 여섯 번째 'Bunker Hill'호부터는 첨단의 MK-4형 미사일 수직발사 시스템을 장착함으로써 '이지스'의 위력을 충분히 발휘할 수 있게 되었다. 이 두 가지의 유기적인 결합으로 마침내 가공할 "공중방패"가 만들어진 것이다.

이미 서술한 바와 같이, 이 계열 함정이 가장 주목받는 점은 바로 '이지스' 시스템이다. 이 시스템은 크게 위상배열 레이더, 지휘통제 시스템, 무기통제 시스템, 미사일 화력통제 시스템, 미사일 발사 시스템, 전투준비점검 시스템 등 6개의 부분으로 구성되어 있다. 위상배열 레이더의 안테나는 전통적인 레이더의 안테나와 판이하게 다르다. 위상배열 레이더는 기계적인 회전이 필요가 없는 4개의 평면 안테나로 이루어져 있다. 각 안테나의 면은 90° 이상의 방위각과 고저각을 커버한다. 각 안테나의 면은 잠자리의 겹눈처럼 4,480개의 복사소자로 구성되었으며, 컴퓨터를 통하여 각 복사소자에 대한 위상을 통제하고, 지정된 시간마다 전자기파를 발사함으로써 목표를 탐색한다. 설령 하나의 안테나 면이 마비가 된다 하더라도 단지 탐색 구역이 1/4정도 감소될 뿐, 전체적인 레이더 시스템은 계속 작동하게 되어 있다. 일단 표적을 탐지하면 컴퓨터는 즉시 추적실시 명령을 내림과 동시에 표적의 데이터를 지휘통제 시스템에 전송하여 피아식별 및 위협평가 등을 진행하고, 그 결과를 화력통제 시스템에 입력한다. 화력통제 시스템은 자동적으로 요격 프로그램을 실행하여, 신속하게 매개변수를 미사일에 전송하게 된다. 이 시스템은 수백 개의 공중 표적을 식별/추적할 수 있으며, 표적의 비행궤적을 산출함과 동시에 함대공 미사일의 중계유도를 실행한다.

4. '슬라바(Slava)'급 미사일순양함(러시아)

1983년 초 미국이 신형 미사일순양함 'Ticonderoga'호를 취역하자, 동년 9월에 구소련도 면모를 일신한 미사일순양함을 해상에 선보였는데, 이것이 바로 현재까지 러시아가 발전시킨 마지막 순양함 'Slava'급이다. 'Slava'급 함정의 무장 특징과 러시아 해군함대에서의 임무는 '끼로프(Kirov)'급과 유사하다. 아마도 'Kirov'급의 건조비용이 너무 많이 들기 때문에 구소련은 이처럼 재래식 동력을 사용하는 'Kirov'의 축소형을 개발한 것으로 보인다.

이 함정의 성능과 무장의 특징은 대함미사일의 수량이 많고 위력이 크다는 점이다. 방공장비가 'Kirov'호를 제외하고는 구소련의 어떤 순양함보다 우수하기 때문에 강력한 방공능력을 갖춘 대함형 미사일순양함이라 할 수 있다. 이 계열의 함정은 핵추진 함정과 합동으로 작전하기에 적합하며 함대의 경계 및 호위임무를 담당한다. 이외에도 함대의 구성 부분이 되어 적의 항공모함과 상륙역량을 공격하거나, 적의 해상교통로를 파괴하고, 상륙작전시에는 대안(對岸)에 화력지원을 제공할 수도 있다. 이 계열의 함정으로는 'Slava'호, '우스티노프(Ustinov) 원수'호, '바리약(Variag)'호, '르포프(L'vov) 해군상장'호 등 모두 4척이 있다.

이 함정은 길이가 186m, 폭 21.5m이고 흘수 7.6m에 기준 배수량 9,800t, 만재 배수량이 11,200t에 달한다. 454명의 편제인원 가운데 장교는 38명이다. 가스터빈 추진방식을 채택하고 있으며, 최대항속이 32노트, 최대 항해 지속능력은 7,500해리/15노트이다.

5. '버지니아(Virginia)'급 핵추진 미사일순양함(미국)

60~70년대에 '니미츠(Nimitz)'급 핵추진 항공모함이 개발에 성공하고 속속 취역함에 따라, 미 해군이 보유하고 있는 3척의 핵추진 순양함으로는 그 수요를 충족할 방법이 없었다. 따라서 미 해군에서는 '캘리포니아(California)'급과 '버지니아(Virginia)'급 핵추진 미사일순양함의 개발계획이 제기되었다. (그 결과) 'Virginia'급은 'Virginia'호, '텍사스(Texas)'호, '미시시피(Mississippi)'호, '아칸사스(Arkansas)'호 등 모두 4척이 건조되었는데, 첫 번째 함인 'Virginia'호는 1972년 건조에 들어가 1974년에 진수된 후 1976년 9월 취역하였다. 미 해군의 제4급 함정에 속하면서 현재까지 (건조된) 마지막 핵추진 미사일순양함이라는 점 때문에 미 해군의 "걸작"으로 꼽힌다.

이 계열 함정의 주요 임무는 핵추진 항공모함과 함께 강력한 특수혼합편대를 구성하여 위기 발생 시 신속하게 지정된 지역으로 출동하고, 항모 전단에 원거리 방공, 대잠, 대함 호위의 임무를 수행함과 동시에 수륙양면작전을 지원하는 것이다. 이 함정은 최초의 통합지휘와 통제가 가능한 미사일순양함으로, 독립적이거나 혹은 다른 함정과 협동하여 공중, 수중, 해상의 위협에 대응할 수 있는 작전능력을 갖추었으며, 전 세계를 범위로 한 각종 작전임무의 수행이 가능하다.

'버지니아(Virginia)'급은 모든 면에서 자동화를 고려하여 설계되었기 때문에 'California'급 함정에 비하면 승조원이 100명가량 줄어들었다. 여기에다 함 전체의 거주성을 크게 강조함으로써 생활

여건이 쾌적하고 승조원들이 해상에서 장기간 생활하며 작전임무를 수행하기에 편리해졌다. 이 함정은 당시 미 해군에서는 가장 선진화된 통합지휘통제 시스템과 무기체계를 갖추었을 뿐만 아니라, 건조할 때부터 장차 개조의 필요성까지 고려하여 선체 치수 등 여러 방면에 여지를 남겨두었다. 80년대 이래로 이 계열의 함정은 수차례의 개조를 거듭하면서 방공 및 대잠 능력이 대폭 향상되었고, 최초로 대지(對地) 공격능력을 구비함으로써 임무수행의 폭이 크게 넓어졌다.

이 함정의 제원은 길이 178.3m, 폭 19.2m, 흘수 9.6m에 표준 배수량 8,623t, 만재 배수량이 11,300t이다. 그 동력장치는 2개의 스크류와 2개의 방향타를 움직이는 핵추진 기어식 증기터빈 시스템이다. 제너럴 일렉트로닉(G.E.)사가 만든 D2G형 가압수냉식 원자로 2대의 총출력은 70,000마력이고 사용주기는 10년에 달한다. 이 원자로는 열교환기를 통해 감속기어상자에 증기를 제공함으로써 최대 항속이 30노트를 넘게 다.

6. '로스앤젤리스(Los Angeles)'급 공격형 핵잠수함(미국)

'LA'급은 미 해군의 제5세대 공격형이면서, 세계에서 건조 수량이 가장 많은 1급 핵잠수함이다. 종합적인 성능이 우수하며, 주로 대잠, 대함, 대지공격 등의 임무를 담당한다. 최초의 SSN-688 'Los Angeles'호는 1972년 2월 건조에 착수하여 1976년 11월에 실전 배치되었고, 마지막 한 척인 '체인(Cheyenne)'호가 1996년 3월에 취역하였으니, 무려 20여 년을 지속한 끝에 62척이라는 방대한 수량의 건조계획이 최종 완료된 셈이다. 그 가운데 1985년 8월 건조를 시작한 '산 후안(San Juan)'호부터 제작된 23척은 개량을 통하여 성능이 한층 더 향상되었다.

'LA'급은 전장이 110.3m, 폭이 10m이며, 수면에 떠올라 항해할 때의 흘수는 9.9m이다. 수상 배수량 6,080t, 수중 배수량 6,927t으로, 수중에서 최대 32노트의 속도를 낼 수 있다. 승조원은 133명이 편제되어 있으며, 그중 13명은 장교이다. 동력장치는 제너럴 일렉트로닉사의 S6G 수압식 원자로 1개와 단축(單軸) 증기터빈 2대로 구성되어 26MW, 약 35,000마력의 출력을 발휘하며, 325마력짜리 보조추진발전기가 1대 있다. 이 계열의 잠수함은 SSN-751 'San Juan'호부터 음향차폐타일을 새로 장착하였고, 수평형 방향타를 내장형으로 대체하여 빙하 지역에서 수면으로 떠오를 때 자유롭게 신축할 수 있게 하였다.

7. '오스카(Oscar)'급 핵추진 유도미사일잠수함(러시아)

구소련은 60년대부터 디젤추진방식의 '줄리엣(Juliet)'급과 핵추진방식의 '에코(Echo)'급이 포함된 일련의 순시형 미사일잠수함을 건조하기 시작하였다. 'Oscar'급은 (이 가운데에서) 가장 신형인 1급 잠수함이다. 이 순시형 미사일잠수함들의 임무는 해군력이 우세한 나토(NATO)의 해군, 특히 미국의 함대를 공격하는 것이다.

거대한 'Oscar'급 잠수함과 이보다 더 큰 '타이푼(Typhoon)'급 핵추진 탄도미사일잠수함은 동일한 시기에 건조된 것으로, 구소련이 대형 함정을 건조하는 데 몰두하였다는 사실을 충분히 반영하고 있다. 최초의 'Oscar'급 잠수함은 1978년 건조에 들어가 1980년에 진수되었고, 얼마동안의 테스트를 거쳐 2년 후 두 번째 함이 완성되었다. (그러나) 그 다음부터 구소련은 선체의 길이가 더 긴 형태의 'Oscar'급을 건조하는 쪽으로 방향을 전환하였다. NATO는 (전자에 해당하는) 2척을 'Oscar'I급이라 부르고, 나머지는 'Oscar'II급이라 불렀다. 1991년 말기에는 이미 2개 급('Oscar'I・II급) 모두가 취역하였고, 그중 'Oscar'II급은 현재 5척이 더 건조되고 있다.

'Oscar'II는 전장이 154m, 폭이 18m이며, 수면에 부상하여 항해할 때의 흘수가 10m, 수중 배수량이 16,000t이고 최대 속력은 33노트에 이른다. 동력장치는 2대의 수압식 원자로와 쌍축엔진 방식으로 설계되어 있다.

8. '니미츠(Nimitz)'급 '스테니스(Stennis)'호 항공모함(미국)

'Nimitz'급은 현재 세계에서 미 해군만 보유하고 있는 대형 핵추진 항공모함으로, 그의 거대한 위력은 해상에서 필적할 상대가 없다. 'Stennis'호는 9척의 'Nimitz'급 가운데 7번째 함으로, 1991년 3월 건조에 들어가 1993년 11월에 진수되고, 1995년 6월 취역하였다. 이 항모는 비행갑판의 길이가 332.9m, 폭 78.3m, 흘수가 11.9m이며, 표준 배수량은 79,973t, 만재 배수량 100,550t으로, 면적만 축구장 3개를 합친 것보다 크다. 항모 내부구조를 보면 격납고 갑판 위는 9층으로 나누어지는데, 그 가운데 5층이 (섬 모양의) 관제탑 상부건물 안에 있으며, 격납고 갑판 아래로는 2층의 (승강기로 항공기를 출납하는) 갑판 외에, 다시 8층으로 구성되어있다. 항모 전체는 용골에서부터 마스트까지의 높이가 76m로 20층짜리 빌딩과 맞먹는다.

동력장치는 제너럴 일렉트로닉스사의 경수로 2대와 증기터빈 4대로, 원자로의 열효율은 25.6%이고, 각각의 원자로가 2대의 증기터빈을 구동한다. 총 출력이 26만 마력에 달하여 최대 35노트까지 속도를 낼 수 있다. 연료는 15년간 계속 사용할 수 있어 항속거리가 80만~100만 해리에 이르고, 90일 동안 지속적으로 작전수행이 가능하다. 이 항모가 현재 장비하고 있는 것은 미군의 "표준형" 함재기 편대로 총 수량이 80대 정도지만 긴급 상황에서는 100대까지 탑재할 수 있다.

이 함정은 생존능력이 매우 강하다. 선체에는 몇 줄의 종(縱) 방향 격실 외에도, 방수형 횡격벽(橫隔壁) 23줄과 방화용 격벽 10줄이 설치되어 있다. 선체와 갑판은 고탄성 철강을 사용하여 철갑탄 공격에도 견딜 수 있다. 함의 양쪽 현(舷)에는 격실 시스템을 설치하였고, 탄약고와 기관실 등 중요한 곳의 천정 부위와 양 측면은 63.5mm 두께의 케블라(Kevlar) 장갑으로 만들었다.

이 함정의 편제인원은 5,984명이고, 그 가운데 항공요원이 2,800명이다. 이 함정의 작전능력은 매우 놀랄만한 수준이다. 함재기가 통제할 수 있는 공역(空域)과 해역(海域)이 수천km에 이르며, 항모 자체의 1일 기동능력도 500해리나 된다. 함재기는 24시간 쉬지 않고 초계활동을 실시하는데, 매일 200여 대의 항공기가 출격한다. 항공기 탑재율은 실제 상황에 따라 수시로 조정함으로써 상이한 작전임무의 요구에 부응한다.

9. '쿠즈네초프(Kuznetsov)'호 항공모함(러시아)

과거 초강대국 시대에 구소련은 세계 2위의 강력한 해군을 보유하고 미국과 세계 각 대양에서 치열한 경쟁을 벌인 바 있다. 그러나 유독 항공모함 분야에서만은 구소련이 미국보다 크게 뒤떨어졌다. 미 해군과 비교해보면 구소련은 항공모함 개발에서 시작도 늦고 발전 속도도 느렸으며 수준도 낮았다. 1967년에 이르러서야 비로소 '모스크바(Moscow)'급 헬기탑재 항공모함이 출현했을 정도다. 그러나 이나마도 어정쩡한 수준이어서 항공모함이라 부르기에는 미흡하였다. 다시 몇 년간의 노력을 거쳐 구소련은 70년대 중반에 마침내 수직이착륙 항공기를 사용하는 '끼에프(Kiev)'급 "전술항공 순양함"을 보유하게 되었다. 이제야 비로소 항공모함 개발의 정상적인 길에 첫 발을 내딛은 셈이었다.

'Kuznetsov'호는 러시아 최초의 고정익 항공기(수직 단거리 이착륙비행기 제외)를 탑재할 수 있는 재래식 항공모함이다. 이 함정은 3번이나 이름을 바꾸었다가 구소련이 해체된 후에 지금의 이름으로 개명되고, 1991년에 정식으로 취역하였다. 이 함의 특징은 스키점프대 모양의 비행갑판이 설치되어 있고, 함상에 각종 무기시스템을 두루 갖추어 그 위력이 매우 강력하다는 것이다. 이 함정은 전장이 304.5m, 비행갑판의 최대 폭이 70m, 흘수가 10.5m, 만재 배수량이 67,500t에 달한다. 동력장치는 8대의 보일러와 4대의 증기터빈이며, 4축 엔진의 총 출력이 20만 마력으로 최고 30노트까지 속력을 낼 수 있고, 항속거리는 13,500해리이다.

이 항공모함은 24대의 고정익 항공기와 17대의 헬기를 탑재할 수 있다. 이밖에도 이 함정은 12셀로 구성된 SS-N-19 수직발사 대함미사일시스템(예비탄 12발), 6셀의 SA-N-9 수직발사 대공미사일시스템(예비탄 192발) 4기, '카스탄(Kashtan)' 근접전투 무기시스템 6기, 6연장 30mm포 6문, 10연장 대잠로켓 발사시스템 2기 등을 장착하였다.

공중무기

1. 헬기

1) AH-64 '아파치(Apache)' 공격헬기

현대전쟁에서 대응수단이 발전함에 따라 공격헬기의 작전환경은 날로 험난해지고 있다. 따라서 은폐성을 강화하고, 공격력, 전자교란능력 및 기동력을 향상시키는 것은 이제 헬기가 추구하는 목표가 되었다. 미래의 공격헬기는 반드시 통용모듈, 인공지능, 데이터 융합, 고속 데이터버스 등 선진기술이 통합된 차세대 항공전자 종합시스템을 채택해야 한다. 이래야만 미래 디지털전장에서 공격헬기가 강력한 정보전 능력을 갖추게 되어, 자체적으로 직접 정찰/관측하고 실시간에 근접한 전장정보를 획득할 뿐만 아니라, 이를 종합적으로 사용하여 작전능력을 극대화할 수가 있다. 지상 표적에 대한 저공 또는 초저공 공격은 물론, 적의 헬기나 고정익 항공기에 대한 대응도 가능해지는 것이다.

AH-64 '아파치'는 미국 맥도널 더글라스사가 미 육군이 제출한 "첨단 공격헬기 계획"에 따라 개발한 공격헬기이다. 이 헬기는 열악한 기상조건 하에서 주야간 대전차 임무수행이 가능하고 또한 강력한 전투력과 구조 및 생존능력을 갖추고 있다. 1975년 9월 원형기가 시험비행에 성공하고 1984년 정식으로 (육군에) 인도된 후, 1989년 12월 '파나마 사태'때 처음 참전하였으며, 1991년의 걸프전쟁과 1999년 NATO가 유고연방에 대한 군사공격을 감행할 때 대량으로 사용되어 뛰어난 작전능력을 선보였다.

아파치 헬기는 길이가 17.8m, 폭이 5.23m, 높이가 4.7m이며, 회전익 반경은 14.6m, 최대 속도 365km/h, 순항속도 293km/h에, 실용 상승한계고도가 6,400m, 항속시간은 3시간이다. 이 헬기의 날개와 동체는 보강형으로 12.7mm 총탄과 23mm 포탄의 사격으로부터 방호가 가능하다. (이 헬기는) 비행 속도가 빠르고, 지면에 근접한 저공비행이 가능하며, 지형지물을 충분히 이용하여 엄폐할 수도 있고, 적에게 신속히 접근하여 포탄, 로켓, 미사일 등을 발사한 후 신속히 엄폐하여 적의 지상 방공무기에 의한 피격을 피할 수 있다.

이 헬기의 주요 무기는 1문의 체인식 기관포를 포함하여 16발의 '헬파이어(Hellfire)' 미사일 또는 76발의 70mm 대지공격로켓 76발 등을 장착할 수 있는 4개의 외장 탑재장치다. 현재 운용되는 모델로는 AH-64A、AH-64B、AH-64C와 AH-64D '롱보우(Longbow)'가 있다.

2) Ka-50 '블랙 샤크(Black Shark)' 공격헬기(러시아)

Ka-50은 세계 최초로 개발된 1인승 공축반전날개식 공격헬기다. 1991년 생산에 들어가 1992년에 초보적인 작전능력 테스트를 통과하고, 1995년 부대에 배치되었다. 이 모델은 러시아의 차세대 대전차 헬기로 선정되었다. 대전차 임무를 수행하는 것 외에도, 근거리에서 저공으로 신속한 공격이 가능하여, 주로 적 헬기와의 공중전, 적 전차나 장갑 및 비장갑차량 파괴, 적 전방 또는 종심의 유생역량을 섬멸하는데 운용된다. '까모프(Kamov)' 설계국은 꼬박 7년의 시간을 투입하여 조종사 사출구명시스템을 개발해 내었다. 이 시스템은 "0고도, 0속도"(즉 지상에 정지하여 움직이지 않는 상태) 조건하에서 비상탈출을 실시하는 것이다. 미 국방부는 이 헬기에 대한 평가서에서 Ka-50은 확실한 공중 우위를 갖추고 있어 현재까지 서방에는 아직 이에 필적할 만한 헬기가 없다고 하였다.

이 헬기의 전체적인 프레임은 Kamov 설계국의 독자적인 이중날개 공축방식의 후방날개가 없는 기술을 적용함으로써, 그 구조가 더욱 단순화되어 후방날개의 구동에 쓰이는 동력 소모를 없애고, 기동성과 융통성을 크게 높였다. 공축식 날개의 공기동력 대칭성은 단일날개식보다 현저히 우수하고, 축 사이에 미치는 상호 영향이 없기 때문에 기동비행을 할 때 조종이 용이하다. 방향을 바꿀 때에도 헬기의 비행고도를 유지하기가 쉬운데, 이는 초저공비행이나 장애물을 넘을 때 특히 중요한 요소로, 비행의 안전에 있어서 상당한 의미가 있는 것이다. 또한 이 모델은 공격헬기가 추락적응성(적절한 추락, 충격흡수식)에 따른 설계만으로 생명을 건지는 관습을 타파하고 최초로 조종사의 사출구명을 실현하기도 했다. 이 헬기의 단좌식 조종실은 지능화 설계를 채택하여, 서방에서 수년간 해결하지 못한 조종사 1명이 조종과 작전을 도맡아 조작해야 하는 모순을 성공적으로 해결하였다. 그러나 이 헬기는 야간이나 악천후 조건에서의 작전능력이 비교적 취약하다. (개량형인) 'Ka-51H'는 야간과 어떠한 기상조건하에서도 작전이 가능한 1인승 헬기로서 1997년 시험비행을 통과하였으며, 현재 이미 여러 대가 생산되었다.

러시아는 또한 1996년 Ka-52 '엘리게이터(Alligator)' 전투헬기 개발에 성공하였다. 이 헬기는 2인승 주야간 전천후 지능형 다목적 헬기로 구조의 85%가 Ka-50과 동일하다. 이 헬기의 가장 두드러진 특징은 병렬 복좌구조의 조종실을 적용했다는 점이다. 이 구조의 장점은 두 명이 일부의 계기와 설비를 함께 사용함으로써 계기 조작을 간소화하는 한편, 조종사가 목표 추적에 집중하고 결심하는 시간을 최대한 단축시킨다는 데 있다. 특히 2번째 조종사가 정찰이나 전자대응, 원거리 표적의 탐색/식별을 전담함으로써 어떠한 기상조건과 시간에도 표적을 지시하고 구분하며, 지상부대 및 공격기와의 행동을 협조하고, 기타 임무를 수행할 수 있다.

2. 전투기, 공격기, 폭격기

1) F-16 '파이팅 팰컨(Fighting Falcon)' 전투기(미국)

F-16은 미국 록히드 마틴사가 개발한 단발형 다목적 전투기이다. 주로 공중전에 사용되지만 근접공중지원도 가능한 미 공군의 현역 주력 기종이다. 1972년에 개발을 시작하여 1974년 시험비행을 실시하였고, 1978년 미 공군에 배치되기 시작하였다. 이 항공기는 반강체식 프레임에, 현비식 단일 주(主)날개와 단일 수직꼬리날개의 일반적인 구조를 하였으며, 공기흡입구는 동체 하부에 위치하고 있다. (또한 여기에는) 표준형 날개, 공중전에 유용한 보조날개, 날개-동체 일체형, 높은 조종석, 전자조종(fly-by-wire) 시스템, 동체 안정도 확장기능 등 선진기술이 적용되었다. 게다가 성능이 뛰어난 전자설비와 무기까지 갖춤으로써, 중량은 가볍고 외부 탑재량은 크며, 우수한 기동성과 강력한 대공/대지 작전능력 등의 특성을 구비한 대표적인 제 3세대 전투기라 할 수 있다.

이 항공기는 1문의 20mm 발칸포에 511발의 실탄을 장착하고 있으며, 기체에는 두 날개의 끝에 각 1개, 동체 하부에 1개, 날개 하부에 6개 등 총 9개의 외부 무기장착대가 달려있다. 탑재 무기로는 'sidewinder'와 'sparrow' 등의 공대공미사일, 'Maverick' 공대지미사일, 'Harpoon' 대함미사일, 'Harm' 반(反)복사 미사일 및 각종 유도폭탄과 핵폭탄과 재래식 폭탄 등이 포함된다. 최대 외부탑재 중량은 4,760kg(연료 충만상태)이다.

〈성능제원〉
최대 수평비행속도(고도 12,000m): 마하 2.0
순항속도(고도 11,00m): 마하 0.8
최대 상승률: 330m/s
실용 상승한계고도: 15,240m
최대 항속거리(보조연료탱크 장착시): 3,890km
작전반경: 370~1,320km

2) SU-35 '플랭커(Flanker)' E 전투기(러시아)

SU-35는 러시아의 '수호이(Sukhoi) 실험설계국' 개방형연합주식회사가 SU-27을 기초로 발전시킨 단좌식 전천후 전투공격기이며, 주로 제공(制空) 및 대지공격에 운용된다. 이 비행기는 SU-27의 고급 발전형으로, 동체, 엔진, 탑재장비와 무기시스템을 개량하여, 공격 목표의 차이에 따라 완전 자동으로 비행모드와 무기에 대한 통제를 실행할 수 있다. 전자조종(fly-by-wire)시스템은 아날로그 방식에서 디지털 방식으로 바꾸었으며, 카나드를 덧붙이고, 델타익 공력구조를 채택하였다. 또한 기체 앞부분을 새로 확장하여 레이더 안테나를 보강하였고, 꼬리부분 페어링을 늘려 후방감시레이더를 설치하였으며, 생산형에는 삼원추력편향노즐을 적용하였다. 그러나 이 항공기도 스텔스 기능은 여전히 고려하지 않았다. SU-35 원형기는 1988년 6월 시험비행을 한 이래, 1993년 최종 테스트를 거쳐 1994년 9월 11대의 생산형 항공기를 먼저 제작하고, 90년대 말부터 실전 배치되기 시작하였다.

주요 탑재장비는 탐색거리가 200km에 달하면서 동시에 10개의 표적을 추적하고, 그중 4개의 표적에 대해 공격을 가할 수 있는 다기능 저공 지형 추적레이더와 열영상 레이저지시기, 적외선 탐색/추적 센서, 레이더 경보 수신기가 있고, 날개 끝에는 ECM(전자교란) 포드 가 달렸다.

탑재무기로는 30mm 기관포 1문과 탄약 150발이 있고, 하나의 장착대에 각종 미사일과 폭탄, 로켓 등을 거치할 수 있는데, 'Aphid', 'Alamo', 'Archer' 공대공미사일 등이 포함되며, 최대 외부 무장 탑재중량은 8,000kg이다.

〈성능제원〉
최대 수평비행속도 : 마하 2.0
최대 이륙중량 : 18,400kg
실용 상승한도 : 18,000m
최대 항속거리(내부 연료 충만시) : 4,000km
작전반경 : 710km

3) F-22A '랩터(Rapor)' 차세대 전투기(미국)

F-22는 미 공군이 록히드, 보잉, 제너럴 다이너믹스(General Dynamics)사에 위탁하여 합작 개발한 차세대 전투기이고, 또한 전문가들의 지적처럼 현존하는 유일한 "제4세대 전투기"로써, 21세기 초의 주력 전투기가 될 것으로 보인다. 1990년 9월 원형기(YF-22)가 처녀비행에 성공하였다. 미군은 최초에 750대를 구매할 계획이었으나, 두 차례의 예산 삭감을 거친 후 438대로 결정되었다. 1997년 9월 EMD(생산기술개발단계)형 항공기가 첫 비행을 하였고, 2002년 생산형 항공기를 인도하기 시작하였으며, 2004년 초보적인 작전능력을 갖추게 될 것으로 전망된다.

이 항공기는 2개의 수직미익과 쌍발엔진의 단좌식 구조를 채택하였다. 수직미익의 경사각 27도는 절묘하게도 일반 스텔스 설계의 경계선이다. 양측의 공기흡입구는 주익(strake) 아래쪽에 장착되어 있고, 배기구와 마찬가지로 적외선 복사를 억제하는 스텔스 설계로 이루어졌다. 주익과 수평미익은 동일한 후퇴각과 후연 전진각이 적용되었으며, (모양이) 모두 활의 시위를 약간 당긴 듯한 사다리 꼴 평면형이다. 물방울 모양의 캐노피(조종실)는 기체 전방 상부에 돌출되어 있고, 모든 투발무기는 4개의 내부 무장격실 안에 은폐되어 있다.

F-22는 제공 우위(Air Superiority)의 목적 외에도 JDAM류의 무기를 사용한 정밀 대지공격이 가능하다. 스텔스와 초음속 순항의 필요성 때문에 스텔스 상태에서 이 비행기의 기본 무기장치는 기내에 장착되어 있다. 비행기에는 1문의 내장 기관포와 3개의 내부 무장격실(Weapon bay)이 있는데, 2개는 공기흡입구를 따라 배치되어 있고(각 격실마다 신축자동안전장치에 장착된 로켓 1발 수용), 다른 1개는 동체 하부에 붙어 4발의 로켓이나 6발의 미사일을 수용한다. 또 주익 아래 4개의 (외장) 무기장착대에는 4발 또는 8발의 공대공 미사일을 탑재할 수 있다.(이때는 스텔스 기능 상실)

〈성능제원〉
최고 비행속도 : 마하 1.9
최대 이륙중량 : 36,300kg
실용 상승한도 : 18,000m
최대 항속거리 : 3,704km
작전반경 : 1,300~1,500km

4) F-117A '나이트 호크(Night Hawk)' 스텔스 전투기(미국)

F-117A는 미국 록히드 마틴사가 개발한 단좌식 아음속 스텔스 전투기로, 주로 레이저 유도폭탄을 탑재하여 지상 표적에 대한 정밀공격을 할 때 운용한다. 1978년 미국 정부가 F-117A의 개발계획을 승인한 이래, 1981년 6월 첫 번째 원형기가 처녀비행에 성공하였고, 1983년 10월 완제품이 나와 인도되기 시작하였다. 미 공군은 모두 59대를 구매하였으며, 1990년에 인도가 완료되었다.

스텔스 목적에 도달하기 위하여 이 비행기는 독특한 외형 설계를 채택하였다. 주익과 나비 모양의 미익은 모두 마름모꼴의 단면을 적용하였으며, 기체의 외형은 매우 많은 절단면으로 구성하고, 레이더파가 상하로 흩어지기 쉽도록 이 단면들과 연직선의 협각을 30도 이상으로 설계해 놓았다. 동체 표면과 굴절부의 설계는 레이더 반사파를 수평면 안에 있는 몇 개의 좁은 빔으로 모이게 함으로써 두 빔 사이의 "미약한 신호"와 배경잡음(노이즈)을 구별하기 어렵게 만든다. 이러한 빔은 매우 좁기 때문에 적의 레이더가 연속적인 반송파 신호를 충분히 잡지 못하여 이것이 실제 표적인지 아니면 어떤 일시적인 잡음인지 확정할 수 없게 한다.

모든 무기는 내부에 있는 무기격실에 탑재되며, 미 공군 전술전투기의 모든 무기가 탑재가능하다. 기본 무장은 2발의 908kg BLU-109B 저공레이저유도폭탄 또는 GBU-10/GBU-27 레이저유도폭탄이며, 'maverick' 공대지미사일과 AGM-88 반복사미사일을 장착할 수도 있고, 'sidewinder' 공대공미사일을 탑재할 수도 있다.

〈성능제원〉

최대 수평비행속도 : 1,040km/h

최대 정상운용속도 : 마하 0.9

내부무장 적재중량 : 2,268kg

최대 이륙중량 : 23,814kg

작전반경(공중급유 없이 최대 무장탑재) : 1,056km

5) B-2 '스피릿(Spirit)' 스텔스 전략폭격기(미국)

B-2는 미국이 개발한 최신예 스텔스 전략폭격기이다. 1978년 개발에 착수하여 1989년 7월 시험비행이 실시되었다. 미 공군은 원래 133대의 B-2기를 구입하기로 결정했었으나 1991년 국방예산 삭감 이후 구매량을 76대로 대폭 줄였다. 1982년에서 1991년 사이에 총 15대가 차례로 공군에 편입되었다.

이 항공기의 성능 특징은 아래와 같다.

① 무장적재량이 크고, 공격력이 강하다. 이 항공기는 16발의 2,000파운드짜리 정밀유도폭탄 또는 8발의 4,400파운드짜리 폭탄을 탑재할 수 있으며, 이 폭탄들은 위성의 유도를 받아 16개의 상이한 지상표적을 동시에 공격할 수 있다.

② 항속거리가 멀고, 공격 종심이 깊다. 이 항공기는 작전 항속거리가 최대 12,000km에 이른다. 미 공군은 B-2는 명령을 접수한 후 몇 시간 내에 본토에서 이륙하여, 전 세계 어느 지역의 목표라도 공격이 가능하다고 호언한다.

③ 독특한 스텔스 외형과 소재를 채택하여 효과적으로 레이더 탐지를 회피할 수 있다. 양호한 스텔스 효과에 도달하면, 은신상태로 (적의) 방공망 돌파가 가능하다.

④ 레이더 시스템이 때로 불안정하고, 환경에 대한 적응능력이 다소 미흡하며, 군수지원 부담이 크고, 다습한 기후가 비행기 표면의 레이더파 흡수도료를 훼손할 수 있다.

B-2는 날개와 동체가 융합된 무미익 구조로 설계되었고, 전체적인 모양이 하나의 거대한 삼각형 표창처럼 생겼다. 동체는 융기된 것처럼 솟아있고, 2개의 S자형 공기흡입구가 양 측면에 달렸는데, 흡입구에는 트라이앵글 형태의 공기분류판이 있다. 2개의 V자형 엔진 배기구는 동체 상부(의 후미)에 위치하며, 날개 끝부분과의 거리가 멀다. 조종실은 동체 앞머리에 붙어있고 모두 4개의 창이 달렸다. 랜딩기어실 덮개판이 크기가 비교적 커서, 비행기 이착륙시 수직미익의 역할을 한다.

탑재무기는 나란히 배열된 2개 무기격실 내의 회전식 발사대에 16발의 AGM-69 SRAM II 미사일이나 AGM-129 첨단 순항미사일을 탑재할 수 있다. 이외에도 B61 전술/전략 핵폭탄 또는 B83 전략핵폭탄, MK36형 500kg급 기뢰, MK82형 250kg급 폭탄(최대 80발까지 탑재), 350kg급 소이탄의 탑재가 가능하다. 또한 정밀유도폭탄 1,000kg급 16발, 250kg급 76발까지 탑재할 수 있도록 성능개량을 계획하고 있다.

6) Tu-160 '블랙잭(Blackjack)' 전략폭격기(러시아)

Tu-160은 구소련의 '투포레프(Tuporev) 설계국'이 개발한 4발 엔진 가변익 초음속 장거리 전략 폭격기로서, 미야(Miya)-4, Tu-95와 대체하여 전략폭격 임무를 수행하는 데 운용된다. 이 항공기 는 70년대 초 Tu-22M의 처녀비행 이후 개발이 시작된 것으로 추정하고 있다. 원형기가 1981년 12 월 시험비행을 거친 후, 1987년 5월 부대에 인도되기 시작하였으며, 1988년 초보적인 작전능력을 갖추었다. 이 항공기는 가변익 구조에 주익의 위치를 비교적 낮게 설계하였으며, 날개-동체 융합기술 과 동체를 연결하여 원형의 가늘고 긴 동체를 채택하였고, 4개의 엔진은 날개와 동체 연결부의 하부 에 병렬로 배치하였다. 전자조종시스템이 비행제어를 실시하고, 4명의 승무원은 전후 병렬로 좌석 이 배열되어, 각자 단독사출좌석이 있다.

Tu-160의 작전 방식은 고고도 아음속 순항, 저고도 아음속 또는 고고도 초음속 침투를 위주로 하여, 고고도에서 화력권 밖을 공격할 수 있는 순항미사일을 발사할 수 있고, 방공 억제를 실시할 때에 는 단거리 공격미사일을 발사할 수 있다. 이외에도, 이 항공기는 또한 저공 침투를 할 수 있으며, 핵 폭탄이나 핵미사일을 이용하여 중요 목표물을 공격할 수도 있다. 1981년 서방은 Tu-160의 존재를 처음으로 알게 되었다. 이 항공기는 1995년 파리 항공박람회에서 처음으로 공개적으로 모습을 드러 냈고, 1992년 말 생산을 중단할 때까지 모두 40대가 인도되었다.

주요 탑재 장비로는 항법 및 공격 레이더, 동체후방에 장착된 조기경보 레이더, 지문 및 관성 항법 시스템, 항행좌표방위계, 항공기전방동체 하부의 정류덮개 내에 장착된 무장조준 보조카메라 및 능 동 및 수동 대전자전 장비 등이 있다. 무장격실 내에는 자유낙하무기, 단거리 공격미사일 또는 순항 미사일 등을 탑재할 수 있다. 12.8m 길이의 무기격실이 앞뒤로 2개가 있는데, 전방 격실의 회전식 발사대는 6발의 순항미사일을, 후방 격실의 발사대 2개에는 24발의 단거리 공격미사일 탑재가 가능 하다.

〈성능제원〉
최대 수평비행속도 : 마하1.88
순항속도 : 마하 0.9
최대 항속거리(공중급유 없이 최대 무장탑재) : 12,300km
내부 무장탑재중량 : 40,000kg
최대 이륙중량 : 275,000kg
작전반경 : 2,000km

7) A-10 '썬더볼트(Thunderbolt)' 공중지원 공격기

A-10은 미국의 페어차일드(Fairchild)사가 미 공군을 위해 개발한 쌍발 아음속 근접공중지원 공 격기로서, 주로 (적의) 전차 집단과 전장에서 활동하는 표적 그리고 주요 화력밀집지점을 공격하는 데 운용된다. 원형기는 1972년 5월 시험비행에 성공하였고, 1975년부터 실전 배치되기 시작하였다. 이 항공기는 수평직선형 날개와 이중 수직미익 구조를 채택하였으며, 저공 아음속 성능이 뛰어나고

생존력이 높아서 장갑은 23mm 포탄의 타격을 견딜 수 있다. 이외에도 구조가 간단하고 반응이 민첩하며, 단거리 이착륙이 가능하다는 장점을 가지고 있다. 1991년 1~2월의 걸프전쟁에서는 120대의 A-10기가 참전하여 대전차 전투에서 매우 큰 역할을 하였다.

A-10은 30mm 속사기관포 1문과 탄약 1,350발을 장착하여 두꺼운 장갑을 관통시킬 수 있기 때문에 주로 적 전차와 장갑차량 공격에 운용된다. 11개의 무기 거치대에는 범용폭탄, 집속폭탄, maverick 공대지미사일, sidewinder 공대공미사일, 로켓발사대 등이 장착되어 있으며, 최대 외부탑재중량은 7,250kg이다.

〈성능제원〉
작전비행속도(고도 1,500m) : 713km/h
순항속도(고도 1,525m): 623km/h
실용 상승한도: 10,000m
최대 항속거리 : 4,850km
근접지원 작전반경 : 463km

3. 무인정찰기, 조기경보기

1) RQ-1 '프레데터(Predator)' 무인정찰기(미국)

RQ-1 'Predator'는 단순한 항공기가 아니라, 중고도에서 장시간 비행하는 일종의 무인조종시스템으로, 주로 전장 정찰과 감시에 운용된다. 이 시스템은 구체적으로 센서를 장착한 항공기 4대와 지상통제소 1개, 위성통신 링크 1세트 등이 포함되며, 조작과 정비를 담당하는 전투지원 요원만 55명에 이른다.

1994년 1월 미 해군은 3,170만 달러의 선진개념 기술검증계약에 의해, 관련 부서에 30개월 내에 무인기를 생산하고, 3개의 지상센터를 건립하도록 요구하였다. 첫 번째 3대의 항공기와 하나의 지상센터는 같은 해 10월 인도되었다. 항공기는 1994년 7월 초 최초 시험비행을 실시하고, 1996년 6월 말 기술검증을 완료하였다. 1997년 이 모델의 비행기는 군용부호 RQ-1A를 수여받았다. RQ-1B는 미국이 1999년 새로 개발한 변형기이다. B형 항공기는 동체를 증대시키고, Y형 미익과 터보프롭(turboprop) 엔진을 장착하였으며, 이륙중량을 한층 더 향상시켰으며, 항속능력을 강화시켰다.

RQ-1의 동체길이는 8.21m, 높이 2.13m, 날개 길이 14.8m, 자체하중 1,350kg, 실용 상승한도 7,010m, 순항속도 130km/h, 최대 항속거리 400NM이다. A형과 비교해 보면, RQ-1B형의 비행속도와 고도가 모두 향상되어 신속하게 전장에 도달하고, 정찰과 표적지시 능력을 제공 및 더욱 높은 생존능력을 구비하게 하였다. B형은 만흥 종류의 하중을 탑재할 수 있고, 여러 종류의 하중을 휴대할 수 있으며, 합성개구레이더(SAR), 광전자카메라(Emtiron camera), 적외선영상장비, GPS, 관성복합항법시스템 등의 선진적인 첨단기술 설비를 포함하고 있고, 심지어 'Hellfire' 미사일도 장착할 수 있다. 이 항공기의 임무 지역 항속시간은 32시간이며, 통상 재래식 바퀴식 이륙과 소프트랜딩 방식을 채택하고, 긴급 상황에서는 낙하산을 사용하여 회수하기도 한다.

하지만, 이 모델의 항공기도 몇 가지 치명적인 결점을 가지고 있는데, 예를 들면, 체적비가 비교적 크고, 발견될 확률이 비교적 높으며, 조작이 복잡하고, 지상통제에 너무 의존하는 것 등이 있다. 불확실한 통계에 따르면 1995년 미군이 보스니아(Bosnia)에서 최초로 RQ-1을 사용한 때부터 지금에 이르기까지, 이미 10대의 'Predator'기가 파괴 또는 추락하였다.

2) E3A '센트리(Sentry)' AWACS 조기경보기(미국)

E-3는 미국의 보잉사가 미 공군의 "공중 경계 및 통제 시스템 계획"을 근거로 연구개발한 전천후 장거리 공중 조기경보기이다. 1963년 미 공군이 수요를 제기하여, 1966~1970년까지 조기경보기 계획을 비교선별 하였다. 1964년부터 1973년까지 레이더 계획을 선별하여 연구개발하였다. 또 3년의 시간을 들여, 조기경보기에 소요되는 레이더, 데이터 처리, 모니터, 통신에 대해 서브시스템(subsystem) 및 전체 시스템 종합하여 시험비행을 실시하여, 최종적으로 보잉 707 여객기를 기초로 3대의 원형기를 연구개발하였고, 1975년 첫 번째 시험비행을 하였으며, 양산형 전자설비에 대한 비행시험을 진행하였다. 1977년 3월에 최초의 양산형 E-3기가 인도되어 사용되었다.

주요 항공기 탑재설비는 레이더, 피아식별장치, 데이터 처리시스템, 통신 시스템, 항법 및 유도 시스템, 데이터 모니터 및 제어장치, 6개의 서브시스템(subsystem)으로 나눌 수 있다. 레이더는 Westinghouse사가 연구제작한 AN/APY-1형 S밴드 펄스 'Doppler' 레이더로, 회전속도 6rpm의 평판 슬롯 안테나가 레이돔(radome) 내에 장착되어 있으며, 서로 다른 작전 조건에 따라 360도 방위원을 32개 섹터로 나누어, 다른 작업 모드와 교란대응장치를 선택적으로 운용할 수 있다. 피아식별장치는 AN/APS-130 질문기(詢問机)를 기초로 한 고방향성 질문/수신식 시스템으로, 이 레이더 안테나는 주 레이더 안테나 후면에 위치하고 있다. 통신시스템은 14가지 종류의 고주파 · 초단파(V.H.F.) · 초고주파(U.H.F.) 설비를 장착하고 있다. 항법 시스템은 '트로이Ⅳ'관성유도시스템 조종패널 2세트, ARN-99 '오메가'항법장치, ANP-200 'Doppler'항법장치를 장착하고 있다. 데이터 모니터 및 제어 시스템은 다용도 데이터 모니터 및 제어콘솔(console) 9대를 장착하고 있으며, 표적과 배경정보를 시연하는데 사용되고, 모니터 아래 방향에는 도표를 이용하여 표적의 각종 데이터를 시연한다. 모니터는 32배 배율로 확대하여 다수 항공기의 공중전을 지휘할 수 있게 한다. 데이터 처리시스템의 핵심은 IBM사의 4Picc-1 컴퓨터이다.

〈성능제원〉
최대수평비행속도 : 853km/h
작전순항속도 : 마하 0.6
실용상승한도 : 12,200m
작전항속시간 : 6~8시간
최대이륙중량 : 147,000kg

정밀유도폭탄 및 특수폭탄

1. BGM-109 '토마호크(Tomahawk)' 순항미사일

'Tomahawk' 미사일은 미 해군의 최첨단 전천후, 아음속, 다목적 순항미사일로서, 1972년 개발을 시작하여 1983년 실전 배치되었으며, 현재까지 이미 5가지 모델이 나왔다. A형은 함대지 공격형(핵탄두), B형은 함대함 공격형, C형과 D형은 모두 함대지 공격형(재래식 탄두)이고, G형은 지대지 공격형(핵탄두)이다. 근래에는 BGM-109C/D와 그 개량형인 Block III가 부각되고 있다.

어떠한 형태의 'Tomahawk'든지 미사일의 외형 사이즈, 중량, 부스터, 발사플랫폼은 모두 동일하며, 탄두, 엔진과 유도시스템만 다르다. 'Tomahawk'는 길이 6.17m, 직경 52.7cm, 수평날개의 길이 2.62m에, 발사시 중량(250kg의 추진기 포함)이 1,452kg이다. 발사 모체가 다르기 때문에 발사방식에는 역시 차이가 있다. 함정에서 사용되는 것은 상자식 발사대이거나 수직발사대이고, 잠수함은 어뢰관을 이용하거나 수직발사대를 이용하기도 한다. 이 미사일은 비행 중 관성항법 유도에 지형표고 조합(TERCOM)이나 GPS 수정유도가 가미된 방식을 채택하고 있으며, 사정거리는 450~2,500km이고, 비행시속은 약 800km/h이다. 알려진 바에 의하면 명중정확도는 2,000km 이내에서의 오차가 10m를 넘지 않는다고 한다. 미사일의 순항고도는 해상에서 7~15m, 육상 평탄지역에서는 60m 이하, 산지에서 150m 정도이고, 강력한 저공돌파능력을 가지고 있다.

미국은 1991년 걸프전에서 처음으로 'Tomahawk' 순항미사일을 사용하였고, 이후로도 여러 차례의 전쟁에서 사용하였다. 걸프전쟁 중 미 해군은 모두 288발의 'Tomahawk'를 발사하였는데, 그중 단지 6발만이 순항상태에 진입하지 못하였다(발사 실패). 미 국방부가 발표한 결과에 의하면 성공률은 85%에 이른다. 이후 'Tomahawk' 미사일은 빈번하게 모습을 나타냈다. 1993년 1월17일 이라크 군사기지에 45발을 발사하였는데, 그중 40발이 목표물에 명중하였고, 6월25일 다시 이라크 정보본부 건물에 발사한 23발 가운데 19발이 명중하였다. 1995년 9월10일 NATO가 보스니아 세르비아 족에 대한 공습을 감행할 때에는 미 해군의 순양함 노르망디 호에서 13발의 'Tomahawk' 미사일이 발사된 바 있다. 1996년 9월 3~4일, 미국은 이라크 남부 "비행금지구역" 내의 방공시설에 대해 해·공군 합동으로 미사일 공격을 실시하였는데, 그 가운데 미 해군이 31발의 'Tomahawk'를 발사하였다. 미 국방부는 그중 29발이 목표물에 명중하여, 성공률이 94%까지 향상되었다고 발표하였다. 이는 'Tomahawk' 미사일이 세상에 모습을 나타낸 이래로 얻은 최고의 작전기록인데, 그 이유는 개량형(Block III형) 미사일이 사용되었기 때문이다.

2. GBU-28 '페이브웨이(Pave Way)' 레이저유도폭탄

'Paveway' 레이저유도폭탄은 현재 세계에서 생산량이 제일 많은 정밀유도폭탄 계열로, 이미 I·II·III세대까지 발전되어 있다. 그 편입번호 GBU는 "유도폭탄(Guided Bomb Unit)"을 의미한다. 현재 미군이 사용하는 'Pave Way' 계열의 폭탄은 월남전 이래로 거의 모든 작전에 사용되었으며, 이

제까지의 실전을 통해서 비용대효과가 매우 우수한 무기라는 것이 입증되었다. "사막의 폭풍" 작전시, 미군이 투하한 첫 번째 폭탄이 바로 F-117A가 장착한 GBU-27이었고, 바그다드 시 중심에 있는 전신전화국 빌딩을 정확하게 파괴했다. (또한) 한 번의 작전에서 46대의 F-117 전폭기가 출격하여, 4발씩 장착한 GBU-12로 132대의 전차 및 장갑차를 파괴하는 진기록을 세우기도 하였다.

GBU-28(Bunker Buster라고도 부름)은 GBU-24 레이저유도폭탄의 개량형으로, B·C 두 가지의 열추적 지연신관을 장착하였다. 이 폭탄은 앞부분이 지면에 접촉한 후 폭발하는 것이 아니라, 지하로 뚫고 들어가는 것이다. 콘크리트와 접촉할 때 B신관이 폭발을 일으켜 하나의 구멍을 내고, 그 다음 계속해서 아래로 뚫고 들어간다. 미사일이 다시 강판 보강물질과 접촉할 때, 지하 벙커의 복사열에 반응하여 C신관이 폭발을 하여 강판을 뚫고, 마지막으로 지하 벙커 내에서 폭발한다.

이러한 벙커파괴용 폭탄은 주로 2,000파운드와 5,000파운드짜리 두 종류로 나뉘며, F-15E와 F-117 등의 항공기에 의해 투하된다. 그중 5,000파운드 GBU-28는 길이가 5.85m, 폭탄의 날개를 포함한 직경이 4.47m이고, 투하거리가 5,000m 정도이다. 작전에 사용될 때 공격기는 반드시 주 공격기, 보조기, 지상의 레이저 발사장치와 합동으로 작전을 수행해야만 한다. 이 폭탄은 30m 두께의 지면과 6m 두께의 보강콘크리트를 관통할 수 있다.

3. GBU-31 'JDAM'(합동직격폭탄)

JDAM(Joint Direct Attack Munitions)은 미국 보잉사가 개발한 위성추적시스템(GPS) 유도방식의 전천후, 자동추적 재래식 폭탄으로, '합동직격폭탄'이라 통칭하며, 현재 사용중인 폭탄에 관성항법/위성추적시스템(INS/GPS) 유도장치를 추가해 만든 것이다.

JDAM은 현재 일련번호가 GBU-29/30/31/32로 부여된 여러 가지 모델이 있는데, 전자의 두 모델은 일반적인 폭파형이고, 후자의 두 모델은 전용 관통형이다. 또한 탄중 2,270kg의 전용 관통형인 GBU-37/B가 있다. 상술한 모델들은 이 유도폭탄계열 가운데 첫 번째 단계의 제품으로, 위성추적과 관성항법을 조합한 유도방식을 채택하였으며, 설계 당시의 원형공산오차(CEP)를 13m로 잡았지만, 사격장에서 실제 투하시험한 결과는 오차가 10m에 불과했다.

1994년 4월에 이 폭탄은 소량(시제품) 생산되었다. 1995년 6월 미 공군이 최초로 B-2 폭격기 공중투하시험을 실시하였으며, 1995년 7월 해군이 F/A-18기를 이용한 첫 공중투하시험을, 1996년 1월 공군이 다시 B-1폭격기를, 동년 말에 F-16 전투기를 통하여 각각 성능시험을 실시하였는데, 테스트 결과는 전체적으로 기대치를 충족하였다.

JDAM는 목표로부터 대략 15km 떨어진 지역에서 발사할 수 있으며, 또한 각각 지정된 목표를 공격할 수 있다. 작전을 수행할 때, 임무와 관련된 데이터는 탑재기의 컴퓨터에 미리 저장시켜 놓고, 발사 전에 탑재기가 투하명령, 표적대조용 정보, 무기 터미널 매개변수를 JDAM의 유도시스템에 입력하면 이 폭탄은 자동적으로 초기화된다. 발사 후에는 탄체 내의 GPS 수신기가 작동하기 시작하며, 위성신호를 받아 폭탄의 소형 꼬리날개를 제어함으로써 폭탄이 지상에 떨어지기 전까지의 비행자세를 조정하면서 표적에 정확히 명중하게 되는 것이다.

GPS 기술은 지구와 동일궤도에 있는 위성을 이용하여 지구상의 어떠한 지점도 정확히 좌표를 포착할 수 있기 때문에, 레이저 유도폭탄보다도 신뢰성이 높고 더 정확하며 폭격오차가 몇 피트(feet)를 넘지 않는다고 전문가들은 말한다. 전문가의 말에 따르면 레이저 유도폭탄으로 공격할 때 조종사는 목표를 확인하고 레이저빔을 쏘아 폭탄을 유도하기 위해서 반드시 낮은 고도로 비행을 해야 한다. 만약 레이저빔이 안개나 연무에 의해 방해를 받는다면, 폭탄은 유도를 받지 못하게 되고, 폭격효과는 자연히 크게 떨어질 수밖에 없다. 그러나 위성유도폭탄은 폭격기 조종사가 유도를 할 필요가 없고, 폭탄이 일단 투하되면 자체 GPS 시스템에 의해서 목표물을 향해 날아간다. 조종사의 조준이 따로 필요하지 않기 때문에 폭격 시 탑재기는 비교적 높은 고도에서 비행할 수 있고, 그로 인해 항공기와 조종사의 안전이 보장받게 되는 것이다. 더욱 중요한 것은 눈에 보이지 않는 디지털 유도방식을 채택하기 때문에 어떠한 기상 조건하에서도 폭격이 가능하다는 점이다.

4. AGM-154 'JSOW'(합동원거리공격무기)

JSOW(Joint Stand-Off Weapon)의 공식적인 편입번호는 AGM-154이며, 사실상 일종의 유도폭탄이라 할 수 있다. JSOW는 GPS 및 관성유도에 적외선 종말유도를 가미한 복합유도방식을 채택하여 명중정확도가 6~10m에 이른다. 이 폭탄은 모듈식 구조를 채택하고, 작전임무의 차이에 따라 지상에서 A와 B의 두 가지 형태로 장착할 수 있다. A형은 145발의 BLU-97형 자탄이 내장되어 있으며, 주로 정지해 있는 항공기, 차량, 미사일 진지 등의 목표물을 공격하는데 사용된다. B형은 6발의 BLU-108B형 자탄이 내장되어 있고, 주로 장갑차량과 견고한 목표물을 공격하는데 사용된다. JSOW는 탄체 안에 감추어진 날개가 투하 후 1.5초 내에 펼쳐지기 때문에 폭탄의 활공 성능이 우수하고, 속도가 음속의 0.75배에 달할 정도로 빠르다. 중량 476kg에 사정거리가 27~72km인 이 폭탄은 텍사스 인스트루먼트사(Texas Instruments Inc.)가 제조하였는데, 단가가 60만 달러에 이른다. 미군은 1997년 이미 111발의 A형 폭탄을 구매하였다.

5. CBU-94 흑연폭탄(Blackout Bomb)

1999년 5월2일 밤, 유고연방의 수도인 베오그라드(Beograd) 도시 전체가 갑자기 암흑으로 변하였다. 이는 미군이 신무기를 사용하여 유고의 송전망을 파괴했기 때문이었다. 유고연방의 전기 기술자들이 비록 몇 시간 내에 복구하였지만, 5월7일 송전망이 재차 공격을 받아 유고 전역의 70%가 마비상태에 빠짐으로써 전쟁에 휩쓸린 유고 국민에게 막대한 지장을 초래하였다. 미군이 사용한 비밀무기는 바로 CBU-94 '흑연폭탄'이었다. CBU-94의 영문 명칭은 'Blackout Bomb'으로 직역하면 "방공등화관제폭탄"이고, 외부 모양에 빗대어 '흑탄'이라 불리기도 한다. 이것은 전문적으로 전력시설을 공격하는 데 사용하는 집속폭탄이다.

이 무기는 SUU-66/B형 전술탄약살포장치(TMD)와 BLU-114/B형 자탄 두 부분으로 구성되어 있다. 머리 부분이 신관이고, 중간에는 3개의 디스펜서로 이루어진 원주형 용기가 있으며, 꼬리 부분은 접이식 날개가 달린 모양이다. 이 폭탄은 투하된 후 접이식 꼬리 날개가 펴지고 일정한 각도로 기울어져 돌면서 살포장치를 반시계 방향으로 회전시킨다. 일정한 고도에 이르면 신관은 살포장치를 터트리고 자탄을 쏟아내게 된다.

CBU-94는 약 200개의 BLU-114/B형 자탄이 내장되어 있다. 이 자탄은 '흑연폭탄'의 핵심부분으로 길이가 약 20cm이고, 직경이 약 6cm이며, 내부에는 공기충전식 낙하산이 들어있다. 이것은 방출된 후 낙하산을 펼쳐 안정적으로 하강하다가 예정시간이 지나면 화학처리된 흑연 필라멘트를 방출한다. 이러한 흑연 필라멘트는 먹장구름처럼 바람에 떠다니다 변압기나 송전선 등의 고압설비에 닿으면 합선을 일으키고 전기공급을 끊어버린다. 흑연은 양도체이기 때문에 전류가 흑연 필라멘트를 통해 흐르면 그 지점의 전기장의 강도가 증대되고 전류의 흐름이 빨라지며, 방전이 시작되고 아크(arc)를 일으켜 전력시설이 국부적으로 녹게 된다. 만약 전류가 더욱 강해지면 송전선을 태워 끊을 수 있으며, 심지어 과열이나 과전류로 인해 큰 화재를 유발할 수도 있다. 때로는 아크가 생성하는 전기에너지가 너무 커서 폭발을 일으킬 수 있고, 폭발로 생긴 금속파편은 다시금 더 큰 재난을 불러올 수 있다. 그러므로 이런 종류의 자탄은 전력시설에 대한 파괴능력이 매우 강하다.

6. CBU-105 '풍향수정 살포장치(WCMD)' 유도 집속폭탄

CBU-105는 CBU-97을 기반으로 록히드 마틴사가 개발한 유도부품인 '풍향수정 살포장치'를 (기존의 부품과) 교체하여 만든 것이다. CBU-97과 마찬가지로 CBU-105 집속폭탄에는 10개의 BLU-108/B 센서퓨즈 자탄이 내장되어 있어 주로 집결해 있는 적의 주력전차와 병력수송 장갑차 등의 표적에 대응하기 위해 사용된다.

걸프전쟁 중, 당시 유도폭탄이 자체적으로 안고 있는 많은 문제점을 노출함에 따라 미 공군은 바로 WCMD 프로젝트에 착수하였다. 공군이 당시 보유한 집속폭탄의 꼬리날개 부분에는 '전술탄약 살포장치'(예를 들면 SUU-65/B)가 장착되어 있었는데, 이 꼬리날개 부분을 정교한 유도장치가 있는 꼬리날개 조립체로 대체한 이후 형성된 새로운 살포장치를 WCMD라고 부른다. 이것은 무동력형 전술탄약 살포장치로서, 꼬리날개의 조정에 의하여 폭탄의 비행 궤적을 제어한다. 이 모델의 살포장치를 장착한 후 집속폭탄의 성능은 다음의 3가지 측면에서 현저하게 향상되었다.

① 정확도가 현저히 향상되었다. CBU-105는 13,000m 고공에서 투하해도 그 명중정밀도(원형공산오차)가 26m에 불과할 정도, 근거리 정밀유도폭탄에 속한다.
② 투하 고도가 증가하였다. 가령 CBU-97의 최고 투하고도는 6,000m인데 CBU-105는 12,000m까지 늘어났다.
③ 투하 거리가 증가하였다. CBU-105의 투하 거리가 19.3km까지 길어지면서 미군 전투기는 적 방공화력의 유효사거리 밖에서 목표물에 대한 공격이 가능해졌다.

7. MOAB(공중폭발 대형폭탄)

2003년 3월11일 미국 플로리다주 남부의 한 공군기지에서 신형 공중폭발 대형폭탄의 첫 실탄시험이 성공적으로 실시되었다. 미군측이 제공한 데이터에 의하면, GPS 유도방식을 채택한 이 폭탄의 중량은 21,000파운드로 월남전과 아프간 전쟁에서 사용되었던 15,000파운드의 '데이지 커터'(Daisy Cutter) 폭탄보다 거의 0.5배 더 무겁다. 이 때문에 MOAB은 "폭탄의 어머니"라는 또 다른 명칭이 생겼다고 한다.

'MOAB'이란 발화점이 낮은 고에너지 연료로 채워진 특수 재래식 폭탄이다. 사용 시, 휘발성 탄화수소화합물을 채운 액체연료 자탄들을 목표 상공에 발사하거나 투하하면, 설정된 시간 내에 용기가 폭발하면서 분출된 연료가 공기와 혼합하여 일정 농도의 공기용해졸(sol) 안개를 형성한다. 다시 2차 폭발을 거쳐 2,500℃정도의 고온 불덩어리가 만들어짐과 동시에 구역을 초토화할 정도의 충격파를 생성함으로써 목표물을 파괴하거나 인원을 살상하게 된다. 현재의 신형 MOAB는 두 차례의 폭발과정을 한 번으로 완성할 수 있게 되었다. 그리하여 폭발시 엄청난 압력과 맹렬한 충격파가 발생하는 동시에, 주변의 산소를 급속히 빨아들이고 대량의 이산화탄소와 일산화탄소를 생성함에 따라 폭발 현장의 산소 함량은 정상치의 1/3에 불과하고 일산화탄소 농도는 오히려 허용치를 크게 초과하여 국지적으로 심각한 산소 결핍과 공기 독성을 조성하게 된다. (따라서) 실전 상황에서 MOAB 그 자체가 야기하는 살상력은 그 위협의 정도가 적 병사들에게 주는 유례없는 공포감보다 훨씬 작다.(적에게 주는 심리적 공포감이 폭탄의 살상력보다 훨씬 크다는 뜻)

8. BDU-33 열화우라늄탄(Practice Bomb)

천연우라늄에서 핵무기 재료나 경수로 연료로 쓰이는 물질이 추출된 후 남은 핵폐기물을 '열화우라늄'이라 부르며, 간단히 '감손우라늄(贫铀)'이라고도 한다. 열화우라늄탄은 열화우라늄을 주원료로 하여 만든 각종 미사일, 포탄 또는 자탄을 가리킨다. 그 특징은 목표물을 공격할 때 고온의 화학반응을 일으켜 폭발력과 관통력이 일반 탄약을 크게 초과하기 때문에 견고한 건축물이나 전차와 장갑차를 파괴할 수 있다는 것이다.

열화우라늄탄이 인체와 환경에 위해한 까닭은 그것이 폭발 후에 안에 있던 열화우라늄이 분진 형태로 대기 중에 떠다니며, 50% 이상이 입자로 흡입될 수 있기 때문이다. 인체가 이러한 분진들은 인체에 흡입된 후 폐액에서 용해되기가 매우 어렵다. 만약에 한 사람이 20mg의 열화우라늄 분말을 흡입하였다면 그의 신체 세포는 매일 위험한 방사선을 쪼이고 있는 것과 같다. 또한 이러한 방사성 분말을 흡입한 사람은 백혈병 등과 같은 난치병에 걸릴 위험이 있다. 이외에도 열화우라늄탄이 폭발한 후 국지적으로 우라늄 농도가 삽시간에 상승하여 방사성 미립자와 공기용해졸(sol)이 공기의 흐름에 따라 사방으로 날아가 공중에 퍼지고, 점차 지표로 가라앉아 물과 토양으로 들어가 환경과 인류의 먹이사슬을 오염시킴으로써 인간의 생활과 생산에 심각한 영향을 미칠 수 있다.

9. HPM 전자폭탄(E-Bomb)

전자폭탄은 '고에너지 마이크로웨이브 폭탄'(HPM : High-Power Microwave) 혹은 '전자 펄스 무기'(EMP : Electromagnetic Pulse)라고도 불리며, 적의 전자통신설비를 파괴하는 전문적인 용도로 사용된다. 전자펄스는 핵폭발 효과로 생성되는 전자기장이다. 핵폭발로 생성된 r방사선과 x방사선은 광속도로 폭발 지점에서 사방으로 복사되고, 공기 중의 산소, 불소 원자와 충돌하여 생기는 전자가 강력한 전자기장을 형성하게 되는데, 이것이 바로 전자기 펄스이다. 이러한 전자들은 주파수가 극히 짧은 자기장을 방출하여, 군용 및 민용 전자, 정보, 통신시스템에 대한 파괴 효과가 매우 커서 C4I 시스템 슈퍼킬러라고 불릴 만하다.

과학자들은 모의 전자기 펄스 실험 중 전자장비가 쉽게 전자기 펄스에 의해 파괴된다는 사실을 발견하였다. 비록 장비 외관상으로 아무런 피해를 입은 것 같지 않지만, 내부의 기억회로, 집적회로, 로직회로, 증폭회로 등 모든 것들이 순간적인 과부하로 인해 타버려 정상적으로 작동하지 못하게 된 것이다. 더욱 발달되고 복잡하며 민감한 장비일수록 더욱 그 영향을 크게 받았다. 핵폭발로 생긴 전자기 펄스에 대한 실험은 전자기 펄스가 형성하는 전자기장이 매우 짧은 시간 내에 최대 강도에 이른다는 것을 보여주었다. 전체 펄스의 지속시간이 매우 짧았음에도 불구하고 순간적으로 쏟아내는 에너지는 대단히 컸다. 전자기 펄스는 전자파 형태로 방출되기 때문에 어떠한 금속도체라도 모두 전자기 펄스를 받아 에너지를 도체 안으로 보내게 되어 내부의 전자부품이 비정상적인 반응을 일으키게 된다. 특히 C4ISR 시스템에 대한 영향이 가장 크다. 시스템은 (이 폭탄의) 공격을 받는 즉시 마비되어 버린다.

현대전에서 정보획득과 통제는 이미 전쟁의 승패를 결정하는 중요한 요소가 되었다. 전자기 펄스는 정보시스템에 대한 하드웨어 파괴, 저장 자료 삭제, 마이크로프로세서 기능 파괴 등의 효과를 가지고 있다. 전자기 펄스가 방출하는 에너지는 장비의 기능을 혼란시키고, 정상적인 조작이 곤란해지는 등 각종 고장현상을 초래한다. (따라서) 전체적인 정보시스템을 마비시키고, 정보 전달이 불가하거나 에러를 유발하게 하여 정보수집, 전달, 처리의 시효성에 심각한 영향을 미치고, 더 나아가 작전 지휘를 곤란하게 만든다.

전자기 펄스는 전리층의 안정성에도 영향을 미칠 수 있다. 레이더파가 스쳐 지나갈 때, 전자기 펄스에 의해 교란된 지역은 그 전송경로가 휘어지게 되어, 레이더가 확인한 목표의 위치와 실제 위치 간에는 오차가 발생하게 되며, 심각할 경우에는 흡수작용까지 발생할 수도 있다. 만약 레이더파가 목표물로부터 반사되어 교란지역을 통과하면, 반사파는 전부 흡수되어 레이더 신호를 중단시킬 것이며, 정보를 적시에 지휘센터로 전달할 수 없게 되어 지휘 시스템의 정상적인 작동에 영향을 미칠 것이다.

전자기 펄스는 케이블이 감응 전압의 최대 한계치를 넘게 만들기 때문에 스파크로 인한 단선이나 선로의 파손을 초래하고, 선로상의 각종 터미널 설비(예를 들면 배선상자나 교환기) 역시 쉽게 선로의 과부하로 인해 타버리게 되어 지휘시스템의 작업을 중단시킨다.

이외에도 전자펄스는 인원에 대한 간접적인 살상을 할 수 있다. 지휘시스템 조작요원이 만약 대량의 전자기 펄스가 집중되어 있는 금속체, 전자장비 등과 접촉하게 되면, 과전압으로 인해 화상을 입거나 심할 경우 사망까지 이르게 된다.

전자기 펄스의 막강한 파괴기능은 여러 국가로 하여금 전자기 펄스 무기에 대한 연구개발을 서두르게 하였다. 일찍이 지난 세기 80년대에 미국은 전자기 펄스 무기의 개발을 강조하면서 국방부에 공격성 전자기 펄스 무기의 개발은 물론, 새로 개발하는 모든 무기장비에 대해 전자기 펄스에 대한 방호를 고려하도록 요구하였다. 또한 미국 내의 여러 기지에 각종 전자기 펄스 시뮬레이션 장비를 10여 대 구축하여 전자기 펄스 무기에 대한 연구개발과 방호실험을 진행해 왔다. 러시아 역시 전자기 펄스에 대해 심도 있는 연구를 해왔으며, 현재 여러 종류의 대형 전자기 펄스 시뮬레이션 장비를 구축하여 전자기 펄스 무기의 효력과 각종 전자시스템의 방호능력을 테스트하고 있다.

개정판 **군사문제중국어강독**
军事问题汉语阅读

제1판 초판발행일 | 2009년 03월 30일
제2판 개정판발행일 | 2009년 10월 23일

지은이 | 金璟铉 · 梁正学
펴낸이 | 金永馥
펴낸곳 | 도서출판 황금알

주간 | 김영탁
실장 | 조경숙
편집 | 칼라박스
표지디자인 | 칼라박스
주소 | 110-510 서울시 종로구 동숭동 201-14 청기와빌라2차 104호
물류센타(직송 · 반품) | 100-272 서울시 중구 필동2가 124-6 1F
전화 | 02)2275-9171
팩스 | 02)2275-9172
이메일 | tibet21@hanmail.net
홈페이지 | http://goldegg21.com
출판등록 | 2003년 03월 26일(제300-2003-230호)

ⓒ2009 金璟铉 · 梁正学 & Gold Egg Pulishing Company Printed in Korea

값 25,000원

ISBN 978-89-91601-70-3-03720